FURNE ET C<sup>IE</sup>, LIBRAIRES-ÉDITEURS,
RUE SAINT-ANDRÉ-DES-ARTS, 45.

# HISTOIRE
## DE LA MAISON ROYALE
DE
# SAINT-CYR
### (1686-1793)

PAR THÉOPHILE LAVALLÉE.

UN VOLUME GRAND IN-OCTAVO JÉSUS

ORNÉ DE TROIS BELLES GRAVURES, D'UN PLAN DE LA MAISON DE SAINT-CYR ET DE TROIS FAC-SIMILE.

Prix : 10 fr.

## PROSPECTUS.

La plupart des journaux et les critiques les plus éminents s'étant empressés de rendre compte de cet ouvrage, nous nous contentons pour tout prospectus de leur emprunter quelques citations. Voici d'abord ce qu'en dit M. SAINTE-BEUVE dans une de ses *Causeries* du lundi (*Moniteur* du 5 septembre 1853) :

« Je viens de faire une lecture agréable, douce, unie, touchante par moments, qui repose et même qui élève, une lecture que tout le monde voudra faire comme moi... Attaché comme professeur à l'École militaire de Saint-Cyr, M. Lavallée a été naturellement amené à rechercher les origines et les fortunes diverses de cette maison : il a trouvé à Versailles un grand nombre de recueils et de pièces originales qui permettent d'établir le récit le plus détaillé avec certitude. En abordant ce sujet délicat, il y a porté de sa rigueur d'historien; et en retour ce sujet lui a rendu de sa douceur et de son élégance. Il en est résulté un beau livre, accompagné de tout ce qui peut le faire valoir : plan, vues, gravures, et surtout formé et nourri à chaque page de cette excellente langue du dix-septième siècle, que madame de Maintenon avait amenée à sa perfection, et que parlaient les premières élèves de Saint-Cyr..... SAINTE-BEUVE. »

M. CUVILLIER-FLEURY, dans sa *Revue littéraire de la quinzaine*, a consacré deux grands articles à l'examen du même ouvrage (*Journal des Débats* du 16 octobre). Nous y prenons au hasard ces quelques lignes :

« C'est dans le livre de M. Th. Lavallée que je puiserai tous les éléments de cette étude, de même qu'il n'a cherché les matériaux de son travail qu'à des sources en partie inconnues ou inédites... M. Lavallée a pu s'étendre, se complaire et s'attarder dans son récit; personne ne s'en plaindra en le lisant. Singulier et touchant attrait de cette époque qui a pu, non pas égarer la sérieuse raison d'un historien tel que M. Lavallée, mais le passionner et l'attendrir : « Trop heureux mon livre, dit-il, s'il pouvait réparer un ingrat oubli, s'il parvenait à tirer de ces injustes ténèbres et les anges qui ont embaumé Saint-Cyr de leurs vertus, et les colombes élevées sous leurs ailes, et la maison qui a eu la gloire d'enfanter *Esther*, et l'église illustrée par Bossuet et Fénelon, où l'on a tant prié, où l'on a tant pleuré pour la France...! »
— Le livre de M. Lavallée aura ce succès, et ce ne sera qu'une justice. Il en aura un autre : après avoir fait rêver délicieusement, il fera penser; après avoir fourni au loisir des lecteurs

frivoles quelques douces heures de voluptueuse rêverie, il donnera matière aux réflexions des esprits sérieux. Quant à moi, j'aime à constater dès l'abord ce double mérite d'un livre où se trouvent réunies dans une si sage mesure deux qualités qui s'excluaient autrefois, l'émotion et l'érudition.....
» Cuvillier-Fleury. »

Extrait du *Constitutionnel* du 2 décembre 1853 :

... « Ce livre, que nous annonçons à nos lecteurs comme une bonne nouvelle, obtient, surtout parmi les mères de famille, le plus légitime succès, l'un de ces succès de cœur et d'entraînement qui sont si rares et si complets; car il est à la fois une œuvre d'érudition profonde et l'une des lectures les plus poétiques et les plus attachantes qu'on puisse faire..... Tout cela a été mis en œuvre avec une mesure parfaite, une simplicité pleine de charmes, enfin et pour tout dire, avec amour; car l'on sent à chaque ligne que l'auteur éprouve les émotions qu'il fait passer dans son récit, et il en est résulté un des meilleurs et des plus beaux livres de notre époque, un véritable traité d'éducation qui a tout l'attrait d'un roman; enfin un monument dont les lettres et la religion seront fières et reconnaissantes, ainsi que l'écrivait à l'auteur un illustre prélat...
Boniface. »

Extrait de la *Patrie* du 21 juin 1853 :

« Il y a quelque temps madame de Maintenon ouvrait gracieusement les portes de l'Académie à un grand personnage qui porte un nom illustre depuis plusieurs siècles. Pour ne pas mériter le reproche d'ingratitude, nous ne serions pas surpris qu'elle fît le même honneur à l'éminent écrivain qui vient de lui consacrer les plus belles pages d'un livre dans lequel il raconte d'une façon charmante l'histoire de cette maison de Saint-Cyr où elle avait mis son cœur et sa pensée. Si un bon livre est presque un événement par le temps qui court, certes c'est celui-là. Nul ne justifie mieux le bruit qu'il fait dans le monde littéraire... Ajoutez qu'il est écrit d'un bout à l'autre avec une grâce touchante, que la délicatesse du sujet semble avoir inspirée... Il est digne surtout d'être recherché par les mères de famille, et c'est là son caractère distinctif, car il est plein d'exemples et d'enseignements qui respirent la morale la plus pure et en font un véritable traité d'éducation pratique... »  CH. SCHILLER.

Nous ne pouvons que mentionner les articles du *Siècle* (M. Léon Plée) du 4 octobre 1853; du *Pays* (M. Barbey-d'Aurevilly) du 10 mai; de l'*Illustration* (M. Félix Mornand) du 14 mai; de l'*Assemblée nationale* du 20 juillet; de l'*Union* du 29 avril; de l'*Indépendance belge* des 6 et 23 juin; de la *Revue de l'instruction publique* du 2 novembre, etc., etc.

A tous ces témoignages nous ajouterons ceux du clergé, et nous citerons à ce sujet une lettre que Mgr l'archevêque de Paris écrivait à l'auteur le 6 juillet 1853 :

«Votre livre, sagement écrit et dans un bon esprit, peut être lu utilement dans les maisons d'éducation des demoiselles avec une utilité égale pour les maîtresses et les élèves; et c'est pourquoi je me ferai un grand plaisir de l'y recommander... »

LIBRAIRIE DE FURNE.

# HISTOIRE
## DE LA MAISON ROYALE
### DE
# SAINT-CYR
(1686-1793)

PAR THÉOPHILE LAVALLÉE.

**PROSPECTUS.**

L'ouvrage que nous offrons au public est, à part l'intérêt qui s'attache à toutes les productions de l'auteur de l'*Histoire des Français*, l'un des plus curieux, l'un des plus instructifs qui aient paru de nos jours. C'est à la fois une œuvre historique d'une grande importance, une œuvre de morale, de piété et d'éducation.

Comme œuvre historique, l'*Histoire de la maison royale de Saint-Cyr* est un livre qu'on peut dire tout à fait original, puisqu'il a été fait entièrement avec des documents inédits, l'éminent professeur de l'École militaire de Saint-Cyr ayant découvert et mis en œuvre pour son sujet les mémoires jusqu'ici ignorés des Dames de Saint-Cyr, des recueils de lettres nouvelles de madame de Maintenon, une foule d'autres manuscrits précieux, outre des actes, des titres, des lettres de Louis XIV, même les recueils de musique des demoiselles de Saint-Cyr; enfin plus de 1,000 volumes, liasses, cartons, cahiers qui étaient enfouis ou inexplorés dans les archives et les bibliothèques de Versailles et de Paris. Aussi ce livre, qui jette un jour tout nouveau sur la fin du règne de Louis XIV, est-il une des lectures les plus attrayantes et les plus agréables qu'on puisse faire : il rappelle les plus grands noms, les plus belles choses de notre histoire, les représentations d'*Esther*, sur lesquelles on y trouve les détails les plus gracieux, les visites et les conversations de Louis XIV à Saint-Cyr, les instructions de madame de Maintenon aux demoiselles, Bossuet, Fénelon, Marie Leczinska, Marie-Antoinette, tous les noms de la noblesse française depuis les la Rochefoucauld jusqu'aux Bonaparte; enfin il contient dans l'histoire de la suppression de Saint-Cyr un des épisodes les plus intéressants et les plus tristes de la révolution.

Comme œuvre de morale, il renferme à chaque page des extraits des manuscrits de madame de Maintenon et des Dames de Saint-Cyr, lettres, instructions, règlements, conseils, où brillent à la fois la piété la plus douce et la raison la plus parfaite. Saint-Cyr était la maison d'éducation qui a le plus approché de la perfection : suivre dans tous leurs détails les règlements et les usages de cette maison, les devoirs imposés aux institutrices, l'instruction donnée aux demoiselles, c'est lire un traité d'éducation pratique.

Les livres qui réunissent l'intérêt et l'agrément historiques avec les enseignements de la morale la plus pure sont assez rares : nul ne le sait mieux que les mères de famille et les institutrices. En voici un qu'elles pourront mettre en toute sûreté entre les mains des jeunes personnes et qui se trouvera bientôt, nous l'espérons, au foyer de toutes les familles pieuses, dans toutes les maisons d'éducation. C'est d'ailleurs l'opinion de

Monseigneur l'Archevêque de Paris, qui vient d'écrire à l'auteur une lettre dont nous extrayons le passage suivant :

« Je suis convaincu que votre livre, sagement écrit et dans
» un bon esprit, peut être lu utilement dans les maisons d'édu-
» cation de demoiselles avec une utilité égale pour les maîtresses
» et pour les élèves; et c'est pourquoi je me ferai un vrai plaisir de
» le recommander toutes les fois que l'occasion s'en présentera.

» † M. D. AUGUSTE,
» Archevêque de Paris. »

---

Un tel livre demandait de certains embellissements matériels : aussi, impression, papier, dispositions typographiques, tout a-t-il été rendu digne du sujet; enfin nous l'avons accompagné :

1° D'un magnifique portrait de madame de Maintenon d'après un tableau de Rigaud;

2° D'une gravure à l'eau-forte, par M. F. de Lemud, représentant le costume des Dames et des demoiselles de Saint-Cyr;

3° D'une vue de la maison de Saint-Cyr prise au moment d'une visite de Louis XIV, par M. F. de Lemud, gravée par Lalaisse;

4° D'un plan de la maison royale de Saint-Cyr, d'après un plan dressé par l'ordre de Louis XIV;

5° De trois fac-simile de Louis XIV, de madame de Maintenon et de Napoléon Bonaparte en 1792.

UN FORT VOLUME IN-8°. — PRIX, BROCHÉ : 10 FRANCS.

## PARIS.
FURNE ET Cⁱᵉ, LIBRAIRES-ÉDITEURS,
45, RUE SAINT-ANDRÉ-DES-ARTS.

---

PARIS. — IMPRIMÉ PAR PLON FRÈRES, 36, RUE DE VAUGIRARD.

# HISTOIRE

## DE LA MAISON ROYALE

DE

# SAINT-CYR.

PARIS. — TYPOGRAPHIE PLON FRÈRES,
IMPRIMEURS DE L'EMPEREUR,
RUE DE VAUGIRARD, 36.

MADAME DE MAINTENON.

Publié par Furne, Paris.

# HISTOIRE
## DE LA MAISON ROYALE
DE
# SAINT-CYR
(1686-1793)

PAR

THÉOPHILE LAVALLÉE.

PARIS
FURNE ET Cⁱᴱ, LIBRAIRES-ÉDITEURS,
RUE SAINT-ANDRÉ-DES-ARTS, 45.

1853

quelques mots, quelques lignes des historiens de Louis XIV, j'ai dû la chercher presque entièrement dans les manuscrits et les documents inédits, et j'ai eu la fortune d'en rencontrer de très-précieux, sur lesquels je dois donner quelques explications.

Les Dames de Saint-Cyr possédaient sur l'histoire de leur maison et sur celle de madame de Maintenon, leur institutrice, de nombreux écrits, consistant principalement : 1° en pièces originales et actes officiels de la fondation, ordonnances de Louis XIV, procès-verbaux, règlements, etc.; 2° en lettres, avis, instructions, conversations de madame de Maintenon, mémoires rédigés par elles-mêmes ou par leurs amis, etc. Ces écrits, surtout les derniers, formaient une bibliothèque particulière aux Dames, qu'elles donnaient à lire aux demoiselles les plus âgées et les plus pieuses, mais qu'elles cachaient avec soin aux personnes du dehors. Leur publication eût pourtant réfuté victorieusement les calomnies dont madame de Maintenon avait été poursuivie de son vivant et après sa mort; mais, à l'exemple de cette dame, elles s'inquiétaient peu de l'opinion du monde sur celle qu'elles regardaient comme une sainte et dont elles se contentaient de vénérer silencieusement la mémoire et d'imiter obscurément les vertus.

Un écrivain du dix-huitième siècle que ses démêlés avec Voltaire ont rendu fameux, Labeaumelle, parvint à avoir une copie de la plupart de ces manuscrits, on ne sait trop par quelle voie [1],

---

[1] Il dit dans une préface que les Dames de Saint-Cyr et la famille de Noailles lui ont refusé toute communication de ces manuscrits, et il fait sentir qu'il les tient de l'indiscrétion d'une demoiselle de Saint-Cyr qui les aurait copiés pour lui : cela paraît presque impossible. Voltaire, avec sa passion ordinaire, dit qu'il les a volés. « J'ai vu les lettres de madame de Maintenon, écrivait-il le 22 novembre 1752; heureusement ces lettres confirment tout ce que j'ai dit d'elle. Si elles m'avaient démenti, mon *Siècle* était perdu. Comment se peut-il faire qu'un nommé Labeaumelle, prédicateur à Copenhague, depuis académicien, joueur, fripon, et ayant d'ailleurs malheureusement de l'esprit, ait été le possesseur de ce trésor? » Le 17 janvier

et avec ce *trésor*, ainsi que l'appelle Voltaire, il publia en 1752 et années suivantes : 1° *Lettres de madame de Maintenon*, 9 vol. in-12 (édition de 1757) ; 2° *Mémoires pour servir à l'histoire de madame de Maintenon et à celle du siècle passé*, 6 vol. in-12 (édition de 1756). Ces deux ouvrages firent une grande sensation : ils n'avaient pourtant, et nous le démontrerons tout à l'heure, qu'une valeur médiocre ; mais ces lettres et ces mémoires, à une époque où les souvenirs de madame de Caylus et les mémoires de Saint-Simon n'étaient pas publiés, parurent si précieux que les deux ouvrages de Labeaumelle eurent un très-grand succès. Les Dames de Saint-Cyr furent émues d'une publication qui faisait sortir l'Institut de Saint-Louis et sa fondatrice de leur sainte obscurité ; mais comme elle était faite dans un sens favorable à leur maison et à madame de Maintenon, elles ne s'en plaignirent pas, et se contentèrent d'enfouir plus soigneusement que jamais leurs manuscrits.

Les *Mémoires* de madame de Maintenon perdirent aisément tout crédit et ne sont plus aujourd'hui ni lus ni consultés ; mais il n'en est pas de même des *Lettres*. Encore bien que des érudits comme l'abbé Millot, Auger, Walkenaër, etc., aient dit que la collection de Labeaumelle ne renferme que l'ombre des lettres de madame de Maintenon, cette collection n'en est pas moins restée l'unique source où tous les historiens sont allés former leur opinion sur le caractère et le rôle historique de cette femme célèbre [1].

1753, il écrit à M. Formey : « M. le maréchal de Noailles, neveu de madame de Maintenon, avait ce dépôt ; son secrétaire le prêta à un écuyer du roi, et celui-ci au petit Racine. Labeaumelle le vola sur la cheminée de Racine, et s'en fut à Copenhague : c'est un fait public à Paris. »

[1] Outre les éditions des lettres de madame de Maintenon publiées dans le siècle dernier, et qui reproduisent presque invariablement le texte donné par Labeaumelle (la meilleure est celle de 1757, Amsterdam), on en a publié deux, en 1807 et

PRÉFACE.

Comme je me suis servi pour faire mon *Histoire de la Maison royale de Saint-Cyr* de la plupart des manuscrits que Labeaumelle a consultés, comme je crois être le seul écrivain qui, après lui, ait mis en œuvre ces documents précieux, je puis dire quel usage il en a fait, et par conséquent la valeur réelle de ses deux ouvrages.

Les *Mémoires sur madame de Maintenon* sont une histoire générale du règne de Louis XIV, dans laquelle Labeaumelle paraît avoir eu l'ambition d'effacer le fameux *Siècle* de Voltaire. Il n'avait pour faire cette histoire d'autres documents nouveaux que les manuscrits de Saint-Cyr; or ceux-ci ne sont pas des mémoires politiques, mais des chroniques remarquables surtout par la naïveté et la simplicité des détails : aussi Labeaumelle, dédaignant ce qu'il regardait comme des bavardages de religieuses et des puérilités de couvent, s'est contenté d'y prendre quelques faits, quelques anecdotes sur madame de Maintenon et la fondation de Saint-Cyr; pour tout le reste de son ouvrage, il s'est servi des écrits des réfugiés protestants, et en y ajoutant quelques traditions où les faits les mieux connus sont défigurés et dénaturés, il a fait un livre qui, après la première heure du succès, n'a paru qu'une spéculation sur la crédulité publique, et qui aujourd'hui serait tout à fait oublié si le dernier volume ne renfermait pas des pièces historiques qui ont de la valeur.

Les *Lettres de madame de Maintenon* ont été réellement empruntées aux manuscrits de Saint-Cyr et probablement aussi à quelques collections particulières; mais Labeaumelle leur a fait subir une transformation très-malheureuse. Madame de Mainte-

en 1815. Dans celle de 1807, publiée par Auger, chez Léopold Collin, en 6 vol. in-12, on a rétabli le texte vrai de certaines lettres d'après des manuscrits originaux, et l'on a inséré quelques lettres nouvelles; mais un assez grand nombre d'autres ont été éliminées. L'édition de 1815, en 3 vol. in-8°, n'est que la réimpression partielle de l'édition de 1807.

non est, comme l'on sait, l'un de ces écrivains dont le grand siècle abonde, qui, en laissant aller leur plume au courant de leur génie naturel, font du beau style sans s'en douter; c'est une épistolière qui suit de près madame de Sévigné et quelquefois marche de pair avec elle; elle n'a pas le charmant abandon de cette dame, sa vivacité étincelante, son entrain si français; mais de toutes les femmes de cette époque où l'on parlait si bien, nulle n'a un langage plus clair, plus sensé, plus vrai : « langage doux, juste en tous points, dit Saint-Simon, et naturellement éloquent et court; » « langage de la sagesse, dit Fénelon, qui parle par la bouche des grâces. » Une bonne partie de ces qualités disparaît dans le texte de Labeaumelle : d'ordinaire il coupe en trois ou quatre tronçons la phrase de madame de Maintenon, cette phrase pleine d'ampleur qui s'embarrasse quelquefois dans sa hâte d'aller au but; il polit ses nombreuses incorrections; il retranche des mots, des lignes, il ajoute des phrases entières, non pas sans esprit, mais avec l'esprit du dix-huitième siècle; il met à la place du terme net et vulgaire la périphrase ou l'épithète du rhéteur; enfin il va même jusqu'à substituer à la pensée, à l'opinion si solide, si fermement arrêtée, si rigoureusement catholique de madame de Maintenon, sa pensée protestante et ses opinions philosophiques [1].

[1] Citons comme exemple la lettre de madame de Maintenon à mademoiselle d'Osmond, élève de Saint-Cyr, qui venait d'épouser le marquis d'Havrincourt. (Voir sur cette demoiselle la page 490.) Nous mettons en regard le texte vrai des *Lettres édifiantes* recueillies par les Dames de Saint-Cyr et le texte altéré par Labeaumelle. Je souligne les inventions les plus mensongères de cet écrivain.

| *Texte des Lettres édifiantes.* | *Texte de Labeaumelle.* |
|---|---|
| Vous n'avez à présent que deux choses à faire : servir Dieu et contenter votre mari. Ayez pour lui toutes les complaisances qu'il exigera, entrez dans toutes ses fantaisies autant que cela n'offensera | Vous n'avez à présent, ma chère fille, que deux choses à faire : servir Dieu et plaire à votre mari. Prodiguez-lui vos complaisances; entrez dans toutes ses fantaisies; souffrez toujours ses bizarre- |

PRÉFACE.

**Malgré ces défauts, le recueil de Labeaumelle n'en reste pas moins une collection précieuse et qu'il sera difficile de remplacer,**

point Dieu; s'il est jaloux, enfermez-vous et ne voyez personne; si au contraire il veut que vous soyez dans le grand monde, mettez-vous-y, en vous retirant cependant autant que la modestie le demande.

Vous allez être gouvernante, c'est-à-dire la première personne de la ville; faites-y tout le bien que Dieu demandera de vous, donnez-y bon exemple. Qu'il y ait toujours quelques honnêtes et sages femmes en votre compagnie. Représentez à votre mari que vous êtes encore trop jeune pour vous livrer au monde sans qu'il y ait quelqu'un de raisonnable témoin de votre conduite, il vous en saura très-bon gré tel qu'il soit.

Fuyez les mauvaises compagnies, rien n'est si dangereux.

Aimez la présence de votre mari, ne vous cachez jamais de lui.

Sachez vous retenir sur le jeu, que je crois que vous ne haïssez point : vous voyez les malheurs que l'amour du jeu attire; aimez l'ouvrage, soyez toujours occupée. Aimez à être quelquefois seule, à rentrer en vous-même, à faire souvent des réflexions sur votre conduite.

Ne soyez point haute, soyez polie, faites-vous aimer dans votre domestique, soyez-y ferme et bonne; ne donnez jamais dans l'excès et le ridicule des modes, suivez-les de loin et autant que la bienséance le requiert sans les outrager.

Ne tâtez jamais de cette louange, qu'on dise de vous que vous êtes une femme magnifique dans vos habits. Je serais bien fâchée d'entendre dire cela de vous; soyez vêtue proprement, sans affectation, et devenez ménagère.

Vous avez été élevée dans la plus pure doctrine et savez fort bien votre religion. Vous avez même de la piété; ayez horreur de toute nouveauté. Sur cet article, et qu'il n'ait jamais à souffrir des vôtres. S'il est jaloux, ne voyez personne; s'il vous veut dans le grand monde, mettez-vous-y, toujours avec la modération que la vertu demande.

Vous allez être gouvernante; comprenez et faites tout le bien que peut faire la première personne d'une ville. Ayez toujours quelque honnête femme en votre compagnie, vous êtes trop jeune pour vous livrer au monde sans avoir un témoin irréprochable de votre conduite. Votre mari vous en saura gré, tel qu'il soit. *Soyez circonspecte dans vos liaisons avec les femmes; il vaut mieux être vue à l'Opéra avec tel homme qu'avec telle femme au sermon.*

Aimez la présence de votre mari; jamais de mystère avec lui. *Que vos prières soient plus ou moins longues selon son goût; cette complaisance est une prière.*

*Obéir à ses volontés est le premier devoir du mariage; élever vos enfans, le second. Ayez soin d'eux avant leur naissance, et ne hasardez point leur vie et leur salut par des indiscrétions. N'oubliez rien pour en faire de véritables chrétiens; rendez-leur l'éducation que vous avez reçue; préparez-vous aux chagrins qu'ils vous donneront. J'espère qu'ils seront dignes de vous; cependant ne vous dépouillez jamais de votre bien en leur faveur; le monde est si dangereux! Peut-être iront-ils au bal le jour qu'on vous donnera l'extrême-onction.*

Retenez-vous sur le jeu; vous avez été souvent témoin des malheurs que l'amour du jeu attire.

Aimez l'ouvrage, la solitude, et ces réflexions qu'on fait sur soi-même pour se connoître et se corriger. Point de hauteur. Soyez ferme et douce dans votre domestique. Ne donnez jamais dans le ridicule excès des modes. La bience compilateur infidèle ayant puisé à de certaines sources qui sont aujourd'hui perdues pour nous [1].

Ainsi donc et pour résumer, Labeaumelle a fait un usage très-malheureux des manuscrits que les Dames de Saint-Cyr possédaient; je crois que personne n'en a eu communication après

ticle ne décidez jamais de rien, quoique vous en sachiez plus que les autres; ne parlez sur cela que quand on vous demandera votre sentiment, et ne le dites qu'avec modestie et retenue.

Ne critiquez jamais la conduite de personne, quelque mauvaise qu'elle soit.

Je ne vous dirai rien sur vos devoirs de bonne Française envers le roi, vous lui avez de trop grandes obligations pour vous départir jamais du respect et de l'amour que ses sujets lui doivent, et vous en particulier êtes bien étroitement obligée de prier toute votre vie pour sa personne sacrée et pour la famille royale; ne souffrez jamais, autant que cela dépendra de vous, qu'on en parle d'une manière trop libre. On se donne une grande liberté de parler des défauts des princes. Cela ne vaut rien, gardez-vous-en, vous qui les connaissez mieux que personne.

Enfin, ma chère fille, soyez une bonne chrétienne, une bonne femme, une bonne mère; remplissez tous vos devoirs, établissez bien votre réputation et priez pour moi [1].

[1] *Lettres édifiantes*, t. v, p. 286.

séance veut que vous ne les suiviez que de loin. Que je n'entende pas dire de vous, ma chère d'Osmond, que vous êtes une femme magnifique : on croit que c'est une louange : n'en tâtez jamais.

Vous avez été élevée dans la plus pure doctrine. Vous savez fort bien votre religion; vous avez même de la piété; abhorrez toute nouvelle opinion; taisez-vous sur cet article, ou ne parlez qu'avec une extrême retenue.

Je ne vous dirai rien de vos devoirs de bonne Française, vous avez trop d'obligations au roi pour vous départir jamais du respect et de l'amour que ses sujets lui doivent; la reconnoissance vous oblige encore plus étroitement de prier toute votre vie pour sa personne sacrée. On se donne aujourd'hui une grande liberté de parler des défauts des princes : ne souffrez jamais qu'on parle librement du nôtre devant vous, vous qui le connoissez mieux que personne.

Enfin, ma chère fille, soyez une bonne chrétienne, une bonne femme, une bonne mère; et vos devoirs seront remplis, votre réputation bien établie et votre salut assuré [1].

[1] Labeaumelle, t. II, p. 237 de l'édition d'Amsterdam, 1757.

[1] J'ai néanmoins la prétention de l'essayer. Je prépare, depuis plusieurs années, une édition nouvelle des lettres de madame de Maintenon qui renfermera tous les écrits de cette femme célèbre, d'après les copies authentiques des manuscrits de Saint-Cyr que j'ai pu retrouver; je n'admettrai dans cette édition le texte de Labeaumelle que lorsque ces copies me feront entièrement défaut, et après l'avoir soumis à la critique la plus sévère.

lui; comment quelques-uns de ces manuscrits sont-ils venus jusqu'à moi?

A l'époque de la révolution et quand la maison de Saint-Louis fut supprimée, les Dames eurent la liberté d'emporter leur bibliothèque particulière, et leurs manuscrits se trouvèrent ainsi dispersés. Le plus grand nombre appartient aujourd'hui à la bibliothèque du séminaire de Versailles; d'autres sont aux archives de la préfecture de Seine-et-Oise avec de très-nombreuses pièces dont nous parlerons tout à l'heure; la bibliothèque de la rue Richelieu en a quelques-uns; enfin il en est d'autres qui ont été perdus ou du moins que je n'ai pu retrouver.

C'est avec ces manuscrits, dont les uns ont été consultés ou publiés inexactement par Labeaumelle, les autres ignorés ou dédaignés de lui, que j'ai composé l'histoire de la maison de Saint-Cyr. Voici les titres des principaux :

1° *Mémoires de ce qui s'est passé de plus remarquable dans l'établissement de notre maison et depuis jusqu'à présent ; 2 vol. petit in-4°.*

Ces mémoires étaient connus vulgairement dans la maison de Saint-Louis sous le nom de *Mémoires des Dames de Saint-Cyr*, et c'est sous ce titre que je les ai cités presque à chaque page de mon ouvrage; ils ont été écrits par madame du Pérou, religieuse de Saint-Louis, l'une des quatre premières Dames de la fondation, qui fut élue huit fois supérieure, et mourut en 1748 âgée de 82 ans (*voyez* page 244) : ils vont de la fondation de la maison à l'année 1739. Ces mémoires sont pleins des détails les plus précis et les plus naïfs; mais ils sont quelquefois diffus, remplis de circonstances puériles et minutieuses, et c'est pour cela que Labeaumelle, qui les a probablement lus avec beaucoup de rapidité, s'en est à peine servi. On verra que je n'ai pas fait de même, car mon livre n'est à proprement parler que l'abrégé de ces mémoires[1].

Ces mémoires sont précédés d'une introduction qui a pour titre *Mémoire sur madame de Maintenon*. C'est une notice biographique qui n'est probablement pas de madame du Pérou, et qui a été empruntée en partie aux souvenirs de madame de Caylus et aux mémoires de mademoiselle d'Aumale. On y trouve citées de nombreuses lettres de madame de Maintenon.

2° *Mémoires pour servir à l'histoire de la fondation de la maison de Saint-Louis de Saint-Cyr et à celle de madame de Maintenon, son institutrice;* 2 vol. grand in-4°.

Ces mémoires ont été écrits en 1748 par Languet de Gergy, archevêque de Sens, né en 1677, mort en 1753[2]. Ils ont été faits avec les mémoires des Dames, avec les lettres de madame de Maintenon et tous les documents et écrits qui appartenaient

[1] Voici un extrait de l'avant-propos:

« On sait quelle application madame de Maintenon a donnée à cette maison pendant trente-cinq ans, et que tout ce qu'on y remarque de bien établi et de bien réglé, tant au spirituel qu'au temporel, est l'effet de ses lumières et de son zèle. C'est par ce que j'en ai vu moi-même que j'entreprends d'en donner quelques notions à celles qui viendront après nous; cela me serait d'autant plus facile, si j'en avais l'esprit, que je suis du commencement de la fondation et une des premières professes, et que j'ai eu l'honneur de suivre d'assez près madame de Maintenon pour en pouvoir parler avec certitude; mais la persuasion que j'ai toujours eue de mon incapacité m'avait retenue jusqu'ici. Cependant, quoique je n'aie pas moins de raison d'en être convaincue qu'auparavant, j'ai cru me devoir déterminer à faire une ébauche, m'y étant sentie excitée par le désir de faire voir les motifs et les raisons qu'on a eus de mettre les choses sur le pied où elles sont... Je tâcherai de ne m'éloigner en rien de la vérité, et je compte que celles de mes sœurs qui sont du même temps que moi m'aideront à réformer les manquements de ma vieille mémoire et à réparer les défauts de mes expressions. »

[2] Languet de Gergy (Jean-Joseph), né à Dijon, était le frère cadet du curé de Saint-Sulpice, devenu célèbre par l'édification de cette église; il fut nommé d'abord aumônier de la dauphine, et en 1715, par la protection de madame de Maintenon, évêque de Soissons. En 1721 il devint membre de l'Académie française, et en 1730, archevêque de Sens. C'était un prélat très-zélé et très-pieux, dont la vie n'a été qu'une longue lutte contre le jansénisme.

à la maison de Saint-Cyr. Labeaumelle ne les a pas connus. Ces mémoires sont moins intéressants que ceux des Dames, parce qu'ils sont moins naïfs, moins pleins de détails, trop pompeux, trop diffus, trop théologiques; mais ils sont une véritable histoire de la maison de Saint-Cyr dont j'ai tiré un très-grand parti. Ils renferment de nombreuses lettres et pièces relatives à madame de Maintenon [1].

3° *Lettres édifiantes de madame de Maintenon;* 7 vol. in-8°.

Ce recueil, extrêmement curieux, a été fait par l'archevêque de Sens, dont nous venons de parler [2]. Je m'en suis servi presque à chaque page de mon récit. Il renferme plus de la moitié des lettres, entretiens, instructions publiés par Labeaumelle, et un assez grand nombre d'autres qu'il n'a pas connus ou qu'il a dédaignés; des lettres de Louis XIV, des écrits de Charles II et de Jacques II, des lettres de grands personnages à madame de Maintenon, etc.

[1] Voici un extrait de l'avant-propos :

« J'ai été principalement secouru pour composer ces mémoires par les Dames de Saint-Louis, qui depuis longtemps avaient recueilli tout ce qui pouvait servir à conserver la mémoire de leur institutrice, car dans les commencements de l'établissement de Saint-Cyr, plusieurs d'entre elles avaient été soigneuses d'écrire ce qui leur paraissait contribuer à faire connaître le mérite et la vertu de madame de Maintenon. Elles ont de plus hérité de quantité de papiers et de lettres qui m'ont servi beaucoup à démêler ce fonds de piété et de raison qui était en elle. Comme c'est pour ces Dames que j'ai écrit plus particulièrement, je n'ai point méprisé ces petits faits et ces menus détails que le monde pourrait mépriser... »

[2] Voici un extrait de la préface :

« C'est pour confirmer ce que j'ai raconté de la vie de madame de Maintenon et de l'établissement de la maison de Saint-Louis que j'ai désiré que ce qu'on a pu montrer de ses lettres fût joint à cette histoire, afin que le tout parût ensemble, quand la Providence voudra que les vertus de cette Dame illustre paraissent au grand jour et soient tirées de l'obscurité où sa modestie et ensuite la discrétion des religieuses de Saint-Louis les ont retenues cachées... Au reste ce recueil, quelque immense qu'il paraisse, ne contient qu'une petite partie des lettres que madame de Maintenon a écrites et de celles qu'elle a reçues. Combien qu'on n'a pu recouvrer! combien d'autres qu'elles a brûlées avant sa mort par modestie et par discrétion!... »

4° *Lettres de madame de Maintenon à mesdames de Caylus, de Dangeau et de Ventadour;* 2 vol. in-4°.

On lit en tête du deuxième volume : « Ces lettres sont à des parents ou personnes de confiance auxquelles madame parlait plus librement, ne comptant pas qu'elles seraient vues par d'autres. Ainsi il ne convient pas de les laisser lire, à moins que dans la suite on n'en ait fait un grand choix avec prudence. Elles sont pourtant très-utiles, très-agréables et pleines d'instructions. »

5° *Recueil des réponses que madame de Maintenon, notre institutrice, a eu la bonté de nous faire en diverses occasions;* 1 vol. in-4°, portant le titre t. v$^e$. — Ce recueil avait été fait par madame de Berval, et madame de Maintenon l'avait corrigé de sa main.

6° *Extrait des écrits de madame de Maintenon aux religieuses de Saint-Louis concernant les principaux avis qu'elle leur donnait et ses instructions touchant les devoirs de leur Institut;* 1 vol. in-8°.

7° *Lettres et avis de madame de Maintenon aux religieuses de Saint-Louis sur les devoirs de leur état et le gouvernement des classes;* 1 vol. in-4° portant le titre t. ii.

8° *Entretiens de madame de Maintenon avec une religieuse de Saint-Louis;* 1 vol. in-4°, portant le titre t. iv.

9° *Lettres de l'évêque de Chartres aux religieuses de Saint-Louis;* 1 vol. in-4°.

10° *Instructions de l'évêque de Chartres sur l'observation des règlements;* 1 vol. in-4°.

11° *Règlements et usages de la supérieure, de la dépositaire, de la maîtresse générale des classes, etc.*

12° *Recueil de titres relatifs au spirituel de la maison de Saint-Louis;* 1 vol. in-fol.

13° *Recueil de titres relatifs au temporel de la maison de Saint-Louis;* 2 vol. in-fol.

Ajoutons à cette liste les mémoires de mademoiselle d'Aumale, dont le manuscrit a été connu de plusieurs écrivains, mais qui sont reproduits en grande partie dans les mémoires de madame du Pérou, des extraits des mémoires de mesdames de Berval et de Bouju, des lettres nombreuses des confesseurs des Dames, des règlements pour toutes les charges, etc.

J'ai trouvé d'autres documents non moins importants aux archives de la préfecture de Versailles, dans plus de 500 volumes, liasses, cahiers, cartons, etc., renfermant plus de 10,000 pièces. Ces pièces sont en très-grande partie relatives aux biens des Dames et à l'administration de leur maison : ce sont des titres de propriété, des terriers, des baux, des fermages, des comptes de recettes et de dépenses, des registres de délibérations, etc. Mais on y trouve en outre les actes originaux et procès-verbaux de la fondation, les lettres patentes, brevets et ordonnances du roi, lettres et commissions de l'évêque de Chartres, des bulles et brefs des papes, et une foule d'autres écrits précieux. C'est là d'ailleurs où j'ai trouvé toutes les pièces et les documents relatifs aux dernières années et à la suppression de l'Institut de Saint-Louis, correspondance des Dames, arrêtés des autorités de Versailles, mémoires et pétitions à la Convention, etc.

J'indique seulement les manuscrits peu importants que j'ai consultés à la Bibliothèque nationale ; un seul, ayant pour titre *Mémoire sur la fondation de la maison de Saint-Louis*, m'a été de quelque utilité.

J'ai encore tiré de précieux renseignements des livres de musique qui ont appartenu à la maison de Saint-Cyr et qui sont aujourd'hui à la bibliothèque de Versailles, des registres de décès des Dames et demoiselles, qui sont aujourd'hui aux archives de la commune de Saint-Cyr, etc.

PRÉFACE. XIII

Enfin je n'ai pas dédaigné de faire usage de traditions orales qui s'étaient conservées à Saint-Cyr sur les visites de Louis XIV, et dont les détails sont seulement indiqués dans les mémoires des Dames; je les ai recueillies de la bouche d'une des dernières religieuses de Saint-Louis morte à Versailles il y a près de vingt ans. C'est aussi d'elle que je tiens quelques circonstances sur la fin de la maison de Saint-Cyr.

Est-il nécessaire d'ajouter que je me suis encore servi de tous les mémoires et documents du règne de Louis XIV qui ont été imprimés; souvenirs de madame de Caylus, mémoires de l'abbé de Choisy, de madame de Lafayette, de Saint-Simon, etc.? Quant aux biographies plus modernes de madame de Maintenon, par Caraccioli, madame Suard, Lafont-d'Aussonne, etc., je les ai lues, mais sans en rien prendre, m'étant fait une loi, pour composer mon ouvrage, de ne me servir que d'écrits originaux. C'est par cette raison, et malgré toute son importance, que je n'ai point fait usage de l'histoire de madame de Maintenon par M. de Noailles qui a paru dans ces dernières années; d'ailleurs les deux volumes publiés de cet ouvrage ne vont que jusqu'à l'année 1685, c'est-à-dire jusqu'à celle qui précède la fondation de Saint-Cyr.

Un grand nombre de personnes m'ont aidé dans mes recherches et mes travaux avec un zèle et une modestie dont je voudrais les remercier : je ne puis les citer toutes. Je dois néanmoins témoigner ma reconnaissance à M<sup>gr</sup> l'évêque de Versailles, qui a bien voulu mettre à ma disposition les manuscrits de son séminaire; à M. Breval, archiviste de la préfecture de Versailles, qui a découvert la plupart des pièces officielles dont je me suis servi et m'a facilité mes recherches dans les cartons si nombreux de ses archives; à M. Ferdinand de Lemud, lieutenant au 71<sup>e</sup> de ligne, répétiteur du cours que je professe à l'École militaire, auteur des deux gravures dont le moindre mérite est l'extrême exactitude : *Dame et demoiselles de Saint-Cyr, Vue de la Maison de Saint-Louis de Saint-Cyr;* à M. le lieutenant-colonel Thiroux, professeur d'artillerie à l'École militaire, sans les lumières duquel je n'aurais pu refaire le plan de l'ancienne maison; à M. Molle, conservateur des collections scientifiques à l'École militaire, qui a dessiné et réduit ce plan, etc.

J'ai l'espoir que l'*Histoire de l'École militaire de Saint-Cyr* paraîtra dans le courant de cette année.

Versailles, 20 janvier 1853.

TH. LAVALLÉE.

# ERRATA.

Page 57, note 1, 4ᵉ ligne, au lieu de G lisez F.
Page 58, note 1, au lieu de : *la maison de Saint-Cyr vue du côté des jardins*, lisez : *la maison royale de Saint-Louis à Saint-Cyr*.
Page 59, lignes 23 et 27, au lieu de R lisez R'.
Page 59, ligne 25, au lieu de C lisez c.
Page 60, ligne 26, au lieu de Z lisez z.
Page 62, dans la note, au lieu de 1835, lisez 1836.
Page 65, ligne 7, au lieu de L lisez L'.
Page 121, ligne dernière, au lieu de : *Fort* et de *Runcourt*, lisez : *Faure* et *Riencourt*.
Page 182, note 6, après : voir à l'Appendice, ajoutez II'.
Page 253, ligne 24, au lieu de 368,000 l. lisez 375,000 l.
Même page, ligne 26, au lieu de 489,000 l. lisez 496,000 l.

# CHAPITRE PREMIER.

DES RAISONS POLITIQUES QUI ONT AMENÉ LA FONDATION DE LA MAISON ROYALE DE SAINT-CYR.

Il est dans le règne de Louis XIV une date mémorable, et qui divise ce règne en deux parties bien distinctes, celle où la prospérité et la grandeur sont entières et continues, celle où la prospérité est mêlée de revers et la grandeur suivie d'éclatants désastres : cette date est celle qui marque la trêve de Ratisbonne, la mort de Colbert et le deuxième mariage du roi (1683 à 1684). A cette époque, la France s'arrête fatiguée de ses victoires, satisfaite de ses acquisitions, voulant jouir pacifiquement de sa gloire et de sa fortune. Louis XIV lui-même, en fermant son royaume par une triple ligne de places fortes, semble déclarer qu'il ne veut pas aller plus loin, « et mettre à l'aventure, ainsi que l'écrivait l'un de ses ministres, ce qu'il a gagné avec tant de peine. » Mais les ennemis de la France ne lui avaient pas pardonné ses conquêtes; ils attendaient l'occasion de s'en venger par une ligue nouvelle; ils répandaient partout la fable d'une monarchie universelle convoitée par le grand roi, et ameutaient ainsi la moitié de l'Europe contre « le pays, disaient-ils, qui veut réduire les autres en une véritable servitude. »

Il fallait donc que la France gardât son attitude militaire, sa puissante armée; en effet, et pour la première fois, 150,000 hommes continuèrent, en pleine paix, ou à s'exercer dans des camps de manœuvres, ou à fortifier nos récentes conquêtes; et Louis XIV, aidé de Louvois, s'employa à leur donner une force nouvelle par une administration vigilante, une sévère discipline, des règles d'avancement où la naissance ne passait qu'après les services, enfin par les récompenses qu'il distribua à sa noblesse et les établissements qu'il fit pour elle.

On sait qu'à cette époque l'armée, sauf les officiers et quelques corps d'élite, se composait ordinairement de volontaires ramassés dans la fange des villes à force d'argent, de miliciens tirés des campagnes par la violence ou par la faim. Cette composition de l'armée était la conséquence naturelle de l'état de la société, et nous n'avons à en faire ni la critique, ni le blâme, ni l'éloge. La noblesse, en se mêlant à ce ramassis d'aventuriers et de misérables, lui donnait seule de la consistance, de la discipline, des idées d'honneur, de devoir, de patrie; elle lui communiquait ses sentiments, son esprit guerrier, même sa bravoure; elle était enfin la force, le lien, l'âme de ce corps étrange dans lequel entraient ordinairement jusqu'à 20,000 de ses membres. C'était elle qui lui fournissait tous ses chefs, tous ses officiers; c'était elle qui composait presque entièrement ces troupes de la maison du roi dont la valeur faisait souvent le gain des batailles. Louis XIV devait donc, s'il voulait établir plus fortement son armée, avoir une noblesse nombreuse, grande et puissante; et il le pouvait faire sans appréhension pour la tranquillité de son royaume; car, depuis les troubles de la Fronde, la noblesse avait cessé d'être redoutable à la couronne : sa turbulente activité, si souvent funeste au pays, avait été tournée contre les ennemis de la France; le gouvernement l'avait ramenée à son devoir social, qui était la défense et l'agrandissement de l'État; de plus, on ne lui avait laissé, en confiant à la bourgeoisie toutes les fonctions administratives, que la carrière des armes, et elle s'y était jetée avec autant d'ardeur que ses pères, et avec plus de dévouement, de générosité, enfin « avec de plus belles passions pour le service de ses maîtres. » Mais les guerres de ce temps n'étaient plus les guerres féodales : la noblesse n'avait plus seulement à courir à l'aide du suzerain faisant pour quelques jours appel à ses vassaux; elle n'avait plus seulement à donner quelques coups d'épée dans un jour de bataille, puis à retourner dans ses manoirs. De même les guerres de cette époque n'étaient plus celles du temps de Henri III et de Louis XIII : la noblesse ne formait plus ces groupes de clients, ces bandes de gentilshommes qui suivaient la bannière du duc de Guise ou du prince de Condé, de d'Espernon ou de Concini, menant une vie d'aventures et de pillages, rançonnant tour à tour le peuple et la royauté. Il lui fallait maintenant, astreinte à la discipline militaire, à un service régulier et permanent, à la soumission passive, passer des années entières en face de l'ennemi, le harnais sur le dos, soit à faire de longues marches, soit à faire de pénibles campements; il lui fallait suivre le drapeau royal avec le duc de Beaufort jusqu'à Candie, avec le marquis de Coligny jusqu'au Raab, avec Turenne jusqu'à l'Elbe. La guerre n'était plus pour la noblesse un accident de la vie, mais la vie entière; aussi, à ce coûteux métier, à ces perpétuelles campagnes, à ces lointaines expéditions, elle dépensa sa fortune et revint le plus souvent ruinée [1]. Les seigneurs de cour n'étaient pas embarrassés pour demander des dédommagements, des récompenses, et ils trouvaient des ressources dans les libéralités du roi; mais les hobereaux de province, avec leur honnêteté brutale et leur désintéressement hautain, s'en allaient fièrement mourir de faim dans leurs castels en ruines. De sorte qu'à l'époque la plus brillante du règne de Louis XIV, une grande partie de cette noblesse qui nous avait donné les victoires de Rocroy, de Turkheim, de Palerme, avait été forcée de vendre ses biens à la suite de ses longues guerres; dans les provinces éloignées, on comptait par centaines les familles privées de leurs chefs et réduites à la misère; et l'on vit jusqu'aux portes du château de Versailles des officiers vieux ou estropiés qui venaient mendier du pain pour eux et leurs enfants.

Louis XIV, autant par reconnaissance que par politique, chercha tous les moyens de soulager sa noblesse et de perpétuer ainsi cette pépinière d'officiers qui étaient le nerf de son armée et de sa

[1] Voir les *Lettres de madame de Sévigné*, principalement celles des 22 et 24 avril 1672.

puissance : « sa gloire était intéressée, dit un contemporain, à entretenir par des récompenses et des bienfaits cette émulation, cet honneur, qui fait que la noblesse se sacrifie, en tout temps et sans hésiter, pour son service. » C'était d'ailleurs l'attacher au trône par de nouveaux liens et la tenir dans une plus grande dépendance. Il lui donna donc des pensions, des assignations sur les biens ecclésiastiques, des places dans sa cour, des secours de tout genre; mais tout cela était insuffisant, précaire, passager; et il se décida à faire pour elle ou pour son armée trois établissements solides, durables, qui sont le résultat de la même pensée. Ce furent : 1° l'hôtel des Invalides, dont une partie fut réservée pour des officiers vieux ou blessés; 2° les compagnies de Cadets, fondées dans les places frontières, où l'on élevait 4,000 fils de gentilshommes; 3° la maison royale de Saint-Cyr, établie pour l'éducation de 250 demoiselles de pauvre noblesse.

Voici ce que dit le *Mercure galant* (septembre 1686) de ces trois établissements :

« Quel bonheur, pour nous aussi bien que pour les Français qui nous suivront, que Dieu nous ait donné un monarque qui, outre un nombre infini de grandes choses qu'il a faites pour la gloire de ses peuples et pour leur utilité, en a fait trois si dignes de sa grandeur et en même temps si surprenantes, que tous les souverains de la terre auraient peine à imaginer et plus encore à exécuter l'une de ces trois choses. Vous les trouverez dans l'établissement des Invalides, dans celui des compagnies de jeunes gentilshommes qu'on instruit en plusieurs villes comme en des académies, et dans celui de Saint-Cyr. Ces trois établissements font la grandeur de Sa Majesté, puisque, en récompensant la noblesse qui a servi, ils donnent encore le moyen de continuer à ceux qui en ont encore la force. Les Invalides font qu'on trouve des soldats qui brigueront volontiers la gloire d'être blessés et de demeurer invalides après le travail de quelques campagnes, afin de finir leurs jours dans ce magnifique hôtel. Celui qui a été fait pour les jeunes gentilshommes décharge les pères du soin que leur donnerait l'éducation de leurs enfants et de la dépense qu'il leur faudrait faire pour cela, et met les uns et les autres en état de servir le roi en même temps. Il apprend à ces jeunes gentilshommes à être soldats et chefs, à obéir et à commander, et il rend le dur métier de la guerre compatible avec la crainte de Dieu, ce qui n'est pas ordinaire. Quant à l'établissement de la maison de Saint-Cyr, il donne aussi lieu à la noblesse de servir le roi, puisque les pères qui auront des filles dans cette communauté, étant déchargés de la dépense à laquelle les engagerait l'obligation de les faire instruire selon leur naissance, seront plus en pouvoir de servir le roi avec leurs fils. Toutes ces choses font voir que Louis-le-Grand sera toujours invincible, qu'il aura toujours des soldats et des officiers autant qu'il en pourra souhaiter, que le métier de la guerre leur sera parfaitement connu avant qu'ils aient servi pour l'apprendre, et que des âmes pures prieront continuellement pour la prospérité de ses armes. »

De ces trois choses, la première ne doit pas nous occuper ; la deuxième aura sa place dans un ouvrage qui sera la continuation de celui-ci : l'*Histoire de l'école militaire de Saint-Cyr ;* la troisième est l'objet du présent livre ; mais, comme elle fut aussi l'œuvre d'une femme qui l'avait essayée avant le grand roi, et dont l'existence est inséparablement liée à celle de la maison royale de Saint-Cyr, nous devons commencer l'histoire de cette maison par quelques lignes sur la vie et le caractère de son illustre fondatrice, Françoise d'Aubigné, marquise de Maintenon, deuxième femme du roi Louis XIV.

# CHAPITRE II.

#### HISTOIRE DE MADAME DE MAINTENON, JUSQU'EN 1684.

Françoise d'Aubigné, née le 27 novembre 1635, était fille de Constant d'Aubigné et de Jeanne de Cardillac, et petite-fille de Théodore-Agrippa d'Aubigné, si célèbre par ses ouvrages, son attachement pour Henri IV, son zèle pour le calvinisme, enfin, et comme il le disait lui-même, « par sa rude probité. » Constant d'Aubigné ne se fit connaître que par ses vices, la dissipation de ses biens, et une vie pleine de désordres; il se trouvait même enfermé dans le château de Niort pour crime de faux-monnayage, lorsque sa femme, qui partageait volontairement sa prison, accoucha de Françoise d'Aubigné. Il obtint sa grâce, partit pour la Martinique en 1639 avec sa famille, et y mourut en 1645. Sa veuve revint en France avec ses deux enfants, dénuée de tout, et elle trouva quelques secours dans la maison de madame de Villette, sœur de Constant, calviniste d'une grande austérité. La jeune Françoise y fut élevée dans la religion de ses pères; mais une de ses parentes obtint de la régente, Anne d'Autriche, un ordre pour l'enlever à cette éducation, et elle la mit dans un couvent de Paris, où l'on s'efforça de la convertir. Elle avait alors onze ans; mais, déjà pleine de raison et de fermeté, elle résista à toutes les obsessions, et il fallut deux ans d'instructions, même de controverses avec des prêtres, « qu'elle fatiguait, disait-elle plus tard, la Bible à la main, » pour qu'elle consentît à se faire catholique.

Elle sortit du couvent à l'âge de quatorze ans, et vint habiter avec sa mère une maison voisine de celle qu'occupait un homme alors célèbre par ses ouvrages, son esprit, ses précoces infirmités : c'était Scarron, né en 1610, et qui appartenait à une famille considérable de la magistrature. Elle s'y trouva dans un état qui touchait à la misère. Le poëte, bien que perclus de tous ses membres et ne vivant que des pensions de la cour, conçut tant d'estime pour cette jeune fille, aussi belle que spirituelle et modeste, qu'il lui offrit ou de la prendre pour femme, ou de payer sa dot dans un couvent. Françoise refusa l'un et l'autre; mais, deux ans après, ayant perdu sa mère et étant à la charge d'une parente qui l'aimait peu, elle consentit à devenir l'épouse (1650) de celui qu'elle appelait plus tard « son pauvre estropié, » et qui jouissait à cette époque de la plus grande renommée littéraire.

Elle fut à la fois son secrétaire, sa servante, et aussi son écolière, car c'est là qu'elle apprit le latin, l'italien, l'espagnol, et se nourrit l'esprit de nombreuses lectures; mais elle se trouva auprès de lui dans une position difficile. Scarron narguait ses souffrances par un enjouement inaltérable, des saillies sans fin, et sa passion pour les plaisirs de l'esprit; sa maison était donc le rendez-vous des seigneurs les plus brillants, de dames du grand monde, d'écrivains célèbres, qui venaient jouir de son entretien et de ses bouffonneries : on y voyait le duc de Vivonne, le marquis de Coligny, le maréchal d'Albret, mesdames Fouquet, de la Sablière, de la Suze, Scudéry, Pellisson, Ménage, etc. Mais les ouvrages de Scarron témoignent que les conversations y devaient être d'un goût équivoque, souvent même licencieuses; « cependant, disent les *Mémoires des Dames de Saint-Cyr,* elle vécut avec lui d'une manière fort douce et fort honnête, lui rendant les assiduités et les complaisances qu'une femme doit à son mari, mais imprimant par sa modestie tant de respect à la nombreuse compagnie, qu'un de ces jeunes gens disait : « S'il me fallait manquer de respect à la reine ou à elle, j'aimerais mieux le faire à l'égard de la reine[1]. » Elle était d'ailleurs soutenue dans ce personnage par son naturel froid, sévère, ennemi de toute

[1] *Mémoires des Dames de Saint-Cyr,* Introduction. Voir, pour ces *Mémoires* et les autres manuscrits cités dans cet ouvrage, la Préface.

faiblesse, par une fierté extrême, la passion de se faire un renom de femme sage, un amour de la bonne gloire et de sa propre dignité, qui a été le mobile de toute sa conduite, enfin « par un grand fonds de religion qui l'empêchait de faire aucun mal[1]. » Scarron lui-même subit le charme de cette vertu pleine d'agréments : il s'imposa de la retenue ; sa bouffonnerie devint une gaieté douce et résignée ; il n'eut plus que des témoignages de respect pour sa jeune épouse. « Mon mari avait le fond excellent, dit madame de Maintenon dans ses lettres : je l'avais corrigé de ses licences ; il n'était ni fou, ni vicieux par le cœur, d'une probité reconnue, d'un désintéressement sans exemple. »

Scarron mourut en 1660 ; alors sa veuve se trouva retombée dans la pauvreté. A force de sollicitations, elle obtint de la reine mère une pension de 2,000 livres avec laquelle elle se retira dans le couvent où elle avait été élevée, les Ursulines du faubourg Saint-Jacques. « Elle y vit la meilleure compagnie de ce temps-là, disent les Dames de Saint-Cyr, et avec cette modique pension, elle gouverna si bien ses affaires qu'elle était toujours honnêtement vêtue, quoique simplement ; car ses habits n'étaient que d'étamine du Lude, et avec cette *grisette*[2], du linge uni, bien chaussée, de beaux jupons, chose qu'on lui a entendu dire, sa

---

[1] Voici le portrait que fit d'elle à cette époque mademoiselle de Scudéry, dans son fameux roman de *Clélie*, qui parut en 1658 :

« Elle était grande et de belle taille, mais de cette grandeur qui n'épouvante point et qui sert seulement à la bonne mine. Elle avait le teint fort uni et fort beau, les cheveux d'un châtain-clair et très-agréable, le nez très-bien fait, la bouche bien taillée, l'air noble, doux, enjoué, modeste, et pour rendre sa beauté plus parfaite et plus éclatante, les plus beaux yeux du monde. Ils étaient noirs, brillants, doux, passionnés, pleins d'esprit ; leur éclat avait ce je ne sais quoi qu'on ne saurait exprimer. La mélancolie douce y paraissait quelquefois avec tous les charmes qui la suivent, et l'enjouement s'y faisait voir à son tour avec tous les attraits que la joie peut inspirer. Son esprit était fait exprès pour sa beauté, grand, doux, agréable, bien tourné. Elle parlait juste et naturellement, de bonne grâce et sans affectation. Elle savait le monde et mille choses dont elle ne se souciait pas de faire vanité. Elle ne faisait pas la belle, quoiqu'elle eût mille appas inévitables ; de sorte que, joignant les charmes de sa vertu à ceux de sa beauté et de son esprit, on pouvait dire qu'elle méritait toute l'admiration qu'on eut pour elle. »

[2] C'était le nom donné aux étoffes communes que portait la bourgeoisie.

pension, celle de sa femme de chambre et ses gages payés, elle avait encore de l'argent de reste et disait qu'elle n'avait jamais passé de temps plus heureux [1]. » — « Le temps de ma jeunesse a été fort agréable, racontait-elle aux Dames de Saint-Cyr, n'ayant point d'ambition ni aucune de ces passions qui auraient pu troubler le bonheur que je trouvais dans la sorte de vie que je m'étais ménagée; j'étais contente et heureuse; je ne connaissais ni le chagrin, ni l'ennui [2]. »

Elle fréquentait principalement les hôtels d'Albret et de Richelieu, qui étaient regardés comme les héritiers de l'hôtel de Rambouillet, par la compagnie brillante et les beaux esprits qui s'y réunissaient. La veuve de Scarron, malgré sa mauvaise fortune, y était accueillie avec empressement : « elle plaisait infiniment, dit Saint-Simon, au maréchal d'Albret et à tous ses commensaux, par ses grâces, son esprit, ses manières douces et respectueuses et son attention à plaire à tout le monde [3]. » Les ennemis que lui fit plus tard son élévation, les écrivains protestants ou opposés à Louis XIV ont essayé de flétrir cette époque de sa vie; mais leurs accusations calomnieuses sont démenties par le respect ou l'estime que lui témoignaient les gens les plus sévères, les femmes les plus vertueuses. « Je l'ai cent fois, dit l'intendant Basville, ramenée dans mon carrosse des hôtels d'Albret et de Richelieu dans la rue Saint-Jacques où elle demeurait. J'étais pénétré pour elle du même respect que j'aurais eu pour la reine; son regard seul en inspirait, et nous étions tous surpris qu'on pût allier tant de vertus, de pauvreté et de charmes. » — « Ceux qui me déchirent, disait-elle aux Dames de Saint-Cyr, ne m'ont point connue; ceux qui m'ont connue savent que j'ai vécu sans reproche avec ce monde aimable qu'il est si difficile de voir sans danger. Il est triste de finir sa vie avec d'autres gens que ceux avec qui on l'a com-

---

[1] *Mémoires de Saint-Cyr*, Introduction.
[2] *Lettres édifiantes* de madame de Maintenon, t. v, p. 930. — Voir, pour ces *Lettres*, la Préface.
[3] *Mémoires*, t. i, p. 404.

mencée. » Enfin, dans les instructions familières qu'elle faisait à Saint-Cyr, elle a souvent elle-même proposé cette partie de sa vie comme exemple aux demoiselles qui devaient aussi se trouver dans le monde, jeunes, pauvres, orphelines, exposées à tous les dangers. « Les femmes m'aimaient, disait-elle, parce que j'étais douce dans la société et que je m'occupais plus des autres que de moi. Les hommes me suivaient, parce que j'avais encore les grâces de la jeunesse. J'ai vu de tout, mais toujours en tout honneur : c'était une amitié d'estime et générale. Je ne voulais point être aimée en particulier de qui que ce soit; je voulais l'être de tout le monde, faire dire du bien de moi, faire un beau personnage et avoir l'approbation des honnêtes gens : c'était là mon idole… Il n'y a rien que je n'eusse été capable de faire et de souffrir pour faire dire du bien de moi. Je me contraignais beaucoup; mais cela ne me coûtait rien, pourvu que j'eusse une belle réputation : c'était ma folie. Je ne me souciais pas de richesses; j'étais élevée de cent piques au-dessus de l'intérêt; mais je voulais de l'honneur [1]. » Enfin ce fut à cette époque qu'elle prit le goût et les pratiques d'une dévotion solide : elle se livra moins au monde, dompta son amour de grande réputation, s'imposa des austérités et même des privations sur les plaisirs de l'esprit. Elle avait pour directeur un vieux et simple prêtre, qui garda sa confiance tant qu'il vécut : c'était l'abbé Gobelin, « qui avait été homme de guerre dans sa jeunesse et s'était fait d'église par un vrai détachement du monde et par amour de la science et de la vertu : avec un aspect fort commun, il avait beaucoup d'esprit et de pénétration, et lui disait bien toutes ses vérités [2]. »

[1] *Lettres édifiantes*, t. v, p. 933.
[2] *Mémoires de Saint-Cyr*, ch. xix. — « Il m'a ordonné, dit-elle, de me rendre ennuyeuse en compagnie pour mortifier la passion qu'il aperçut en moi de plaire par mon esprit : j'obéis, mais voyant que je bâille, et que je fais bâiller les autres, je suis prête quelquefois à renoncer à la dévotion. » — Il lui avait aussi ordonné de faire des retranchements sur sa toilette, et comme elle lui disait qu'elle ne portait ni soie, ni dentelle, mais des robes de petite bourgeoise : « Je ne sais ce qu'il y a, ma très-honorée dame, répondit-il, mais quand vous venez vous confesser, je vois tomber à mes pieds une quantité d'étoffe qui a trop bonne grâce et sied trop bien. »

Ce fut dans les hôtels d'Albret et de Richelieu qu'elle fit connaissance ou amitié avec les femmes célèbres de l'époque, mesdames de Sévigné, de La Fayette, de Coulanges, la princesse des Ursins, la marquise de Montchevreuil, enfin madame de Montespan, « avec qui elle avait bien des rapports par l'esprit et les charmes de la conversation. » — « On a ouï dire à madame de Maintenon, racontent les Mémoires de Saint-Cyr, que rien n'était plus aimable que madame de Montespan, lorsqu'elle la connut chez madame la maréchale d'Albret ; ses sentiments étaient honnêtes et sa conduite réglée... Mais enfin madame de Montespan plut au roi et en eut des enfants. Il fut question de les mettre entre les mains d'une personne qui sût et les bien élever et les bien cacher ; car d'abord on voulait du secret. Madame de Montespan se souvint de madame Scarron et lui fit proposer par M. de Louvois de prendre les enfants (1669). La jeune veuve, qui sentait ce qu'elle était née, refusa d'abord, ignorant que les enfants fussent au roi. Elle consulta son confesseur, et, d'après son avis, elle répondit : Si les enfants sont au roi, je le veux bien ; mais il faut qu'il me l'ordonne. Le roi, en effet, la fit venir à Saint-Germain et la pria de prendre les enfants, ce qu'elle fit [1]. » On ne saurait douter que la veuve de Scarron n'ait cherché dans ce rapport avec le roi une occasion de fortune, non de la fortune inouïe qui lui advint, mais de celle qui pouvait l'empêcher de retomber dans la gêne ; cependant sa conduite eut aussi pour mobile la reconnaissance : trois ans auparavant, à la mort de la reine mère, elle avait été privée de sa pension [2]. Elle sollicita

---

[1] *Mémoires de Saint-Cyr*, Introduction. — Lettre de madame de Maintenon, du 24 mars 1669. — *Mémoires pour servir à l'histoire de la fondation de la maison royale de Saint-Cyr*, par Languet de Gergy, archevêque de Sens. Voir, pour ces *Mémoires*, la Préface.

[2] Un peu avant la mort de la reine mère, on voulut lui faire épouser un homme riche et de condition, mais sans esprit et sans mœurs. Elle refusa dans des termes dignes d'Agrippa d'Aubigné : « Je le jure en présence de Dieu, quand même j'aurais prévu la mort de la reine, je n'aurais point accepté ce parti ; j'aurais encore mieux aimé ma liberté, j'aurais respecté mon indigence... Que pensez-vous de la comparaison qu'on a osé me faire de cet homme à M. Scarron ? O Dieu, quelle différence !...

vainement son rétablissement, et, privée de toute ressource, elle allait être réduite à chercher une condition en Portugal, quand elle s'adressa en dernier lieu à madame de Montespan : « Je lui peignis ma misère, raconte-t-elle, mais sans me ravaler. » La favorite fit rétablir la pension.

Madame Scarron ayant accepté la charge d'élever les enfants de madame de Montespan, « ce fut pour elle le commencement d'une fortune singulière, mais aussi le commencement de ses peines et de ses contraintes. Il fallut s'éloigner de ses amis, renoncer au plaisir de la société pour laquelle elle semblait être née, et il le fallut sans pouvoir en donner de bonnes raisons aux gens de sa connaissance [1]. » Elle se retira dans une maison isolée de la rue de Vaugirard, et elle y vécut avec les enfants, leurs nourrices, quelques domestiques, sans voir ni recevoir aucun de ses amis.

Le personnage de madame de Maintenon dans ces circonstances nous semble assez étrange et peu digne de la réputation de vertu sévère qu'elle ambitionnait, qu'elle avait acquise; mais les idées de cette époque n'étaient nullement les nôtres. La royauté s'était placée dans une sphère si élevée, les adorations dont l'entouraient toutes les classes de la nation étaient telles qu'on lui avait fait une existence et une morale en dehors de l'humanité; ses faiblesses et ses scandales, tout en restant des crimes aux yeux de la religion, étaient aux yeux du monde excusés, et pour ainsi dire respectés; enfin l'on éprouvait à l'égard des amours du Jupiter de Versailles un sentiment un peu semblable à celui qu'éprouvaient les anciens à l'égard des désordres de leurs dieux. Aussi le poste de gouvernante des enfants naturels du roi était regardé non comme une dégradation, mais comme une faveur; mesdames Colbert et de la Sablière l'avaient occupé pour les enfants de madame de la Vallière sans exciter d'autre sentiment que

Assurez ceux qui attribuent mon refus à un engagement que mon cœur est parfaitement libre, veut toujours l'être et le sera toujours... »
[1] *Mémoires de Saint-Cyr*, Introduction.

l'envie ; pas un des contemporains n'a reproché à madame de Maintenon, « cette sorte d'honneur fort singulier, » ainsi qu'elle l'appelle. Ajoutons qu'elle sanctifia son personnage par la tendresse passionnée qu'elle eut pour les enfants de madame de Montespan, par les peines infinies qu'elle se donna pour les élever : elle en fut la vraie mère, et ils la regardaient comme telle, surtout le duc du Maine, enfant maladif et infirme pour lequel elle eut toutes les alarmes, toutes les faiblesses, toutes les illusions de la maternité.

Quand le mystère de ces enfants fut dévoilé, c'est-à-dire quand le roi, les ayant reconnus (1673), les fit élever auprès de lui, madame Scarron alla demeurer à la cour et eut le même appartement que la favorite. Néanmoins elle garda sa vie accoutumée, sa dévotion qui devint plus sévère, ses sociétés de Paris où elle continua à être goûtée [1]. Vivant dans les apparences d'une grande intimité avec madame de Montespan, quoiqu'elle eût beaucoup à souffrir de son humeur impérieuse et de ses emportements, elle ne cessa pas de lui faire des remontrances ; elle osa même dire son sentiment au roi. Louis avait d'abord conçu un grand éloignement pour la veuve de Scarron, et tout en l'estimant pour l'affection qu'elle montrait à ses enfants, il évitait sa présence : mais ayant eu l'occasion de s'entretenir avec elle, il s'accoutuma peu à peu à sa parole facile, tour à tour sérieuse et enjouée, « à son esprit aimable et merveilleusement droit, aux grâces de toute sa personne, à son air de satisfaction intérieure et de calme parfait qui étaient le témoignage d'une bonne conscience et d'une vie sans reproche ; » enfin il prit insensiblement du goût pour cette femme « d'une humeur toujours égale, maîtresse d'elle-même, modeste, raisonnable et qui joignait à des qualités si rares les agréments de l'esprit et une grande instruction [2] ». Au

---

[1] Madame Scarron soupe ici tous les soirs ; sa compagnie est délicieuse... C'est un plaisir de l'entendre raisonner... Elle est habillée modestement et magnifiquement... Elle est aimable, belle, bonne et négligée. (*Lettres de madame de Sévigné*, 1672 et 1673.)

[2] *Mémoires de Saint-Cyr*, Introduction.

retour d'un voyage qu'elle fit aux Pyrénées pour la santé du duc du Maine (1674), il lui donna la terre de Maintenon, qui rapportait 15,000 livres de rente, et il lui commanda d'en prendre le nom.

Alors sa faveur commença et celle de madame de Montespan décrut tous les jours; mais madame de Maintenon, ne prévoyant pas où cette faveur devait la conduire, satisfaite d'avoir été tirée du besoin par les bontés du roi, ne pouvant plus supporter les outrages de madame de Montespan qui la traitait en maîtresse jalouse, songea « à briser ses chaînes. » Elle voulut se retirer de la cour et passer le reste de sa vie dans la solitude ou dans un couvent[1]. Son confesseur, par qui elle se laissait conduire comme un enfant, l'en empêcha; elle fut retenue aussi par la volonté du roi, qui lui ordonna de ne plus rendre compte qu'à lui de l'éducation de ses enfants. D'ailleurs, à cette époque et grâce aux exhortations de Bossuet, Louis commençait « à avoir de bons sentiments et des retours fréquents vers Dieu; » il se plaisait de plus en plus dans les entretiens de madame de Maintenon, qui, suivant l'expression de madame de Sévigné, « lui faisait connaître un pays tout nouveau. » — « Quand je commençai à

---

[1] « Madame de Montespan et moi, écrivait-elle à l'abbé Gobelin, avons eu une contestation fort vive; et comme je suis la partie souffrante, j'ai beaucoup pleuré; elle en a rendu compte au roi, à sa mode. Je vous avoue que j'ai bien de la peine à demeurer dans un état où j'aurai tous les jours de ces aventures-là; j'ai eu mille fois envie d'être religieuse, et la peur de m'en repentir m'a fait passer par-dessus les mouvements que mille personnes auraient appelés vocation; je meurs d'envie, il y a sept mois, de me retirer, et la même raison m'a empêchée de le faire; c'est une prudence bien timide, et qui me fait consumer ma vie dans d'étranges agitations. Songez-y devant Dieu, je vous en conjure; je sais bien que je puis faire mon salut ici; mais je crois que je pourrai encore mieux le faire ailleurs, et je ne saurais comprendre que la volonté de Dieu soit que je souffre de madame de Montespan. Elle ne saurait trouver en moi les oppositions qu'elle y trouve sans me haïr; elle me redonne au roi comme il lui plaît, et m'en fait perdre l'estime; je suis donc avec lui sur le pied d'une bizarre qu'il faut ménager; je n'ose lui parler directement, parce qu'elle ne me le pardonnerait jamais, et quand je lui parlerais, ce que je dois à madame de Montespan ne me peut permettre de parler contre elle; ainsi je ne puis jamais mettre un remède à ce que je souffre; cependant la mort vient, et vous et moi aurons un grand regret à un tel emploi du temps passé. » (Extrait des lettres à l'abbé Gobelin, dans les *Mémoires de Saint-Cyr*, Introduction.)

voir, racontait-elle aux Dames de Saint-Cyr, qu'il ne serait peut-être pas impossible d'être utile au salut du roi, je commençai aussi à être convaincue que Dieu ne m'avait amenée à la cour que pour cela, et je bornai là toutes mes vues [1]. » — « Quelques-uns croient, écrivait-elle à cette époque, que je veux ramener à Dieu madame de Montespan. Je le souhaiterais bien, mais je ne l'espère pas. Il y a un cœur mieux fait sur lequel j'aurais de plus grandes espérances [2]. » Elle dit alors librement au roi « le tort qu'il faisait à sa gloire et le scandale qu'il donnait à son peuple, dont il répondrait à Dieu; » elle lui parla « en chrétienne et en véritable amie de madame de Montespan [3]; » mais « elle assaisonnait ses paroles de tant de grâce et savait placer si à propos ses remontrances que jamais il ne s'en trouva blessé. Quelquefois il en badinait avec elle; quelquefois il en paraissait touché; il gémissait sur ses chaînes et n'osait les briser [4]. » Mais alors les fureurs de madame de Montespan devinrent telles que madame de Maintenon en fit ouvertement ses plaintes au roi, lui demandant à quitter la cour. Louis refusa, et la tira de toute dépendance en la nommant dame d'atour de la Dauphine. Il se détacha de plus en plus de madame de Montespan et, après beaucoup de rechutes et de désordres, il finit par rompre avec elle. Alors les courtisans crurent que madame de Maintenon allait prendre sa place; mais ils ne connaissaient ni la froide vertu ni la pieuse ambition de cette femme qui toute sa vie a eu pour maxime : « Rien n'est plus habile qu'une conduite irréprochable. » — « Ceux qui disent que je veux me mettre à sa place, écrivait-elle avec un dédain plein de noblesse, ne connaissent ni mon éloignement pour ces sortes de commerces, ni l'éloignement que je voudrais en inspirer au roi [5]. »

[1] Entretiens avec madame de Glapion.
[2] Lettre à madame de Saint-Giran, du 7 août 1682.
[3] Extrait des lettres à l'abbé Gobelin. — *Lettres édifiantes*, t. 1, 22ᵉ lettre.
[4] *Mémoires de Languet*, t. 1, p. 115.
[5] Lettre à madame de Saint-Géran, du 7 août 1682.

Tous les gens de bien applaudirent à la victoire de madame de Maintenon sur madame de Montespan : c'était, disait un évêque, celle de l'esprit du bien sur celui du mal, et ils trouvèrent qu'elle avait rendu au roi et à l'État un signalé service. En effet, Louis XIV était arrivé à l'âge de quarante-huit ans, et l'on voyait avec effroi que ce prince, si grand par les pensées politiques et la droiture de son esprit, ne sortait pas des désordres de sa jeunesse, qu'il devenait de plus en plus l'esclave de ses plaisirs et qu'il s'acheminait vers une vieillesse honteuse où s'abîmerait sa gloire ainsi que la grandeur du pays. Or dans le XVIIe siècle, le roi n'était pas seulement le chef de l'État, il en était l'âme; c'était la patrie incarnée, une sorte de providence visible et le lieutenant de Dieu sur la terre; c'était enfin l'homme ayant la charge du bonheur et du salut de vingt millions d'hommes, de la fortune et de l'avenir de la première nation de la chrétienté. Que deviendrait cette royauté d'essence divine et sa magnifique mission avec un prince contempteur de ses premiers devoirs, dont les passions s'étaient mises au-dessus des lois religieuses et humaines, entouré de femmes qui mendiaient un de ses regards, un de ses caprices, et de courtisans qui bâtissaient les plus infâmes espérances sur les scandales futurs d'une fin de règne désordonnée? Que deviendrait la France, si elle était affligée d'un Louis XV avant le temps, alors qu'elle allait entrer dans les difficultés et les périls enfantés par la révolution d'Angleterre et la succession de la monarchie espagnole? Madame de Maintenon tira Louis XIV de ce bourbier; elle le rendit à ses devoirs, aux soins assidus de son royaume, au bon exemple qu'il devait à ses sujets; elle dissipa les nuages de son orgueil et le fit descendre de son Olympe pour lui inspirer des sentiments chrétiens de repentir, de modération, de tendresse pour son peuple et surtout, ce qu'il connaissait à peine, d'humilité[1]; enfin au moment où le malheur allait frapper cet homme gâté par quarante ans d'adulations et de

---

[1] « Il est choqué, dit madame de Maintenon, d'entendre lire dans l'Évangile que Jésus-Christ parle toujours le langage des pauvres. » (*Lettres édifiantes*, t. v, p. 747.)

prospérités inouïes, elle le mit à même de supporter ses coups avec une constance sans égale, et de retenir la France sur le penchant de sa ruine. C'est en cela qu'a consisté le rôle politique de madame de Maintenon ; ce fut là toute sa mission, la seule qu'elle se fût elle-même donnée, c'est là sa gloire.

Elle n'usa d'abord de son ascendant sur Louis XIV que pour le rapprocher de la reine. « Il eut alors pour son épouse des attentions, des égards, des manières tendres auxquelles elle n'était pas accoutumée et qui la rendaient plus heureuse qu'elle n'avait jamais été ; elle en fut touchée jusqu'aux larmes et elle disait avec une espèce de transport : Dieu a suscité madame de Maintenon pour me rendre le cœur du roi. Elle lui en témoigna sa reconnaissance et marqua ouvertement à toute la cour l'estime qu'elle faisait d'elle [1]. » — « La famille royale, écrivait madame de Maintenon, vit dans une union tout à fait édifiante ; le roi s'entretient des heures entières avec la reine. Le don qu'elle m'a fait de son portrait est tout ce qu'il y a de plus agréable pour moi depuis que je suis à la cour : c'est dans mon esprit une distinction infinie [2]. »

La reine ne jouit pas longtemps de cette existence nouvelle : elle mourut le 30 juillet 1683, et après ses funérailles, la cour alla à Fontainebleau. « Pendant ce voyage, disent les Dames de Saint-Cyr, la faveur de madame de Maintenon devint encore plus grande : le roi, ne pouvant se passer d'elle, la fit loger dans l'appartement de la reine ; les conseils se tenaient dans sa chambre et le roi y faisait une grande partie de ses affaires, sur lesquelles il la consultait souvent. Elle se fit un plan de vie très-chrétienne, tâchant de se tenir plus près de Dieu pour être plus en état de servir au salut du roi, car elle était persuadée que c'était pour cela que Dieu avait conduit les choses au point où elles en étaient [3]. »

---

[1] *Mémoires de Languet de Gergy.* — *Mémoires de Saint-Cyr,* Introduction.
[2] Lettre du 1er novembre 1682.
[3] *Mémoires de Saint-Cyr,* Introduction.

« Pendant ce voyage, dit madame de Caylus, je vis tant d'agitation dans son esprit, que j'ai jugé depuis qu'elle était causée par une incertitude violente de son état, de ses pensées, de ses craintes, de ses espérances; en un mot, son cœur n'était pas libre... A la fin du voyage, le calme succéda à l'agitation. » Madame de Caylus ajoute qu'avant la mort de la reine on voit dans les lettres de madame de Maintenon à l'abbé Gobelin une femme dégoûtée de la cour et qui ne cherche qu'une occasion de la quitter; mais, après la mort de la reine, « cette même femme ne délibère plus; le devoir est pour elle marqué et indispensable d'y demeurer, et dans ces temps différents, la piété est toujours la même [1]. »

Si madame de Maintenon n'avait pas pris le soin d'anéantir les lettres qu'elle écrivit alors à l'abbé Gobelin, nous saurions ce qui se passa alors entre elle et le roi, et ce qui amena, moins d'un an après, leur mariage. On ne peut que le conjecturer par quelques fragments de sa correspondance avec son amie madame de Saint-Géran. « Le roi m'a fait l'honneur de m'écrire deux billets fort affectueux : j'y ai répondu en chrétienne... A quarante-huit ans, il n'est plus temps de plaire, mais la vertu est de tout âge... Je le renvoie toujours affligé, jamais désespéré. »

A cette époque, madame de Maintenon était encore d'une grande beauté : « elle avait, disent les Dames, le son de voix le plus agréable, un ton affectueux, un front ouvert et riant, le geste naturel de la plus belle main, des yeux de feu, les mouvements d'une taille libre si affectueuse et si régulière qu'elle effaçait les plus belles de la cour... Le premier coup d'œil était imposant et comme voilé de sévérité : le sourire et la voix ouvraient le nuage... » Mais c'était moins par sa beauté qu'elle plaisait au roi que par sa piété tendre et facile, ses conseils délicats, « et qui n'étaient point désavantageux à sa gloire, » les idées élevées qu'elle lui inspirait pour la réforme de son royaume : « c'était,

---

[1] *Souvenirs*, p. 447.

dit Fénelon, la sagesse parlant par la bouche des grâces. »
« D'ailleurs, ajoute l'abbé de Choisy, en le faisant entrer dans les
vues de l'éternité, elle s'était acquis un ascendant d'autant plus
solide que les intérêts humains n'y avaient aucune part. » Aussi
madame de Sévigné disait : « La place de madame de Maintenon est unique : il n'y en a point, il n'y en aura jamais de
semblable. »

Le changement qui se fit alors dans Louis XIV parut merveilleux à toute la France, et fut regardé « comme un coup de la
Providence. » Ce prince, dans la force de l'âge mûr, habitué à
vivre dans sa cour comme un empereur païen, passa tout à coup
d'une vie scandaleuse à une vie réglée, sévère, édifiante, occupé uniquement des soins de son royaume, sous l'influence
d'une femme presque vieille, la veuve d'un poëte burlesque, qui
ne lui parlait que de conversion et de pénitence, et dont tout le
charme, la séduction, la puissance secrète consistaient dans un
mot : le devoir.

« Si c'est un prodige, dit Languet, de voir la veuve de Scarron devenir, à l'âge de cinquante ans, l'épouse de Louis le Grand,
c'est un autre prodige non moins surprenant de voir que cette
veuve n'y soit parvenue que par sa piété ; qu'elle ait captivé le
roi parce qu'elle était vertueuse ; qu'elle ait fixé sans faiblesse le
plus volage de tous les cœurs pendant plus de trente années
consécutives ; que dans tout cet espace de temps elle n'ait acquis
ni terre, ni rentes, ni biens, ni titres ; que, parée de sa seule
modestie, elle n'ait été occupée que de complaire au roi, de lui
inspirer de la piété par la douceur de son esprit, et de ménager
sa gloire, sa santé et sa vie en s'oubliant totalement elle-même [1]. »

Le mariage de Louis XIV avec madame de Maintenon eut lieu
probablement dans les derniers mois de 1684 [2]. La célébration

---

[1] *Mémoires*, t. 1er, p. 172.
[2] On trouve dans le tome 1er des *Lettres édifiantes*, LXIVe lettre, ces mots à l'abbé Gobelin, datés de janvier 1685 : « Il faut vous faire des reproches de la manière

## CHAPITRE II.

s'en fit dans le plus grand mystère; aucun acte n'en est resté. Madame de Maintenon, insoucieuse de sa renommée, voulut que la postérité restât dans l'incertitude sur son état : elle détruisit elle-même, et avec le soin le plus vigilant, toutes les lettres qui auraient pu le témoigner; elle garda sur ce sujet le secret le plus parfait, excepté avec son confesseur, le cardinal de Noailles, et la famille de Montchevreuil; enfin, dans ses entretiens intimes avec les Dames de Saint-Cyr, elle laissa à peine échapper quelques paroles qui en fussent la preuve[1]. L'évêque de Meaux et plusieurs autres prélats ayant décidé « que c'était remplir les desseins de Dieu que de faire servir la confiance du roi pour madame de Maintenon, et les complaisances légitimes de madame de Maintenon pour le roi à faire triompher dans le royaume la vertu et la piété par l'usage de l'autorité souveraine[2], » elle consentit « à

pleine de respect et de cérémonie dont votre lettre est écrite ; je ne sais si les honneurs dont je suis *environnée* (les deux premières syllabes de ce mot sont une surcharge dans le recueil manuscrit que j'ai sous les yeux : il y avait très-distinctement *couronnée*) vous inspirent quelque chose de nouveau; mais, pour moi, je ne suis point changée pour vous et je reçois les marques de votre souvenir et de votre amitié, comme j'ai fait depuis seize ans qu'il y a que je suis en commerce avec vous... » — Tous les historiens ont placé la date probable du mariage à la fin de 1685 : je pense que la citation précédente doit lever la difficulté.

[1] Il y a dans les Lettres de madame de Maintenon et dans les *Mémoires de Saint-Cyr* une multitude de passages qui prouvent le mariage aussi distinctement que si nous en possédions l'acte : je me contente de citer celui-ci :

« Quoiqu'il n'y ait rien d'apparent, disent les *Mémoires*, qui puisse prouver juridiquement qu'elle ait été mariée au roi, l'intime confiance avec laquelle elle vivait avec lui, et d'ailleurs sa conduite si pieuse et si édifiante ne permettent pas d'en douter; elle a toujours gardé sur cela un secret inviolable. Cependant un jour que j'avais l'honneur d'être avec elle (c'est madame du Pérou qui parle), elle me dit en parlant de madame de Montespan et des autres maîtresses du roi, qu'il y avait bien de la différence de l'amitié du roi pour elle et de celle qu'il avait pour ces dames, que c'étaient des *liens sacrés*. M. le maréchal de Villeroy nous dit un jour qu'il était aussi vrai que le roi avait épousé madame de Maintenon, qu'il était vrai qu'il avait été marié avec sa femme. »

[2] *Mémoires de Languet de Gergy*, p. 163. — Le grand Arnault écrivait, le 13 juin 1688, à M. du Vaucel : « ... Je ne vois pas ce qu'on peut reprendre dans ce mariage contracté selon les règles de l'Église. Il n'est humiliant qu'aux yeux des faibles qui regardent comme une bassesse de s'être pu résoudre à épouser une femme plus âgée que lui, et si fort au-dessous de son rang; au lieu qu'il a fait une action agréable à Dieu, s'il n'a regardé cette union que comme un remède à sa faiblesse qui l'empêchait de faire des chutes criminelles. Ce mariage le lie d'affection avec une personne dont il estime l'esprit et la vertu, et dans l'entretien de laquelle il trouve des plai-

être une énigme pour le monde, » et ne fit aucune tentative pour que son mariage fût déclaré : c'était sa vie humble et cachée qui faisait sa puissance. Mais ce mariage ne fut douteux pour personne, à voir la familiarité respectueuse de Louis XIV avec madame de Maintenon, les soins assidus et particuliers de cette dame pendant les maladies du roi, la vie pieuse des deux personnages. Le roi lui donna en particulier toutes les prérogatives qui ne pouvaient appartenir qu'à son épouse, ne l'appelant que *madame*, sans nom ni titre, la traitant avec des égards, une déférence qui ressemblaient à de la soumission. Le dauphin, tous les princes de la famille royale ne lui parlaient, ne lui écrivaient qu'avec une affection respectueuse, la consultant sur tout, implorant sa bienveillance, s'adressant à elle et au roi comme *aux chefs de la famille;* toute la cour était à ses pieds, sollicitant un mot, un regard d'elle; « des parlements, des provinces, des villes, des régiments s'adressaient à elle dans tout ce qui devait aller au roi; tous les grands du royaume, les cardinaux, les évêques, ne connaissaient pas d'autre route [1]; » les monarques étrangers lui écrivaient pour lui demander son amitié, les petits princes pour solliciter ses bonnes grâces, le pape pour mettre ses nonces sous sa protection, l'autoriser à se mêler des affaires de l'Église, et la prier « d'accorder son assistance à tout ce qui concerne la religion. » Mais en public, dans les cérémonies, dans les réceptions officielles, elle n'avait aucun rang, et se perdait parmi les autres dames de la cour. « Je l'ai vue à Fontainebleau, dit Saint-Simon, en grand habit chez la reine d'Angleterre, cédant absolument sa place, et se reculant partout pour les femmes titrées, pour les femmes même d'une qualité distinguée, polie, affable, parlant comme une personne qui ne prétend rien, qui ne montre rien, mais qui en imposait beaucoup. » Point de rang, point de distinctions, point de dignités,

sirs innocents qui le délassent de ses grandes occupations. Plût à Dieu que les directeurs de sa conscience ne lui eussent jamais donné de plus mauvais conseils! »

[1] *Mémoires de Saint-Cyr,* Introduction.

point de maison, point de grands biens dans cette cour pompeuse où l'on se disputait avec passion titres, places, charges, tabourets. Au milieu de ce luxe, de ces prodigalités royales qui semblaient empruntées aux cours de l'Asie, elle resta économe, désintéressée, charitable, simple dans toute sa vie et jusque dans ses vêtements [1], occupée uniquement d'une pensée, réformer les mœurs du roi, « avoir avec lui ce commerce de piété et de prières pour lequel elle s'était donnée à lui [2], » faire son salut. « La dévotion, disait-elle, rend le cœur tendre sur les malheurs du peuple, et l'esprit éclairé sur les objets de la véritable gloire. » Elle croyait donc qu'en inspirant au roi une vie chrétienne et dévouée à ses sujets, elle assurerait la réforme du royaume et la prospérité de l'État. Ses conseillers les plus vertueux bornaient là sa mission : « Vous devez vous appliquer, lui écrivait Fénelon en 1687, à le toucher, à l'instruire, à lui ouvrir le cœur, à lui donner des vues de paix, et surtout de soulagement des peuples, de modération, d'équité, de défiance à l'égard des conseils durs et violents, d'horreur pour les actes d'autorité arbitraire; en un mot, vous devez être la sentinelle de Dieu au milieu d'Israël, pour protéger tout le bien et réprimer tout le mal, suivant les bornes de votre autorité [3] . »

Elle ne parvint à la conversion du roi ni facilement ni complétement : elle ne put jamais lui inspirer une dévotion de cœur et des œuvres réellement chrétiennes; toute la religion de Louis XIV semblait consister en pratiques. « Le roi, disait-elle, ne manquera ni une station, ni une abstinence, mais il ne comprendra pas qu'il faille s'humilier, ni se repentir, et aimer Dieu plutôt que le craindre; le fond est plein de religion, mais l'ignorance est

---

[1] « Pendant les vingt dernières années de sa vie, je l'ai vue fort souvent, et jamais je ne lui ai vu d'autre habit que de quelque damas ou de raz de Saint-Maur de feuille morte, sans or ni broderie : une marchande de Paris est ordinairement plus richement vêtue. » (Languet, t. 1er, p. 229.)

[2] *Lettres de madame de Maintenon*, collection de Labeaumelle, t. IV, p. 46, édition de 1757.

[3] Languet, t. 1er, p. 176.

extrême[1]. » — « Il croit, disait-elle encore, expier ses fautes quand il est inexorable sur celles des autres. »

Elle en fut souvent pleine de chagrin, et eut besoin des encouragements des directeurs de sa conscience : « Consolez-vous de ses imperfections, lui écrivait l'évêque de Chartres, par les grandes perfections que Dieu lui a données : il a une grande foi, beaucoup de fermeté pour le bien, beaucoup de conscience selon ses lumières, et un cœur fort droit avec une grande douceur et bien de la sagesse... Je ne puis croire qu'un homme de tant de prières, à qui Dieu a donné une amie si fidèle et si chrétienne comme par un miracle, ne devienne à la fin un homme nouveau. Ne vous découragez donc pas; travaillez en paix, avec circonspection, mais sans relâche, à cette œuvre excellente que Dieu vous a confiée... Ne vous faites pas de règles avec lui : quoique votre piété l'éloigne, ne vous éloignez pas; allez tout naturellement; ne lui parlez pas la première sur les choses de Dieu; agissez avec lui avec simplicité, liberté, joie, complaisance. Il faut qu'il passe par le scandale de cette vertu qui lui est si nouvelle avant qu'il se puisse apprivoiser à en connaître le prix [2]. »

Pour arriver à son but, elle dut subir la vie la plus ennuyeuse et l'esclavage le plus fatigant, car Louis XIV, avec cet égoïsme qui semblait naturel à sa grandeur, lui imposa la domination la plus entière, et mit son dévouement à une épreuve perpétuelle. « Il m'aimait, il est vrai, disait-elle aux Dames de Saint-Cyr, et plus que personne; mais avec cela il ne m'aimait qu'autant qu'il était capable d'aimer : car les hommes, si la passion ne les mène pas, sont peu tendres dans leur amitié [3]. » Devant cet homme blasé, chagrin, ennuyé, que rien ne pouvait plus distraire, qui, disait-elle, n'était plus amusable, elle fut toujours d'une égalité d'humeur, d'une complaisance inaltérables, unie, tranquille, re-

---

[1] Collection de Labeaumelle, t. III, p. 136.
[2] *Mémoires de Saint-Cyr,* Introduction; *Lettres édifiantes,* t. II, p. 303, et t. IV, p. 906.
[3] Languet, t. Ier, p. 325.

posée, une servante toujours prévenante et affectueuse, une confidente toujours prête à l'écouter, à dissiper ses idées tristes, à lui inspirer de la quiétude, à lui donner un avis ou une consolation sans prétention et sans orgueil. « Ma vie a été un miracle, disait-elle aux Dames de Saint-Cyr : quand je pense que je suis née impatiente et que le roi ne s'en est jamais aperçu, quoique souvent je me sentisse à bout et prête à tout quitter; que je suis née franche et qu'il me fallait toujours dissimuler... Il n'y a que Dieu qui sache ce que j'ai souffert; mais il ne m'avait pas mise où j'étais pour le faire souffrir, mais pour tâcher de le sanctifier[1]... » Et mademoiselle d'Aumale ajoute : « Je l'ai vue quelquefois lasse, chagrine, inquiète, malade, prendre l'air le plus riant et le ton le plus satisfait, divertir le roi par mille inventions, l'entretenir seule quatre heures de suite sans répétitions, sans bâillements, sans médisances. Quand il sortait de sa chambre à dix heures du soir, et qu'on fermait son rideau, elle me disait en soupirant : Je n'ai que le temps de vous dire que je n'en puis plus. »

D'après cela, on doit juger que madame de Maintenon n'eut qu'une médiocre influence dans les affaires de l'État. Louis XIV était trop jaloux de son autorité, trop orgueilleux de ses lumières, trop plein de lui-même pour laisser, même à la personne qui avait toute sa confiance, une part quelconque dans le gouvernement. Il la consulta dans les choses difficiles; il lui confia tous les secrets de l'État, tous ses embarras, tous ses ennuis; il trouva commode de travailler dans la chambre de cette femme sensée, discrète, réservée; il disait d'elle : « C'est une sainte, elle a toutes les perfections et beaucoup plus d'esprit que la plupart des hommes; » enfin s'il prenait son avis en travaillant avec ses ministres, c'était en lui disant agréablement : « Qu'en pense *la Raison?* qu'en pense *Votre Solidité?* » Mais il ne cessa pas un instant de diriger, de décider, de gouverner aussi entièrement, aussi absolument que du temps de Marie-Thérèse. « On croit que

---

[1] *Mémoires de Saint-Cyr*, Introduction.

je gouverne l'État, disait-elle, et l'on ne sait pas que Dieu ne m'a fait tant de grâces que pour m'attacher au salut du roi... Le roi ne veut entendre parler d'affaires que par ses ministres. Je ne puis que donner des maximes générales; je ne puis rien sur les faits particuliers [1].... » Elle tenta de réformer les habitudes ruineuses de Louis XIV, de l'apitoyer sur les misères publiques, mais elle n'y réussit que faiblement : « Je n'ai pas plu, écrivait-elle au cardinal de Noailles, dans une conversation sur les bâtiments; Marly sera bientôt un second Versailles. Il n'y a qu'à prier et à souffrir; mais le peuple, que deviendra-t-il [2] ? »

D'ailleurs, madame de Maintenon, avec tout son esprit et son instruction, n'avait pas de génie politique et n'entendait rien aux choses d'État : « elle n'était pas née pour les affaires, disent les *Mémoires de Saint-Cyr;* la droiture de son cœur et la justesse de son esprit l'éloignaient de toutes les intrigues. » Pendant toute sa vie, elle n'assista que deux fois au conseil : « Je mourrais de douleur, disait-elle, si j'y assistais souvent. Que les rois sont à plaindre! que les hommes sont mauvais! » Elle s'efforça seulement d'y faire entrer des hommes de bien, comme MM. de Beauvilliers et de Chevreuse : « J'ai voulu, disait-elle, qu'ils fussent amis du roi, afin qu'il vît d'honnêtes gens capables de lui faire aimer la vertu et d'éloigner de lui cette corruption de maximes et de flatteries qui l'environnent [3]. » Elle eut part à la nomination du ministre Chamillard, mais si elle se trompa sur sa capacité, elle se trompa avec tout le monde qui avait applaudi à la nomination de cet honnête homme [4]. « C'est à l'opinion publique, disait-elle, à désigner les ministres. » Quant aux généraux, elle les jugeait comme

---

[1] Lettre du 12 septembre 1678.

[2] Labeaumelle, t. IV, p. 127. « Elle a fait tout ce qu'elle a pu, disent les *Mémoires de Saint-Cyr*, pour s'opposer à la chapelle magnifique que le roi fit faire à Versailles, parce que la misère des peuples était grande dans ce temps-là, et qu'elle croyait aussi que Versailles dans la suite ne serait plus le séjour de la cour. » (Introduction.)

[3] *Lettres édifiantes,* t. VI, p. 164.

[4] « Quand il fut élevé à cette charge, le peuple disait aux portes des églises : Pour cette fois en voilà un bon ! il aime le peuple. » (*Lettres édifiantes,* t. V, p. 759.)

la postérité les a jugés : elle avait confiance dans Luxembourg, Boufflers, Villars et Berwick, elle craignait la paresse et l'ignorance de Vendôme, elle se défiait de la capacité de Catinat; enfin elle disait des autres : « Je voudrais que nos ennemis craignissent nos généraux autant que je les crains moi-même. Je ne vois que des courtisans et pas un capitaine. » En résumé, elle n'eut presque aucune part aux résolutions et aux fautes politiques de Louis XIV, et lorsqu'on lui demanda son avis sur de graves questions, elle vit sainement les choses : ainsi elle blâma cette fatale invasion du Palatinat qui favorisa la révolution d'Angleterre, elle approuva l'acceptation du testament du roi d'Espagne. Toute son influence se porta réellement sur les affaires d'église et de conscience, et cette influence ne fut pas de tout point heureuse et éclairée; son esprit si sûr, si droit, s'y montra irrésolu, étroit, minutieux; elle y fit de grandes fautes; mais là, comme dans les affaires d'État, elle subit ordinairement la volonté de Louis XIV, et s'opposa sans succès aux persécutions qui déshonorèrent son règne. « Pourquoi dites-vous, écrivait Voltaire à l'un de ses amis en 1752, pourquoi dites-vous que madame de Maintenon eut beaucoup de part à la révocation de l'édit de Nantes? elle toléra cette persécution comme elle toléra celle du cardinal de Noailles, celle de Racine, mais certainement elle n'y eut aucune part, c'est un fait certain [1]. »

Madame de Maintenon n'a donc pas eu sur Louis XIV l'influence malfaisante que ses ennemis lui ont attribuée : elle n'eut pas de grandes vues, elle ne lui inspira pas de grandes choses, elle borna trop sa pensée et sa mission au salut de l'homme et aux affaires de religion; l'on peut même dire qu'en beaucoup de circonstances elle rapetissa le grand roi; mais elle ne lui donna que des conseils salutaires, désintéressés, utiles à l'État et au soulagement du peuple; et en définitive elle a fait à la France un bien réel en réformant la vie d'un homme dont les passions

---

[1] *Correspond.*, t. VI, p. 270. — Nous aurons occasion de revenir, dans le chapitre XI de cette histoire, sur la révocation de l'édit de Nantes.

avaient été divinisées, en arrachant à une vieillesse licencieuse un monarque qui, selon Leibnitz, « faisait seul le destin de son siècle; » enfin, en le rendant capable de soutenir, « avec un visage toujours égal et véritablement chrétien, » les désastres de la fin de son règne.

# CHAPITRE III.

MADAME DE MAINTENON ÉLÈVE DES JEUNES FILLES A RUEIL ET A NOISY. — FONDATION DE L'INSTITUT DE SAINT-LOUIS A SAINT-CYR. — PREMIÈRE VISITE DU ROI. — (MARS 1682 — SEPTEMBRE 1686.)

Dès que madame de Maintenon eut été tirée de la misère par les dons du roi, dès qu'elle se vit maîtresse d'une belle terre avec des pensions (1674), elle usa de son bien noblement, fit d'abondantes aumônes et s'attacha à soulager les infortunes pareilles à celles qu'elle avait éprouvées. « Elle a eu toute sa vie, dit Languet de Gergy, des entrailles de charité pour les misérables ; mais surtout elle aimait à donner aux filles pauvres une éducation sainte et laborieuse, et elle n'y épargnait rien [1]. » L'indigence où était tombée une grande partie de la noblesse la pénétrait de douleur : « Je voudrais, disait-elle, la secourir tout entière ; » et plusieurs fois, après s'être épuisée pour des filles de condition ou de pauvres veuves, on la voyait fondre en larmes au récit de leurs malheurs [2].

En ce temps-là deux religieuses ursulines, mesdames de Brinon et de Saint-Pierre, dont le couvent avait été fermé par défaut de biens, s'étaient mises à élever des jeunes filles dans une petite maison qu'elles avaient louée à Montmorency ; mais leur application et leur travail leur donnant à peine le nécessaire, madame de Brinon, qui avait connu madame de Maintenon chez le marquis de Montchevreuil, s'en alla la trouver à Saint-Germain, où était la cour, et lui raconta sa vie malheureuse. Madame de Maintenon, touchée de son récit et connaissant le mérite de cette

---

[1] *Mémoires*, t. 1, p. 93.
[2] *Mémoires de Saint-Cyr*, ch. III.

religieuse, lui promit son assistance : en effet, elle mit dans la maison de Montmorency (1680) quelques filles de pauvres gens, pour lesquelles elle payait 100 livres de pension. « On leur apprenait leur religion, à lire, à écrire, à compter, et du reste à servir à tout ce qu'il y a de plus gros... » Elle alla les voir plusieurs fois, leur apportant des vêtements, du lin qu'on leur faisait filer, même de la nourriture, « car, disait-elle, j'ai quelque soupçon qu'elles meurent de faim ; » et « le plaisir qu'elle prit à cultiver ces jeunes plantes lui donna le désir de les rapprocher d'elle. » A cet effet, elle loua (mars 1682) à Rueil une maison où elle établit ses pensionnaires avec madame de Brinon et trois autres religieuses. Elle leur donna des meubles, des habits, une petite chapelle ; et, cette bonne œuvre excitant sa charité, elle eut bientôt jusqu'à soixante jeunes filles, nobles ou non nobles, qu'on élevait également dans la piété et dans la pauvreté, « en vue d'en faire de bonnes chrétiennes, et qu'elle comptait placer ou établir par mariages. » Elle leur adjoignit des filles de malheureux paysans de sa terre, qu'on instruisait aussi et qu'on occupait à filer, à coudre et à rendre service à la maison : on les logea, faute de bâtiment, dans une grande étable. Dès qu'elle pouvait s'échapper de la cour, elle venait à sa maison de Rueil, suivait les exercices des jeunes filles et faisait le catéchisme aux petites paysannes. Elle leur adressa même des maximes sur la pauvreté, qui sont les premières lignes qu'elle ait écrites sur l'éducation, et que les Dames de Saint-Cyr avaient précieusement conservées [2]. Elle se sentait un grand attachement pour cette œuvre, trouvant à y exercer ses penchants charitables et son talent pour élever les enfants : « J'ai grande impatience, écrivait-elle à madame de Brinon, de voir mes petites filles et de me trouver dans leur étable... J'en reviens toujours plus affolée. » « Rueil est un lieu admirable, disait-elle à son frère, et où

---

[1] Lettre du 3 juin 1680, t. 1er des *Lettres édifiantes*.

[2] Elles sont dans le tome 1er des *Lettres édifiantes*, et ne présentent rien de remarquable.

## CHAPITRE III.

je me divertis fort. Dieu bénit tout ce qui s'y fait et le succès passe mon espérance [1]. »

Cependant la dépense de cet établissement devenait très-grande, et bien que madame de Maintenon n'eût pas la pensée de le rendre durable, elle pria le roi de lui venir en aide, principalement à cause des pauvres filles de gentilshommes. Ce prince accueillit sa demande. C'était le temps de la mort de la reine, alors qu'il était entièrement captivé par la vertu de madame de Maintenon; d'ailleurs l'œuvre entreprise par cette dame ressemblait à une pieuse flatterie, tant elle s'accordait avec son désir de secourir la noblesse. Aussi, comme il venait d'acquérir pour l'agrandissement du parc de Versailles le château de Noisy, il permit d'y transporter les filles de Rueil, ordonna d'y faire des travaux pour une somme de 30,000 livres, et promit d'y entretenir cent demoiselles, dont il payerait les pensions sur les fonds de ses aumônes [2]. Il n'avait pas encore le projet de faire une fondation stable et régulière, et il ne songeait, comme dans l'établissement des compagnies de cadets, qu'à donner pour le présent du soulagement à sa pauvre noblesse. Aussi l'on ne régla rien, ni pour l'admission, ni pour la sortie, ni pour l'instruction des élèves, et la maison de Noisy ne semblait être qu'un asile pour les demoiselles pauvres, et non un institut d'éducation. Madame de Maintenon elle-même ne désirait pas davantage : « Tout le monde croit, disait-elle plus tard, que, la tête sur mon chevet, j'ai fait ce beau plan de Saint-Cyr. Cela n'est point : Dieu a conduit cet établissement par degrés... Beaucoup de compassion pour la noblesse indigente, parce que j'avais été orpheline et pauvre moi-même, un peu de connaissance de son état me fit imaginer de l'assister pendant ma vie; mais, en projetant de lui faire tout le bien possible, je ne projetai pas de le faire après ma

---

[1] Lettres du 14 mai et du 6 octobre 1682, tome 1$^{er}$ des *Lettres édifiantes*.

[2] « Je vous dis en confidence, écrit madame de Maintenon à son frère, que je prends à Noisy des demoiselles dont le roi paye les pensions. Je le dis le plus bas que je puis, parce que j'en serais accablée. » (Lettre du 18 juillet 1683.)

mort... Dieu sait que je n'ai jamais pensé à faire une aussi grande fondation : je ne trouvais déjà que trop de maisons religieuses, et le roi ne peut souffrir les nouveaux établissements [1]. »

La translation des filles de Rueil à Noisy se fit le 3 février 1684. La maison avait été restaurée et arrangée sur le plan donné par madame de Maintenon, et avec l'économie qu'elle portait en toutes choses [2]. Les demoiselles et leurs maîtresses y trouvèrent de grandes salles propres aux classes, un beau jardin, dont Le Nôtre avait fait un lieu charmant; une chapelle qui fut ornée de reliques envoyées par le pape [3], et elle commença à prendre quelque régularité. On partagea les demoiselles en quatre classes, suivant leur âge et leur instruction, et on les distingua par la couleur des rubans qu'elles portaient dans leurs cheveux et à leur ceinture : de là les dénominations de *rouges, vertes, jaunes et bleues,* qui furent données aux demoiselles d'après leur âge et les classes où elles se trouvaient placées, et qui furent conservées à Saint-Cyr. On les vêtit d'un habit uniforme, simple et modeste, mais qui avait pourtant quelque chose de noble [4]. On leur apprit la religion, la langue française, un peu de calcul et de musique, surtout des travaux d'aiguille, madame de Main-

---

[1] Entretien de madame de Maintenon avec madame de Glapion. — Lettre à madame du Pérou du 25 octobre 1686.

[2] « Je connais, écrivait-elle à madame de Brinon, messieurs les architectes du roi; ils nous accommoderaient de la façon la plus régulière pour la symétrie et la plus incommode. Ne perdons pas le moindre banc et la plus petite chaise de paille. Tout nous servira, et nous en demanderons moins, qui est, pour moi, le souverain bonheur. » (Lettre du 1ᵉʳ septembre 1683, t. 1ᵉʳ des *Lettres édifiantes.*)

[3] Les reliques de sainte Candide, qui lui avaient été données le 30 avril 1680, et étaient déjà déposées à Rueil.

[4] « Cet habit consiste en un manteau et une jupe d'étamine brune du Mans, et le reste à l'avenant; la coiffure est un bonnet de toile blanche avec une étoffe médiocrement fine ou une passe de mousseline et de linon; elles ont un ruban sur la tête, montrent des cheveux et se coiffent à peu près selon l'usage du temps; elles ont un bord de dentelle ou de mousseline autour du cou, un petit tablier de la même étamine que l'habit, bordé autour d'un ruban de la même couleur de la classe où elles sont; leur ceinture est aussi de la même parure; tout cela, quand il est mis proprement, est un habit qui ne laisse pas d'avoir un air de noblesse, et de faire un assez bon effet au chœur quand toutes les demoiselles y sont assemblées. » (*Mémoires de Saint-Cyr,* chap. III.)

tenon voulant qu'elles fissent de tout, lingerie, broderie, tricot, dentelle, tapisserie; et ce fut en ce temps que les demoiselles brodèrent pour le roi un lit d'une grande beauté, dont le fond était de velours cramoisi et la broderie d'or et d'argent; elles firent aussi des ornements pour la cathédrale de Strasbourg, ville qui venait d'être réunie au royaume de France.

Madame de Maintenon fit son affaire principale et son occupation ordinaire de la conduite de cette maison. « C'est mon lieu de délices, » disait-elle, et comme l'on était alors dans les préliminaires de la révocation de l'édit de Nantes, c'est-à-dire que l'on s'efforçait par tous les moyens de persuasion et de séduction de détruire le calvinisme, elle plaça à Noisy des filles de protestants, « voulant contribuer ainsi, disait-elle, au grand ouvrage de la conversion de nos frères égarés. » Elle y allait presque tous les jours, visitant d'abord les malades qu'elle soignait elle-même, « puis la cuisine, ce qu'elle continua de faire à Saint-Cyr, car elle voulait que la nourriture fût bonne et servie avec propreté [1]. » Elle prenait ses repas avec les religieuses et leurs élèves, entrait dans tous les détails de leur instruction, de leur toilette, et s'occupait même « de leurs révérences et de leurs *fontanges*. » « Jugez de mon plaisir, écrivait-elle à son frère, quand je reviens le long de l'avenue suivie de cent vingt-quatre demoiselles qui y sont présentement [2]. » Madame de Brinon la secondait dans tous ces soins: c'était une femme d'un grand zèle et d'un grand esprit, ayant beaucoup de lecture, des manières de cour, et une éloquence si naturelle sur les choses saintes qu'elle faisait elle-même les instructions du dimanche dans la chapelle, ainsi que le catéchisme aux demoiselles; madame de Maintenon prenait plaisir à l'entendre, et plus tard les gens de la cour venaient à la grille de Saint-Cyr pour l'écouter, « comme un autre Bourdaloue. » Madame de Maintenon, ne connaissant pas encore les défauts de cette dame, s'était prise pour elle d'une grande affection, et, comme

---

[1] *Mémoires de Saint-Cyr*, chap. III.
[2] Lettre du 7 avril 1685 dans les *Lettres édifiantes*, t. I<sup>er</sup>.

elle commençait à croire que l'établissement pourrait être durable, elle lui disait : « Faisons une maison qui soit le modèle des autres, non pour nous attirer des louanges, mais pour donner envie aux grands de multiplier ces établissements utiles [1]. »

Les dames de la cour, en vue de plaire au roi, prièrent madame de Maintenon de leur montrer Noisy. Elle en fit difficulté, parce qu'elle ne voulait pas accoutumer ses filles à voir le monde ni le monde à les visiter; mais à la fin elle céda; et, à leur retour, ces dames firent de tels récits de la maison de Noisy, qu'on ne parla plus à la cour que de la belle éducation qu'on y donnait, du grand bien qu'elle ferait dans le royaume. La dauphine y vint à son tour; elle s'y promena toute une journée et en fut ravie. « Enfin le roi voulut voir par lui-même ce qui en était : il vint un jour presque seul et sans qu'on l'attendît. Aussi la religieuse qui était portière, ne sachant ce qu'il y avait à faire en telle surprise, et entendant crier par les gens de la suite : Le roi! le roi! répondit sans s'émouvoir qu'elle allait avertir la supérieure. Le roi attendit, et, loin de le trouver mauvais, loua la régularité de la religieuse [2]. » Il visita les classes, vit les demoiselles dans leurs exercices, admira leur modestie à la chapelle, « car pas une n'osa tourner la tête du côté où il était, quelque envie qu'on eût de le regarder; » enfin il fut si content de tout ce qu'il vit, qu'il se sentit pressé de faire quelque chose de plus grand et de plus solide. Il le témoigna à madame de Maintenon, qui, ignorant la pensée qu'il avait depuis longtemps à ce sujet, crut nécessaire, pour le déterminer entièrement, de lui représenter « le pitoyable état où était réduite la plupart des familles nobles de son royaume par les dépenses que ses chefs avaient été obligés de faire à son service, le besoin que leurs enfants avaient d'être soutenus pour ne pas tomber tout à fait dans l'abaissement; que ce serait une œuvre digne de sa piété et de sa grandeur de faire un établissement solide, qui fût l'asile des pauvres demoiselles de son royaume, et où elles fussent éle-

---

[1] Lettre du 3 mars 1684.
[2] *Mémoires de Saint-Cyr*, chap. III.

vées dans la piété et dans tous les devoirs de leur condition. » Le père de La Chaise, confesseur du roi, qui était allé quelque temps auparavant à Noisy, appuya fortement les raisons de madame de Maintenon; mais au premier mot qui fut dit à Louvois de ce projet, celui-ci se récria sur la dépense, « après une longue guerre qui avait épuisé le trésor; » et le roi hésita, parce que, avec ses idées ordinaires de magnificence, il avait conçu comme très-coûteux l'établissement à faire. « Jamais reine de France, disait-il à madame de Maintenon, n'a rien fait de semblable. » Celle-ci ne se rebuta pas : elle rappela au roi ce qu'il venait de faire pour les fils de sa noblesse dans l'établissement des compagnies de Cadets, et lui remontra « que les filles avaient en quelque façon plus besoin d'être secourues, à cause des dangers où l'infortune les peut exposer; » elle lui dit « que le bien et le mal que les gens de condition pouvaient faire portaient plus de coups que dans les autres classes de la société, parce qu'ils étaient appelés à donner l'exemple; qu'une belle éducation perpétuerait dans la noblesse les sentiments d'honneur et de vertu qui sont les fondements de l'État, et qu'elle l'attacherait au prince par un nouveau lien de reconnaissance. » Enfin, sa pensée s'agrandissant avec son désir, elle lui rappela ces beaux projets de réforme des mœurs et de conversion du royaume dont ils s'entretenaient habituellement, et lui montra tout le bien qu'on pouvait faire avec des filles qu'on élèverait dans la piété et qu'on disperserait ensuite dans les couvents ou dans les familles. « Il y avait, disait-elle dans l'élan de sa pieuse ambition, il y avait de quoi renouveler dans tout le royaume la perfection du christianisme[1]. »

Le roi fut touché de ces raisons; le jour de l'Assomption de l'année 1684, et probablement à l'époque où son mariage avec madame de Maintenon était résolu et prochain, il décida que la fondation aurait lieu, et il en parla à son conseil. Il fut d'abord question d'avoir cinq cents demoiselles qu'on élèverait jusqu'à

[1] *Mémoires de Saint-Cyr*, ch. II. — *De l'esprit de l'institut des filles de Saint-Louis*, p. 20.

quinze ans; mais « on conclut que la charité d'élever et d'instruire des filles jusqu'à cet âge serait bien peu de chose si on les renvoyait dans le monde à l'âge le plus périlleux; qu'à la vérité la peine de les garder jusqu'à vingt ans serait très-grande; mais que la piété voulait qu'on se chargeât des filles aux mêmes conditions que les mères le sont des enfants; que des filles ainsi élevées auraient une éducation complète et pourraient en instruire d'autres; qu'on devait moins s'attacher à en soulager un grand nombre qu'à faire de la fondation une source d'instruction sainte pour tout le royaume; qu'il fallait donc se réduire à deux cent cinquante demoiselles, qui seraient gratuitement reçues, élevées, nourries et entretenues de toutes choses jusqu'à l'âge de vingt ans[1]. » Leur éducation dut être confiée à une communauté nouvelle ayant une constitution et des règlements particuliers, et qui fut fixée à trente-six dames professes et à vingt-quatre sœurs converses.

Louis XIV aurait voulu qu'on mît l'établissement à Versailles; car on renonça dès l'abord au château de Noisy, à cause du manque d'eau; mais madame de Maintenon s'y refusa à cause du voisinage de la cour, qui multiplierait les visites des grands, donnerait de la dissipation aux demoiselles, ainsi qu'aux religieuses, et leur inspirerait l'esprit du monde. Alors Louvois et Mansard cherchèrent un emplacement dans les environs de Versailles, car on voulait que l'établissement restât placé à l'ombre du trône; ils s'arrêtèrent au village de Saint-Cyr, situé dans le val de Gallie et compris dans le grand parc de Versailles, à moins d'une lieue du château, près des coteaux où commencent les plaines de la Beauce. Le lieu n'était pas heureusement choisi : Saint-Cyr avait des eaux abondantes, et se trouvait traversé par l'un des aqueducs de Versailles; mais il était situé dans une plaine marécageuse, non loin de bois et d'étangs, et aujourd'hui encore, malgré les

---

[1] Lettre du 1ᵉʳ août 1698. — *Recueil d'avis et d'instructions de madame de Maintenon*, t. II, p. 226.

dessèchements qu'on y a opérés, sans être malsain, il est resté un lieu froid et humide.

Le village, dont l'origine remonte à une haute antiquité, était pauvre, composé à peine de deux cents feux, et renfermait deux fiefs : l'un appartenait à une abbaye de bénédictines, dite Notre-Dame-des-Anges, qui avait été fondée, disait-on, par un roi de la première race, et qui était restée constamment obscure et ignorée[1]. L'autre était un petit domaine qui appartenait à un membre de la famille Séguier, le marquis de Saint-Brisson. Le roi fit proposer aux religieuses de lui céder leur maison et de les établir à Paris. Elles craignirent de perdre leur tranquillité, et le supplièrent de les laisser « où les avait mises, disaient-elles, le saint roi Dagobert. » Et à l'appui de cette parole, elles demandèrent 500,000 livres pour prix de leur maison. Le roi eut la pensée de les contraindre ; mais madame de Maintenon s'y opposa : « Je n'oserais plus me montrer, lui dit-elle, si je commençais ma fondation par un coup d'autorité. » Alors on s'adressa au marquis de Saint-Brisson, qui consentit à vendre son domaine, consistant en château, parc, bois, fermes, terres, le tout de la contenance de trois cents arpents, moyennant 91,000 livres. Le contrat en fut passé le 9 avril 1685, entre lui et le maréchal de la Feuillade, qui céda ensuite sous forme d'échange la propriété au roi (14 juin 1686).

Louis XIV chargea Mansard de faire les plans pour la construction de la maison ; et il aurait voulu qu'on y mît, au moins pour l'église, une sorte de magnificence ; mais madame de Maintenon lui dit : « Il ne nous faut ni un palais ni un couvent, mais une maison très-simple, n'ayant de beauté que par la grandeur qui lui est nécessaire pour contenir un si grand nombre de personnes[2]. » Les plans ayant été arrêtés et les plus habiles entrepreneurs choisis, la première pierre de la chapelle fut posée le 25 avril 1685,

---

[1] Cette abbaye a été détruite pendant la révolution. Il n'en reste que la grande porte et les murs qui font partie d'une ferme.

[2] *Lettres édifiantes*, t. VI, p. 730.

et le 1ᵉʳ mai l'on se mit à l'œuvre en démolissant l'ancien château et ses dépendances [1]. Alors le roi pensa que les soldats et les officiers de son armée devaient mettre la main à une maison fondée pour le soulagement de la noblesse militaire ; il fit donc choisir dans ses troupes des soldats habitués à ces sortes de travaux, qui furent campés à Versailles et à Bouviers, dans le voisinage de Saint-Cyr, et qu'on mit en besogne avec des officiers pour les surveiller et les conduire, des médecins pour soigner ceux qui tomberaient malades et des prêtres pour leur dire la messe. Il y eut ainsi « jusqu'à neuf cents maçons travaillant de la truelle, plus de quatre cents tailleurs de pierre, autant de charpentiers, et de même à proportion des autres ouvriers ; de sorte qu'ils étaient au nombre de deux mille cinq cents [2]. »

Mansard, dans la construction de cette maison, se montra peu digne de la renommée qu'il avait acquise en bâtissant le château de Versailles et l'hôtel des Invalides. Au lieu de porter l'édifice sur le penchant du coteau qui regarde le val de Gallie, coteau boisé où il aurait trouvé un endroit non moins solitaire et en plus belle vue, avec un terrain sain et élevé, il le bâtit sur l'emplacement de l'ancien château [3], c'est-à-dire au pied même du coteau, dans un fonds marécageux où les eaux inondèrent les fondations et forcèrent à des réparations continuelles. De même il n'employa dans toute la construction que des bois verts, ce qui força dix ans après à refaire la charpente de tous les combles. La maison, avec les aqueducs et les jardins, fut construite en quinze mois, et la dépense s'éleva à 1,400,000 livres, monnaie du temps ; ce qui ferait aujourd'hui moins de trois millions. Nous en donnerons la description dans le chapitre suivant.

Pendant qu'on bâtissait la maison, le roi s'occupait de la fon-

---

[1] Ce château était situé sur l'emplacement du corps de logis méridional de la cour dite autrefois des Cuisines, aujourd'hui d'Austerlitz.

[2] *Mémoires de Saint-Cyr*, ch. v.

[3] Ce fut contre le gré de madame de Maintenon, qui combattit les plans de Mansard, dans lequel elle n'avait pas de confiance. « On découvre tous les jours, écrivait-elle en 1710, combien ce grand homme a trompé le roi. Il ne m'a jamais trompée. »

dation, des biens à lui donner, des règlements à faire, et il entra à ce sujet dans les plus minutieux détails [1]. La dépense annuelle ayant été établie par prévision à 150,000 livres, il ne voulut pas qu'on demandât cette somme aux ressources variables et incertaines du trésor, mais qu'on donnât à la maison des revenus inaliénables, pour que la fondation, perpétuelle et indépendante, fût affranchie des volontés changeantes de ses successeurs ou de leurs ministres. Il décida donc de lui donner en dotation, outre la maison qu'on construisait avec ses dépendances et son mobilier : 1° la terre et la seigneurie de Saint-Cyr, qui rapportaient 1,600 livres de revenu; 2° 50,000 livres de rente en fonds de terres; et en attendant qu'on eût acheté ces terres, cette somme dut être fournie par le trésor et assignée sur les domaines de la généralité de Paris [2]; 3° les revenus de la manse abbatiale de Saint-Denis, montant à 114,000 livres et provenant de fiefs et droits féodaux. Le dernier titulaire était mort en 1679 (c'était le fameux cardinal de Retz), et le roi ne lui avait pas donné de successeur, voulant employer ce riche bénéfice à quelque fondation utile; il prononça donc (2 mai 1686) la suppression du titre abbatial de Saint-Denis, ainsi que la translation de son revenu à la maison de Saint-Cyr, et il demanda au pape son approbation. Comme il était alors en dispute avec la cour de Rome, l'affaire resta en suspens pendant six années; mais le revenu de la manse de Saint-Denis n'en fut pas moins attribué provisoirement à la nouvelle fondation [3]. Nous verrons plus tard que cette dotation de 150,000 livres fut reconnue insuffisante, et qu'on dut y ajouter 30,000 livres à prendre sur les tailles de la généralité de Paris.

Il fallut aussi pourvoir à la dépense du mobilier. Ce fut l'affaire

[1] Les Dames de Saint-Cyr avaient conservé sur cette matière des notes écrites de la main de Louis XIV. *Voir* à l'appendice (A).

[2] On n'acheta des terres que pour 30,000 livres.

[3] L'économat de l'abbaye de Saint-Denis avait été régi, depuis la mort du cardinal de Retz, par Pélisson, et son revenu employé en faveur des nouveaux convertis. Quand le roi eut transféré ce revenu à la maison de Saint-Cyr, il le donna à régir à M. Delpech, receveur général des finances d'Auvergne.

de madame de Maintenon, de Manseau son intendant, et de mademoiselle Balbien, sa femme de chambre, fille d'un bourgeois de Paris[1], laquelle avait toute sa confiance, et la méritait par sa capacité et son dévouement. Cette dépense fut faite avec tant d'économie, que meubles, tapisseries, linge, habits, ornements d'église, livres, objets d'infirmerie, etc., ne coûtèrent que 150,000 livres. On mit d'ailleurs à tout une si grande simplicité, qu'il n'y eut pas, excepté sur l'autel, un seul objet de luxe, un seul morceau de marbre, une seule dorure; mais on y sut mettre pourtant une sorte d'élégance pleine de goût et de sobriété. Grâce aux couleurs qui distinguaient les demoiselles, on put décorer les classes de tapisseries, les dortoirs de rideaux, la lingerie et la roberie de rubans de ces diverses couleurs, et la maison présentait ainsi, dans ses différentes parties, une manière de spectacle qui n'était pas sans agrément.

L'affaire la plus grave était de donner au nouvel institut ses *constitutions* et règlements, d'établir et composer la communauté. Louis XIV n'aimait ni la vie monacale, ni les couvents; il n'avait voulu faire aucun établissement de ce genre; il croyait même « qu'il était de la politique générale du royaume de diminuer ce grand nombre de religieux, dont la plupart, étant inutiles à l'Église, sont onéreux à l'État[2]. » Il haïssait surtout l'éducation donnée aux femmes dans les couvents, éducation bornée à des lectures puériles, à des prières multipliées, qui les laissait dans l'ignorance des choses les plus ordinaires de la vie[3]. Il ne voulait donc pas faire de Saint-Cyr « ni un couvent, ni rien qui le sentît, soit par les pratiques extérieures, soit par l'habit, soit par les nombreux offices, soit par la vie, qui devait, selon lui, être active, mais aisée et commode, sans austérités; il voulait seulement une communauté de filles pieuses et sensées, capables d'é-

---

[1] « C'était une demi-fée, à qui les princesses se trouvaient heureuses quand elles avaient occasion de lui parler et de l'embrasser, toutes filles du roi qu'elles fussent, et à qui les ministres faisaient la révérence bien bas. » (Saint-Simon, t. 1er, p. 388.)

[2] *Instructions pour le dauphin*, t. II, p. 270.

[3] Lettre de madame de Maintenon, du 25 octobre 1686.

lever les demoiselles dans la crainte de Dieu et de leur donner l'instruction convenable à leur sexe : à quoi elles s'engageraient par les vœux *simples* de pauvreté, de chasteté, d'obéissance, et par un quatrième d'élever et d'instruire les demoiselles [1]. » De son côté, madame de Maintenon aimait fort, disait-elle, « les communautés qui sont utiles au public; » mais elle aimait aussi peu que Louis XIV l'oisiveté des couvents et la *sottise* des religieuses; c'était même pour éviter l'une et l'autre qu'au lieu de confier ses filles à quelque ordre ancien, elle voulait avoir un établissement nouveau pour y établir une règle spéciale, et former elle-même celles qui devaient la pratiquer; mais pour avoir plus de stabilité, elle aurait penché pour que la communauté fût engagée par des vœux absolus. Elle se fit néanmoins un scrupule de se déclarer à ce sujet, et en revint à l'opinion du roi, « parce qu'il fallait, disait-elle, éviter les petitesses et les misères des couvents, et qu'une communauté engagée par des vœux solennels, et complétement séquestrée du monde, donnerait aux demoiselles des manières et une éducation de religieuses [2]. » Le père de La Chaise fut du même avis : « Des jeunes filles, disait-il, seront mieux élevées par des personnes tenant au monde. L'objet de la fondation n'est pas de multiplier les couvents, qui se multiplient assez d'eux-mêmes, mais de donner à l'État des femmes bien élevées. Il y a assez de bonnes religieuses et pas assez de bonnes mères de famille. L'éducation perfectionnée à Saint-Cyr produira de grandes vertus, et les grandes vertus, au lieu d'être enfermées dans des cloîtres, devraient servir à sanctifier le monde. »

C'est d'après ces idées, qui furent modifiées plus tard par l'expérience, que madame de Brinon, de concert avec madame de Maintenon, rédigea les *constitutions* de Saint-Cyr, constitutions qui sont en quelques parties un chef-d'œuvre de bon sens et de spiritualité, et dont nous donnerons l'analyse après

---

[1] *Mémoires de Saint-Cyr*, ch. VII.
[2] Lettre du 2 juillet 1686. — *Mémoires de Saint-Cyr*, ch. VII.

DAME ET DEMOISELLES DE ST CYR.

la révision et la réforme qu'elles eurent à subir. Le roi fit venir madame de Brinon dans son cabinet, et lui donna de longues audiences pour lire, expliquer et corriger son ouvrage : il en écarta surtout les minutieuses observances. « Il voulut, disent les Dames de Saint-Cyr, que nous eussions un habit particulier qui fût grave et modeste, mais qui n'eût rien de monacal; et il le corrigea et approuva lui-même [1]; que nous ne nous appellassions ni ma sœur ni ma mère, mais madame avec le nom de famille, et qu'en général, en parlant de nous, on nous qualifiât de *Dames de Saint-Louis;* que nous eussions chacune une croix d'or [2] pendante sur l'estomac, et les sœurs converses une d'argent [3]. » Les constitutions furent soumises à l'évêque de Chartres, et au père de La Chaise, qui y firent quelques changements; puis on les donna à l'abbé Gobelin, pour qu'il les fît lire par Racine et par Despréaux; et madame de Maintenon lui recommanda « de ne pas gâter les

[1] Cet habit, qui avait la forme ample et majestueuse des habits de cour, consistait, disent les Dames, « en un manteau et une jupe d'une belle étamine du Mans noire avec un jupon fort propre aussi d'étamine, doublé de ratine en hiver; il était de futaine rayée en été; des souliers de maroquin noir; des bas de laine en hiver et de coton ou de fil en été; des gants noirs bronzés avec un gant blanc en dedans. Pour coiffure on avait un bonnet de taffetas noir avec une gaze noire, godronnée tout autour; un ruban noir sur la tête, une coiffe de taffetas, et une espèce de voile de pomille froncée par derrière, qui descendait par delà les coudes; sur le cou un mouchoir, une collerette de taffetas noir, avec un bord de toile de batiste large de quatre doigts et attachée par devant avec de petits rubans noirs qu'on appelle nonpareille; des manchettes de toile unie et médiocrement fine cousue à la chemise et attachée en dedans du bras d'un ruban noir comme celui de la serte; une croix d'or parsemée de fleurs de lys, ayant d'un côté un Christ, et de l'autre un saint Louis; elles différaient de celle de la supérieure en ce qu'elles ont tous ces ornements de gravure, et celle de la supérieure les a de relief. Outre cela, il y avait un grand manteau d'église, d'une légère étamine noire, dont la queue était de trois quarts de long; on montrait un peu de cheveux par devant, mais sans affectation. Tout cela composait un habit fort grave, fort noble et fort modeste. » (*Mémoires,* chap. VIII.)

[2] La croix de la supérieure portait cette inscription donnée par Racine, et dont le sens pouvait s'appliquer soit à la croix elle-même, soit à madame de Maintenon :

Elle est notre guide fidelle,
Notre félicité vient d'elle.

Cette croix avait été offerte, dans la première année de la fondation, par la communauté, à madame de Maintenon; celle-ci la donna à madame de Glapion, quand elle fut élue supérieure, et voulut qu'elle la portât, ainsi que les supérieures qui lui succéderaient.

[3] *Mémoires de Saint-Cyr,* chap. VII.

expressions et les pensées par trop de pureté de langage.—Vous savez, lui disait-elle, que dans tout ce que les femmes écrivent il y a toujours mille fautes contre la grammaire, mais avec votre permission, un agrément qui est rare dans les écrits des hommes[1]. » Racine et Despréaux lurent les constitutions : « ils les admirèrent, et en ôtèrent quelques fautes de style[2]. » Enfin, on les envoya au pape, qui en fut édifié et les approuva.

Alors le roi donna ses lettres patentes de fondation de la *maison et communauté de Saint-Louis*. On sait combien les ordonnances de Louis XIV sont remarquables par la grandeur des sentiments, par la majesté et l'ampleur du style : telle est aussi l'ordonnance de fondation de la maison de Saint-Cyr. Nulle part le monarque ne s'est exprimé avec une sollicitude plus paternelle, un sentiment plus grave de son devoir et de sa dignité; nulle part les mots de gloire, d'honneur, de nom français, ne sont prononcés avec une plus juste fierté, une harmonie plus solennelle. On voit dans ces lettres patentes que le pouvoir royal se sent créateur, fort, durable, maître de l'avenir; qu'il ne cherche pas par un édifice pompeux et passager la popularité d'un jour, mais qu'il croit bâtir à jamais un monument inébranlable.

« Louis, par la grâce de Dieu, etc.

» Comme nous ne pouvons assez témoigner la satisfaction qui nous reste de la valeur et du zèle que la noblesse de notre royaume a fait paraître dans toutes les occasions, en secondant les desseins que nous avions formés et que nous avons si heureusement exécutés, avec l'assistance divine, pour la grandeur de notre État et pour la gloire de nos armes; la paix que nous avons si solidement affermie, nous ayant mis en état de pouvoir étendre nos soins jusque dans l'avenir, et de jeter des fondements de la grandeur et de la félicité durable de cette monarchie; nous avons établi plusieurs compagnies dans nos places frontières, où, sous la conduite de divers officiers de guerre d'un mérite

[1] *Lettres édifiantes*, tome I<sup>er</sup>, LXXVI<sup>e</sup> lettre.
[2] Labeaumelle, tome II, p. 168.

éprouvé, nous faisons élever un grand nombre de jeunes gentilshommes pour cultiver en eux les semences de courage et d'honneur que leur donne la naissance, pour les former par une exacte et sévère discipline aux exercices militaires, et les rendre capables de soutenir à leur tour la réputation du nom français; et parce que nous avons estimé qu'il n'était pas moins juste et moins utile de pourvoir à l'éducation des damoiselles d'extraction noble, surtout pour celles dont les pères, étant morts dans le service, ou s'étant épuisés par les dépenses qu'ils y auraient faites, se trouveraient hors d'état de leur donner les secours nécessaires pour les faire bien élever; après l'épreuve qui a été faite par nos ordres pendant quelques années des moyens plus propres pour y réussir, nous avons résolu de fonder et établir une maison et communauté, où un nombre considérable de jeunes filles, issues de familles nobles, et particulièrement de pères morts dans le service, ou qui y seraient actuellement, soient entretenues gratuitement, et élevées dans les principes d'une véritable et solide piété, et reçoivent toutes les instructions qui peuvent convenir à leur naissance et à leur sexe, suivant l'état auquel il plaira à Dieu de les appeler; en sorte qu'après avoir été élevées dans cette communauté, celles qui en sortiront puissent porter dans toutes les provinces de notre royaume des exemples de modestie et de vertu, et contribuer soit au bonheur des familles où elles pourront entrer par mariage, soit à l'édification des maisons religieuses où elles voudront se consacrer entièrement à Dieu; auquel effet nous avons fait acquérir, construire et meubler de nos deniers la maison de Saint-Cyr, située près notre château de Versailles; et il ne reste plus qu'à déclarer nos intentions, tant pour les fonds que pour les règlements nécessaires pour l'entière exécution d'un établissement si utile et si avantageux. *Savoir* faisons que, pour ces causes, de notre propre mouvement, pleine puissance et autorité royale, nous avons fondé, érigé et établi, fondons, érigeons et établissons à perpétuité par ces présentes signées de notre main, en ladite maison de Saint-

Cyr, une communauté qui sera composée de trente-six Dames professes, deux cent cinquante damoiselles d'extraction noble, et vingt-quatre sœurs converses, pour y être reçues, ainsi qu'il sera expliqué ci-après, et y vivre suivant les règles et constitutions qui leur seront données par notre amé et féal conseiller d'État ordinaire, le sieur évêque de Chartres, dans le diocèse et sous l'autorité duquel et de ses successeurs sera et demeurera ladite maison, pour tout ce qui dépend de la visite, correction et juridiction épiscopale. »

L'article 1$^{er}$ ordonne que les places de Dames qui viendront à vaquer « soient remplies par les damoiselles, lesquelles seront choisies par la communauté à la pluralité des suffrages pour être reçues au noviciat; et, le temps du noviciat passé, à la profession; lesdites Dames feront les vœux ordinaires de pauvreté, chasteté et obéissance, et un vœu particulier de consacrer leur vie à l'éducation et instruction des damoiselles. Les sœurs converses seront pareillement reçues au noviciat et à la profession en faisant les mêmes vœux de chasteté, pauvreté et obéissance. »

Les articles 3 et 4 règlent le mode et les conditions d'admission des demoiselles : « Nous nous réservons pour nous et nos successeurs rois la nomination et entière disposition par simple brevet des deux cent cinquante places de damoiselles pour nous et nos successeurs en disposer en faveur des filles nobles, et principalement de celles qui seront issues de gentilshommes qui auront porté les armes; voulons qu'aucune damoiselle ne puisse être admise pour remplir l'une desdites deux cent cinquante places qu'elle n'ait fait preuves de noblesse, par titres en bonne forme, de quatre degrés du côté paternel [1]... »

« Aucune desdites damoiselles ne pourra être pourvue de l'une de ces places si elle n'est âgée au moins de sept ans accomplis; celles qui auront plus de douze ans ne pourront y être admises;

---

[1] On n'exigea pas de preuves du côté maternel, « considérant, dit Languet de Gergy, que c'est la noblesse la plus pauvre qui ordinairement se mésallie pour se soutenir, et que l'institution regardait spécialement la noblesse qui est le plus dans le besoin. »

celles qui y auront été reçues n'y pourront demeurer que jusqu'à l'âge de vingt ans accomplis... »

L'article 7 déclare que les parents des demoiselles pourront les retirer de la maison pour les pourvoir par mariage ou pour autres bonnes considérations de famille; « comme aussi lorsque la supérieure jugera à propos, par l'avis de la communauté, de renvoyer l'une desdites damoiselles à ses parents, elle les fera avertir de la retirer. »

Article 8. « Les trente-six Dames, les deux cent cinquante damoiselles à notre nomination, et les vingt-quatre converses qui composeront la communauté seront reçues et entretenues gratuitement dans la maison de toutes choses nécessaires pour leur subsistance, tant en santé que maladie; défendons à la communauté de souffrir qu'il soit reçu, pris ni exigé aucunes sommes de deniers, rentes, ou autres choses pour l'entrée dans la maison, ou pour la réception aux noviciat et profession, sous quelque prétexte que ce puisse être... »

Les articles 9 et 10 règlent la dotation de la maison de la façon que nous avons déjà dite.

L'article 11 défend à la communauté de recevoir aucune augmentation de dotation et fondation, aucuns legs, dons ou oblations de qui que ce soit, si ce n'est de la part des rois et reines de France. « Et néanmoins, mettant en considération que ladite communauté a été formée par les soins et la conduite de la dame de Maintenon, voulons que ladite dame puisse faire au profit de la maison de Saint-Cyr telles dispositions et dons que bon lui semblera. »

Article 12. « Au cas que, les charges et la dépense de la communauté acquittées, et après avoir laissé un fonds de 50,000 livres en réserve pour les cas imprévus, il se trouvât à la fin de l'année des deniers revenant bons, nous voulons qu'ils soient employés à marier quelqu'une desdites damoiselles suivant le choix qui en sera par nous fait et par nos successeurs rois, sur la proposition qui en sera faite par la supérieure et la communauté;

voulons même qu'au défaut desdits fonds, il soit pris des deniers de notre trésor royal pour contribuer à la dot de celles desdites damoiselles qui se seront distinguées dans la maison par leur piété et leur bonne conduite, et qui seraient recherchées en mariage par des partis qui nous soient agréables; voulons en outre que celles desdites damoiselles qui seront appelées à la religion soient préférées dans la nomination aux places de religieuses dont la disposition nous appartient ès abbayes royales... »

L'article 13 ordonne que la communauté fasse célébrer deux messes tous les jours « à l'intention qu'il plaise à Dieu de nous donner et à nos successeurs les lumières nécessaires pour gouverner notre État selon les règles de la justice, et la grâce d'augmenter son culte et exalter son Église dans notre royaume, terres et seigneuries de notre obéissance; comme aussi à l'intention de remercier Dieu des grâces qu'il répand sur nous, sur notre maison royale et sur nos États... »

« Donné à Versailles au mois de juin, l'an de grâce 1686 et de notre règne le 44e, signé Louis, et plus bas : par le roi, Colbert [1]. »

Ces lettres patentes furent enregistrées au parlement de Paris et à la chambre des comptes, les 18 et 28 juin 1686.

A la suite de ces lettres de fondation, Louis XIV, qui avait vainement offert à madame de Maintenon le titre et les honneurs publics d'*Institutrice de la maison de Saint-Louis*[2], lui fit expédier simplement un brevet par lequel : « Considérant que la maison a été formée par les soins et la conduite de ladite dame, elle ne peut être solidement établie et maintenue dans l'ordre et discipline qui y sont nécessaires que sous sa direction et son autorité, il veut et entend que, pour faire observer exactement la fondation et les règlements, elle jouisse dans la communauté de toute

[1] Ces lettres patentes furent modifiées par les déclarations royales du 30 décembre 1691, du 3 mars 1694, les lettres patentes de mai et de juillet 1698, etc. Nous parlerons en leur lieu de ces modifications.

[2] « Je n'ai pas besoin de louanges, lui dit-elle, pour faire du bien à cette fondation : c'est ma passion. »

prééminence, honneurs, prérogatives, et de toute l'autorité et direction nécessaires, telles qu'elles peuvent appartenir à un fondateur. » Le reste du brevet assurait à madame de Maintenon, sa vie durant, la jouissance de l'appartement qu'on avait fait construire pour elle, son entretien et celui de sa suite, aux dépens de la fondation, toutes les fois qu'elle voudrait loger dans la maison, etc. [1]. »

Ensuite le roi, dérogeant aux constitutions qui voulaient que la supérieure fût triennale, nomma (26 juin 1686) madame de Brinon supérieure à vie, « à cause qu'il n'y avait pas de communauté formée, disent les Dames, et que nous étions toutes si jeunes qu'il ne fallait pas moins que le reste de la vie de madame de Brinon pour nous mettre en état de gouverner par nous mêmes [2]. » Il nomma encore l'abbé Gobelin supérieur ecclésiastique, et M. Delpech pour administrer les revenus de la maison. Il donna à la communauté des armoiries, qui se composaient « d'une croix haussée d'or, semée de fleurs de lys de même et sommée d'une couronne royale aussi d'or, la croisée et le bas du fust de la croix terminés chacun par une fleur de lys d'or. » Il voulut que ses armes fussent gravées sur l'argenterie et le mobilier de la maison, et que les domestiques portassent sa livrée ; il ordonna qu'une médaille fût frappée en l'honneur de la fondation, médaille où madame de Maintenon obtint avec peine de n'être pas nommée [3] ; enfin il dit à Racine et à Boileau « que cet événement était trop considérable pour qu'ils en omissent le détail dans l'histoire de son règne [4]. » Au milieu des graves embarras qu'il avait à cette époque, car il était alors tourmenté par

---

[1] *Mémoires de Saint-Cyr*, chap. v.

[2] *Mémoires de Saint-Cyr*, chap. viii.

[3] Cette médaille représente la Piété entourée de religieuses et de demoiselles ; elle a pour légende : *CCC puellæ nobiles San Cyrianæ*.

[4] Lettre du 24 octobre 1686. — Boileau écrivit, au sujet de la fondation de Saint-Cyr : « Si quelque gentilhomme osait être le détracteur de madame de Maintenon, il mériterait d'être rayé des archives de la noblesse, comme s'étant rendu coupable de la plus noire ingratitude. »

les déplorables suites de la révocation de l'édit de Nantes, et par les commencements de la ligue d'Augsbourg, il suivait avec complaisance et comme distraction à ses ennuis politiques tous les détails de la fondation, allant lui-même à Saint-Cyr pour presser les travaux et indiquer quelques changements, s'enquérant de la vocation et des qualités des personnes qui devaient composer le nouvel institut : « Cet institut, disait-il à madame de Brinon, est tout entier pour la gloire de Dieu et le soulagement de ma noblesse. Je l'ai fait dans des motifs très-purs et très-désintéressés : il doit être conduit de même. »

Dès que l'on eut commencé à bâtir Saint-Cyr, madame de Maintenon avait fait choix, parmi les demoiselles de Noisy âgées de plus de vingt ans, de quelques-unes des plus vertueuses et des mieux instruites; elle leur adjoignit d'autres personnes du dehors; et toutes, au nombre de douze, furent préparées par un noviciat, sous la direction de l'abbé Gobelin et de madame de Brinon, à embrasser la vie religieuse. On leur fit subir neuf mois d'épreuves et d'instructions, « où l'on entremêla judicieusement l'exercice et la théorie des charges de la maison, les retraites et les conférences, le silence et la prière, l'éducation monastique, et des leçons sur l'éducation des enfants [1]. » « On nous enseignait surtout, dit l'auteur des Mémoires, qui était une de ces douze, à être simples et droites dans notre manière de penser et de parler, et dans notre conduite. Rien ne plaisait tant à madame de Maintenon que cette simplicité, et elle disait que ceux qui ont véritablement de l'esprit en sont plus capables que les autres; car elle n'entendait pas par cette simplicité celle qui marque peu de sens, mais celle qui fait agir et parler avec candeur et droiture [2]. »

Après qu'elles eurent été examinées par les grands vicaires de l'évêque de Chartres, on en prit quatre, mesdemoiselles de Loubert, du Pérou, d'Hauzy et Saint-Aubin, qui firent profession le

[1] Lettre du 1er octobre 1685.
[2] *Mémoires*, chap. VII.

2 juillet 1686, mais en s'engageant seulement par des vœux simples et en ajoutant le vœu particulier de se consacrer à l'éducation des demoiselles : elles reçurent le voile, la croix d'or et le manteau des mains de madame de Maintenon, et furent alors instituées *dames du chœur*, et regardées comme les mères de l'établissement. Quatre jours après, ces quatre *vocales*, c'est-à-dire ayant voix pour élire, élurent, de concert avec madame de Maintenon, les huit autres novices, qui étaient mesdames de Saint-Pars, de Buthery, de Fontaines, de Gautier, de Montaigle, de Rocquemont, de Thumery, de Radouay. Alors il y eut un corps de communauté composé d'une supérieure et de douze professes, et l'on choisit parmi elles madame de Loubert pour être *assistante* de la supérieure, madame du Pérou pour être *maîtresse des novices*, madame de Radouay pour être *dépositaire*, quatre autres pour être *maîtresses des classes*, etc. Nous expliquerons plus tard ce qu'étaient ces différentes charges.

On pourvut au sort des autres demoiselles de Noisy, soit en les mariant, soit en les plaçant dans des couvents, soit en les admettant dans la maison nouvelle comme novices ou comme élèves. De nombreuses demandes étaient arrivées de toutes les parties du royaume pour les deux cent cinquante places annoncées dans l'acte de fondation [1]; le roi les avait examinées lui-même, surtout pour les conditions de noblesse et de pauvreté, et il avait fait les nominations; la plupart des filles nommées étaient déjà arrivées à Paris et, en attendant, logeaient dans des couvents où madame de Maintenon payait leur séjour. Après qu'on leur eut fait subir une visite et un examen dans le but de rejeter celles qui auraient quelque défaut considérable dans le corps ou dans l'esprit, on les appela à Noisy lorsque tout fut prêt, et la communauté entière se transporta à Saint-Cyr du 26 juillet au

---

[1] « Je suis accablée de sollicitations, écrivait madame de Maintenon ; il me vient de tous côtés des sujets, mais peu de bons. Le roi veut que je sois fort difficile dans les commencements, parce que la communauté une fois bien établie, les choses iront d'elles-mêmes. » (Lettre du 25 octobre 1685.)

1ᵉʳ août 1686. Cette translation se fit avec une sorte de pompe, dans les carrosses du roi, avec l'aide de ses gens et sous l'escorte des suisses de sa maison. Des prêtres portant la croix et les reliques de sainte Candide ouvraient la marche en chantant le *Veni, Creator*. La route était couverte de spectateurs accourus de Versailles et des villages voisins. « Sitôt que nous entrâmes dans la maison, disent les Dames de Saint-Cyr, elle nous représenta l'image du paradis terrestre... Nous ne cessions d'admirer la beauté et la grandeur des bâtiments, des appartements, des jardins, son ameublement, l'ordre et l'arrangement qui régnaient partout, nos dortoirs, où nous fûmes surprises de voir nos cellules si belles et si bien meublées. De quelque côté qu'on se tournât, on ne voyait que des objets capables de nous ravir... Nous bénissions les mains libérales qui avaient pris tant de peine à nous préparer un si agréable séjour [1]. » Quant à madame de Maintenon, elle dit : « Ce qui me fait plaisir en voyant ces murs, c'est que j'y vois ma retraite et mon tombeau... Puisse cet établissement durer autant que la France, et la France autant que le monde!... Voilà où je tends, voilà ma passion, voilà le fond de mon cœur [2]. »

Le 2 août se fit l'inauguration de la maison avec une pompe toute religieuse, en présence seulement de madame de Maintenon et de quelques dames de la cour. L'évêque de Chartres étant empêché par son grand âge [3], son vicaire général, assisté

[1] Les *Mémoires de Saint-Cyr* entrent à ce sujet dans de grands détails sur le rangement de la lingerie, qui avait été fait par madame de Maintenon elle-même, et « où le linge était si bon qu'il durait encore cinquante ans après, » sur la beauté des dortoirs, « où l'on voyait d'un bout à l'autre des lits très-bien rangés de la couleur de la classe, et les rideaux attachés par le pied avec un ruban de soie de même couleur; » sur la beauté des classes « tapissées chacune suivant la couleur que les demoiselles portaient, les murs garnis de cartes de géographie attachées avec des rubans de même couleur, de cadres, de tablettes pour les livres, etc. »

[2] Entretien avec madame de Glapion.

[3] L'évêque de Chartres était Ferd. de Neuville, frère du maréchal de Villeroy; son vicaire général, M. Brisay de Denonville, était assisté de M. Magny, promoteur, et de Mᵉ Batelier, avocat au parlement de Paris. *Voir* le procès-verbal aux archives de la préfecture de Versailles.

d'un nombreux clergé, bénit solennellement l'église et y célébra la messe, qui fut chantée pour la première fois par les Dames; il fit la visite et les aspersions prescrites par la liturgie dans toutes les parties de la maison; il proclama la supérieure et les Dames professes devant toute la communauté, ainsi que le supérieur ecclésiastique; il les installa au chapitre et reçut leur serment de fidélité aux constitutions; enfin, après avoir béni le cimetière, il chanta un *Te Deum*. Le lendemain les demoiselles qui étaient encore à Paris arrivèrent, et leurs exercices et études commencèrent : « Je les ai vues toute la semaine, écrivait madame de Maintenon, à leurs heures de travail, à leurs heures de récréation, dans leurs actes de piété, et tout cela est réglé avec beaucoup d'ordre et de simplicité [1]. »

Alors commença pour elle un travail qu'elle a continué pendant toute sa vie avec un zèle égal à sa persévérance, travail où sa gloire est restée pure de tout nuage. Ses ennemis ont pu lui reprocher, injustement sans doute, son élévation prodigieuse, son influence sur Louis XIV, la part qu'elle eut aux fautes de la fin de son règne; mais amis et ennemis se sont accordés à louer l'établissement de Saint-Cyr, « cette œuvre de son cœur, de son esprit et de son crédit, » où, en effet, elle s'est montrée, comme institutrice, d'une perfection qu'elle avouait elle-même en disant : « La Providence, qui m'avait destinée pour Saint-Cyr, m'a donné des grâces spéciales pour cet institut [2]. » Pendant trente années, cette maison fit sa principale occupation : elle y allait au moins de deux jours l'un pour y passer la journée entière, et presque tous les jours la matinée. Elle arrivait dès six heures du matin, s'en allait vers six heures du soir, et s'employait aux détails de la maison, de l'éducation des demoiselles, de la conduite de la communauté. « Elle allait de classe en classe et d'office en office, pour voir agir les maîtresses et les officières, pour donner ses avis, pour remarquer s'il n'y avait rien de meilleur à faire

[1] Lettre du 24 octobre 1686.
[2] Lettre du 20 février 1709.

que ce qu'on faisait; on l'a souvent vue, aux infirmeries des Dames et des demoiselles, consoler et servir les malades, peigner les demoiselles convalescentes et exercer d'autres œuvres semblables [1]. »

Durant les premières années surtout, elle fut obligée, à cause de l'ignorance et de l'inhabileté des jeunes religieuses, de remplir presque toutes les charges de la maison. Ainsi, les Dames avaient une si petite instruction qu'on avait dû admettre temporairement pour enseigner dans les classes des personnes étrangères à la communauté [2]. Madame de Maintenon eut donc à former des maîtresses des classes, à les instruire en toutes choses et même sur l'écriture et l'orthographe, « à leur inspirer l'ordre, l'arrangement et les pratiques nécessaires pour le difficile gouvernement des enfants [3]. » « Je préfère ces fonctions, disait-elle, à tous les amusements de Versailles. » Elle y fut grandement aidée par une chanoinesse qu'elle avait fait venir à Noisy, madame de la Maisonfort, femme d'un mérite vraiment extraordinaire et qui joue un grand rôle dans l'histoire de Saint-Cyr. De même les Dames n'entendaient rien aux dépenses et au ménage de la maison, aux fonctions de dépositaire et d'économe, à la gestion de leurs biens : elle dut les former à l'administration de leurs revenus, aux comptes avec les gens d'affaires, au gouvernement de la lingerie, de la roberie, des cuisines, des infirmeries, etc. En cela elle fut aidée par mademoiselle Balbien, qui eut en réalité pendant plusieurs années la charge de toute l'économie de la maison. Elle n'en allait pas moins partout, mettait la main à tout, donnait des leçons sur tout : « Je suis précise dans les affaires, disait-elle, et en tout veux savoir mon

---

[1] *Mémoires de Saint-Cyr,* chap. XII.

[2] Ce furent quelques dames pieuses et des filles de l'institution de la rue Saint-Maur, à Paris. On fit venir aussi des sœurs de la Charité pour apprendre aux Dames la pharmacie et la pratique des infirmeries.

[3] *Recueil d'instructions et d'avis,* t. I<sup>er</sup>. Voir à l'appendice sous la lettre B un extrait de la première instruction que madame de Maintenon adressa aux Dames de Saint-Louis sur l'éducation des demoiselles.

compte ¹. » D'ailleurs, « rien de Saint-Cyr ne lui semblait petit, importun, désagréable. » « Nos Dames, ajoutait-elle, sont des enfants qui de longtemps ne pourront gouverner : je m'offre avec tous mes gens pour les servir, et n'aurai nulle peine à être leur intendante, leur femme d'affaires et de tout mon cœur leur servante, pourvu que mes soins les mettent en état de s'en passer ². »

Il faut ajouter à ce détail que madame de Maintenon commençait à ne plus trouver dans madame de Brinon les mêmes secours. Cette femme qui s'était faite religieuse sans trop de vocation, avait gardé tous les goûts du monde; sa position à Saint-Cyr l'éblouit; elle prit dès lors des airs d'abbesse et de grande dame, et nous verrons qu'elle devint un obstacle à l'établissement de l'institut de Saint-Louis.

Quelques jours après la cérémonie d'installation, les visites commencèrent : toutes les princesses vinrent, l'une après l'autre, admirer « la nouvelle fondation de Louis le Grand; » la première fut la gracieuse enfant qui devint l'épouse du duc d'Orléans, mademoiselle de Blois, alors âgée de neuf ans; c'était le dernier enfant illégitime du roi, mais elle n'avait pas été élevée par madame de Maintenon. Celle-ci ne se trouva pas à Saint-Cyr pour la recevoir : la jeune princesse était suivie de madame de Montespan, qui eut l'étrange idée de venir contempler la création de sa rivale. Elle revint souvent dans cette maison pour y prendre part aux instructions religieuses des demoiselles; et c'est là qu'elle reçut la confirmation. Après les princesses vint l'enfant chéri de madame de Maintenon, le duc du Maine, alors âgé de seize ans, qui « se sentit tout glorieux d'être initié par elle aux mystères de l'éducation de la jeunesse; » puis tous les autres princes, des dames de la cour et d'illustres prélats.

Le roi, à cette époque, était grièvement malade, et ce ne fut que dans le mois de septembre qu'il vint visiter Saint-Cyr. Dans la cour du dehors, il trouva le clergé avec la croix; à

---

¹ *Lettres édifiantes*, t. v, p. 443.
² *Mémoires*, chap. XII. — *Lettres édifiantes*, t. 1ᵉʳ.

la porte de clôture, madame de Brinon, qui lui fit un discours, et toutes les Dames, « rangées en ordre de procession, revêtues de leur voile et de leur long manteau, un cierge allumé à la main; » puis, dans le grand corridor et jusque dans l'église, les demoiselles, uniformément vêtues, placées sur deux rangs suivant leur classe, silencieuses, recueillies, pleines d'un tremblant respect. Il traversa lentement ce cortége, au chant du *Te Deum*, entra dans l'église et alla se placer dans le chœur sur un prie-Dieu. Quand le *Te Deum* fut fini, on chanta le *Domine, salvum;* puis les demoiselles, conduites par leurs maîtresses, défilèrent devant lui, et en passant lui faisaient une profonde révérence; la communauté en fit autant; enfin, si l'on en croit une tradition qui s'est conservée à Saint-Cyr jusqu'à la fin de cette maison, quand le roi entra dans les jardins, trois cents jeunes voix entonnèrent une prière à sa louange, dont les paroles étaient de madame de Brinon, la musique de Lulli, et dont la lecture seule suffit pour transporter l'imagination dans ce siècle de merveilles royales :

>Grand Dieu, sauvez le Roi!
>Grand Dieu, vengez le Roi!
>Vive le Roi!
>Qu'à jamais glorieux,
>Louis victorieux
>Voye ses ennemis
>Toujours soumis.
>Grand Dieu, sauvez le Roi!
>Grand Dieu, vengez le Roi!
>Vive le Roi! [1]

[1] Si l'on en croit la même tradition, ce chant aurait eu une singulière fortune : le compositeur Handel l'ayant entendu dans une visite qu'il fit à Saint-Cyr en 1724, l'aurait copié pour le roi d'Angleterre, Georges Ier, et il serait devenu le fameux *God save the King*. Les Anglais ne reconnaissent point cette origine de leur chant national : ils prétendent même que c'est la maison de Saint-Cyr qui a emprunté l'air de Handel pour en faire un chant à la louange du roi Louis XV. C'est un petit problème d'archéologie musicale qu'il m'a été impossible de résoudre. La bibliothèque de Versailles possède une partie des cahiers et livres de musique de la maison de Saint-Cyr (une quarantaine de volumes environ, dont nous aurons occasion de parler). Quelques-uns de ces cahiers renferment des chants à la louange de Louis XIV, principalement des prologues arrangés des opéras de Lulli. Je n'y ai pas trouvé le chant que la tradition de Saint-Cyr attribue à Lulli et à madame de Brinon. Mais la

Le roi visita les classes et le reste de la maison, et donna partout des marques de sa bonté en indiquant des changements pour le bien-être des demoiselles; puis il revint à la salle de communauté, où il fit asseoir les jeunes religieuses et les entretint des devoirs de leur état, leur disant que « l'éducation était une des plus grandes austérités que l'on puisse pratiquer, puisqu'il n'y en a guère qui n'aient quelque relâche, et que, dans l'instruction des enfants, il faut y employer toute la vie. » Quand il sortit, il retrouva sur son passage ces rejetons de sa noblesse recueillis de tous les coins de la France; il sourit à ces frais visages, à ces jeunes cœurs pleins d'amour et de reconnaissance, à ces douces voix qui répétaient l'hymne de Lulli avec transport. Aussi quand il remonta en voiture, ce prince, « toujours si maître de lui et de son visage, » selon le mot de Saint-Simon, qui avait goûté tous les plaisirs et dont le cœur était rassasié de toutes les jouissances, ne put cacher son émotion, et en saluant madame de Maintenon, il lui dit : « Je vous remercie, madame, de tout le plaisir que vous m'avez donné. »

Quelques jours après cette première visite du grand roi, la maison de Saint-Cyr eut une solennité d'un autre genre : une novice, mademoiselle de Criny, déjà malade à Noisy, reçut les der-

bibliothèque de Versailles ne possède pas toute la musique qui était à Saint-Cyr; de plus ce chant n'était-il pas si vulgaire qu'on ne l'eût ni copié, ni noté? enfin il me paraît difficile d'admettre que les Dames de Saint-Louis aient emprunté un chant consacré à la louange d'un roi hérétique et ennemi, pour l'appliquer spécialement à Louis XV. Ajoutons que ce prince ne vint jamais à Saint-Cyr, si ce n'est dans son enfance; qu'il aimait peu cette maison; que celle-ci ne pouvait avoir pour lui le même amour, la même reconnaissance qu'elle avait eus pour Louis XIV; qu'on ne trouve pas sur lui une seule note, un seul mot dans la collection musicale dont nous venons de parler, quand cette collection renferme tant de chants à la louange de Louis XIV. Ce qu'il y a de certain, c'est que dans les trente dernières années de la maison de Saint-Cyr l'air et les paroles qui font l'objet de cette note étaient chantés vulgairement dans cette maison, à peu près comme on a vu chanter dans nos colléges *Vive Henri IV* et la *Marseillaise*; que la tradition constante des Dames de Saint-Louis était que cet hymne, œuvre de madame de Brinon et de Lulli, avait été chanté la première fois que Louis XIV visita Saint-Cyr, et presque toutes les fois qu'il venait dans cette maison; que cet hymne se trouve être, paroles et musique, identiquement le même que le *God save the King*, œuvre de Handel, selon les Anglais, lequel était né en Saxe en 1685, vint en Angleterre en 1710 et mourut en 1759.

niers sacrements (6 octobre 1686)[1]. Toute la communauté, et ce fut une règle pour l'avenir, religieuses, demoiselles, sœurs converses, assista à cette cérémonie suprême, à genoux, un cierge à la main, dans la chambre de la malade, dans les chambres voisines et jusque sur les marches de l'escalier. Madame de Maintenon donna à la mourante ses dernières exhortations et reçut son dernier soupir : elle marqua ainsi aux supérieures de l'institut de Saint-Louis leur devoir pour ces tristes occasions, et qu'aucune ne manqua de remplir. Pendant ce temps les demoiselles étaient à l'église en prières, et quand la novice eut expiré, madame de Maintenon vint à elles, et leur dit : « Mes enfants, elle est morte comme un ange et s'en va dans le ciel préparer notre communauté. » Toute la maison la conduisit au cimetière, champ de verdure situé entre le chevet de l'église et les toits de chaume du village, que décoraient quelques saules ombrageant une grande croix de pierre, et qui reçut en ce jour son premier cercueil. C'est là que, pendant un siècle, jeunes filles moissonnées avant l'heure, religieuses vieillies dans la solitude, vertu, beauté, esprit, jeunesse, sont venues chercher le suprême repos. Faut-il ajouter que ce champ des morts est aujourd'hui profané par les plus vulgaires usages, sans qu'une croix de bois rappelle que tant de noms illustres, tant de vertus obscures y ont été ensevelis ?

[1] Registres mortuaires de la maison de Saint-Louis, aux archives de la commune de Saint-Cyr.

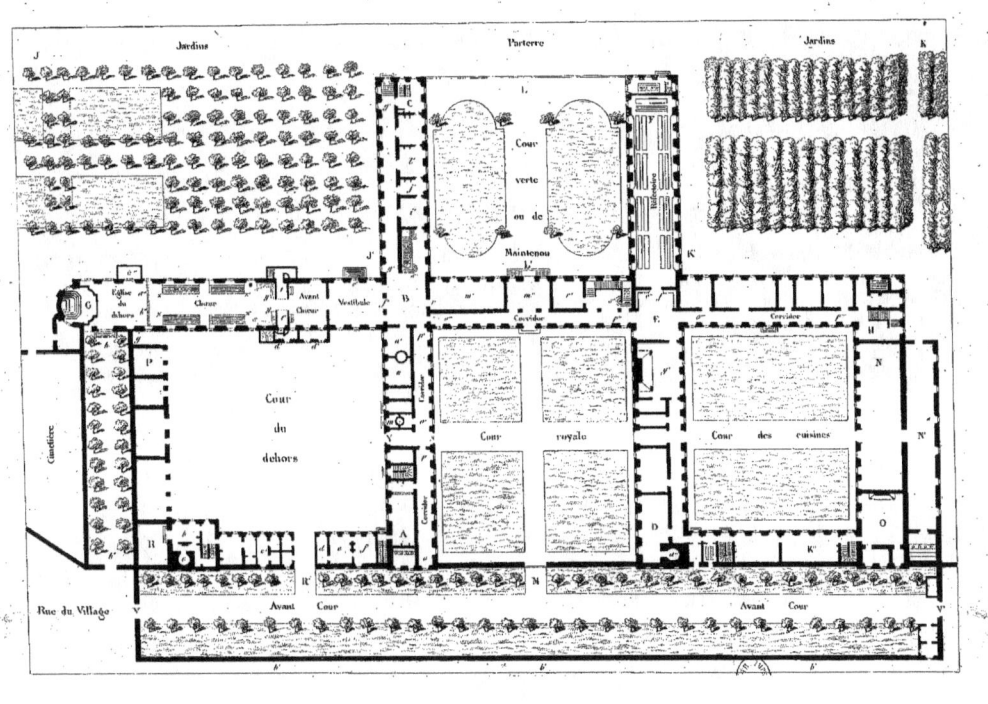

# CHAPITRE IV.

### DESCRIPTION DE LA MAISON DE SAINT-CYR [1].

La maison de Saint-Cyr consistait et consiste encore : 1° en deux grands corps de bâtiment parallèles ABC, DEF, jetés du midi au nord, larges de 30 pieds dans œuvre et s'étendant dans une longueur de 60 toises; 2° en un troisième corps de bâtiment GBEH de même largeur, coupant les deux premiers perpendiculairement vers le milieu et allant ainsi du couchant au levant dans une étendue de 104 toises; l'extrémité occidentale de ce troisième corps de bâtiment formait l'église GB.

D'après cette disposition primitive, il se trouvait, soit au nord, soit au midi, trois intervalles vides et bordés seulement de deux ou trois côtés par des bâtiments. Les trois intervalles du côté du nord furent occupés : celui du couchant JJ' par un bois d'ormes qui fut remplacé en 1728 par des allées de tilleuls; celui du levant KK' par deux vastes quinconces qui servaient de promenoir et de champ de récréation aux demoiselles [2]; celui du milieu, qui seul se trouvait enveloppé de bâtiments par trois côtés, fut dit *cour verte* et plus tard *de Maintenon;* cette cour était occupée par deux pièces de gazon et fermée par une belle grille élevée sur un petit mur à hauteur d'appui, laquelle s'ouvrait en

---

[1] Cette description a été faite principalement au moyen de deux documents : 1° un plan de la maison royale de Saint-Cyr (plan de rez-de-chaussée) dressé par le sieur Delorme en 1688, par les ordres de Louis XIV, et qui est la seule pièce de l'ancienne maison qui soit aujourd'hui à Saint-Cyr; nous en donnons une réduction; 2° le procès-verbal de la visite faite par l'évêque de Chartres en 1692, que nous insérons textuellement dans l'appendice sous la lettre G, et que nous tirons d'un *Recueil de titres concernant le spirituel de la maison de Saint-Louis,* appartenant aux Archives de la préfecture de Versailles.

[2] Remplacés aujourd'hui par la cour de Wagram, dans laquelle il reste une partie des quinconces.

L sur un grand parterre dont nous parlerons[1]. On arrivait dans cette cour par une porte L', à laquelle on montait par un double perron, et c'était là le passage des Dames et des demoiselles pour aller aux jardins.

Les trois intervalles du midi ne restèrent pas ouverts comme ceux du nord, mais ils formèrent, par l'adjonction de quatre nouveaux corps de logis, trois grandes cours fermées. La cour du milieu ou symétrique à la cour verte, fut dite *cour royale*[2]; elle fut fermée au midi seulement par un petit mur au milieu duquel était un grand portique M ou porte d'honneur, qui fut remplacée sous le règne de Louis XV par le pavillon existant aujourd'hui. La cour du sud-est, qu'on appelait *cour des cuisines*[3], fut entièrement fermée par l'adjonction de deux corps de logis se joignant en équerre NO, DO. Il en fut de même de la cour du sud-ouest, dite *cour du dehors*[4], avec cette différence que le corps de logis PR, qui lui fut adjoint au couchant, ne fut d'abord composé que de hangars et d'écuries; on entrait dans cette cour, au midi, par la porte R'.

La façade méridionale RADO se trouva ainsi formée de deux grands corps de bâtiments symétriques, séparés par le petit mur de la cour royale et ayant avec ce petit mur une étendue de 95 toises. Les extrémités de chacun de ces corps de bâtiment formaient pavillon, ainsi que les extrémités des ailes ABC, DEF, ce qui donnait à la face entière un aspect monumental. Cette face était ouverte d'abord par deux petites portes d'escalier *a*, *a*', communiquant avec la cour des cuisines; ensuite, par le portique d'honneur M, qui resta presque toujours fermé et n'était qu'une décoration; enfin, par la grande porte R' de la cour du dehors, qui était alors, comme aujourd'hui, la vraie porte de communication avec tout l'intérieur.

---

[1] *Voir* la gravure : *La maison de Saint-Cyr vue du côté des jardins*.
[2] Aujourd'hui *cour de Marengo*; elle s'est aussi appelée *cour des Archives* et *cour de la Reine*.
[3] Aujourd'hui *cour d'Austerlitz*.
[4] Aujourd'hui *cour Royale* ou *cour de Rivoli*.

## DESCRIPTION DE LA MAISON.

En avant de cette façade était une double allée d'arbres formant l'*avant-cour* et qui n'était qu'une sorte de rue intérieure et publique, puis le mur d'enceinte extérieur b'b'b', qui s'appuyait sur les dernières pentes du coteau de Saint-Cyr. Aux deux extrémités de la double allée se trouvaient les deux portes d'entrée de toute la maison, l'une V au couchant, l'autre V' au levant, lesquelles étaient ouvertes tout le jour et servaient de chemin au village, celle du levant étant la porte d'arrivée du côté de Versailles.

Tous ces bâtiments avaient deux étages et un comble en *mansarde*, lequel fut changé en comble ordinaire vers la fin du règne de Louis XIV[1]. Leur architecture était très-simple, mais d'une simplicité qui n'était pas sans grandeur. Ils n'avaient aucun ornement, sauf les armes royales qui étaient sculptées aux deux portes d'entrée, à la porte d'honneur, au front méridional de la cour royale, au front méridional des deux ailes ABC, DEF, enfin, au front septentrional de la cour verte.

On entrait dans la maison par la porte V'; on suivait l'avant-cour, et en passant par la porte R', on arrivait à la cour du dehors. Dans cette cour, où le public était continuellement admis, se trouvaient les logements des hôtes, des prêtres attachés à la maison et de tous les gens du dehors. Le corps de bâtiment méridional RA était occupé, à gauche de la porte R, au rez-de-chaussée, par de petits logements d'ouvriers et une boulangerie C; au premier étage, par l'appartement b de l'évêque de Chartres et celui c' de l'intendant du temporel; au deuxième étage, par des magasins de farine; à droite de la porte R, au rez-de-chaussée étaient trois parloirs, d, e, f, pour les sœurs converses, pour les demoiselles, pour les dames; au premier et au deuxième étage, des magasins d'étoffe, de toile, etc.

---

[1] « On dépensa 300,000 livres pour refaire nos combles qui étaient fort incommodes et auraient causé des dégradations considérables par les pluies qui séjournaient sur les toits et passaient dans les dortoirs... Cela nous procura de beaux greniers dont nous avions grand besoin. » (*Mémoires de Saint-Cyr*, chap. XXVII.)

Le corps de bâtiment occidental PR de la cour du dehors ne fut bâti qu'en 1692; sa place était occupée à l'origine de la maison (et c'est ainsi que l'indique notre plan) par les écuries de madame de Maintenon et les logements des jardiniers. Il fut construit tel qu'il existe aujourd'hui, pour loger les prêtres attachés à la maison, et nous aurons occasion d'en reparler.

Le corps de bâtiment septentrional de la cour du dehors était l'église GB, qui avait 43 toises de longueur et 30 pieds de largeur. Comme son entrée principale $f$ était dans l'intérieur de la maison, elle n'avait pas de portail, et présentait dans la cour du dehors l'aspect des autres corps de logis; sur la face de ce côté se trouvaient plusieurs petites portes $d'd'$ pour les entrées de l'orgue et des confessionnaux, lesquels n'avaient pas de communication avec l'intérieur. Son chevet se trouvait au delà de la cour du dehors, et prolongeait de 8 à 9 toises le corps de bâtiment GBEH. C'était dans cette partie de l'église que se trouvait son entrée publique $h$, à laquelle conduisait une petite avenue $hh'$ venant du village. Sous le règne de Louis XV, on transporta cette entrée publique où elle est aujourd'hui, dans l'angle N.-O. de la cour du dehors, en $g$. L'église n'avait rien de monumental que son chevet, élevé de 78 pieds et surmonté d'une flèche pyramidale qui n'existe plus.

Le corps de bâtiment oriental de la cour du dehors était le logement presque entier de la communauté : on y arrivait par la porte de clôture Y, au delà de laquelle se trouvait une deuxième porte Z, qui s'ouvrait sur la cour royale et restait presque toujours fermée, parce que toute la communication avec l'intérieur se faisait par les corridors dont nous allons parler; à droite et à gauche de la voûte située entre ces deux portes, se trouvait un corridor qui régnait sans interruption dans les trois ailes AB, BE, EH. La partie $op$ donnait entrée dans le dortoir des sœurs converses A[1], au-dessus duquel se trouvait, au premier étage, le logement et le

---

[1] Aujourd'hui le bureau de la direction des études de l'École militaire.

parloir de la supérieure, et au deuxième étage le dortoir des Dames, qui s'étendait dans toute l'aile AB. La partie o' p' donnait entrée : 1° dans le *tour* m [1], c'est-à-dire l'endroit où se tenaient les portières, sans communication avec le dehors, pour recevoir les messages et répondre aux visiteurs; ceux-ci y arrivaient par une porte donnant sur la cour du dehors. «Le tour, proprement dit, était de moyenne grandeur et capable seulement de passer un médiocre paquet, fort et fait de bois de chêne, sans qu'on puisse rien voir au dedans. » 2° Dans le *dépôt* n, qui était le bureau des affaires du dehors ou de l'administration de la maison [2]; « il était garni d'armoires servant à renfermer les titres, papiers et enseignements de la maison, d'un coffre à mettre l'argent, d'un tour capable seulement de passer un sac de mille livres, » enfin il était accompagné d'un parloir qui avait son entrée dans la cour du dehors; 3° dans la sacristie du dedans n' [3], renfermant tous les objets, ustensiles, ornements nécessaires à l'office divin. Au-dessus de ces pièces, au 1er étage, se trouvait un appartement réservé dont nous parlerons, et au 2e le dortoir des Dames.

Au bout du corridor o'p' on arrivait par une grille dans une sorte de grand vestibule B dont la voûte était portée par des colonnes, et l'on y trouvait à gauche l'entrée de l'église f', au fond un grand escalier s, à droite la porte r de la salle du chapitre. Nous allons décrire successivement ces diverses parties de la maison.

L'église se divisait en quatre parties : 1° le *vestibule* proprement dit, non fermé, haut seulement de quinze pieds, parce qu'il avait au-dessus de lui (au 1er étage) une vaste tribune dont nous parlerons; sur son côté gauche étaient trois portes de confessionnaux dont les entrées (pour les prêtres) étaient dans la cour du dehors, sur son côté droit une porte c' allant dans les jardins; 2° l'*avant-chœur*, réservé aux sœurs converses, n'ayant

[1] Aujourd'hui le bureau du trésorier.
[2] Aujourd'hui le bureau de l'économe.
[3] Aujourd'hui la salle des conseils.

que quatre toises de long et séparé de la partie suivante par deux tribunes $t$, $t'$ peu élevées, « au-dessus de l'une desquelles $t'$ paraît la montre de l'orgue, très-belle, grande et artistement faite, qui n'a aucune issue dans l'intérieur de la maison ; » l'avant-chœur était décoré de deux autels placés de chaque côté de l'entrée du chœur ; 3° le *chœur*, ayant douze toises de longueur et réservé aux Dames et aux demoiselles ; les premières occupaient quarante-huit stalles placées en équerre $xy$, $x'y'$, et dont la moitié était adossée aux tribunes de l'avant-chœur ; les secondes occupaient le long des murs « seize grands bancs $zz'$ $zz'$ très-propres, d'égale longueur, placés de symétrie de part et d'autre, et arrêtés au parquet ; » le chœur était séparé de la partie suivante par une clôture de forte menuiserie, au-dessus de laquelle étaient trois grandes et fortes grilles $a''$ $b''$ magnifiquement ouvrées, et ouvertes chacune par un guichet pour les communions ; 4° l'*église du dehors* qui était la seule partie où le public fût admis ; elle n'avait que dix toises de longueur, dont sept seulement pour les fidèles, le reste étant occupé par le sanctuaire et enveloppé d'une balustrade G ; l'autel était très-élevé, adossé à la muraille du chevet, et « son retable, grand, magnifique et doré, s'élevait jusqu'à la voûte. » On trouvait dans la partie réservée au public deux petites chapelles pratiquées dans deux enfoncements latéraux : l'une, à gauche, près de la porte publique, et où furent placées les reliques de sainte Pérégrine en novembre 1692 ; l'autre, à droite $c''$, où étaient celles de sainte Candide [1].

L'église, dédiée à la sainte Vierge et à saint Louis, n'avait ni tableaux, ni statues, et nulle autre décoration que celle de l'autel ; elle était tout entière lambrissée et parquetée. Elle prenait jour à droite et à gauche par quatorze fenêtres au rez-de-chaussée, et autant au premier étage. Sa hauteur n'était originairement que de 26 pieds dans le chœur et de 42 pieds dans le chevet ; en

---

[1] Dans cet enfoncement latéral a été placé, en 1835, le tombeau de madame de Maintenon.

1707, on y construisit la voûte cintrée qui existe aujourd'hui, et qui donne au chevet 78 pieds, et au chœur 42.

Nous avons dit qu'il y avait au-dessus du vestibule de l'église une grande tribune, dont l'entrée était au premier étage de la maison. Elle était coupée en deux parties : celle de droite renfermait un oratoire (celui de madame de Maintenon) et une petite chapelle e', dite de la Croix, « artistement faite et très-décemment parée, mais qui n'avait qu'une toise en carré. » Dans la deuxième se trouvaient les reliques de sainte Victoire, de saint Cyr et de saint Just, données par le pape en 1702.

Revenons au vestibule B qui précédait l'église. Nous avons dit qu'au fond de ce vestibule se trouvait un grand escalier s; à gauche de cet escalier était un corridor menant aux jardins g'g'; à droite était l'appartement de madame de Maintenon, occupant la plus grande partie du rez-de-chaussée de l'aile BC. Louis XIV avait destiné à cette dame l'appartement du premier étage, et dont nous parlerons tout à l'heure; mais celle-ci voulut en faire l'infirmerie des demoiselles, et elle prit pour demeure les quatre petites pièces qui se trouvaient au-dessous de cet appartement : « elles étaient bien parquetées et lambrissées d'une très-belle et propre menuiserie; la première, appelée la bibliothèque i', renfermait trois grandes armoires remplies de livres de piété, et encore deux grands volumes en vélin, reliés en maroquin du Levant, contenant les armes, blasons, et preuves généalogiques de la noblesse des demoiselles; la deuxième j', meublée de deux lits de repos et de siéges de damas bleu, avec des housses de serge bleue; la troisième, meublée d'un grand lit et de plusieurs siéges semblables aux précédents l'; la quatrième, meublée de plusieurs siéges semblables, tables et rideaux [1]. » Au delà étaient deux

---

[1] Nous dirons les transformations qu'a subies cet appartement, qu'on peut appeler historique à cause du personnage qui l'a habité et des résolutions qui y ont été prises. Aujourd'hui il forme le logement du trésorier de l'École militaire. Il a été coupé dans sa hauteur de façon à former un rez-de-chaussée et un entresol; mais il a encore ses boiseries anciennes et une partie de l'armoire treillassée en letton qui servait de bibliothèque.

chambres qui furent occupées par mademoiselle d'Aubigné, nièce de madame de Maintenon. Les fenêtres de ce modeste appartement donnaient sur la cour verte, et l'on y jouissait à travers les jardins d'une belle vue.

Par le grand escalier, l'on arrivait à un vaste palier au premier étage, au-dessus du vestibule B, sur lequel se trouvaient : 1° un appartement de quatre pièces occupant toute l'aile BC, servant d'infirmerie aux demoiselles, et « où il y a trente lits à piliers et à rideaux rouges très-bien garnis; » au bout de cette infirmerie était la chambre des infirmières; au delà, une petite chapelle dédiée à sainte Geneviève [1]; 2° l'entrée de la grande tribune de l'église $f'$; 3° l'entrée d'un vaste appartement réservé pour les visites de grands personnages et qui se trouvait au-dessus du tour, du dépôt, etc.

Le même escalier conduisait au deuxième étage, où l'on trouvait à droite, c'est-à-dire au-dessus de l'infirmerie des demoiselles et dans l'aile BC : de grandes salles contenant l'infirmerie des Dames, celle des sœurs converses, un supplément d'infirmerie pour les demoiselles et la lingerie des infirmeries [2]; à gauche, c'est-à-dire dans l'aile AB, le dortoir des Dames, partagé par un corridor en trente-six cellules qui avaient vue, les unes sur la cour du dehors, les autres sur la cour royale; elles étaient « toutes très-proprement planchéiées et lambrissées d'une belle menuiserie et meublées chacune d'un lit à piliers, avec les rideaux violets, et garnies très-proprement d'un bureau de bois de noyer qui s'ouvrait en armoire, d'un prie-Dieu, d'une table, d'une écritoire, d'une cuvette, pot à l'eau, chandeliers et deux chaises de paille, le tout très-propre [3]. » Au bout desdites cellules « était un lieu bien fermé o, dans lequel il y avait un petit lit sans rideaux et une chaise de paille, appelé la *prison*. »

Descendons le grand escalier des Dames et revenons au vesti-

[1] Tout cela forme aujourd'hui l'appartement du général commandant l'École militaire.
[2] Tout cela forme aujourd'hui la bibliothèque de l'École militaire.
[3] *Mémoires de Saint-Cyr*, p. 487.

bule précédant l'église en B : à droite de ce vestibule était la salle du chapitre ou de communauté $m'$, qui était ornée d'une boiserie sévère avec une grande cheminée sur laquelle étaient un *Ecce homo* de Mignard et les portraits de Louis XIV et de madame de Maintenon peints par Ferdinand. Au delà de cette pièce était un vestibule $m''$, par lequel on arrivait, d'une part, dans la cour de Maintenon, au moyen d'un escalier L à double perron dont nous avons déjà parlé; d'autre part, dans la cour royale, par la porte X. Au delà de ce vestibule était le réfectoire des dames $r'$. Ces trois pièces avaient devant elles, au midi, la continuation du grand corridor $o''p''$, par lequel on arrivait du vestibule de l'église au grand escalier des demoiselles $s'$. Au milieu de ce corridor s'ouvrait une porte donnant sur la cour royale, mais rarement ouverte, cette cour n'étant presque d'aucun usage.

Ce grand escalier menait au vestibule des classes E. Ces classes occupaient les quatre bras de la croix dans toute la largeur des ailes : la classe rouge, au levant, en EH; la classe verte, au couchant, en BE; la classe jaune, au midi, en ED; la classe bleue, au nord, en EF. Chacune d'elles avait les murailles garnies de tapisseries de la couleur de la classe et de rideaux de la même couleur; elle renfermait six grandes tables demi-circulaires dont le rentrant était occupé par les maîtresses et le saillant par les demoiselles, au nombre de huit ou dix. Ces classes n'occupaient que les deux tiers environ des quatre vastes pièces formées par les quatre bras de la croix; le reste formait de petits dortoirs pouvant contenir chacun vingt lits avec deux cellules de maîtresses.

Par le même escalier, on montait au deuxième étage, et l'on arrivait au vestibule des dortoirs, vestibule très-spacieux et dans lequel fut dressé, comme nous le verrons, le théâtre des représentations d'*Esther*. Les quatre dortoirs étaient disposés comme les classes et se trouvaient au-dessus d'elles. Chacun d'eux renfermait quarante lits et était « coupé d'un bout à l'autre d'une cloison contre laquelle sont adossés de part et d'autre deux rangs de lits à piliers et rideaux de la couleur de la classe, très-bien garnis ; les trumeaux des fenêtres de part et d'autre garnis de tables, de bancs, et les embrasements desdites fenêtres remplis de petits coffres servant à mettre le linge et habits desdites demoiselles ; au bout de chacun d'eux étaient deux cellules pour deux maîtresses, et à chacun des côtés des cheminées où sont allumées des lampes qui brûlent pendant toute la nuit. »

En descendant le grand escalier des demoiselles, on trouvait un vestibule E, où étaient : à gauche, le réfectoire F ; au fond, la continuation du grand corridor $o'''p'''$ ; à droite, les cuisines $y'$. Le réfectoire des demoiselles occupait toute l'aile EF et renfermait huit grandes tables : à l'extrémité de chacune d'elles était une chaire de menuiserie pour les maîtresses des classes, et à l'extrémité du réfectoire une estrade de trois marches avec le siége de la dame qui présidait. En outre, il y avait à droite une chaire pour celle qui faisait la lecture, et en face d'elle un grand tableau de Jésus crucifié. En sortant du réfectoire, on trouvait dans le vestibule « deux grands lave-mains de cuivre bronzé d'une très-belle structure ($e''$ $f''$). »

Dans le grand corridor $o'''$ $p'''$, on trouvait à gauche des salles de musique et de danse, à droite une porte $x'$ donnant entrée dans la cour des cuisines, au fond un grand escalier H servant à dégager les classes et les dortoirs. Dans la cour des cuisines, on trouvait au rez-de-chaussée les cuisines $y'$, la boucherie, la fruiterie, une boulangerie $a''$, l'apothicairerie $K''$, une cuisine pour les infirmeries O, un réfectoire pour les convalescentes N ; au premier étage, outre les classes des jaunes et des rouges, les lingeries, la roberie, etc. ; au second étage des magasins, etc. Cette cour avait une porte par laquelle on allait dans une arrière-cour précédant les jardins, et où se trouvaient des bûchers N', des magasins, etc.

« Toutes les fenêtres de l'avant-cour et de la cour du dehors et autres lieux, ayant rapport à l'extérieur de la clôture, étaient garnies de fort barreaux en fer treillissés de fil de laiton. »

Les jardins ne consistaient d'abord qu'en bouquets de bois, en un grand parterre situé devant la cour de Maintenon, avec des prairies et des champs cultivés; mais ils furent dessinés et arrangés en 1698 par Mansard. « Ce fut lui, disent les Dames, qui ordonna les bosquets et les cabinets, qui fit planter des arbres fruitiers dans les carrés qui sont au bas du jardin, où l'on ne recueillait auparavant que du foin; il perça aussi dans le bois plusieurs allées; il fit mettre de la charmille dans les endroits trop clairs et tout autour du bois, enfin il rendit notre jardin si agréable que le roi le trouva fort à son gré. Ce fut lui qui donna des noms à toutes les allées et aux cabinets du jardin, et il les écrivit de sa main avec un crayon sur le plan. Voici comme il les nomma : allée de Versailles, allée Solitaire, la Grande-Allée, allée des Réflexions, allées Royale, du Passage, du Cœur, bois de l'Église, allée de l'Institutrice, cabinet des Jeux, salle de la Récréation, cabinet de la Fontaine, cabinet de Recueillement, allée de la Ferme, allée de l'Examen, allées des Rouges, des Vertes, des Jaunes, des Bleues, allées du Milieu, des Légumes, Découverte, de la Plaine, bois de la Jeunesse, cabinet du Repos, allée des Dames, cabinet Solitaire, allée du Noviciat, allées du Pavillon, Sombre, Circulaire, des Plans, Brute, de la Symétrie, de la Perspective, banc de madame de Maintenon[1]. » La plus remarquable de ces allées était celle de Versailles; elle partait des talus du grand parterre, et allait jusqu'au mur de clôture du levant : là était une porte (aujourd'hui bouchée), qui communiquait avec la grille du parc de Versailles par une allée extérieure. Cette allée était souvent suivie par le roi, soit à son arrivée, soit à son départ, sa voiture restant ou venant le chercher à la petite porte, car elle n'entrait jamais dans la clôture.

À l'extrémité sud-est des jardins, dans leur partie la plus élevée, et avoisinant le chemin de Versailles, était un petit bâtiment tout à fait isolé, à un seul étage, qui servait d'infirmerie pour les

---

[1] *Mémoires de Saint-Cyr*, ch. XXV.

maladies communicables et principalement pour la petite vérole, qui faisait à cette époque de grands ravages. On y trouvait une petite chapelle dédiée à saint Roch [1].

Entre le chevet de l'église et le pavillon du couchant de la façade méridionale, derrière le bâtiment des prêtres de la maison, se trouvait le cimetière, qui s'étendait jusqu'au mur de clôture; derrière ce mur était la rue du village, qui menait à la ferme dépendante de la maison royale. Près du cimetière étaient une vaste buanderie bâtie en 1728 et la pompe alimentant d'eau toute la maison.

La superficie totale des bâtiments et jardins était de 16 hectares 16 ares.

---

[1] On ne peut le voir sur notre plan. L'infirmerie de Saint-Roch, aujourd'hui agrandie, est l'infirmerie de l'École militaire.

## CHAPITRE V.

### PREMIÈRES ANNÉES DE LA MAISON DE SAINT-CYR. — REPRÉSENTATIONS DE LA TRAGÉDIE D'ESTHER.

Les cinq ou six premières années de l'institut de Saint-Louis furent des années d'essai et d'expériences, après lesquelles les constitutions ayant été modifiées, et une réforme apportée dans la maison, qui devint un monastère régulier, l'établissement prit la forme définitive qu'il a gardée jusqu'à sa destruction. Nous attendrons donc l'époque de cette réforme pour donner un aperçu des constitutions, du gouvernement, de l'éducation de Saint-Cyr, et nous allons exposer sur-le-champ les causes qui ont amené ce grand changement.

Nous avons vu que la première pensée des fondateurs avait été de faire une institution tout à fait nouvelle et humaine, éloignée des conditions d'existence et des pratiques des maisons religieuses, où les demoiselles ne fussent élevées que pour le monde. « Nous voulions, disait madame de Maintenon, une piété solide, éloignée de toutes les petitesses de couvent, de l'esprit, de l'élévation, un grand choix dans nos maximes, une grande éloquence dans nos instructions, une liberté entière dans nos conversations, un tour de raillerie agréable dans la société, de l'élévation dans notre piété, et un grand mépris pour les pratiques des autres maisons [1]. »

D'après cela, on régla les différents exercices des demoiselles de telle façon qu'on leur laissa une sorte de liberté noble dans leurs études, leurs récréations, leurs rapports entre elles et avec les Dames. Tout devait être digne, aisé, riant, naturel dans

[1] *Lettres édifiantes*, t. III, p. 672. — Languet, t. I<sup>er</sup>, p. 479.

l'éducation donnée à Saint-Cyr : piété, écrits, maintien, langage. Point de minuties et d'inutilités; point de dévotion étroite et fâcheuse; point de rigueurs et de répréhensions vulgaires. On leur permit des lectures honnêtes et agréables; on leur apprit à écrire des lettres de ce style noble et galant qu'avaient Voiture et Balzac; on les excita à ne parler que de choses d'esprit et sur des sujets élevés; on les habitua à une tenue distinguée et à la grâce que n'exclut pas la modestie; on ne dédaigna pas, on soigna même leur beauté, « qui est aussi, disait madame de Maintenon, un don de Dieu; » on leur permit une sorte de recherche et d'innocents caprices dans leur toilette, en les laissant ajouter quelque parure à leurs habits, des cordelières à leur ceinture, des perles et des rubans dans leurs cheveux. Madame de Maintenon aimait à voir ses chères filles ainsi belles, parées, un peu coquettes, et même elle y contribuait en leur donnant ces petits ornements à profusion; « si bien qu'il y en avait, disent les Dames, qui étaient toutes garnies de rubans à la tête et au reste de leur habillement [1]. » En un mot, madame de Maintenon, pleine des souvenirs des hôtels d'Albret et de Richelieu, « dont elle avait peine, disait-elle dans sa vieillesse, à perdre le ton, » aurait voulu que Saint-Cyr continuât les traditions de ces salons illustres, où les sentiments pieux et les belles manières étaient également cultivés. « C'est dans cette vue, dit Languet, qu'elle s'appliquait à former l'esprit des demoiselles pour tous les exercices propres à leur inspirer cette politesse que le monde exige, et qui n'est point incompatible avec la piété. Elle prenait soin de leur taille, de leur air, de leur démarche, de leurs ouvrages, de leurs jeux même et de leurs conversations. Elle ne pouvait souffrir en elles la hauteur, l'étourderie, la vanité, la paresse et l'humeur, et elle voulait que la raison les dominât en tout. C'était à la raison qu'elle les ramenait toujours dans ses avis et ses répréhensions, et c'était à former leur rai-

---

[1] *Mémoires de Saint-Cyr,* chap. XVIII.

son que tendaient les divers exercices qu'elle avait prescrits. Conduire nos filles à la vertu par de beaux sentiments, disait-elle, tel doit être l'esprit dominant de l'éducation donnée à Saint-Cyr, où les demoiselles doivent être élevées chrétiennement, raisonnablement et *noblement*. C'était son terme, mais elle en développait le sens de manière à exclure tout ce qui pouvait inspirer à ces jeunes filles une fierté vaine et pleine d'orgueil; elle renfermait son idée dans la noblesse des sentiments, la générosité, le désintéressement, la probité, la compassion pour les petits et les pauvres, la douceur, l'affabilité [1]. » Enfin, elle donnait pour dernier stimulant à cette belle éducation les sentiments d'honneur et de reconnaissance qu'elle éveillait en elles par ces paroles :

« Des personnes élevées aux frais de la patrie doivent constamment la servir par la pratique de toutes les vertus; une demoiselle élevée à Saint-Cyr devient comptable à l'État d'un pareil honneur, et pour répondre à cet engagement elle ne doit jamais en perdre le souvenir. »

Ce plan d'éducation était, comme on le voit, très-beau et très-séduisant, mais difficile et plein de dangers : aussi ne réussit-il pas complétement, et fut-on obligé de l'établir sur des bases plus sévères; mais la postérité n'a point à s'en plaindre, car il amena des amusements et des solennités qui rendent à jamais Saint-Cyr illustre et recommandable dans l'histoire littéraire de la France.

On sait quelle passion la société du dix-septième siècle avait pour les belles conversations et les beaux écrits; on sait combien le jugement se formait, l'esprit se polissait dans ces salons où les La Fayette et les Sévigné tenaient école de goût, et ont tant travaillé, sans le savoir, au perfectionnement de notre langue. Madame de Maintenon y avait tenu un trop beau personnage pour dédaigner, malgré son horreur des frivolités mondaines, les

---

[1] Languet, t. 1er, p. 382 et 418. — *Mémoires de Saint-Cyr*, p. 196.

agréments de l'esprit, la culture des lettres, son goût pour cette belle langue qu'elle parlait avec tant de charme, qu'elle écrivait avec tant de simplicité et de naturel, qui, elle aussi, avait été l'une des causes de sa fortune. Elle voulait donc que ses chères filles connussent la langue française, non dans ses subtilités grammaticales et ses perfections d'orthographe, mais dans ses tours fins, naïfs, gracieux, dans sa clarté et son abondance, « dans la valeur des mots et le pourquoi des phrases. » Aussi elle se plaisait à les faire parler, à les faire écrire; elle les reprenait sur le style, sur les pensées, sur la prononciation; elle s'efforçait de leur inspirer son propre langage, « langage doux, juste, en bons termes, dit Saint-Simon, et naturellement éloquent et court. » « On leur fait faire entre elles, dit Racine, sur leurs principaux devoirs, des conversations ingénieuses qu'on leur compose exprès, ou qu'elles-mêmes composent sur-le-champ; on les fait parler sur les histoires qu'on leur a lues, ou sur les importantes vérités qu'on leur a enseignées; on leur fait réciter par cœur et déclamer les plus beaux endroits des meilleurs poëtes[1]. » Enfin, mettant à profit leurs heures de récréation, madame de Maintenon venait s'asseoir auprès d'elles dans les jardins, et là elle leur ouvrait l'esprit et cultivait leur mémoire par de jolis traits, des détails édifiants ou instructifs sur sa propre vie ou sur la cour, des mots spirituels, de beaux vers. De cette passion à leur apprendre la langue des Bossuet et des Corneille naquirent *Esther* et *Athalie*.

Madame de Brinon, quoique bonne religieuse, était une sorte de femme savante ayant peu de jugement et une grande opinion d'elle-même. Comme elle connaissait les Pères de l'Église, et qu'elle avait une facilité extrême, soit à parler, soit à écrire, elle faisait elle-même des sermons, des explications de l'Évangile, des histoires de piété, même des vers sur des sujets religieux. Dès Noisy, et surtout pendant le carnaval de 1688, pour amuser les demoiselles, elle leur fit déclamer des scènes de tra-

---

[1] Préface d'*Esther*.

gédie sur des sujets pieux, scènes qu'elle avait faites elle-même, dont le sujet était très-édifiant, mais aussi la poésie digne du fouet de Despréaux. Madame de Maintenon, dont les oreilles et le goût étaient également blessés, lui conseilla de laisser ces ouvrages et de prendre plutôt quelques belles pièces de Corneille et de Racine, « choisissant celles qui lui sembleraient assez épurées des passions dangereuses à la jeunesse [1]. » On prit *Cinna*, *Andromaque*, *Iphigénie*, et quelques-unes des *bleues* les déclamèrent devant leurs compagnes. Les vers romains du grand Corneille furent assez mal interprétés, mais les vers harmonieux du tendre Racine furent récités avec tant d'âme, et les demoiselles entrèrent si bien dans l'esprit des personnages, que madame de Maintenon en écrivit au poëte : « Nos petites filles ont joué hier *Andromaque*, et l'ont jouée si bien qu'elles ne la joueront plus ni aucune de vos pièces. »

Cependant elle pensait « que ces sortes d'amusements sont bons à la jeunesse, qu'ils donnent de la grâce, ornent la mémoire, élèvent le cœur, remplissent l'esprit de belles choses; » elle les croyait d'ailleurs propres « à retirer ses chères filles des conversations qu'elles ont entre elles, et à amuser les grandes qui, depuis quinze ans jusqu'à vingt, s'ennuyent un peu de la vie de Saint-Cyr. » Enfin, « nous voulions, ajoutait-elle, que les demoiselles ne fussent pas si neuves quand elles s'en iraient, que le sont la plupart des filles élevées dans les couvents, et qu'elles sussent des choses dont elles ne seraient point honteuses dans le monde [2]. »

D'après cela, elle demanda à Racine « s'il ne pourrait pas faire sur quelque sujet de piété et de morale une espèce de poëme, où le chant fût mêlé avec le récit, le tout lié par une action qui rendît la chose plus vive et moins capable d'ennuyer [3]. « La

---

[1] *Mémoires de Saint-Cyr*, chap. xiv.
[2] Lettre à madame du Pérou, dans les *Mémoires*, chap. xxviii. — *Lettres édifiantes*, t. iii, p. 672.
[3] Préface d'*Esther*.

pièce, disait-elle, serait uniquement pour Saint-Cyr et ne serait nullement connue du public. » Cette demande jeta Racine dans un grand embarras : il était aimé de madame de Maintenon et voulait lui plaire ; mais ayant abandonné le théâtre et la poésie, il craignait de hasarder sa gloire avec une tragédie de couvent, un amusement de petites filles. Il alla consulter Despréaux, qui décida brusquement qu'il fallait refuser. Mais, après réflexion, tenté d'essayer son génie dans des voies nouvelles, il trouva l'histoire d'Esther, qui lui parut « pleine de grandes leçons d'amour de Dieu et de détachement du monde au milieu du monde même. » — « Je crus, ajoute-t-il, que je trouverais assez de facilité à traiter ce sujet ; d'autant plus qu'il me sembla que, sans altérer aucune des circonstances tant soit peu considérables de l'Écriture sainte, je pourrais remplir son action avec les seules scènes que Dieu lui-même, pour ainsi dire, a préparées[1]. » Il fit le plan avec quelques scènes et les montra à son ami, qui l'exhorta à continuer ce travail avec autant de zèle qu'il avait mis à l'en détourner. Alors il alla lire ces fragments à madame de Maintenon. « Celle-ci en fut charmée, et sa modestie ne put l'empêcher de trouver dans le caractère d'Esther et dans quelques circonstances de ce sujet des choses flatteuses pour elle. La Vasthi avait ses applications, Aman des traits de ressemblance, et indépendamment de ces idées, l'histoire d'Esther convenait parfaitement à Saint-Cyr. Les chœurs que Racine, à l'imitation des Grecs, avait toujours eu en vue de remettre sur la scène, se trouvaient placés naturellement dans *Esther*, et il était ravi d'avoir eu cette occasion de les faire connaître et d'en donner le goût[2]. »

Racine continua son ouvrage avec les avis de madame de Maintenon, à qui il lisait chaque scène à mesure qu'il la composait. Quelques mois après, la pièce était faite, et l'on se disposa à la jouer. Racine, avec l'aide de Boileau, choisit les demoiselles qui devaient être actrices, les forma à la déclamation, et finit par les

---

[1] Préface d'*Esther*.
[2] *Souvenirs de madame de Caylus*.

amener à une perfection que personne n'espérait. Voici les noms de ces demoiselles, qui sont restées presque toutes à Saint-Cyr comme Dames de Saint-Louis.

Mademoiselle de Veillane faisait Esther : « elle avait bien de l'esprit et une figure convenable à ce personnage, » disent les *Mémoires des Dames*. Mademoiselle de Lastic faisait Assuérus : suivant madame de Maintenon, « elle était belle comme le jour. » Mademoiselle de la Maisonfort faisait Élise : » c'était la sœur cadette de cette chanoinesse à qui madame de Maintenon avait confié le soin des classes; « le roi la distinguait, disent les *Mémoires*, à cause de sa grâce extrême et de sa jolie voix. » Mademoiselle de Glapion faisait Mardochée : c'était une grande et belle personne de seize ans, d'un esprit élevé, qui devint supérieure de la maison de Saint-Louis, l'amie et la confidente de madame de Maintenon et dont nous aurons souvent à parler. Racine avait hésité pour ce rôle entre plusieurs demoiselles : à la fin il découvrit mademoiselle de Glapion, que sa modestie et sa grande piété faisaient tenir à l'écart, et elle entra si parfaitement dans son personnage qu'il dit tout joyeux à madame de Maintenon : « J'ai trouvé un Mardochée dont la voix va jusqu'au cœur. » Les rôles d'Aman, de Zarès, d'Idaspe furent remplis par mesdemoiselles d'Abancourt, de Marsilly, de Mornay, qui étaient « des personnes pleines d'agrément. » Les chœurs, dont la musique était de Moreau, musicien de la communauté, furent conduits par mesdemoiselles de Champigny, de Beaulieu, de Lahaye, « qui ont été toutes trois Dames de Saint-Louis, disent les *Mémoires*, où elles ont bien employé ce talent à chanter les louanges de Dieu. » Enfin le prologue fut fait tout exprès pour madame de Caylus, fille du marquis de Villette [1], cousine de

---

[1] M. de Villette était le fils de cette sœur de Constant d'Aubigné qui recueillit madame de Maintenon à son retour d'Amérique. Il était lieutenant général de marine et eut trois enfants : le comte de Murçay, lieutenant général, tué à la bataille de Turin; le chevalier de Murçay, colonel de dragons, tué à la bataille de Steinkerke, enfin madame de Caylus. Le marquis de Villette était protestant. Madame de Maintenon, après lui avoir demandé vainement sa fille pour la faire élever auprès d'elle,

madame de Maintenon, qui l'appelait sa nièce et « l'aimait à ne pouvoir se passer d'elle. » Cette jeune dame, alors âgée de dix-sept ans, avait été élevée successivement dans les maisons de Rueil, de Noisy, de Saint-Cyr, et était mariée depuis près de trois ans au comte de Caylus. Elle avait assisté aux lectures de Racine dans la chambre de madame de Maintenon, et savait par cœur toute la pièce, de sorte qu'elle fit dans la suite presque tous les rôles et principalement celui d'Esther, « à mesure qu'une des actrices se trouvait incommodée. » « Jamais, dit Saint-Simon, un visage si spirituel, si touchant, si parlant; jamais une fraîcheur pareille; jamais tant de grâce ni plus d'esprit; jamais tant de gaieté et d'agréments; jamais créature plus séduisante. Elle surpassait les plus fameuses actrices à jouer des comédies; elle s'y surpassa à celle d'*Esther* devant le roi. »

Madame de Maintenon, depuis qu'elle était en crédit, avait essayé de détourner Louis XIV de ses fêtes ruineuses en lui procurant des amusements moins coûteux, en même temps « qu'elle lui faisait trouver du plaisir en de bonnes choses, » et elle l'avait en vue en faisant travailler Racine sur le sujet d'Esther. C'est pourquoi, voulant lui montrer cette pièce et que tout y fût agréable et suivant ses goûts de magnificence, elle fit faire pour les actrices des habits à la persane, ornés de perles et de diamants qui avaient jadis servi au roi dans ses ballets; tout cela lui coûta plus de 14,000 livres. Elle fit aussi peindre des décors par Borin, le décorateur des spectacles de la cour, et fit venir les musiciens du roi pour les exercer sur la musique de Moreau, et Nivers, l'organiste de la

---

dans la religion catholique, se décida à un acte qui lui a été vivement reproché : pendant un voyage maritime de Villette, elle fit enlever l'enfant et la garda près d'elle. Elle demanda pardon à son cousin de cette violence dans les termes les plus touchants, le suppliant de lui laisser faire la fortune de ses enfants et sa propre fortune au moyen de sa conversion. Villette, après beaucoup d'emportements et de résistance, finit par céder, se fit catholique, ainsi que ses enfants, et devint même à son tour un ardent convertisseur. Madame de Caylus fut demandée par les plus grands seigneurs de la cour, entre autres par le marquis de Boufflers. Madame de Maintenon refusa ces riches partis par modestie, et donna malheureusement à sa nièce un très-mauvais mari, dont elle fut obligée de se séparer.

maison, pour accompagner sur le clavecin. Enfin, on dressa par son ordre un théâtre dans le vestibule des dortoirs, qui se trouvait au deuxième étage du grand escalier des demoiselles. Ce vestibule, très-spacieux, fut partagé en deux parties, l'une pour la scène, l'autre pour les spectateurs; et l'on construisit le long des murs deux amphithéâtres : l'un, assez petit, pour y placer la communauté; l'autre, plus grand, pour y placer les demoiselles : les rouges, sur les gradins d'en haut; les vertes, au-dessous d'elles; les jaunes, au-dessous des vertes, et les bleues en bas; entre les deux amphithéâtres étaient des siéges pour les personnes du dehors. Le tout était éclairé par des lustres de cristal. Le bruit de ces apprêts se répandit à la cour et dans Paris, et l'on n'y parla bientôt plus « que de la pièce que les petites filles devaient jouer devant le roi[1]. » Mais, en même temps, ces préparatifs et la dissipation qui en fut la suite vinrent s'ajouter aux causes de désordre qui existaient déjà dans la maison et qui obligèrent à la réformer. Nous remettons à parler de ces causes de désordre dans le chapitre suivant; disons seulement que madame de Brinon ne vit pas les représentations d'*Esther*, et qu'à cette époque elle était disgraciée et avait quitté Saint-Cyr.

Madame de Maintenon fit d'abord jouer *Esther* devant elle et quelques amis particuliers, afin de donner de l'assurance aux demoiselles. Ces répétitions réussirent; alors, croyant que tout était digne d'être montré au roi, elle le pria de venir à Saint-Cyr pour voir *Esther*.

Louis XIV arriva pour ce spectacle le mercredi 26 janvier 1689, à deux heures de l'après-midi; il n'avait avec lui que le dauphin, le prince de Condé et peu de suite. Il entra d'abord dans la salle de communauté, où les religieuses étaient assemblées, et leur témoigna le plaisir qu'il aurait à les voir au spectacle d'*Esther*. Lorsqu'il fut monté dans le vestibule du théâtre, il regarda avec satisfaction les demoiselles qui étaient rangées sur leurs bancs, et s'étant

[1] Lettre de madame de Sévigné du 31 décembre 1688.

mis à sa place avec madame de Maintenon, qui avait un fauteuil un peu en arrière pour être à portée de répondre à ses questions, le spectacle commença. Les demoiselles, quoique un peu tremblantes, remplirent leurs personnages « avec autant de grâce que de modestie et de piété[1]; » les beaux vers de Racine, dans ces bouches si pures, semblaient avoir plus de charme; les chœurs firent beaucoup d'effet; « enfin, dit Dangeau, tout réussit à merveille. » Le roi fut enchanté d'un spectacle si nouveau, de cette poésie si parfaite, de ces allusions délicates à lui-même, à la grande guerre qu'il venait d'entreprendre, à la fondation de Saint-Cyr[2]. Il en témoigna son contentement aux Dames de Saint-Louis, aux charmantes *filles de Sion*, et au pieux Racine, qui, après avoir guidé derrière la scène ses jeunes actrices, s'en était allé à la porte de la chapelle étouffer devant Dieu la joie et l'orgueil dont il se sentait gonflé.

Revenu à Versailles, le roi ne fit plus que parler d'*Esther*; et il en montra un tel enchantement que madame la dauphine, le duc d'Orléans, les princes de la maison royale et les plus grands seigneurs lui demandèrent à voir cette merveille, dont on faisait

---

[1] Préface d'*Esther*.

[2]
Ici, loin du tumulte, aux devoirs les plus saints,
Tout un peuple naissant est formé par mes mains :
Je nourris dans son cœur la semence féconde
Des vertus dont il doit sanctifier le monde.
Un roi qui me protége, un roi victorieux
A commis à mes soins ce dépôt précieux ;
C'est lui qui rassembla ces colombes timides,
Éparses en cent lieux, sans secours et sans guides :
Pour elles, à sa porte, élevant ce palais,
Il leur y fit trouver l'abondance et la paix.
. . . . . . . . . . . . (Prologue.)

Dans un lieu séparé de profanes témoins,
Je mets à les former mon étude et mes soins ;
Et c'est là que, fuyant l'orgueil du diadème ;
Lasse de vains honneurs et me cherchant moi-même,
Aux pieds de l'Éternel je viens m'humilier
Et goûter le plaisir de me faire oublier.
                    Acte Ier, scène 1re.

déjà grand bruit dans les sociétés de Paris[1]. Il consentit à leur faire ce plaisir et les amena trois jours après à une deuxième représentation; mais comme ce spectacle semblait uniquement fait pour les gens de dévotion, il y amena aussi plusieurs personnes d'église, entre autres huit jésuites et l'illustre madame de Miramion[2]. « Aujourd'hui, dit madame de Maintenon, nous jouons pour les saints. » Ce fut madame de Caylus qui fit Esther : « toutes les Champmeslé du monde, dit l'abbé de Choisy, n'avaient pas les tons ravissants qu'elle laissait échapper en déclamant[3]. » L'effet en fut prodigieux sur ce parterre d'élite, sur ces esprits nourris de la lecture et des images de la Bible, qui voyaient exposées ses beautés dans leur simplicité antique et dans le langage le plus harmonieux. Le roi et ceux qui l'avaient accompagné s'en retournèrent charmés. Alors les princes firent partout de si beaux éloges de ce spectacle que tous les courtisans demandèrent à le voir. Le roi promit à plusieurs de les y mener, « ce qui mit une telle émulation de curiosité et même une telle jalousie entre tous les grands, qu'il trouva bon, pour les contenter tous, de les y amener tour à tour. » — « Et il ne fut pas fâché, ajoutent les *Mémoires des Dames*, d'avoir cette raison pour voir plusieurs fois cette pièce, où il prenait toujours un nouveau plaisir. » Il y eut ainsi cinq représentations nouvelles, où les demoiselles continuèrent à bien jouer, aidées de Racine et de Boileau, qui venaient leur faire répéter leurs personnages et qui se tenaient derrière le théâtre pendant le spectacle. « Elles avaient d'ailleurs, dit la religieuse qui nous a laissé ces charmants détails, elles avaient bonne envie

---

[1] « On a représenté à Saint-Cyr la comédie ou tragédie d'*Esther*. Le roi l'a trouvée admirable; M. le prince y a pleuré. Racine n'a rien fait de plus beau ni de plus touchant : il y a une prière d'Esther pour Assuérus, qui enlève. J'étais en peine qu'une petite demoiselle représentât ce roi : on dit que cela est fort bien. » (Lettre de madame de Sévigné à madame de Grignan du vendredi 28 janvier 1689.)

[2] Lettre de madame de Sévigné du 31 janvier 1689. — Madame de Miramion, que madame de Sévigné appelle une *mère de l'Église*, était la femme la plus célèbre de Paris par sa piété, sa charité, et le grand nombre de fondations utiles qu'elle a faites.

[3] *Mémoires de Choisy*, t. LXIII, p. 298, de la Collection Petitot.

de faire honneur à leurs maîtres et que le roi et madame de Maintenon fussent contents; elles y allaient même si simplement que quelques-unes, dans la peur de manquer, se mettaient à genoux derrière le théâtre et disaient des *Veni, Creator*, afin d'obtenir de ne pas broncher; et je crois que Dieu, qui voyait leur innocence et leur bonne intention, avait leur prière agréable, car elles jouaient si naturellement et de si bonne grâce, sans hésiter le moins du monde, qu'on eût dit que ce qu'elles disaient coulait de source[1]. »

Ces cinq représentations eurent lieu les 3, 5, 9, 15 et 19 février[2] : elles eurent pour spectateurs tout ce qu'il y avait alors de plus illustre par la naissance, les dignités, l'esprit, les vertus, des évêques, des magistrats, des saints, des beaux-esprits, Bossuet, le père de La Chaise, le président Lamoignon, madame de Sévigné, madame de Coulanges, etc. « Comme cette pièce était pieuse, disent les Dames de Saint-Cyr, les gens d'une profession grave ne faisaient pas de difficulté de demander à y venir; il y eut plusieurs évêques et des ecclésiastiques très-vertueux à qui le roi l'accorda; d'autres qu'il y convia; d'autres aussi à qui madame de Maintenon fut bien aise de faire ce plaisir. » — « Elle y fait aller, dit madame de Sévigné, tous les gens d'une profonde sagesse; par exemple, Racine lui parla de M. de Pomponne; elle fit un cri, le roi aussi, et Sa Majesté lui ordonna d'y aller[3]. » Une place à ce pieux spectacle était briguée comme une marque de haute faveur; les ministres mêmes en étaient importunés; et « un divertissement d'enfants, dit Racine, devint le sujet de l'empressement de toute la cour. » « On y porta, ajoute madame de La Fayette, un degré de chaleur qui ne se comprend pas; car il n'y eut ni petit ni grand qui n'y voulût aller; les ministres, pour faire leur cour en allant à cette comédie,

[1] *Mémoires de Saint-Cyr,* chap. XIV.

[2] Le 3 février, le roi, à la prière de Racine, donna aux Dames de Saint-Cyr un privilége pour faire imprimer *Esther,* avec défense aux comédiens de mettre cette pièce sur le théâtre. Madame de Maintenon en refusa la dédicace.

[3] Madame de Sévigné, lettre du 4 février 1689.

quittèrent les affaires les plus pressées [1]. » Les seules personnes qui y allèrent avec regret, et l'évitèrent autant qu'elles purent, furent les Dames de Saint-Louis : excepté celles qui gardaient les demoiselles, elles se tinrent comme cachées dans les tribunes de la chapelle, ou dans la salle de communauté, et il fallut l'ordre exprès du roi pour les faire venir au spectacle d'*Esther*.

Malgré le monde qui assista à ces représentations, tout s'y passa avec beaucoup d'ordre. « Madame de Maintenon, disent les Dames de Saint-Cyr, faisait faire une liste de tous ceux qui devaient entrer, qu'on donnait à la portière [2], afin qu'elle n'en laissât pas passer d'autres ; et quand le roi était arrivé, il se mettait à la porte en dedans, et, tenant sa canne haute, pour servir de barrière, il demeurait ainsi jusqu'à ce que toutes les personnes conviées fussent entrées ; alors il faisait fermer la porte. Il en a toujours usé de même toutes les fois qu'il nous faisait l'honneur de venir ici ; et, dans ces occasions là, il ne faisait guère entrer de monde de sa suite, ayant une grande attention à nous garantir du désordre que cause la multitude ; il voulait que les gens de sa maison se tinssent dans les vestibules ou autres lieux publics, proche celui où il était, sans oser dire un mot à personne... Depuis le vestibule d'en haut jusqu'à la porte de clôture, c'est-à-dire l'escalier des demoiselles, le grand corridor, l'escalier des Dames, tout était éclairé aux bougies. Quant au théâtre, madame de Maintenon y avait mis un grand ordre : comme il était à un bout du dortoir des jaunes, les actrices avaient tout ce dortoir pour se tenir prêtes à représenter quand il était temps : il y avait du feu et toutes les choses nécessaires. La maîtresse générale des classes les gardait avec les

---

[1] *Mémoires sur la cour de France*, p. 128.

[2] C'était madame de Gauthier : « elle était d'une figure et d'une modestie qui plaisait fort au roi, aussi bien que sa politesse dont il la loua plusieurs fois. » (*Mémoires de Saint-Cyr*, chap. XVI.) Presque toutes les premières Dames de Saint-Louis étaient remarquables par leur beauté. Madame de Maintenon voulait qu'elles n'eussent aucun défaut corporel, ni rien dans leur personne qui pût déplaire ou répugner aux enfants qu'elles élevaient.

autres maîtresses, afin qu'il ne se passât rien qui ne fût dans l'ordre; et M. Racine y était aussi pour les faire aller et venir sur le théâtre quand il fallait : sa conduite était si sage, qu'en un besoin il aurait bien valu une maîtresse [1]. »

La plus brillante des représentations d'*Esther* fut la quatrième, celle du 5 février. Jacques II, roi d'Angleterre, venait d'être renversé du trône par son gendre, Guillaume d'Orange; il s'était réfugié en France, où Louis XIV lui avait donné à Saint-Germain une magnifique hospitalité, en attendant qu'il lui fournît des troupes et des vaisseaux pour reconquérir son royaume. Il fut convié avec la reine sa femme à venir à Saint-Cyr. Louis XIV, avec sa courtoisie ordinaire, vint l'y attendre accompagné d'une nombreuse cour : il le reçut dans la salle du chapitre, lui montra la maison, et lui expliqua les intentions de la fondation sans éveiller beaucoup l'attention de ce monarque « qui paraissait insensible à tout; » enfin il le mena à la représentation d'*Esther*.

« Nous vîmes alors, disent les Dames, trois têtes couronnées dans notre maison, et presque tous les princes et princesses du sang. Les actrices, animées par de si augustes spectateurs et l'empressement qu'on mettait à les voir, en prirent une nouvelle émulation et eurent un succès surprenant. La musique ne fut pas un des moindres agréments de la pièce; car, outre que nous

---

[1] *Mémoires de Saint-Cyr*, ch. XVI. — « Il arriva un jour que mademoiselle de la Maisonfort hésita un peu en jouant son rôle. Racine, qui était toujours derrière le théâtre et fort attentif au succès de la pièce, s'en aperçut et en fut ému. Aussi, quand mademoiselle de Maisonfort sortit de dessus le théâtre, il lui dit d'un air fâché : Ah! mademoiselle, qu'avez-vous fait? Voilà une pièce perdue. Elle, sur le mot de pièce perdue, croyant qu'elle l'était en effet par sa faute, se mit à pleurer. Lui, qui, avec tout son esprit, ne laissait pas de faire quelquefois des traits de simplicité, était peiné de l'avoir contristée, et craignant, comme elle devait retourner sur le théâtre, qu'il ne parût qu'elle avait pleuré, voulut aussi la consoler, et, pour essuyer ses larmes, il tira son mouchoir de sa poche et l'appliqua lui-même à ses yeux, comme on fait aux enfants pour les apaiser; lui disant des paroles douces, afin de l'encourager, et que cela ne l'empêchât pas de bien achever ce qu'elle avait encore à faire. Malgré cette précaution, le roi s'aperçut qu'elle avait les yeux un peu rouges, et dit : La petite a pleuré. Quand on sut ce que c'était et la simplicité de M. Racine, on en rit et lui-même aussi, qui, n'ayant en tête que la pièce, avait fait cette action sans penser le moins du monde à ce qu'elle avait de peu convenable. »

avions de belles voix, les instruments des musiciens du roi en relevaient l'harmonie. Le roi avait donné pour ce jour-là quelques-unes de ses musiciennes des plus sages et des plus habiles pour mêler avec les demoiselles, afin de fortifier le chœur des Israélites : on les habilla comme elles à la persane, ce qui aurait dû les confondre avec les autres; mais ceux qui ne les connaissaient pas pour être de la musique du roi les distinguaient fort bien pour n'être pas de nos demoiselles, en qui on remarquait une certaine modestie et une noble simplicité bien plus aimable que les airs affectés que se donnent les filles de cette sorte... Tout le monde convint que l'opéra et la comédie n'approchaient pas de ce spectacle. D'un côté on voyait sur le théâtre de jeunes demoiselles bien faites, fort jolies, qui représentaient parfaitement bien, qui ne disaient que des choses capables d'inspirer des sentiments honnêtes et vertueux, et dont l'air noble et modeste sans affectation ne donnait aux spectateurs que l'idée de la plus grande innocence. Si l'on tournait la tête de l'autre côté, on voyait cette multitude de demoiselles, rangées pour ainsi dire en pyramides, très-proprement mises dans leurs habits de Saint-Cyr, qui, avec les rubans de chaque couleur qu'elles portent, faisaient une diversité agréable; pour ce qui est de la place du milieu, on y voyait les rois et tout ce qu'il y avait de plus grand à la cour [1]. »

Cette représentation mit le comble à la renommée d'*Esther*. Les esprits les plus austères y applaudirent, et l'illustre Pomponne en fut content au dernier point : « Racine s'est surpassé, disait-il; il est pour les choses saintes comme il était pour les profanes. La sainte Écriture est suivie exactement; tout y est beau; tout y est grand, tout y est traité avec dignité [2]. » Cependant l'on commençait à trouver quelque inconvénient dans ces spectacles, car madame de Caylus cessa, après cette représenta-

---

[1] *Mémoires de Saint-Cyr*, chap. XVI.
[2] Lettre de madame de Sévigné, du 7 février 1689.

tion, d'y figurer : « elle faisait trop bien, dit madame de Sévigné, elle était trop touchante; on ne veut plus que la simplicité toute pure de ces petites âmes innocentes[1]. »

La dernière des représentations d'*Esther*, pendant l'année 1689, eut lieu le 19 février. Parmi les spectateurs illustres se trouvaient Bossuet et madame de Sévigné : cette dame avait longtemps sollicité cette faveur auprès de madame de Maintenon par ses amies mesdames de Coulanges et de Chaulnes; « mais la presse est devenue si extrême, dit-elle, que je ne croirai y aller que quand je serai partie. » Laissons-lui raconter cette journée, et comment « elle y fit sa cour plus agréablement qu'elle ne l'eût jamais pensé. »

« Nous allâmes samedi à Saint-Cyr, madame de Coulanges, madame de Bagnols, l'abbé Testu et moi. Nous trouvâmes nos places gardées : un officier dit à madame de Coulanges que madame de Maintenon lui faisait garder un siége auprès d'elle; vous voyez quel honneur. Pour vous, madame, me dit-il, vous pouvez choisir. Je me mis avec madame de Bagnols au second rang, derrière les duchesses. Le maréchal de Bellefonds vint se mettre par choix à mon côté droit; et devant c'étaient mesdames d'Auvergne, de Coislin et de Sully. Nous écoutâmes, le maréchal et moi, cette tragédie avec une attention qui fut remarquée, et de certaines louanges sourdes et bien placées, qui n'étaient peut-être pas sous les fontanges de toutes les dames. Je ne puis vous dire l'excès de l'agrément de cette pièce: c'est une chose qui n'est pas aisée à représenter et qui ne sera jamais imitée; c'est un rapport de la musique, des vers, des chants, des personnes, si parfait et si complet, qu'on n'y souhaite rien; les filles qui font des rois et des personnages sont faites exprès : on est attentif et on n'a point d'autre peine que celle de voir finir une si aimable pièce; tout y est simple, tout y est innocent, tout y est sublime et touchant: cette fidélité de l'histoire sainte donne du respect; tous

---

[1] Lettre du 11 février 1689.

les chants convenables aux paroles qui sont tirées des psaumes ou de la *Sagesse* et mis dans le sujet sont d'une grande beauté qu'on ne soutient pas sans larmes; la mesure de l'approbation qu'on donne à cette pièce, c'est celle du goût et de l'attention. J'en fus charmée et le maréchal aussi, qui sortit de sa place pour aller dire au roi combien il était content et qu'il était auprès d'une dame qui était bien digne d'avoir vu *Esther*. Le roi, avec un air d'être chez lui, qui lui donnait une douceur trop aimable, vint vers nos places, et après avoir tourné, il s'adressa à moi et me dit : Madame, je suis assuré que vous avez été contente. Moi, sans m'étonner, je répondis : Sire, je suis charmée, ce que je sens est au-dessus des paroles. Le roi me dit : Racine a bien de l'esprit. Je lui dis : Sire, il en a beaucoup; mais en vérité ces jeunes personnes en ont beaucoup aussi : elles entrent dans le sujet, comme si elles n'avaient jamais fait autre chose. Ah! pour cela, reprit-il, il est vrai. Et puis Sa Majesté s'en alla et me laissa l'objet de l'envie : comme il n'y avait quasi que moi de nouvelle venue, le roi eut quelque plaisir de voir mes sincères admirations sans bruit et sans éclat. M. le prince et madame la princesse vinrent me dire un mot; madame de Maintenon un éclair : elle s'en allait avec le roi. Je répondis à tout, car j'étais en fortune [1]. »

Ce jour-là même, en arrivant à Versailles, le roi apprit la mort subite de la jeune reine d'Espagne, sa nièce, fille du duc d'Orléans, qui, dit-on, fut empoisonnée. Cette mort fit cesser tous les divertissements de la cour, et par conséquent les représentations d'*Esther*.

Pendant le carême de cette année, Racine fit pour Saint-Cyr quatre cantiques tirés de l'Écriture sainte, « qui auraient été plus utiles aux demoiselles, dit son fils, si la musique avait répondu aux paroles; mais le musicien qui avait mis en chant les chœurs d'*Esther* n'avait pas le talent de Lulli [2]. » Le roi fit cependant

---

[1] Lettre du 21 février 1689.
[2] *Mémoires sur la Vie de Racine*, par son fils.

plusieurs fois exécuter ces cantiques devant lui, et le roi et la reine d'Angleterre y vinrent avec lui pour les entendre. Les demoiselles lui récitèrent aussi une ode de mademoiselle Deshoulières « sur le soin que le roi prend de l'éducation de sa noblesse dans les places et à Saint-Cyr, » laquelle avait remporté le prix à l'Académie française [1]. Enfin on chanta devant lui une cantate à la louange de madame de Maintenon, que celle-ci ne voulut entendre qu'une seule fois, mais qu'on exécuta assez souvent après sa mort : les vers en sont fort médiocres et d'un auteur inconnu ; la musique est de Nivers et ne vaut guère mieux que les paroles [2].

Dans cette année le roi vint souvent à Saint-Cyr : « il visitait les classes, voyait la communauté, allait dans le jardin et donnait partout beaucoup de marques de bonté... Les classes le suivaient ou se tenaient à son passage pour avoir l'honneur de le voir. Dans ces occasions, et pour lui marquer leur attachement et leur reconnaissance, elles se mettaient à chanter d'elles-mêmes, comme par un mouvement subit, des chants à sa louange, entre autres :

> Qu'il règne, ce héros, qu'il triomphe toujours !
> Qu'avec lui soient toujours la paix et la victoire !
> Que le cours de ses ans dure autant que le cours
> De la Seine et de la Loire !
> Qu'il règne, ce héros, qu'il triomphe toujours !
> Qu'il vive autant que sa gloire [3] !

---

[1] C'est la première pièce des Œuvres de mademoiselle Deshoulières Il y eut un grand nombre d'autres poésies publiées à l'occasion de la fondation de Saint-Cyr. On faisait grand cas, dans cette maison, d'un morceau de l'*Histoire de Louis XIV* en vers, par Regnier-Desmarets, secrétaire perpétuel de l'Académie française, surtout à cause de l'approbation qu'y avait donnée Louis XIV. Nous insérons ce morceau dans l'appendice sous la lettre C.

[2] Cette cantate est dans le manuscrit n° 2423 de la bibliothèque de Versailles, et provenant de la collection musicale des Dames de Saint-Cyr (volume in-4° oblong, sans titre, et ayant sur le verso : *Classe bleue*) ; nous la donnons dans l'appendice sous la lettre D.

[3] Ces vers sont de Quinault, dans l'idylle de la Paix, qui fut chantée pour la première fois dans l'orangerie de Sceaux, en 1685 ; la musique est de Lulli. On les trouve dans le manuscrit n° 2423 déjà cité, où ils forment l'un des *concerts* d'un opéra de *la Vertu*, arrangé par Nivers.

« Ce fut mademoiselle de Beaulieu qui entonna ce chœur avec sa belle voix; toutes celles de sa classe continuèrent, à quoi le roi eut la bonté de faire attention d'un air gracieux et de leur en témoigner sa reconnaissance [1]. » Nous verrons que les prologues des opéras de Quinault, qui sont, comme l'on sait, des cantates à la louange de Louis XIV, furent, en retranchant les parties inutiles ou dangereuses, le fonds de l'instruction musicale donnée à Saint-Cyr.

Dès les premiers jours de l'année 1690, les représentations d'*Esther* recommencèrent; elles eurent lieu les 5, 10, 19, 23 et 30 janvier, 3 et 10 février; le succès n'en fut pas affaibli. Le roi y prit le même plaisir, ainsi que sa famille; il amena, comme l'année précédente, les dames et les seigneurs de sa cour, et avec eux « bon nombre de fameux jésuites qui le demandèrent, entre lesquels étaient les pères Bourdaloue, Delarue, Gaillard. » Il fut si content des éloges qu'ils donnèrent à ce spectacle qu'il invita Racine à faire pour l'année suivante une autre pièce sur quelque sujet religieux. Racine, qui n'avait pensé, en faisant *Esther*, qu'à composer une sorte de poëme convenable seulement, à cause du mélange du chant et du récit, à des jeunes filles, voulut justifier les applaudissements trop faciles qu'on lui avait donnés par une œuvre plus sérieuse, plus parfaite, et il se mit à faire *Athalie*; mais ce chef-d'œuvre de la scène française n'eut pas les mêmes honneurs, la même fortune qu'*Esther*, et les dernières représentations de l'année 1690 marquent l'époque où finirent ces amusements trop détournés de leur but et où fut introduite à Saint-Cyr une réforme qui donna à l'institut de Saint-Louis sa constitution définitive.

[1] *Mémoires de Saint-Cyr*, chap. XIII.

# CHAPITRE VI.

DE LA RÉFORME FAITE A SAINT-CYR. — FIN DES REPRÉSENTATIONS THÉATRALES. — CHANGEMENTS DANS L'ÉDUCATION DES DEMOISELLES. — ÉTABLISSEMENT DES PRÊTRES DE SAINT-LAZARE.

Madame de Maintenon, épouse et confidente du roi, et qu'on croyait toute-puissante sur son esprit, était, depuis son élévation, entourée de courtisans et de flatteurs; mais, comme leurs séductions grossières avaient difficilement prise sur sa solidité, c'était à ses œuvres, à ses entours, à ses familiers qu'ils s'adressaient. Saint-Cyr fut donc, dès sa création, l'objet de louanges outrées et d'adulations infinies, et non-seulement la fondation elle-même, mais ses habitants et principalement les demoiselles. Ces éloges, la magnificence de l'œuvre elle-même, le voisinage de Versailles, les visites du roi, la présence presque continuelle de la fondatrice enflèrent le cœur de ces jeunes filles et les remplirent d'orgueil, de vanité, d'amour du monde; elles s'imaginèrent être de la cour; elles rêvèrent mariages, grandeurs, richesses; leurs familles, avec tous les préjugés et l'ignorance des provinces, les nourrirent de ces espérances, croyant qu'il suffisait d'approcher de la favorite pour avoir part à la manne des munificences royales. Dans la maison, elles ne trouvèrent presque personne qui leur ôtât ces illusions : les prêtres qu'on avait attachés à Saint-Cyr comme confesseurs, par ambition ou par légèreté, flattèrent leurs goûts de dissipation et leurs idées glorieuses; les dames qu'on avait admises pour aider dans les classes ne leur donnèrent qu'une instruction mondaine, jusqu'à leur inspirer les railleries, les conversations précieuses et les tons de l'hôtel de Rambouillet, jusqu'à leur donner à lire les comédies de Molière et les romans de mademoiselle de Scudéry, jusqu'à leur faire écrire sur madame de Maintenon et les dames de la cour de ces portraits mythologiques qui étaient alors si fort à la mode. Quant aux religieuses, la plupart de celles qui s'étaient présentées du dehors « étaient venues sans vocation pour être connues de madame de Maintenon, dans l'espérance qu'elle leur ferait d'autre bien que d'être Dames de Saint-Louis[1], » et l'on fut contraint de les congédier. Les autres étaient presque des enfants, ignorantes, sans expérience, n'ayant qu'une piété mal éclairée avec des idées fausses sur la vie qu'elles avaient embrassée; de plus, n'étant pas attachées indissolublement à l'institut, elles pouvaient être tentées de jeter un regard de regret sur ce monde qu'elles n'avaient pas connu et qui venait à elles; enfin, elles s'étaient laissé éblouir par les grandeurs de la fondation, les louanges du roi et de toute la cour; elles en avaient pris des manières de chanoinesses et de dames importantes, et quelques-unes portaient au chœur leur long manteau, leur croix d'or, leurs gants de moire avec des gestes et des airs qui, sans blesser la modestie, n'étaient point de l'humilité chrétienne.

Chez leur supérieure, madame de Brinon, cet orgueil était poussé jusqu'à l'excès : accablée d'imprudentes faveurs par madame de Maintenon, qui lui fit donner des pensions pour elle, des places pour ses parents; regardée affectueusement par le roi, qui l'appela plusieurs fois dans son cabinet; adulée par les grands, correspondant avec les ministres, elle se crut un personnage dans l'État et en perdit la tête : on la vit prendre des airs de princesse et de protectrice, faire des dépenses folles, se donner un appartement somptueux, avoir une cour de demoiselles favorites, mécontenter la maison par ses inégalités et ses préférences, la faire trembler par ses tons de hauteur et de commandement. Enfin, étant allée aux eaux de Bourbon pour sa santé, elle poussa le ridicule jusqu'à se faire envoyer des députations, donner des placets, rendre des honneurs par les corps

---

[1] *Mémoires de Saint-Cyr,* chap. XII.

des villes où elle passa; et, à son retour, elle critiqua et changea tout ce que madame de Maintenon avait fait à Saint-Cyr en son absence.

Il faut ajouter que non-seulement prêtres, Dames, supérieure avaient contribué au mal, mais aussi madame de Maintenon. D'abord, elle avait traité en favorite madame de Brinon et lui avait laissé une liberté dont elle abusa; ensuite, elle avait pris, pour conduire un établissement si difficile, des religieuses trop jeunes, mal instruites, comprenant peu le but de l'institut et plus occupées de leur salut que de l'éducation des filles qui leur étaient confiées; enfin, elle avait contribué à l'enivrement des demoiselles en les gouvernant avec une familiarité trop indulgente, en leur donnant une éducation trop élevée, trop mondaine, trop éloignée de ces pratiques de couvent qu'elle raillait sans cesse; elle y avait encore contribué en procurant à quelques-unes de riches mariages, en appuyant les demandes de leurs parents, enfin en donnant tant de pompe et en amenant tant de monde aux représentations d'*Esther*.

Elle s'aperçut promptement de ses erreurs, en conçut un vif chagrin et essaya d'y remédier : « Prêchez nos religieuses, écrivait-elle à l'abbé Gobelin, sur l'orgueil, les hauteurs, la fierté. Je suis persuadée que mon exemple a beaucoup contribué à introduire cet esprit dans la maison; mais, avec la même sincérité que je m'en reconnais coupable, je vous dis que je ne l'ai jamais poussé si loin. Je pourrais en dire des particularités qui étonneraient tout l'orgueil renfermé dans Versailles. J'ai refusé de faire des chanoinesses par aversion pour l'orgueil de cet état-là, et j'ai fait pis : il n'y en a point en Allemagne avec lesquelles il y ait plus de ménagements à garder qu'avec quelques Dames de Saint-Louis. Dieu pardonne ceux qui y ont répandu cet esprit! Dieu me fasse la grâce de le détruire par mon exemple[1]! »

Quant aux demoiselles, voici ce qu'elle écrivait aux Dames :

---

[1] Lettre du 20 février 1689.

« La peine que j'ai sur les filles de Saint-Cyr ne se peut réparer que par le temps et par un changement entier de l'éducation que nous leur avons donnée jusqu'à cette heure. Il est bien juste que j'en souffre, puisque j'y ai contribué plus que personne. Mon orgueil s'est répandu par toute la maison, et le fonds en est si grand qu'il l'emporte même par-dessus mes bonnes intentions. Dieu sait que j'ai voulu établir la vertu dans Saint-Cyr, mais j'ai bâti sur le sable. J'ai voulu que nos filles eussent de l'esprit, qu'on élevât leur cœur, qu'on formât leur raison ; j'ai réussi dans ce dessein : elles ont de l'esprit et s'en servent contre nous ; elles ont le cœur élevé et sont plus fières et plus hautaines qu'il ne conviendrait de l'être aux plus grandes princesses. A parler selon le monde, nous avons formé leur raison et fait des discoureuses, présomptueuses, curieuses, hardies ; c'est ainsi qu'on réussit quand le désir d'exceller nous fait agir. Une éducation simple et chrétienne aurait fait de bonnes filles qui seraient devenues de bonnes femmes, et nous avons fait de beaux esprits que nous-mêmes, qui les avons formés, ne pouvons souffrir. Nous avons voulu éviter les petitesses des couvents et Dieu nous punit de cette hauteur. Il n'y a pas de maison au monde qui ait tant besoin d'humilité que la nôtre. Sa situation si près de la cour, sa grandeur, sa richesse, sa noblesse, l'air de faveur qu'on y respire, les caresses d'un grand roi, les soins d'une personne en crédit, l'exemple de vanité et de toutes les manières du monde qu'elle vous donne malgré elle et par la force de l'habitude, tous ces piéges si dangereux nous devaient faire prendre des mesures toutes contraires à celles que nous avons prises [1]. »

Madame de Maintenon, malgré son caractère mesuré et sa fermeté d'esprit, n'était pas exempte des défauts de son sexe ; avec sa vive imagination, elle s'engouait et se dégoûtait facilement des personnes, s'exagérait le mal comme le bien, et mettait à ce qu'elle voulait accomplir une opiniâtreté allant quelquefois jus-

---

[1] *Mémoires de Saint-Cyr*, chap. XVIII. — Languet, t. 1er, p. 364. — *Lettres édifiantes*, t. VI, p. 245.

qu'à la dureté. Résolue de faire une grande réforme à Saint-Cyr, elle y porta un zèle qui touchait à la passion, et commença par la supérieure.

Dès Noisy, elle s'était aperçue de ses défauts : voyant que madame de Brinon inspirait aux novices « son esprit de grandeur et ses idées de dames importantes [1], » qu'elle voulait éviter aux demoiselles le travail des mains, qu'elle usait souvent les journées en cérémonies inutiles, qu'elle se croyait en tout « non dans une école mais dans un cloître [2], » elle lui témoigna ses craintes et lui donna des avis, mais avec des ménagements qui allaient jusqu'à la prière, pour ne pas blesser sa dignité de supérieure. Madame de Brinon n'en ayant tenu aucun compte, elle commença à croire que cette religieuse serait un obstacle à ses desseins : « La maison ne peut être gouvernée, dit-elle, par deux personnes qui pensent si différemment. » Lorsqu'elle la vit, « au lieu d'inspirer aux Dames la perfection religieuse et le détachement du monde, » leur donner le mauvais exemple de son luxe et de sa vanité, elle voulut la frapper d'un avertissement sévère et lui retira le gouvernement temporel de la maison. Ce coup ne fit qu'aigrir cette femme hautaine : elle dédaigna ouvertement les ordres de la fondatrice, se retrancha derrière les constitutions et son autorité de supérieure perpétuelle, refusa d'écouter les avertissements de l'évêque de Chartres et chercha même à se faire un parti parmi les demoiselles. « Alors tout alla si mal que madame de Maintenon crut un moment qu'il faudrait abandonner son œuvre. » Puis elle résolut de couper court au mal par un acte de rigueur et d'autorité qui inspirât la crainte même aux Dames de Saint-Louis.

Le 10 décembre 1688, une lettre de cachet arriva à la supérieure portant ordre de sortir sur-le-champ de Saint-Cyr et de se retirer dans un couvent. Madame de Brinon stupéfaite partit sans dire un mot à personne, s'en alla à Paris dans l'hôtel de

---

[1] Lettre du 10 octobre 1685, t. 1ᵉʳ des *Lettres édifiantes*.
[2] *Lettres édifiantes*, t. v, p. 671.

Guise, d'où elle envoya sa démission; puis elle se retira dans l'abbaye de Maubuisson, dont elle ne sortit plus. Madame de Maintenon adoucit cette disgrâce par des dons et des caresses; et, comme elle aimait encore cette dame qu'elle jugeait seulement impropre à l'institut de Saint-Louis, elle resta pendant toute sa vie en correspondance avec elle, spécialement pour lui donner des nouvelles « de l'accroissement de l'arbre qu'elle avait planté[1]. »

Les demoiselles virent avec regret le départ de cette supérieure, qui favorisait si étourdiment leurs goûts de dissipation; les Dames en furent consternées et craignirent pour elles-mêmes. Madame de Maintenon vint les consoler et les rassurer : « elle nous dit, racontent les *Mémoires de Saint-Cyr*, « que voulant établir cette maison dans une exacte régularité, elle avait craint que madame de Brinon n'y entrât pas avec assez de zèle; qu'elle avait été excellente dans le commencement de l'établissement pour lui aider à mettre les choses au point où elles étaient; mais que chacun ayant son don et sa mesure, elle ne l'avait pas crue si propre à les conduire à la perfection où elle les désirait; qu'une autre de ses raisons était de voir comment la maison serait gouvernée par une supérieure de notre corps, et par les autres Dames pendant qu'elle vivait; que cela n'aurait pas été possible avec madame de Brinon, qui était accoutumée à tout conduire avec une grande autorité[2]. »

Madame de Loubert, l'une des élèves de Noisy, gouverna provisoirement la maison; elle n'avait que vingt-deux ans, et avait servi pendant plusieurs années de secrétaire à madame de Maintenon; elle était d'ailleurs aimée de tout le monde à cause de sa modestie et sa douceur. Quelques mois après (19 mai 1689) elle fut élue supérieure, conformément aux consti-

---

[1] Madame de Brinon, avec sa grande activité d'esprit, continua à jouer un rôle dans les affaires religieuses; ce fut elle qui servit d'intermédiaire à Bossuet et à Leibnitz pour le fameux projet de réunion des protestants d'Allemagne à l'Église catholique; c'était à elle que les lettres des deux grands hommes étaient adressées, et elle se mêla ardemment de la discussion.

[2] *Mémoires de Saint-Cyr*, chap. XVI.

tutions. Cette première élection se fit avec une grande pompe, ainsi que l'installation de la nouvelle supérieure, confuse de tant d'honneurs. Le roi lui-même vint le soir à la porte du jardin, et complimenta cette dame ainsi que la communauté, qui avait fait un choix si conforme à son inclination; et à cette occasion il donna à la maison, pour en orner la salle capitulaire, les tableaux dont nous avons parlé dans la description de cette salle.

Cependant l'esprit mondain de la maison ne fut pas corrigé par le départ de madame de Brinon, et les représentations d'*Esther*, qui eurent lieu à cette époque, ne firent que l'augmenter. Madame de Maintenon n'avait pas eu d'abord l'intention de donner ses demoiselles en spectacle devant toute la cour; elle ne voulait que les montrer au roi et à quelques vieux seigneurs de sa plus étroite société. Nous avons vu comment le roi avait fini, comment elle-même avait été conduite, malgré elle, à mener à Saint-Cyr, selon l'expression de Saint-Simon, *toute la France*. « Cette affluence du plus beau monde, disent les Dames de Saint-Louis, les applaudissements que nos demoiselles en avaient reçus, la fréquentation des gens du bel esprit, leur avaient beaucoup enflé le cœur, et donné une telle vivacité de goût pour l'esprit et les belles choses, qu'elles devinrent fières, dédaigneuses, hautaines, présomptueuses, peu dociles, à quoi contribua encore beaucoup madame de la Maisonfort, chanoinesse qui était maîtresse des bleues... Il n'était plus question entre elles que d'esprit et de bel esprit; on se piquait d'en avoir et de savoir mille choses vaines et curieuses; on méprisait les demoiselles qui étaient plus simples et moins susceptibles de ce goût. Une grande partie des bleues étaient devenues ridicules et insupportables par cette haute opinion qu'elles avaient d'elles-mêmes, et ce goût s'était communiqué à la communauté [1]. » « Saint-Cyr est présentement à la mode, » disaient-elles, et elles croyaient que le monde entier avait les yeux sur elles. Elles en

[1] *Mémoires de Saint-Cyr*, chap. XVIII.

vinrent à ne plus vouloir chanter à l'église « pour ne pas gâter leur voix avec des psaumes et du latin [1]. » Enfin, malgré le soin que le roi apportait dans le choix des courtisans qu'il amenait à Saint-Cyr, malgré l'œil sévère qu'il avait constamment sur eux, quelques-uns y vinrent moins pour le spectacle lui-même que pour la brillante jeunesse qu'ils y voyaient. Il ne se passa rien de répréhensible, pas même une parole, « mais il y eut, dit notre historienne, des actrices qui plurent assez à quelques particuliers de considération pour leur faire naître l'envie de les épouser. Ce fut là que commença l'inclination de M. de Villette pour mademoiselle de Marsilly, qu'il épousa [2]; plusieurs autres en eurent pour mademoiselle de Choiseul, et l'un d'eux devint son époux; plusieurs encore pour mademoiselle de Saint-Osmane, qui depuis eut une mauvaise conduite [3]; et j'ai ouï dire à madame de Maintenon que la jeunesse et l'innocence de nos demoiselles étaient un grand charme; que les hommes en sont d'ordinaire fort touchés, et que d'y ajouter les grâces que donnent les ajustements et une belle déclamation pouvait beaucoup exposer les demoiselles [4]. »

Aussi ces représentations ne furent pas approuvées de tout le monde, et madame de Maintenon en avait elle-même des scrupules et des doutes de conscience. Les plus fameux jésuites,

[1] Madame de Maintenon écrivit à ce sujet à la classe bleue : « On prétend que vous ne voulez point chanter les chants d'église, et que vous désespérez M. Nivers. Il n'est pas possible qu'avec la piété que vous paraissez goûter, vous ne soyez pas ravies de chanter les louanges de Dieu, et de lui rapporter la gloire d'un talent qu'il vous a donné, et que je le prie de tout mon cœur que vous n'employiez jamais en rien qui ne soit pour sa gloire. Vous chantiez si bien les chants d'*Esther* ; pourquoi ne voulez-vous pas chanter les psaumes? Serait-ce le théâtre que vous aimeriez, et n'êtes-vous pas trop heureuses de faire le métier des anges? » (Lettre du 10 décembre 1689, dans le t. II des *Lettres édifiantes*.)

[2] Ce M. de Villette était le père, devenu veuf, de madame de Caylus. Mademoiselle de Marsilly était une personne pleine d'esprit et d'agréments : elle épousa, en secondes noces, le fameux lord Bolingbroke, et joua un rôle assez important dans la société du dix-huitième siècle.

[3] Mademoiselle de Saint-Osmane avait figuré dans les actrices d'*Esther*. Elle était d'une beauté ravissante. Elle finit par se retirer comme religieuse dans un couvent de la Provence, où elle mourut saintement.

[4] *Mémoires de Saint-Cyr*, chap. XVIII.

Bossuet, Fénelon, l'abbé Gobelin et plusieurs autres prêtres d'une grande vertu avaient excusé ces amusements; mais d'autres et principalement Hébert, curé de Versailles, homme très-austère et très-éclairé[1], refusèrent d'y assister et les blâmèrent hautement. « Ces divertissements, disaient-ils, doivent être proscrits de toute bonne éducation; ils exposent à toutes les tentations et excitent toutes les passions... Les filles sont destinées à la retraite et leur vertu est d'être timides... Tous les couvents ont les yeux sur Saint-Cyr; ils vont suivre son exemple, et au lieu de former des novices, ils dresseront des comédiennes. » Les jansénistes, les gens de dévotion outrée, les beaux esprits jaloux de la gloire de Racine, ceux qui n'étaient pas admis à ces spectacles, en écrivirent des lettres dont quelques-unes devinrent publiques, et où l'on disait » qu'il était honteux à madame de Maintenon de faire monter sur le théâtre, et d'exposer aux regards avides de la cour des demoiselles rassemblées de toutes les parties du royaume pour recevoir une éducation chrétienne, et que c'était mal répondre à l'idée que Saint-Cyr avait fait concevoir[2]. » On en vint à blâmer l'institution elle-même, qui, « trop voisine de la cour, n'était faite que pour mettre le désordre et l'ambition dans le cœur des jeunes filles. » « De songer, écrivait madame de La Fayette, que trois cents jeunes filles qui y demeurent jusqu'à vingt ans et qui ont à leur porte une cour de gens éveillés, surtout quand l'autorité du roi n'y sera plus mêlée, de croire, dis-je, que des jeunes filles et des jeunes hommes soient si près les uns des autres sans sauter les murailles, cela n'est presque pas raisonnable[3]. » Les ennemis de madame de Maintenon dirent, les uns, qu'elle n'avait rendu *Esther* publique qu'à cause des louanges qu'on lui donnait dans cette pièce; les autres, que, n'ayant pu se faire reine, elle voulait se faire sainte. Enfin, en Hollande, dans cette officine de pamphlets, de calomnies et d'injures contre

---

[1] Prêtre de la mission, depuis évêque d'Agen.
[2] *Souvenirs de madame de Caylus.*
[3] *Mémoires sur la cour de France.*

Louis XIV, on osa imprimer que « Saint-Cyr était un sérail que la vieille sultane avait préparé au moderne Assuérus. »

Ces outrages, ces blâmes, ces avis émurent moins madame de Maintenon que ses propres réflexions sur le danger de ces spectacles, et que les observations d'un prêtre qui avait sa plus absolue confiance. Ce prêtre était « l'abbé Desmarets, homme de condition et de distinction, très-savant, très-pieux et très-zélé; il demeurait au séminaire de Saint-Sulpice, et s'occupait du matin au soir à toutes les fonctions ecclésiastiques; il prêchait, confessait, catéchisait, dirigeait, allait visiter les malades et les prisonniers, donnait tout son bien aux pauvres, pendant qu'il se refusait tout à lui-même [1]. » Sur la renommée de sa vertu, madame de Maintenon l'envoya chercher dans sa retraite pour faire des confessions extraordinaires à Saint-Cyr [2]. Desmarets ne vint qu'avec répugnance, et dès ses premières visites, il s'alarma de l'éducation mondaine de cette maison, et surtout des représentations d'*Esther* : « ce spectacle, tout saint et tout innocent qu'il paraissait, était, selon lui, un piége tendu à ces filles, à qui les applaudissements du roi et de la cour devaient inspirer la vanité, l'amour du monde et toutes ses suites [3]. » «Plus cela est beau et singulier, ajoutait-il, plus cela est dangereux. » Et il conseilla à madame de Maintenon de faire cesser ces spectacles, « lui faisant un grand scrupule des maux qui pourraient en arriver [4]. »

Madame de Maintenon n'eut pas de peine à être convaincue; mais quand elle parla au roi de finir ces divertissements, il s'y refusa opiniâtrément. Aussi on laissa Racine achever *Athalie*, et on fit apprendre la pièce aux demoiselles; mais on la joua sans

---

[1] *Mémoires de Saint-Cyr,* chap. xv.

[2] Manseau, qui l'alla chercher, « fut fort étonné de ne voir dans sa chambre, pour tous meubles, qu'un méchant lit, une chaise de paille, un pupitre sur lequel il y avait la sainte Bible, et une carte de Jérusalem attachée à la muraille; le plus bel ornement de cette chambre était un clavecin dont il jouait quelquefois pour se délasser l'esprit. » (*Mémoires de Saint-Cyr,* chap. xv.)

[3] *Mémoires de Saint-Cyr,* chap. xviii.

[4] *Ibid.*

pompe, sans théâtre, sans décorations, dans la classe bleue, les actrices n'ayant que leurs habits de Saint-Cyr auxquels elles trouvèrent moyen d'ajouter quelques perles, quelques rubans. Il n'y eut de spectateurs que le roi, madame de Maintenon, le roi et la reine d'Angleterre, avec cinq ou six autres personnes dont était Fénelon. Cette représentation se fit le 5 janvier 1691. Le succès en fut grand, mais ne fut pas celui d'*Esther :* on trouva la pièce plus terrible que gracieuse, froide, dépourvue d'intérêt, ne roulant que sur le sort d'un enfant. Madame de Maintenon fut presque seule à dire que « c'était la plus belle qu'on eût jamais vue. »

Après cette représentation, le roi céda aux prières de cette dame et résolut de ne plus troubler, par ces sortes de divertissements, la régularité de la maison ainsi que la réforme qu'on commençait à y introduire. Il déclara donc que ni lui ni personne de la cour ne viendrait aux spectacles de Saint-Cyr, lesquels se passeraient dorénavant devant les demoiselles seules et la communauté. Madame de Maintenon fit à ce sujet les recommandations les plus sévères : « Renfermez, disait-elle, ces amusements dans votre maison et ne les faites jamais en public sous quelque prétexte que ce soit. Il sera toujours dangereux de faire voir à des hommes des filles bien faites et qui ajoutent des agréments à leurs personnes en faisant bien ce qu'elles représentent. N'y souffrez donc aucun homme, ni pauvre, ni riche, ni vieux, ni jeune, ni prêtre, ni séculier ; je dis même un saint, s'il y en a sur la terre [1]. » Néanmoins, l'année où fut représentée *Athalie* et les deux suivantes, le roi demanda à madame de Maintenon que les demoiselles vinssent quelquefois à Versailles pour jouer, sans appareil, dans sa propre chambre, en présence des princes du sang et de quelques seigneurs de distinction. Ces représentations se firent comme il l'avait demandé. Les demoiselles étaient amenées dans les carrosses du roi et gardées par des dames de la cour, pieuses et âgées; elles jouaient sans autre parure que leur habit

---

[1] *Mémoires de Saint-Cyr,* chap. XXVIII.

ordinaire, et l'effet qu'elles produisaient n'en fut pas refroidi. « On trouva même, dit notre historienne, que la simplicité de leur habit ne gâtait rien et qu'il avait son agrément. On alla ainsi à Versailles en différents temps, tantôt pour *Athalie*, tantôt pour *Esther*, puis encore pour *Jonathas*, dont un nommé M. Duché était l'auteur [1]. » Quant aux spectacles de Saint-Cyr, ils ne cessèrent point, mais devinrent rares : « on jouait quelquefois dans la classe bleue pour quelques dames que madame de Maintenon amenait et qu'elle voulait amuser agréablement; mais on ne jouait plus du tout avec appareil ni en autre habit que celui de Saint-Cyr [2]. »

A l'imitation de Racine, qui s'était dégoûté de faire de nouvelles pièces, quelques mauvais poëtes se mirent à dépecer la Bible en tragédies religieuses, et l'on représenta ainsi, à Saint-Cyr, où « elles y furent ensevelies, » le *Jonathas* dont nous venons de parler, l'*Absalon* et la *Débora* du même auteur, la *Judith* de Boyer, outre qu'on y chanta ou récita des odes sacrées, des stances chrétiennes et d'autres poésies, œuvres médiocres et oubliées des abbés de Choisy et Testu, de J.-B. Rousseau, etc.

Racine conserva toute sa vie l'amitié de madame de Maintenon et des Dames de Saint-Louis : il resta en correspondance avec elles et continua de venir à Saint-Cyr, « pour s'humilier au pied de l'autel, dans ce dernier théâtre de sa gloire. » Il venait surtout aux cérémonies de profession des nouvelles religieuses, et il ne manqua pas d'assister aux prises de voile des actrices d'*Esther*. Pour le pieux disciple de Port-Royal, ces filles nobles qui ensevelissaient dans l'éternel oubli du cloître leur jeunesse, leur nom, leur beauté, étaient un spectacle toujours nouveau qui le plongeait dans des ravissements et des méditations où « l'on le voyait fondre en larmes. » Aussi « il a laissé à Saint-Cyr, raconte son fils, une mémoire chérie et respectée à cause de l'admiration qu'eurent toutes les Dames pour la douceur et la simplicité de ses

[1] *Mémoires de Saint-Cyr*, chap. XVIII.
[2] *Ibid.*

mœurs. J'eus l'honneur d'entretenir quelques-unes de celles qui le virent alors : elles m'en parlèrent avec une espèce d'enthousiasme et toutes me dirent : « Vous êtes fils d'un homme qui avait un grand génie et une grande simplicité [1]. » A l'époque de sa dernière maladie, et encore bien qu'il fût tombé dans la disgrâce du roi, madame de Maintenon fit faire des prières pour l'illustre poëte, et lorsqu'il mourut, elle raconta aux demoiselles ses derniers moments et en fit un sujet d'instruction : « Il vous aurait édifiées, disait-elle, si vous aviez vu son humilité et son repentir. »

La fin des spectacles publics de Saint-Cyr fut le premier acte de la réforme de l'Institut de Saint-Louis; le deuxième fut le changement introduit dans l'éducation des demoiselles.

« Il faut reprendre notre établissement par ses fondements, écrivait madame de Maintenon, et le bâtir sur l'humilité et la simplicité; il faut renoncer à nos airs de grandeur, de hauteur, de fierté, de suffisance; il faut renoncer à ce goût de l'esprit, à cette délicatesse, à cette liberté de parler, à ces murmures, à ces manières de railleries toutes mondaines, enfin, à la plupart des choses que nous faisions.... Nos filles ont été trop considérées, trop caressées, trop ménagées; il faut les oublier dans leurs classes, leur faire garder les règlements de la journée et ne pas leur parler d'autre chose [2].

» Que dans les réprimandes qu'on leur fait, on les ménage moins sur les termes; qu'on les reprenne sévèrement sur les façons de parler hautaines, sur la liberté de faire des questions à leurs maîtresses; qu'on les tienne le plus souvent en silence qu'il se pourra; que, dans aucun cas, les maîtresses ne se familiarisent point avec elles, je dis avec les plus raisonnables même, j'expérimente tous les jours combien cela les a gâtées.... Je voudrais qu'on leur retranchât le plus de rubans qu'il se pourra; qu'on les laisse manquer de perles et de cordelières; que, sous

---

[1] *Mémoires sur la Vie de J. Racine*, t. II, p. 487.
[2] Languet, t. 1ᵉʳ, p. 365.

prétexte du froid, on ferme leur manteau le plus qu'il se pourra ; qu'on ne soit pas si soigneux de leur donner des habits neufs et qu'on les laisse un peu éguenillées, quoiqu'on ne retranche rien sur le soin de leur taille [1]. »

Dans son ardeur de réformation, madame de Maintenon ne s'arrêta pas là : elle en vint à réprouver ce qu'elle aimait le plus, la conversation, les lettres, les belles lectures : « On écrit trop à Saint-Cyr, disait-elle, on ne peut trop en désaccoutumer nos demoiselles. Il vaut mieux qu'elles n'écrivent pas si bien que de leur donner le goût de l'écriture, qui est si dangereux pour des filles... N'en faites pas des rhétoriciennes; ne leur inspirez pas le goût de la conversation. Elles s'ennuieront à mourir dans leurs familles : qu'elles aiment le silence; il convient à notre sexe... Ne leur montrez plus de vers : tout cela élève l'esprit, excite l'orgueil, leur fait goûter l'éloquence et les dégoûte de la simplicité; je parle même de vers sur de bons sujets : il vaut mieux qu'elles n'en voient point [2]... » Enfin elle résuma toute sa pensée dans ces paroles, qui devinrent la base de l'éducation de Saint-Cyr :

« Apprenez-leur à être extrêmement sobres sur la lecture, à lui préférer toujours l'ouvrage des mains, les soins du ménage, les devoirs de leur état. Elles ont infiniment plus de besoin d'apprendre à se conduire chrétiennement dans le monde, et à gouverner les familles avec sagesse que de faire les savantes et les héroïnes. Les femmes ne savent jamais qu'à demi, et le peu qu'elles savent les rend communément fières, dédaigneuses, causeuses et dégoûtées des choses solides [3]. »

Ces prescriptions furent exécutées. On enleva aux demoiselles tous leurs manuscrits, sur quelque matière que ce fût; on ne leur fit plus les instructions que dans des livres de piété, et d'une façon fort simple; on leur retrancha toutes les recherches

---

[1] Languet, t. 1ᵉʳ, p. 366.
[2] *Mémoires de Saint-Cyr*, chap. XVIII. — Languet, t. 1ᵉʳ, p. 366. — *Lettres édifiantes*, t. v, p. 236.
[3] *Lettres édifiantes*, t. III, lettre XCVIᵉ.

de toilette; on leur interdit toute lecture mondaine; on les obligea à des travaux manuels plus fréquents; enfin on s'attacha en toutes manières à les abaisser et à leur faire perdre cette haute idée qu'elles avaient d'elles-mêmes. « Elles furent, comme on peut le croire, disent les Dames, contristées de cette réforme : les plus sages se contentèrent d'en être très-sérieuses, sans dire mot; les moins dociles murmurèrent un peu; mais on rabattit bientôt ces saillies de jeunesse [1]. »

Cependant l'on poussa les choses si loin qu'on tomba d'une extrémité dans une autre, et les demoiselles devinrent si innocentes que mademoiselle de Saint-Étienne, la maîtresse des jaunes, disait en riant à madame de Maintenon : « Consolez-vous, madame, nos filles n'ont plus le sens commun. » Celle-ci revint bientôt de cette exagération : « son intention n'était pas qu'on tînt toujours les demoiselles dans ce grand abaissement, et elle prit ensuite le milieu entre donner trop de matière à l'orgueil et les tirer de la grande ignorance où sont les filles qui n'ont rien vu qu'un couvent, ou rien entendu que des leçons de catéchisme et la Vie des saints. Elle voulait donc qu'on leur dît et qu'on leur lût autre chose, pourvu que ce fût sans affectation [2]. » Elle redoubla alors de vigilance et d'assiduité aux classes, et fut presque deux ans à les suivre du matin au soir. « Je l'ai vue souvent arriver, dit notre historienne, avant six heures du matin, afin d'être au lever des demoiselles, et suivre ensuite toute leur journée en qualité de première maîtresse, pour pouvoir mieux juger de ce qu'il y avait à faire et à établir. Elle aidait à peigner et à habiller les petites,

---

[1] Le manuscrit de la Bibliothèque nationale (supplément F. 2094), qui porte le titre de *Mémoires sur la maison royale de Saint-Louis*, raconte à ce sujet une anecdote assez étrange : « Trois des bleues (qui le croirait?), piquées des recherches que leur maîtresse faisait de leurs lettres et manuscrits, résolurent de l'empoisonner avec de la ciguë qu'elles mirent dans son potage et dans sa salade. La maîtresse n'y toucha pas ce jour-là; elles recommencèrent; il en arriva de même. Elles en restèrent là. Un an après deux de ces demoiselles étant sorties de la maison, l'une d'elles raconta le fait à madame de Brinon, qui en instruisit madame. On fit de celle qui restait un exemple capable d'effrayer les plus déterminées; après quoi, on la chassa. »

[2] *Mémoires de Saint-Cyr*, chap. XVIII.

passait deux ou trois mois de suite à une classe, y faisait observer l'ordre de la journée, leur parlait en général et en particulier, reprenait l'une, encourageait l'autre, donnait à d'autres les moyens de se corriger. Elle avait beaucoup de grâce à parler comme à tout ce qu'elle faisait : ses discours étaient vifs, simples, naturels, intelligents, insinuants, persuasifs. Je ne finirais pas si je voulais raconter tout le bien qu'elle fit aux classes dans ces temps heureux [1]. »

Le troisième acte de la réforme de Saint-Cyr fut l'introduction de prêtres réguliers comme chapelains et confesseurs. On avait vu l'inconvénient de ces prêtres mondains qui n'étaient attachés à l'établissement par aucun lien, et qui, au lieu de conduire leurs pénitentes dans des voies de spiritualité, cherchaient seulement à profiter de leur position pour obtenir quelque bénéfice. Les jésuites, ayant appris ce projet de changement, firent tous leurs efforts pour obtenir la direction de Saint-Cyr; mais madame de Maintenon avait une aversion marquée pour cet ordre remuant et ambitieux, surtout à cause des idées de dévotion facile que le père de La Chaise inspirait au roi [2]; elle ne voulait pas d'ailleurs que « sa maison se trouvât engagée dans les querelles de la société, soit avec les autres ordres religieux, soit avec les solitaires de Port-Royal [3]. » Par le conseil de l'abbé Desmarets, elle s'adressa à la congrégation des prêtres de Saint-Lazare, fondée par saint Vincent de Paul, qui avait pour objet principal de faire des missions aux pauvres des campagnes. Ces prêtres desservaient déjà la paroisse de Versailles, les Invalides et toutes les maisons royales, et leur régularité, leur sagesse, leur modestie, leur amour de l'obscurité étaient connus de toute la France. Ils repoussèrent d'abord avec effroi la charge de conduire des religieuses, et surtout des filles de la noblesse;

---

[1] *Mémoires de Saint-Cyr*, chap. XXVI.
[2] *Voir* ses lettres au cardinal de Noailles, où elle ne cesse de railler le *bon père* de sa répugnance pour les *dévots*.
[3] Languet, t. 1er, p. 330.

mais le roi, après avoir lui-même discuté leurs raisons, les ayant priés de céder à ses instances, ils l'acceptèrent. Par un traité conclu entre la communauté de Saint-Louis et la congrégation de Saint-Lazare, il fut décidé que le supérieur général de ladite congrégation serait dorénavant et à perpétuité le supérieur spirituel de Saint-Cyr, sous les ordres de l'évêque de Chartres; que six des prêtres de Saint-Lazare, avec quatre frères pour les servir, seraient établis à Saint-Cyr pour y faire le service divin, les confessions, les prédications, et même des missions dans les terres de la communauté. On leur donna 400 livres de pension à chacun, et on fit pour les loger un grand bâtiment qui allait de l'église du dehors au pavillon de l'évêque de Chartres, à la place où se trouvaient les écuries de madame de Maintenon et les logements des jardiniers. Derrière ce bâtiment on leur fit un petit jardin qui touchait le cimetière; mais comme il était insuffisant, on leur donna plus tard comme lieu de promenade une maison avec jardin sise à Fontenay-le-Fleury, village distant d'un quart de lieue de Saint-Cyr, et placé dans une situation très-solitaire et très-pittoresque. De cette maison dépendait un petit oratoire dédié à saint Jean, et qui est encore aujourd'hui un lieu de fêtes et de pèlerinages [1].

Les prêtres de Saint-Lazare furent établis à Saint-Cyr le 9 août 1691 : ils étaient complétement séparés des Dames et des demoiselles, ne les voyaient jamais qu'au confessionnal, les renvoyaient toujours, s'ils en étaient consultés, aux constitutions, aux règles, à la supérieure, se réservant seulement les péchés et ne se mêlant jamais du gouvernement de la maison. Aussi sont-ils restés jusqu'à la fin de la maison dans la plus complète obscurité, uniquement occupés des fonctions sacerdotales et n'ayant donné à la communauté que de bons exemples.

Le quatrième acte de la réforme, celui qui compléta et con-

---

[1] Les missionnaires de Saint-Lazare témoignèrent leur reconnaissance à madame de Maintenon par une pièce de poésie en vingt-six couplets sur l'air des *Folies d'Espagne*, très-édifiante et très-naïve sans doute, mais qui témoigne peu du talent littéraire de ces bons prêtres. On la trouve dans les *Mémoires de Saint-Cyr*.

solida les autres, fut la transformation de la communauté de Saint-Louis en un monastère régulier; mais avant de raconter ce grave changement, il nous faut parler des deux faits principaux qui le préparèrent, je veux dire l'union à la maison de Saint-Cyr de la manse abbatiale de Saint-Denis, la nomination de l'abbé Desmarets à l'évêché de Chartres.

# CHAPITRE VII.

TRANSFORMATION DE LA MAISON DE SAINT-LOUIS EN MONASTÈRE RÉGULIER.

Nous avons dit que Louis XIV, en dotant la maison de Saint-Louis, lui avait attribué les revenus de la manse abbatiale de Saint-Denis; mais comme un tel changement ne pouvait se faire sans l'autorisation du saint-siége, il avait demandé au pape Innocent XI l'extinction du titre d'abbé de Saint-Denis et l'union de ses biens à la maison de Saint-Cyr. Le pape était alors en querelle ouverte avec le roi de France, à cause de la fameuse déclaration du clergé de 1682 : il refusait des bulles d'institution aux évêques nommés par le roi; il avait excommunié son ambassadeur; il était l'un des promoteurs de la ligue d'Augsbourg [1]. Aussi il refusa d'abord son consentement, en disant que la maison de Saint-Cyr n'était pas *régulière* et que le changement demandé était une véritable sécularisation d'un bien ecclésiastique; puis il le donna, mais en demandant pour droit d'amortissement une somme de 180,000 livres. Les choses de cette époque nous sont déjà si étrangères que nous devons rappeler à nos lecteurs que la cour de Rome, à chaque vacance des bénéfices ecclésiastiques, percevait sur le revenu un droit qu'on appelait *annate*, et que, lorsqu'elle autorisait l'extinction d'un de ces bénéfices, pour la dédommager des annates qu'elle perdait, elle percevait un droit plus considérable, dit d'amortissement. C'était ce droit que le pape estimait à 180,000 livres. Louis XIV, en considération de la fondation de Saint-Cyr et de l'utilité dont

---

[1] *Voir* mon *Histoire des Français*, t. III, p. 292 de la neuvième édition.

elle devait être pour la religion, demanda de ne rien payer. Innocent XI refusa, et l'affaire resta en suspens jusqu'à sa mort (août 1689). Son successeur fut Alexandre VIII, élu par l'influence de la France; il se hâta d'accorder à Louis XIV la concession qu'il demandait, c'est-à-dire l'exemption de tous droits [1], et il fit de l'union de la manse de Saint-Denis à la maison de Saint-Cyr le gage de la réconciliation du saint-siége avec le Fils aîné de l'Église. A cet effet, il envoya à madame de Maintenon un bref où il disait « qu'il voulait donner cette grâce à sa seule considération, à cause de l'estime qu'il faisait de sa personne et de sa vertu, afin de contribuer au grand bien que la piété et la magnificence du roi venaient de faire à la France par l'établissement de Saint-Cyr [2]. »

Louis XIV fut si content de cette nouvelle, qu'il vint l'annoncer lui-même aux Dames de Saint-Louis. Il en prit occasion de leur expliquer ses volontés sur la maison qu'il avait fondée : « Mes intentions sont droites, dit-il, je n'ai eu en vue dans tout cet établissement que la gloire de Dieu, le bien du royaume et le soulagement de la noblesse. Je vous conjure de seconder mes vues en vous affermissant de plus en plus dans la vraie piété et dans toutes les vertus et les observances de votre institut. Alors je n'aurai aucune inquiétude sur la bonne éducation des demoiselles et sur les soins que vous devez en prendre. Le principal de cette œuvre est que toutes les Dames soient bien enracinées dans la perfection de leur état, ou du moins qu'elles ne cessent d'y tendre. — Il est impossible, dit madame de Maintenon, qu'elles ne soient pas d'excellentes Dames de Saint-Louis, après de si solides instructions. — Je ne suis pas assez éloquent, reprit le roi, pour les bien exhorter; mais j'espère qu'à force de leur bien répéter les motifs de cette fondation, je les persuaderai et les en-

[1] Lettre du duc de Chaulnes, du 16 décembre 1689, à madame de Maintenon, dans les *Mémoires de Saint-Cyr*.
[2] Bref d'Alexandre VIII, du 18 février 1691 (archives de la préfecture de Versailles). — Ce pontife envoya l'année suivante un autre bref à madame de Maintenon, que nous donnons à l'appendice sous la lettre E.

gagerai à y être toujours fidèles. Je n'épargnerai ni mes visites ni mes paroles, pour peu que je les croie utiles à produire ce bel effet. — Vous ne devez pas, Sire, vous repentir de toute la dépense que vous avez faite pour cette fondation, puisqu'elle tourne si heureusement à la gloire de Dieu. — Bien loin de m'en repentir, si c'était à recommencer, je le ferais encore du meilleur de mon cœur. — Ce qui doit faire grand plaisir à Votre Majesté, reprit madame de Maintenon, c'est que le plus grand nombre des jeunes personnes qui passeront ici vivra et mourra dans l'innocence, et que quantité se consacreront à Dieu pour toute leur vie. — Ah! dit le roi, si je pouvais en donner autant à Dieu que je lui en ai ravi par mes mauvais exemples [1] ! »

Cependant l'union de la manse de Saint-Denis à Saint-Cyr exigeait un grand nombre de formalités et de procédures. Le pape, en adressant ses bulles à l'archevêque de Paris, ne cacha pas son regret d'unir un bien ecclésiastique à une maison séculière, et en ordonnant l'enquête voulue par les canons, il témoigna l'espoir qu'elle pût servir à transformer la maison en monastère régulier. Cette enquête fut faite par le nonce du pape et l'évêque de Chartres, et douze personnes de distinction y furent appelées en témoignage : ce furent les évêques de Meaux (Bossuet), d'Aleth et d'Auxerre, les abbés de Fénelon et de Langeron, précepteur et sous-précepteur des petits-fils du roi, les ducs de Beauvilliers, de Gesvres et de Noailles, les intendants des finances (depuis ministres) Lepelletier et Pontchartrain, etc. Ils déposèrent « qu'ils considéraient la maison de Saint-Louis comme tout ce qui se pouvait faire de plus avantageux et de plus grand pour les filles de pauvre noblesse; que ces jeunes plantes, se répandant ensuite dans les différents états de la vie, porteraient partout l'exemple et les préceptes d'une conduite vraiment chrétienne; qu'un ouvrage si saint ne pouvait être affermi sans un revenu fixe; que les bien de la manse abbatiale de Saint-Denis seraient mieux employés à

---

[1] Languet, t. 1ᵉʳ, p. 440. — Manuscrit de la Bibliothèque nationale (supplément, F. 2094).

l'éducation de la noblesse française qu'à l'utilité d'une seule personne, etc.[1] » Après cette enquête, le roi donna des lettres patentes portant confirmation de la bulle d'union, lesquelles furent registrées le 21 novembre 1692 [2].

Cette affaire fit penser sérieusement à la transformation de la maison de Saint-Louis en monastère; mais ce fut principalement à l'abbé Desmarets que fut due cette transformation.

L'abbé Desmarets avait pris, par sa rigoureuse vertu et sa piété sévère, un ascendant marqué sur madame de Maintenon. « C'était, dit Saint-Simon, un grand homme de bien, d'honneur, de vertu, théologien profond, esprit sage, juste, net, savant d'ailleurs, et qui était propre aux affaires sans pédanterie, sachant vivre et se conduire avec le grand monde, sans s'y jeter et sans en être embarrassé [3]. Madame de Maintenon demanda à Louis XIV de le nommer évêque de Chartres. Le roi y consentit : « il n'avait jamais vu l'abbé Desmarets; personne à la cour ne savait son nom; il n'y eut donc que les honnêtes gens qui applaudirent à ce choix; quant à l'élu, il en fut véritablement affligé [4], » et n'accepta que sur les supplications de madame de Maintenon, qui lui remontra tout le bien qu'il pouvait faire à Saint-Cyr, et par Saint-Cyr à toute l'Église.

Le sacre du nouvel évêque ne put se faire que deux ans après, à cause des différends de Louis XIV avec la cour de Rome. Cette cérémonie eut lieu à Saint-Cyr, et se fit avec beaucoup d'éclat et de pompe. Les prélats consacrants étaient l'archevêque de Paris (Harlay de Champvallon), l'évêque de Meaux (Bossuet), et l'évêque d'Amiens (de Broue [5]). « Nos belles voix s'y firent remarquer, disent les Mémoires, entre autres mesdemoiselles de Beaulieu,

[1] Languet, 1er, p. 444.
[2] Voir les pièces aux archives de la préfecture de Versailles.
[3] Mémoires, t. VII, p. 402.
[4] Lettre de madame de Maintenon du 6 juin 1690.
[5] « Ce dernier avait eu l'évêché d'Amiens bientôt après un sermon qu'il fit ici le jour de la Saint-Louis : je ne veux pas dire que ce soit ce sermon qui lui ait valu un évêché, mais ceux qui pouvaient parvenir à ces dignités étaient bien aises de se faire connaître à madame de Maintenon. » (Mémoires de Saint-Cyr, chap. XIX.)

de La Haye, de Champigny, qui avaient brillé à la tragédie d'Esther; le chant fut trouvé très-beau par toute l'assemblée : il était de la composition de M. Nivers, organiste de la chapelle du roi et le nôtre, et maître de la musique de la reine[1]. »

Cependant l'abbé Gobelin était devenu vieux, malade et inutile à madame de Maintenon. « Il prit une si grande crainte de moi, raconte-t-elle, il me traita avec tant de respect, il m'embarrassa si fort par la contrainte que mon élévation lui donnait, que, de continuelles infirmités se joignant à toutes ces raisons, je fus obligée de me priver de ses conseils. » Elle hésita alors, pour la direction de sa conscience, entre le père Bourdaloue, l'abbé de Fénelon et l'évêque de Chartres. Bourdaloue était venu quelquefois prêcher à Saint-Cyr, et y avait produit autant d'effet qu'à la chapelle de Versailles ou aux Jésuites de la rue Saint-Antoine : madame de Maintenon s'adressa d'abord à lui; mais après qu'il lui eut écrit quelques lettres d'une grande sagesse, et qui furent conservées par les Dames [2], il lui déclara qu'à cause de ses sermons il ne pourrait la voir que tous les six mois. Elle renonça donc « à ce saint et savant prédicateur, en redoublant d'estime pour lui; » et alors elle pensa à l'abbé de Fénelon. L'auteur du *Traité de l'Éducation des Filles* avait été consulté par madame de Maintenon sur les constitutions de Saint-Cyr; elle l'avait souvent appelé dans cette maison pour y faire des prédications; elle lui avait demandé des instructions spéciales pour les demoiselles et dont celles-ci faisaient des manuscrits[3]. C'était

---

[1] *Mémoires de Saint-Cyr,* chap. xix.

[2] Elles sont dans le recueil des *Lettres édifiantes* et dans la collection de Labeaumelle.

[3] Voici un morceau de ces instructions où il glorifiait les vertus de la primitive Église comme un modèle que Saint-Cyr devait imiter.

« On se taisait, on priait, on travaillait sans cesse des mains, on obéissait aux pasteurs; point d'autre joie que celle de notre bienheureuse espérance pour l'avénement du grand Dieu de gloire; point d'autres assemblées que celles où l'on écoutait les paroles de la foi; point d'autre festin que celui de l'Agneau suivi d'un repas de charité; point d'autres pompes que celles des fêtes et des cérémonies; point d'autres plaisirs que celui de chanter les psaumes et les sacrés cantiques; point d'autres veilles que

le saint de la cour; il dirigeait la conscience des dames les plus vertueuses, et il exerçait sur madame de Maintenon, comme sur toutes les personnes qui l'approchaient, un charme tout-puissant par sa piété si douce et si tendre, son éloquence pénétrante sur les choses saintes, la finesse de son esprit, la richesse de son imagination, la grâce et l'attrait de ses manières et de toute sa personne, enfin par sa vertu si pure et si solide qu'au milieu des écueils les plus grands elle ne fut jamais soupçonnée. Madame de Maintenon avait fortement contribué à le faire nommer précepteur des enfants de France; mais il désirait diriger la conscience de cette dame, espérant arriver par elle jusqu'aux conseils du roi, car il se croyait des talents d'homme d'État, et il avait en effet sur la politique des vues, sinon praticables, au moins fort étendues. Il s'empressa donc de répondre à ses ouvertures, et il lui envoya plusieurs écrits sur la manière dont elle devait se conduire dans le poste où la Providence l'avait placée, écrits séduisants par le raffinement du style, la souplesse des pensées et la délicatesse des éloges. Madame de Maintenon en fut d'abord charmée; puis, avec sa solidité ordinaire, elle s'inquiéta de l'affection que lui inspirait ce directeur qui la conduisait au ciel par un chemin semé de fleurs; elle s'en inquiéta davantage lorsque, dans un *avis* qu'elle lui avait demandé sur ses défauts, il lui donna des conseils à l'égard du roi où le caractère et la personne de Louis XIV étaient traités sans ménagement, en même temps que l'ambition et les vues politiques du précepteur du duc de Bourgogne étaient à peine dissimulées [1]. Elle cessa de lui demander des conseils, mais elle ne put s'y résoudre sans se faire violence : elle continua de le voir, de l'appeler à Saint-Cyr, de l'y faire régner par ses écrits qui passionnaient les Dames et leurs élèves, enfin de lui marquer en tout une affection pleine d'estime.

celles où l'on ne cessait de prier. O beaux jours! quand vous reverrons-nous? qui me donnera des yeux pour voir la gloire de Jérusalem renouvelée? C'est à Saint-Cyr que ce bonheur est réservé, et la peinture que je viens de faire doit être la règle des demoiselles. » (*Lettres édifiantes*, t. VI, p. 227.)

[1] Languet, t. 1er, p. 175.

Alors elle se tourna vers Desmarets, homme froid, sec, austère, dont l'extérieur était propre à éloigner, qui ne mettait ni grâce ni élégance dans ses instructions, mais qui lui parut si sage qu'elle le crut l'homme marqué de Dieu pour elle et pour Saint-Cyr. L'évêque de Chartres refusa d'abord et n'accepta que sur les instances de ses amis : alors elle en fit « le dépositaire de son cœur et de son âme, pour qui elle n'eut jamais rien de caché. Elle l'approcha du roi pour contre-balancer le père de La Chaise et les jésuites, qu'elle n'aimait pas, dans la distribution des bénéfices, et elle l'avança jusqu'à ce point qu'il devint le confident de leur mariage : il en parlait et en écrivait souvent au roi, le louant d'avoir une épouse si accomplie[1]. »

L'influence qu'exerça Desmarets sur madame de Maintenon et sur Saint-Cyr fut très-grande, mais non pas de tous points heureuse. Cet homme, d'une charité et d'une austérité vraiment évangéliques, avait, quoi qu'ait dit Saint-Simon, un esprit étroit et des vues bornées : c'était plutôt un vertueux moine qu'un grand prélat. Il s'attacha trop à faire de madame de Maintenon une sorte de religieuse uniquement occupée de son salut et de celui du roi, passant toute sa vie tantôt en pratiques de piété, tantôt en discussions d'affaires ecclésiastiques; il en fit trop l'instrument du clergé, « la femme d'affaires des évêques, » et une sorte de « mère de l'Église. » De même pour Saint-Cyr : au lieu de voir dans cette maison, comme l'avait vu Louis XIV, un établissement non moins utile à l'État qu'à la religion, il n'y vit qu'un couvent qu'on devait rendre aussi régulier et plus parfait que tous les autres, et presque uniquement un séminaire à former de saintes religieuses.

C'est dans cette pensée qu'il travailla à changer la maison de Saint-Louis en monastère de l'ordre de Saint-Augustin.

Dès l'origine de sa fondation, madame de Maintenon avait pensé à ne mettre à Saint-Cyr que des religieuses engagées par

---

[1] Saint-Simon, t. VII, p. 402.

des vœux solennels; elle y pensa davantage lorsqu'elle vit les défauts de l'éducation donnée aux demoiselles, et qu'elle reconnut que l'établissement manquait par la base, c'est-à-dire par l'Institut même des Dames de Saint-Louis. C'est alors que Desmarets lui représenta que les personnes qui étaient chargées de mettre en pratique la fondation pouvaient seules lui donner de la stabilité; que cette stabilité ne pourrait être obtenue avec les vœux simples, qui laissaient une porte ouverte à l'inconstance de l'esprit humain, et donnaient naturellement aux Dames, surtout quand elles venaient à hériter de leurs parents, des tentations de changement et de retour dans le monde; qu'il arriverait souvent que les meilleures d'entre elles, mécontentes de la vie imparfaite qu'elles menaient dans une maison séculière, la quitteraient pour une vie plus stable, plus austère et plus contemplative dans de vrais monastères, et qu'on perdrait ainsi des filles propres aux classes et si difficiles à former; qu'il fallait les attacher par des liens indissolubles à la maison, pour qu'elles pussent faire tout le bien qu'on attendait d'elles avec un dévouement entier; enfin, leur imposer à perpétuité le devoir de l'éducation des demoiselles, pour que cette éducation devînt aussi parfaite que possible. Madame de Maintenon goûta ces raisons, mais elle en avait d'autres plus humaines et qui regardaient la sûreté du temporel. Elle craignait qu'à la mort de Louis XIV cette fondation si grande et si richement dotée, la dernière en ce genre qu'aient faite les rois de France, ne fût attaquée par les nombreux ennemis de sa faveur, qu'elle ne fût mal défendue par les parlements, surtout si le relâchement venait à s'y introduire, sous le prétexte qu'elle n'appartenait pas à un ordre régulier, et qu'enfin elle ne fût abolie. Saint-Cyr avait déjà l'appui de la noblesse, elle voulut lui donner l'appui du clergé, ce qui, avec la royauté qui l'avait fondé, le mettait sous la protection des trois puissances de l'État : on avait là-dessus l'exemple de plusieurs abbayes qui avaient traversé sans ébranlement toutes les révolutions. Elle croyait donc que si l'on transformait Saint-

Cyr en couvent régulier, on lui donnerait les conditions d'existence, les immunités, l'indépendance et la stabilité dont jouissaient les biens de l'Église dans le royaume très-chrétien.

Nonobstant ces graves considérations, madame de Maintenon hésita : le premier état de la fondation convenait mieux à ses habitudes du monde, à la tournure de son esprit et au plan d'éducation qu'elle avait d'abord formé. Elle savait d'ailleurs le chagrin qu'elle ferait aux Dames de Saint-Louis par ce changement si dur et si imprévu pour elles. A sa demande, l'évêque de Chartres consulta plusieurs ecclésiastiques de grande vertu, le supérieur de Saint-Lazare, les abbés Tiberge et Brisacier, supérieurs des Missions-Étrangères et confesseurs extraordinaires de la maison de Saint-Louis, Tronçon, curé de Saint-Sulpice, etc. Ils furent tous d'avis d'exiger des Dames des vœux solennels et d'unir Saint-Cyr à l'un des ordres institués dans l'Église. Alors madame de Maintenon en parla au roi; mais celui-ci résista : « il n'avait pas voulu, disait-il, faire des religieuses; il n'aimait ni l'habit ni les manières des couvents; le monde regarderait ce changement comme une inconstance de gens qui ont mal pris leurs mesures, on rirait d'eux. » Madame de Maintenon ne le combattit pas; « avec cette indifférence apparente, dit Languet, et cette soumission résignée qui plaisent toujours à ceux qui ont l'autorité, elle lui laissa le loisir de réfléchir sur les motifs qu'elle lui avait exposés [1], » et néanmoins lui conseilla de prendre l'avis de l'évêque de Meaux et d'autres gens de bien. Louis le fit et les trouva tous du sentiment de madame de Maintenon, principalement pour ce qui regardait l'affermissement du temporel de la fondation. Alors il donna son consentement, mais en disant que « c'était contre son inclination et sous la condition qu'on ne changerait rien au costume des Dames; qu'on n'ajouterait rien à leurs obligations; enfin, que la maison, tout en faisant partie d'un ordre régulier, garderait son existence et ses constitutions particulières. » — « On dira que nous

---

[1] Languet, t. 1er, p. 448.

avons mal pris nos mesures, ajouta-t-il, mais il n'importe : il faut aller au plus grand bien, et laisser juger aux hommes ce qu'il leur plaira [1]. »

Cependant le bruit du changement projeté avait couru à Saint-Cyr et excité l'inquiétude de la communauté; mais on n'en parlait encore qu'en secret, lorsque l'évêque de Chartres arriva dans la maison et appela successivement toutes les Dames auprès de lui pour les instruire de la résolution qu'on avait prise et savoir le sentiment de chacune d'elles en particulier. « Il nous parla à toutes, les unes après les autres, racontent les Mémoires, nous fit voir le peu de fond qu'il y avait à faire sur nos vœux simples, les raisons qu'on avait de nous en demander de solennels; déclarant d'ailleurs qu'on ne voulait contraindre personne, et que nous étions libres ou de rester à Saint-Cyr comme nous étions, ou d'aller dans d'autres couvents, ou de rentrer dans le monde; que dans tous les cas le roi pourvoirait à notre subsistance par une dot ou une pension. » Les pauvres Dames interrogées ainsi à l'improviste, l'une après l'autre, sans avoir le loisir d'une réflexion, donnèrent leur consentement, quelques-unes sans hésiter, la plupart avec répugnance; une seule sur vingt-cinq demanda à se retirer. « L'évêque écrivait nos réponses, ajoute notre historienne, et nous les fit signer; puis il nous imposa le silence, ne voulant pas que nous nous communiquassions ce que nous lui avions dit. Il nous exhorta fort à nous tranquilliser, et s'en alla nous laissant assez pensives. »

A travers les réticences pleines de douceur et d'humilité que renferment les Mémoires des Dames, on voit clairement qu'elles furent très-affligées et du changement qu'on avait résolu, et du consentement qu'on venait de leur surprendre : « elles n'avaient pas prévu, pensaient-elles, en s'engageant six années auparavant, qu'on pût jamais leur demander davantage; » elles se voyaient exposées à recommencer un noviciat, c'est-à-dire un

---

[1] *Mémoires de Saint-Cyr*, chap. XIX. — Manuscrit (supplément F. 2094) de la Bibliothèque nationale.

examen pénible qui pouvait aboutir à un renvoi; elles étaient pauvres, orphelines, sans appui, et n'avaient que le choix ou de quitter le magnifique asile où elles se trouvaient si heureuses, ou d'y rester à des conditions mortifiantes. Ces réflexions des Dames de Saint-Louis causèrent dans la maison un trouble d'autant plus grand, qu'à cette époque Saint-Cyr était devenu le centre et le refuge du *quiétisme*, hérésie dont nous aurons à faire l'histoire, et qui compliqua l'œuvre si difficile de la réforme.

Aussi madame de Maintenon vint à son tour exhorter ses chères filles. Elle leur dit que l'établissement étant fait uniquement pour les demoiselles, on n'y avait ajouté des religieuses que pour leur servir de mères et de maîtresses; que les devoirs qu'imposaient ces titres devant être perpétuels, on n'avait pas trouvé de moyen plus propre à fixer leur tendresse et leur zèle que de leur demander des vœux solennels. « Mais en vous faisant religieuses, ajouta-t-elle, on a compris que vous seriez entièrement différentes des autres, et l'on vous déchargera de la grande quantité de prières et d'austérités qui pourraient vous détourner de votre bonne œuvre. »

Les Dames ne répondirent à cette exhortation qu'en tâchant de « calmer leur inquiétude par la résignation à la volonté de de Dieu et l'abandon à la Providence. » — « Avec une docilité que le roi trouva admirable, dit l'une d'elles, car il sentait que cela devait nous faire bien de la peine, » elles se soumirent à faire un noviciat nouveau, sous la promesse qu'elles seraient consultées sur leur vocation après un espace de six mois, et qu'il leur serait permis de présenter des observations sur tous les changements proposés. Alors elles adressèrent une supplique au pape pour le changement de l'Institut de séculier en régulier (27 août 1692) [1]. Le pape donna son consentement et chargea l'évêque de Chartres de l'exécution (30 septembre). Le roi, par ses lettres patentes du 13 novembre 1692, ayant approuvé le bref pontifical, l'évê-

---

[1] Archives de la préfecture de Versailles.

que de Chartres fit la visite de la maison pour s'assurer qu'elle était capable de renfermer une communauté régulière (22 novembre)[1]; et, après cette visite, il érigea la maison de Saint-Louis en monastère régulier de l'ordre de Saint-Augustin (1ᵉʳ décembre).

Alors la supérieure et les officières, avec une humilité parfaite et en se mettant à genoux devant la communauté, donnèrent leur démission. On fit venir du couvent de Sainte-Marie de Chaillot, qui appartenait à l'ordre de la Visitation, fondé par saint François de Sales, la supérieure et deux religieuses dudit couvent : la supérieure[2], pour gouverner temporairement la maison de Saint-Louis; les deux religieuses, pour conduire le noviciat. Ces religieuses furent reçues en grande cérémonie par toute la maison; on les logea dans l'appartement réservé; madame de Maintenon céda son logement pour y établir le noviciat, et elle alla habiter la salle de communauté. Toutes les Dames de Saint-Louis, en plein chœur et devant les demoiselles assemblées, se dépouillèrent de leur grand manteau, de leur voile, de leur croix d'or, et à genoux, prirent humblement l'habit des novices. On admit avec elles au noviciat six demoiselles et six sœurs converses. Alors les pauvres filles furent soumises à l'exercice de toutes les vertus et de toutes les pratiques du cloître, à l'obéissance la plus absolue, aux travaux les plus rebutants de la maison, aux humiliations les plus propres à faire mourir l'orgueil, à toutes les marques du plus entier renoncement au monde et à soi-même. Les religieuses de Chaillot ne leur épargnèrent aucune épreuve, aucune austérité, et madame de Maintenon ne chercha point à tempérer l'observation de toutes ces *petitesses*, de toutes ces *misères* monacales qui lui paraissaient maintenant indispensables pour arriver à la stabilité; elle espérait, en leur

---

[1] Nous insérons dans l'appendice à la lettre F le procès-verbal de cette visite, au moyen duquel nous avons pu rétablir le plan détaillé de la maison de Saint Louis : nous l'avons trouvé dans les archives de la préfecture de Versailles.

[2] Elle se nommait Anne Priolo et était fille de Benjamin Priolo, secrétaire du duc de Longueville, qui a écrit en latin une histoire très-estimée des troubles de la minorité de Louis XIV, sous ce titre : *Benjamini Prioli ab excessu Ludovici XIII de rebus Gallicis historia*. Venise, 1 vol. in-4°.

faisant « immoler ce qu'il y a de plus cher en l'homme, sa liberté et sa volonté[1], » plier leur esprit, leur raison, toutes leurs facultés à remplir leur vocation, enfermer leurs idées dans une seule idée, le devoir de l'éducation des demoiselles, qui devait absorber toute leur vie et d'où dépendait leur salut, enfin donner à la maison de Saint-Louis le corps d'institutrices le plus dévoué, le plus uni, le plus parfait.

Les nouvelles novices se montrèrent, dans cette dure épreuve, d'une docilité angélique et qui témoigne que madame de Maintenon s'était exagéré leurs défauts et les vices de l'institution : « Nous les avons trouvées, écrivirent les religieuses de Chaillot, bien différentes du portrait qu'on nous en avait fait. Nous en avions même grand'peur, car nous croyions trouver des filles fières, enflées de leur faveur, qui se piquaient de bel esprit, accoutumées à faire des discours étudiés. Nous pouvons assurer que, bien qu'elles ne fussent pas cloîtrées, elles ne laissaient pas de remplir les pratiques essentielles de la vie religieuse; car il est certain qu'il n'y a point de communauté, même parmi les régulières, qui vive dans une plus grande séparation du monde. Elles allaient rarement au parloir, et n'y allaient que pour leurs plus proches parents et pour peu de temps; elles ne parlaient quasi jamais aux personnes qui entraient chez elles, et elles évitaient tellement leur rencontre, qu'elles passaient pour farouches. Elles étaient simples et sans hauteur, et nous ne concevons pas ce qui a pu donner lieu à ce qu'on nous avait dit. Dans le temps qu'on y jouait les tragédies d'*Esther* et d'*Athalie* devant le roi et toute la cour, elles se retiraient dans les tribunes pour prier Dieu. Il fallut un ordre exprès du roi pour les y faire venir, et on remarqua qu'elles y avaient les yeux baissés, et que la plupart y faisaient oraison ou disaient leur chapelet[2]. »

Cependant on avait chargé les abbés Tibergé et Brisacier de revoir les constitutions pour les accommoder aux nouvelles obli-

---

[1] Constitution IIe, art. 1er.
[2] Languet, t. 1er, p. 160.

gations de l'Institut; quand l'évêque de Chartres eut approuvé leur travail, on le donna à lire et à commenter au noviciat, pour que, rien n'étant fait que du consentement des Dames, elles pussent le suivre avec plus d'amour et de fidélité, « puis demeurer fermes et ne rien innover, quand bien même il serait meilleur [1]. » Tous les articles furent ainsi expliqués en présence de madame de Maintenon, librement discutés par tout le noviciat, mis aux voix et adoptés [2]. On fit de même pour les règlements explicatifs des constitutions, l'*ordre des classes*, écrit tout entier par madame de Maintenon, les règlements des diverses charges, les règlements des conseils et des offices, le *livre des usages*, etc. Quand tout cela eut été adopté : « Il ne vous manque plus rien pour votre instruction et votre sanctification, leur dit la fondatrice. Faites donc de l'Évangile, de votre règle, de vos constitutions, de vos règlements, de votre cérémonial, de vos usages et des conseils qui vous ont été donnés, comme un rempart qui vous défende à jamais de l'esprit du monde, de toute nouveauté et de toute doctrine étrangère [3]. »

En définitive, les constitutions furent plus sévères qu'elles ne l'étaient auparavant; elles imposèrent aux Dames plus de pratiques et de mortifications; elles leur donnèrent une vie plus pénible, plus minutieusement occupée, où elles ne s'appartenaient pas un seul instant, et pour laquelle il fallait une vocation bien déterminée; néanmoins, elles ne renfermaient aucune obligation, aucune austérité qui fût nuisible à l'éducation des demoiselles; malgré la tristesse et la froideur monacales dont elles semblent pleines, elles établirent si fortement l'Institut des Dames de Saint-Louis, elles lui donnèrent de telles conditions de discipline, de liberté et d'égalité chrétienne, qu'elles ont eu la gloire de vivre autant que les ordonnances civiles de Louis XIV : les unes et les autres ne sont mortes qu'avec la monarchie.

[1] Lettre du 11 octobre 1693.
[2] *Mémoires de Saint-Cyr*, chap. XXII.
[3] *Lettres édifiantes*, t. V, p. 682.

Madame de Maintenon demanda au roi d'appuyer de sa présence et de sa parole les changements proposés. Louis XIV ne regardait comme au-dessous de lui aucun détail de la maison de Saint-Cyr; il vint donc encourager les Dames dans leurs épreuves; il s'entretint avec elles ainsi qu'avec les religieuses de Chaillot, leur recommandant « l'humilité, qui est le propre de leur état, » les exhortant à observer la régularité et à ne prendre que de bons sujets. Mais dans le récit un peu puéril que les Dames nous ont laissé de cette visite, on sent qu'il voyait le changement avec froideur, qu'il n'y avait donné son consentement qu'à regret; enfin, et quoique les choses de religion fussent alors des sujets ordinaires d'entretien, qu'il était embarrassé de parler de vertus de couvents et de règlements de religieuses. La vérité est que madame de Maintenon, en mêlant la personne royale au petit événement du changement de Saint-Cyr en monastère, lui faisait perdre quelque chose de sa grandeur et qu'en donnant aux Dames de Saint-Louis un *prédicateur en broderies*, ainsi qu'elle appelait Louis XIV dans cet entretien, elle rapetissait le prince qui était en ce moment contre la moitié de l'Europe le défenseur du catholicisme et du droit divin des rois.

Pendant l'année du noviciat, madame de Maintenon se chargea de tout le gouvernement de la maison, et principalement des classes; mademoiselle Balbien, dont elle avait fait la gouvernante de sa nièce, fut établie supérieure de toutes les personnes séculières et de toute l'administration extérieure; des filles de la communauté de l'*Instruction* de la rue Saint-Maur furent appelées pour être chargées du soin des demoiselles. Au bout de six mois d'épreuves, vingt des anciennes Dames de Saint-Louis déclarèrent qu'elles voulaient continuer le noviciat; trois autres se retirèrent dans d'autres couvents; l'ancienne supérieure, l'humble madame de Loubert, persista dans ses vœux simples et resta dans cet état à Saint-Cyr; une cinquième rentra dans le monde et épousa un magistrat du Dauphiné. L'année étant achevée, celles qui étaient restées au noviciat furent successivement admises à faire profession, six le 11 décembre 1693, sept le 1ᵉʳ janvier, deux le 3 mars, une le 29 avril, cinq le 9 décembre 1694, etc.[1].

Au commencement de l'année 1694, la maison reprit son ancienne forme avec plus de régularité. On fit élection d'une nouvelle supérieure, qui fut madame de Fontaines, et d'autres officières; madame de Maintenon fut de nouveau déclarée supérieure honoraire, tant au spirituel qu'au temporel; enfin les religieuses de Chaillot se disposèrent à quitter Saint-Cyr, excepté la maîtresse des novices, qui y resta encore pendant deux ans. Le roi vint consacrer de sa présence et de ses exhortations cet achèvement de la réforme : après avoir entendu les vêpres en grande cérémonie, sa musique étant dans l'église du dehors, il se rendit dans la salle de communauté, fit ses remercîments aux sœurs de Chaillot et ses compliments à la nouvelle supérieure, puis il dit :

« Je vous recommande la fermeté à faire observer tout ce qui vient d'être établi, et d'accompagner cette fermeté d'une grande douceur. J'espère que les Dames feront toujours connaître, par leur soumission et leur obéissance, que c'est de bon cœur, et avec une pleine liberté, qu'elles se sont consacrées à Dieu, et qu'elles ne se contenteront pas d'être seulement de profession, mais qu'elles seront de cœur de très-parfaites religieuses; car il faut que chacun s'efforce d'arriver à la perfection de son état, et surtout les personnes qui, comme vous, mesdames, en font une étude particulière... Représenter son avis, et ensuite se soumettre, soutenir ce qui a été réglé contre son propre sentiment, quitter tout pour ne jamais quitter les demoiselles, voilà vos maximes.

» Dans cette même conversation, ajoute l'historienne de Saint-Cyr, le roi nous recommanda expressément de bien prendre

---

[1] Voici leurs noms : Mesdames du Pérou, de Saint-Aubin, de Saint-Pars, de Gautier, de Fontaines, du Tour; mesdames de Buthery, de Roquemont, de Blosseville, de Veilhant, de Jas, de Montalembert, de Berval; mesdames de Radouay et de Montaigle; madame de la Maisonfort; mesdames de Bouju, de Sailly, de Fort, de Runcourt et de Champigny.

garde au bon choix des sujets que nous admettrions à l'avenir, et répéta plusieurs fois : Il ne faut qu'un mauvais esprit pour gâter tout le bien qu'on a établi ici, et peut-être pour le détruire entièrement. N'ayez jamais de complaisance sur cet article, ni égard, ni considération : *un mauvais esprit me fait peur partout*[1]. »

A la suite de la réforme des constitutions, le roi décida par la déclaration du 3 mars 1694 : 1° que le nombre des religieuses, dames ou sœurs converses, serait porté de soixante à quatre-vingts, sans que néanmoins le nombre des dames professes ou novices pût dépasser quarante; 2° que les places de Dames de Saint-Louis qu'on avait dû donner en partie, faute de sujets, à des personnes étrangères à la maison, seraient dorénavant réservées toutes aux demoiselles de Saint-Cyr. Les autres articles portaient dispense des messes nombreuses ordonnées par les lettres patentes; règlement des preuves de noblesse que devaient fournir les demoiselles; règlement du conseil du dehors, des fonctions de l'intendant, et de toute l'administration du temporel. Cette administration était devenue importante par les acquisitions en fonds de terre, qui avaient été faites d'après les intentions de la fondation; ainsi les Dames étaient devenues propriétaires des terres de Bucq, de Magny, de Valery, de Guyancourt, de Redon, de Gomberville, de Voisins, etc., terres dont elles échangèrent la moitié avec le roi contre le duché de Chevreuse, et après l'acquisition desquelles elles ne reçurent plus que 21,000 livres de rente du trésor royal.

Ces changements furent complétés quelques années après : 1° par une augmentation de dotation de 30,000 livres à prendre sur les tailles de la généralité de Paris[1], « augmentation jugée nécessaire, disent les Dames, pour nous aider à soutenir les charges de notre maison, qui sont beaucoup plus grandes qu'on n'avait cru au commencement de notre établissement[2]; » 2° par

---

[1] Languet, t. I, p. 475. — *Mémoires de Saint-Cyr*, chap. XXIII.
[2] Déclaration du 20 mars 1698.

une fondation spéciale de 60,000 livres à prendre annuellement sur les tailles de la généralité de Paris, et destinée à fournir aux demoiselles sortant de Saint-Cyr une dot de 3,000 livres, outre leur trousseau et leurs frais de voyage, afin de faciliter leur établissement, soit par mariage, soit dans un couvent. Pour éviter que cette somme ne fût détournée de sa destination par les parents des demoiselles, il fut réglé que celles-ci, à leur sortie de Saint-Cyr, étaient émancipées, et pouvaient disposer de leur dot, comme elles l'entendaient, sans l'agrément de leurs pères, mères ou tuteurs [1].

Ces ordonnances royales furent les derniers incidents de la réforme opérée à Saint-Cyr; nous pouvons donner maintenant un aperçu des constitutions et de l'éducation de cette maison.

[1] Cette somme de 3,000 livres n'était pas immuablement donnée à toutes les demoiselles : comme il en sortait quelquefois par année plus de vingt, on la diminuait d'autant pour donner une dot à toutes, ou bien on l'augmentait pour les plus pauvres au moyen des épargnes que faisaient les Dames; c'étaient les *conseils du dedans* et *du dehors* qui réglaient cette répartition.

## CHAPITRE VIII.

### CONSTITUTIONS DE LA MAISON DE SAINT-CYR.

La communauté de Saint-Louis se composait, comme nous venons de le voir, d'après la déclaration du 3 mars 1694, de quatre-vingts personnes, dont quarante Dames professes ou novices, choisies exclusivement parmi les demoiselles élevées à Saint-Cyr.

Les postulantes ne pouvaient entrer au noviciat avant l'âge de dix-huit ans, et les novices faire profession avant l'âge de vingt ans. Les unes et les autres n'étaient admises au noviciat et à la profession que par élection faite dans les assemblées capitulaires et après un examen de l'évêque et du supérieur spirituel, qui avait pour objet non leur savoir, mais leur vocation : « Une fille humble, intérieure, obéissante, disait madame de Maintenon, sera plus propre aux demoiselles qu'une autre qui serait savante dans toutes les bienséances du monde : les talents sont moins nécessaires à Saint-Cyr que la vertu [1]. » On apprenait aux novices, outre les pratiques de la vie religieuse, les matières de l'enseignement avec quelques notions de médecine et de chirurgie [2]; et « l'on ne devait recevoir à la profession aucune fille qui n'eût une inclination particulière pour les classes et qui ne s'y portât avec une grande ardeur [3]. » Après leur profession, les religieuses

---

[1] *Lettres édifiantes*, t. v, p. 136.

[2] La plupart des Dames savaient saigner. L'une des *mères* de l'Institut, madame de Radouay, était physicienne et chimiste, et Louis XIV lui fit faire un laboratoire que Labeaumelle dit avoir vu en 1734. Nous parlerons ailleurs de la science et des talents de madame de Glapion.

[3] *Lettres édifiantes*, t. v, p. 989.

restaient encore pendant quatre années sous la direction de la maîtresse des novices, et ce n'est qu'après cette deuxième épreuve qu'elles étaient *vocales*, c'est-à-dire qu'elles avaient voix aux élections et assemblées capitulaires.

Les Dames de Saint-Louis devaient passer toute leur vie à Saint-Cyr; elles n'en sortaient jamais, même dans le cas de la plus mauvaise santé; elles ne pouvaient quitter cette maison pour aller dans d'autres couvents, même de l'ordre de Saint-Augustin. Toute communication avec le dehors leur était interdite; elles devaient éviter le commerce des parloirs, n'y aller qu'à regret, avec une ou deux compagnes, s'interdire l'usage des lettres, et n'en envoyer ou n'en recevoir que par les mains de la supérieure. Elles ne pouvaient admettre dans leur clôture que les princes de la famille royale et les évêques. Quelques visiteurs de distinction pouvaient être logés dans la cour du dehors, mais sans y être nourris; jamais les Dames n'ont donné à personne ni un repas ni une collation : « On ne peut réussir en tout, disait madame de Maintenon à ce sujet; l'instruction est notre fort, notre faible est l'hospitalité. » Les Dames se servaient elles-mêmes, mangeaient dans un réfectoire commun et couchaient dans un dortoir partagé en cellules, dont nous avons dit la disposition et l'ameublement.

Les quarante Dames se partageaient les *charges* de la maison, qu'on divisait en grandes et petites.

Les *grandes charges*, dites aussi d'*officières* ou de *conseillères*, étaient celles de la supérieure, de l'assistante, de la maîtresse des novices, de la maîtresse générale des classes, de la dépositaire. Ces charges étaient données à l'élection.

La *supérieure* avait le gouvernement général de la maison sous la surveillance, pour le spirituel, de l'évêque de Chartres et du supérieur de Saint-Lazare, pour le temporel, d'un conseiller d'État nommé par le roi et d'un conseil qu'on appelait *conseil du dehors*. Elle présidait au chœur, au réfectoire, au chapitre, aux élections; elle proposait les candidatures pour les charges d'officières, nommait directement aux petites charges, réglait le service des sœurs converses, donnait les dispenses et permissions; elle avait la correspondance avec l'évêque de Chartres et le conseiller d'État, signait tous les actes, tenait l'une des trois clefs des archives et du coffre à l'argent, etc. Elle devait donner l'exemple de l'observation des règlements, évitant toute distinction dans sa nourriture, son ameublement, ses habits, faire aimer son autorité par un mélange de fermeté et de douceur, se rendre capable de passer du commandement à l'obéissance, enfin « être comme l'âme dans un corps qu'elle anime, soutient et conduit [1]. » D'ailleurs les constitutions autorisaient les religieuses à recourir à l'autorité du roi et de l'évêque de Chartres si la supérieure venait à violer les règlements. « N'élisez pas vos supérieures, disait madame de Maintenon, parmi les zélées et les austères, mais parmi celles qui ont simplement l'esprit droit, modéré, sage et doux [2]. »

La supérieure était élue pour trois ans et pouvait être réélue; mais au bout de cette deuxième triennalité, elle n'était rééligible qu'après les trois années d'exercice de la supérieure qui lui avait succédé. Aucune religieuse ne pouvait être nommée supérieure qu'à l'âge de quarante ans et après huit ans de profession [3]. L'élection n'était pas directe : le supérieur spirituel assemblait d'abord les cinq officières avec les trois plus anciennes professes; ces huit religieuses formaient une liste de candidates, lesquelles étaient proposées au choix des vocales. Tous les suffrages étaient donnés au scrutin secret. Ce système d'élection réussit si parfaitement qu'il ne donna jamais à Saint-Cyr que des supérieures remarquables par leur caractère et leur vertu, et que l'Institut de Saint-Louis n'a pas cessé pendant un siècle d'être bien gouverné.

L'*assistante* était l'adjointe ou la suppléante de la supérieure

---

[1] Constitutions de Saint-Cyr.
[2] *Lettres édifiantes*, t. v, p. 452.
[3] Il y eut de nombreuses dispenses d'âge dans les commencements de la fondation.

dans toutes ses fonctions. Elle tenait l'une des trois clefs des archives et du trésor.

La *maîtresse des novices* était chargée de disposer à la vie religieuse les demoiselles qui aspiraient à être Dames de Saint-Louis.

La *maîtresse générale des classes* était, comme son titre l'indique, la directrice de l'enseignement; elle avait sous ses ordres les maîtresses des classes, qui devaient s'inspirer de son esprit, gouverner d'après ses instructions, lui renvoyer la conduite des enfants, lui faire prononcer les grâces et les punitions. Mais ses fonctions ne se bornaient pas aux classes et à en maintenir les règlements; elle était, à proprement parler, la supérieure des demoiselles, leur intendante, leur chargée d'affaires, ayant à gouverner, sous l'autorité de la supérieure, tout ce qui se rapportait à elles, soit au dedans, soit au dehors : études, nourriture, habillement, dot, même le choix qu'elles devaient faire d'un état de vie. « C'était, disait madame de Maintenon, leur protectrice, leur avocate, leur procureur : leur protectrice en veillant dans la maison ou dans le conseil pour leurs intérêts, en épargnant pour augmenter leur bien, en empêchant, autant qu'elle le pouvait, qu'on détourne leur fonds, en faisant leur condition la plus avantageuse; leur avocate, en soutenant leurs droits et parlant pour elles et en leur faisant donner tout ce que la supérieure a ordonné pour leur nourriture, habits, meubles, commodités; leur procureur, en plaçant leur argent, en le faisant valoir, en écrivant pour elles en toute occasion [1]. »

Cette charge, comme on doit le penser, ne pouvait être remplie que par des religieuses aussi distinguées par leur caractère que par leurs talents : aussi toutes celles qui ont laissé un nom à Saint-Cyr, mesdames de La Maisonfort, du Pérou, de Glapion, de Berval, etc., l'ont exercée, et c'était le chemin ordinaire de la supériorité.

[1] *Lettres et avis de madame de Maintenon aux religieuses de Saint-Louis sur les devoirs de leur état et le gouvernement des classes*, p. 180.

La *dépositaire* avait, sous l'autorité de la supérieure et de l'intendant, le maniement général des recettes et des dépenses de la maison. Elle recevait les revenus, signait les quittances, donnait à l'économe l'argent de la dépense journalière et à l'intendant les sommes à payer au dehors, entretenait la correspondance avec les receveurs et fermiers, gardait les registres, titres, actes et autres papiers de la maison. Elle rendait compte mensuellement pour la dépense journalière au *conseil du dedans*, et annuellement pour la dépense générale à l'assemblée capitulaire et au *conseil du dehors*; elle avait, outre la clef du dépôt, l'une des trois clefs des archives et du trésor.

L'assistante, la maîtresse des novices, la maîtresse des classes et la dépositaire étaient élues pour trois ans, mais elles pouvaient être continuées autant de fois que la communauté le jugeait à propos, et l'on a souvent vu à Saint-Cyr des religieuses exercer les grandes charges pendant trente ou quarante ans et jusqu'à leur mort. Quand l'une de ces charges devenait vacante, la supérieure proposait une liste de trois candidates sur laquelle le chapitre des vocales faisait son choix.

La supérieure et les quatre officières composaient le *conseil du dedans*, lequel s'assemblait tous les quinze jours et traitait de toutes les affaires de la maison, sauf des plus importantes, qui étaient réservées aux assemblées générales ou capitulaires. Ce conseil ordonnait toutes les dépenses ordinaires; mais il ne pouvait arrêter un marché qui dépassait 500 livres sans l'approbation du conseil du dehors. Toutes les décisions y étaient prises à la pluralité des voix. Dans les cas graves, l'évêque de Chartres et le conseiller d'État y assistaient. Madame de Maintenon, surtout dans les premiers temps de la fondation, manqua rarement d'y donner son avis.

Les petites charges étaient à la nomination directe de la supérieure, qui devait néanmoins prendre l'avis du conseil du dedans. Les principales titulaires étaient :

1° Les *maîtresses des classes*. C'était le corps enseignant proprement dit. Elles étaient chargées de l'instruction, de la conduite et de la surveillance des demoiselles en tous lieux et dans tous leurs exercices, c'est-à-dire qu'elles les suivaient à l'église, aux classes, dans les jardins, qu'elles mangeaient avec elles au réfectoire, qu'elles couchaient près d'elles dans les dortoirs [1], se levant même la nuit pour faire des visites; en outre, elles les instruisaient en toutes choses : religion, grammaire, musique, danse, etc. Les demoiselles étant partagées, comme nous le verrons tout à l'heure, en quatre *classes*, et chaque classe en cinq ou six *bandes* de huit ou dix élèves, il y avait une première maîtresse à chaque classe, trois deuxièmes maîtresses aux cinq ou six bandes, outre deux ou trois grandes demoiselles qu'on prenait pour assistantes. Les classes et le soin direct des demoiselles occupaient donc près de la moitié des Dames professes ou novices. C'était le plus souvent en passant par là qu'on arrivait aux grandes charges; c'était aussi là que se réfugiaient celles qui les quittaient, car dans l'Institut de Saint-Louis on montait, on descendait tour à tour, apprenant ainsi également à obéir et à commander. « Comme l'éducation des demoiselles, disaient les constitutions, est la principale fin de la maison et l'objet du vœu qui la distingue de tous les autres instituts, on choisira pour ce saint emploi des personnes bien remplies de l'esprit de leur vocation, qui joignent à des talents naturels un grand fonds de grâce et de vertu et qui, en formant l'esprit et l'extérieur des enfants, leur inspirent doucement et efficacement la piété [2]. »

2° La *maîtresse du chœur* était chargée de conduire l'office divin, soit pour le chant, soit pour les cérémonies.

3° L'*économe* était chargée de faire toute la dépense de la maison, tant pour la nourriture que pour les habits et les bâtiments; elle recevait l'argent de la dépositaire et rendait ses comptes à

---

[1] Nous avons vu dans la description de la maison que les cellules des maîtresses des classes étaient dans les dortoirs des demoiselles. « Je regarde cette obligation, leur disait madame de Maintenon, comme une si grande austérité, que je voudrais qu'il ne s'en pratiquât guère d'autres chez vous. »

[2] Constitution 45e, art. 4.

la supérieure, au conseil du dedans et aux assemblées capitulaires.

4° La *secrétaire* tenait la plume aux conseils et aux assemblées; elle avait le registre des délibérations, rédigeait les procès-verbaux des élections et des professions, enfin avait le sceau pour les expéditions de la maison.

5° La *portière* avait l'inspection de tout le dehors de la maison; elle ouvrait et fermait les clôtures, recevait les étrangers, les lettres, les messages, etc. Elle avait sous ses ordres des sœurs converses, dites *tourières*, chargées de répondre à toutes les demandes du dehors.

6° La *sacristine* avait l'intendance de l'église, des confessions, des communions, etc.

Il y avait, en outre, une *maîtresse générale des ouvrages* pour tous les travaux d'aiguille, qui étaient grands et nombreux, une *maîtresse générale des habits* pour le soin et les travaux relatifs aux vêtements, une *maîtresse du linge*, une *dépensière*, chargée spécialement des réfectoires; une *garde-meubles*, une *infirmière générale*, une *maîtresse de l'apothicairerie*, une *bibliothécaire*, etc. Comme on le voit, les quarante religieuses avaient toutes des fonctions spéciales et étaient continuellement occupées, et leur nombre aurait été insuffisant si elles n'avaient été aidées par un certain nombre de demoiselles et par les sœurs converses.

Il y avait quarante sœurs converses, dont vingt seulement étaient professes ou novices; les vingt autres étaient de simples sœurs qui ne faisaient pas de vœux, étaient astreintes aux règlements, portaient l'habit de religieuse, mais pouvaient être renvoyées à la volonté de la supérieure. Les converses qui avaient fait profession ne pouvaient jamais être chargées de l'éducation des demoiselles; mais on leur confiait ordinairement quelques-unes des petites charges. Des autres sœurs, il y en avait huit employées aux classes, quatre à l'infirmerie, deux aux portes, et les autres aux cuisines, réfectoires, buanderie, apothicairerie, etc. Aucune n'était attachée au service particulier des Dames. « Il vaut mieux, leur disait Louis XIV, que les Dames se servent elles-mêmes que d'être servies. L'obéissance sied mieux aux religieuses que le commandement. En faisant ce qu'auraient fait les converses, vous pratiquerez une vertu de plus. » — « Les sœurs converses, disait madame de Maintenon, sont religieuses : regardez-les et traitez-les comme vos sœurs. N'ayez pas envers elles une conduite de maîtresses à l'égard de domestiques : la religion égale tout. Il n'y a de différence que dans les emplois : elles doivent faire la lessive et les autres gros ouvrages, comme vous faites le catéchisme aux demoiselles [1]. »

Outre le conseil du dedans, dont nous avons parlé, il y avait des assemblées capitulaires, où assistaient toutes les religieuses vocales pour les affaires importantes, la réception des novices, les élections, les professions, les comptes généraux du temporel, etc.

Enfin il y avait un *conseil du dehors*, qui était composé : d'un conseiller d'État nommé par le roi, d'un avocat au parlement de Paris, de l'intendant du temporel de la maison de Saint-Cyr, ces deux derniers nommés par le conseil du dedans; l'évêque de Chartres pouvait y assister. Ce conseil s'assemblait tous les huit jours à Paris, chez le conseiller d'État, qui en était le président : il avait uniquement l'inspection et le contrôle sur l'administration du temporel, sans pouvoir rien ordonner que du consentement des Dames. L'intendant y rendait compte de toutes les affaires relatives à l'administration. La place de président du conseil du dehors fut occupée d'abord par Pontchartrain, contrôleur général des finances; puis, en 1699, par Chamillard, qui s'en démit quand il fut chargé des ministères de la guerre et des finances; puis, par Voisin, qui garda cette place même lorsqu'il fut ministre et jusqu'à sa mort. Après lui, elle fut occupée par le duc de Noailles, le maréchal de Villeroy, le président d'Ormesson, etc. Pour Chamillard et Voisin, ce fut le chemin par lequel ils arrivèrent au ministère. « On n'était pas fâché

---

[1] *Lettres édifiantes*, t. v, p. 867.

en ce temps-là, disent naïvement les Dames, d'être de notre conseil du dehors, à cause de la relation que cela donnait à la cour et qu'on regardait la faveur de madame de Maintenon comme un moyen d'avancer sa fortune : c'est pourquoi on se faisait un mérite auprès d'elle des bons offices qu'on nous rendait et des attentions qu'on avait pour nous [1]. »

Tel était le gouvernement de la maison de Saint-Cyr. Les constitutions s'attachèrent non-seulement à en régler et ordonner les diverses parties, mais à inspirer aux Dames l'esprit de la fondation en leur rappelant leurs devoirs de tous les jours, la perfection à laquelle elles devaient tendre, les vertus particulières à leur état, c'est-à-dire l'humilité, « source de tout le bonheur de la vie religieuse, » la modestie, « qui calme toutes les passions, » l'amour du travail et de la régularité, et surtout les obligations qui découlaient de leur quatrième vœu. « Les Dames, disaient les constitutions, regarderont le vœu par lequel elles se sont consacrées à l'éducation des demoiselles comme l'article le plus essentiel de leur vocation, comme la fin qu'on s'est proposée dans leur établissement, comme l'emploi qui les distingue de toutes les autres communautés, enfin comme la plus importante et la plus indispensable de leurs obligations particulières.

» Pour s'appliquer comme elles le doivent à l'accomplissement de ce vœu sacré, elles n'oublieront rien de ce qui peut les rendre capables d'un si saint exercice, et elles tâcheront de se perfectionner en esprit de grâce dans leurs talents et dans la manière de se bien acquitter des emplois qui leur seront confiés.

» Elles comprendront que cette éducation s'étend à tous les soins qu'on peut prendre des enfants pour leur corps et pour leur âme, c'est-à-dire à les nourrir, les élever, les instruire, les former, et les conduire jusque dans l'état de vie où il plaira à Dieu de les appeler [2]. Quel fruit ne fera pas dans tout l'État l'éducation de deux cent cinquante demoiselles, qui ayant connu

---

[1] *Mémoires de Saint-Cyr*, ch. XXVIII.
[2] Constitution 5e.

ici l'amour de Dieu et le bonheur qu'il y a de le servir, porteront cet esprit dans tant de pays et de familles [1] ! »

Les *constitutions* furent commentées article par article dans les *règlements*, qui entrèrent dans les détails nécessaires pour l'ordre des exercices, les offices, les travaux, les repas, les dortoirs, les récréations. Voici ce que disait le règlement de l'éducation des demoiselles :

« Comme l'éducation des demoiselles est la fin particulière de l'Institut des religieuses de Saint-Louis, elles comprendront que c'est à cela que se doivent rapporter tous leurs emplois, et pour ainsi dire toutes les actions de leur vie; qu'elles sont obligées de quitter toutes les autres fonctions plutôt que de négliger cette éducation, dont elles sont si étroitement et si indispensablement chargées; qu'encore qu'elles portent le nom de maîtresses à l'égard des demoiselles, et qu'elles soient établies en effet pour les gouverner et pour les conduire, elles doivent néanmoins se regarder au fond du cœur et devant Dieu comme leurs servantes, prêtes à leur rendre, quand il le faudra, les services les plus pénibles et les plus abjects; enfin, que dans l'intention de leur fondateur, elles ne sont entrées et ne demeurent dans la maison que pour aider les demoiselles, vivant, pour ainsi parler, à leurs dépens, et ne subsistant que sur un bien qui a été donné premièrement et principalement pour elles.

» Elles donneront à l'éducation des demoiselles toute l'étendue qu'elle doit avoir, et ne négligeront rien de ce qui est propre à les former à la piété, aux bonnes mœurs, à la bienséance, au travail et à la science de toutes les choses qui leur conviennent; tout cela cependant dans les justes bornes que la prudence demande, et d'une manière qui ait rapport à l'état de pauvreté où elles sont nées et où elles doivent peut-être retourner.

» Mais ce qu'elles doivent observer sur toutes choses, c'est de se tenir dans une entière séparation à l'égard des demoiselles,

---

[1] Languet, t. II, p. 849.

jusqu'à ne leur pas dire une parole sans nécessité et sans permission, à moins que leur devoir ne les y engage; se ressouvenant que rien ne serait plus contraire à l'esprit de leur vocation, à leur repos et au dégagement de cœur où elles doivent vivre, comme aussi au véritable bien des demoiselles et à l'autorité qu'il faut avoir pour les gouverner, que de contracter avec elles des amitiés et des liaisons, et de se laisser aller à quelque sorte de familiarité et d'amusement [1]. »

Madame de Maintenon ne se contenta pas des prescriptions contenues dans les constitutions et les règlements, elle voulut expliquer elle-même à ses chères filles la grandeur et la sainteté de leur vocation, et c'est pour cela qu'elle écrivit *l'Esprit de l'Institut des filles de Saint-Louis*, petit livre plein de raison et de piété, qu'elle fit lire et approuver par Louis XIV [2], et qu'on imprima en tête des constitutions, pour que chaque religieuse pût le méditer à toute heure. Il fut même rendu public ainsi que les constitutions et les règlements, pour que toutes les maisons d'éducation pussent y chercher des enseignements [3]. On y sent à chaque ligne le bon sens exquis, qui était la qualité principale de madame de Maintenon, et l'enthousiasme plein de foi que lui inspirait son œuvre.

» Il n'y a, dit-elle, aucun institut de filles si propre que le vôtre aux grands desseins de Dieu. Vous devez former d'excellentes vierges pour les cloîtres, et de pieuses mères de famille pour le monde. En sanctifiant ainsi les deux principaux états de votre sexe, vous contribuerez à établir le vrai règne de Dieu pour tous les états et pour toutes les conditions; car on sait combien une mère de famille a de part à la bonne éducation de ses enfants; combien une femme prudente et vertueuse peut insinuer la religion dans

---

[1] *Règlement* v, p. 19.

[2] A la fin de ce petit traité on lit : « J'ai lu ce traité, qui explique parfaitement les intentions que j'ai eues dans la fondation de la maison de Saint-Louis; je prie Dieu de tout mon cœur que les Dames ne s'en départent jamais. Louis. »

[3] Paris, Jean Anisson, 1699 et 1700.

le cœur de son mari; combien une bonne maîtresse de pensionnaires dans un couvent peut faire de bien sur les jeunes filles qu'elle gouverne. Il y a donc dans l'œuvre de Saint-Louis, si elle est bien faite, et avec l'esprit d'une vraie foi et d'un véritable amour de Dieu, de quoi renouveler dans tout le royaume la perfection du christianisme.

» Pour réussir dans ce pieux dessein du roi votre fondateur, attachez-vous à inspirer aux demoiselles la crainte et l'amour de Dieu, moins par de beaux discours que par le silence, le recueillement, la modestie et la pratique des vertus pénibles. Il faut qu'elles travaillent, qu'elles obéissent, qu'elles soient sobres, qu'elles ignorent le monde, qu'elles soient savantes dans la science de Dieu. Ne craignez point que des filles instruites avec cette simplicité soient incapables de vivre dans le monde : quand une fille aura bon sens avec une grande piété, elle sera bonne pour tout, elle sera fidèle à tous ses devoirs, et elle mettra en œuvre tout ce qu'elle aura de talents naturels pour se façonner...

» ..... Il ne vous est pas permis, mes chères filles, de vous regarder comme celles pour qui la maison est faite. Tout est aux jeunes demoiselles; la fondation est uniquement pour leur éducation; vous n'y êtes que pour elles; regardez-vous donc comme leurs servantes en Jésus-Christ. Vous n'avez droit de subsister dans la maison des demoiselles qu'autant que vous les servirez, que vous les instruirez, que vous les édifierez, que vous les sanctifierez. En vous regardant ainsi comme étant destinées de Dieu à leur service, vous ne devrez jamais vous regarder comme maîtresses et propriétaires des grands biens attachés à leur maison. Le roi votre fondateur a ôté ces biens ou au peuple de son royaume, ou à l'Église qui les possédait. Il a donc pris ces grands biens sur des peuples pauvres et chargés et sur l'Église, qui tient en dépôt le patrimoine des pauvres, pour une œuvre très-sainte. Comment des filles qui ont fait vœu de pauvreté oseraient-elles dissiper ce bien consacré pour contenter leurs fantaisies et pour se rapprocher du luxe du siècle?...

» ..... Travaillez sans cesse et faites travailler les demoiselles, mais à des ouvrages utiles à la maison, qui épargnent la dépense des ouvriers et leurs entrées dans la clôture... Votre journée est partagée en ces trois fonctions : 1° vos exercices de piété et l'office du chœur tel qu'il est établi dans la maison, et que vous ne ferez jamais ni plus long, ni plus pompeux; 2° l'éducation des demoiselles, qui est l'unique fin de votre établissement; 3° le travail des mains, pour épargner le fonds des demoiselles et pour les accoutumer à une vie laborieuse. Voilà le plan de la vôtre, et vous ne vous en formerez jamais d'autre...

» ..... Votre régularité doit être d'autant plus exacte et sévère, que si jamais vous vous relâchiez, vous n'avez point les mêmes ressources que les autres communautés pour vous relever. Vous êtes à la porte de Versailles, exposées aux plus violentes tentations et aux engagements les plus insensibles... Dès que votre maison cessera d'édifier et de se soutenir dans une fervente régularité, elle ne peut éviter de faire des maux infinis et de devenir scandaleuse... Ayez un air simple, religieux et monastique, contraire à toutes les politesses mondaines. Rendez vos parloirs inaccessibles à toutes visites superflues. Ne craignez pas d'être un peu sauvages, mais ne soyez pas fières. Cachez vos demoiselles encore plus que vous, et si vous êtes obligées de les montrer, que ce soit toujours en votre présence... »

Les constitutions, les règlements, *l'Esprit de l'institut* ne suffirent pas au zèle de madame de Maintenon. « Outre ces instructions générales, dit Languet de Gergy, elle ne cessa d'en donner de particulières à celles des religieuses qui s'adressaient à elle pour lui ouvrir leur cœur et la consulter. On a ainsi une multitude de lettres que les Dames de Saint-Louis avaient gardées soigneusement pour leur édification, et qui sont dignes d'être lues et admirées [1]. Il semble que ce soit madame de Chantal par-

---

[1] Voici ce qu'on lit à ce sujet dans les *Mémoires de Saint-Cyr*, ch. xxv et xxviii : « Dans ce temps (1696) nous rassemblâmes les lettres que madame de Maintenon avait écrites à chacune de nous en particulier sur différents sujets très-utiles à la

lant aux filles de saint François de Sales, qui composaient sa société naissante. Elle entrait dans le détail des défauts, des vices, des imperfections de ses filles; elle leur parlait en particulier, elle les encourageait, les reprenait, les consolait selon leurs besoins, leurs dispositions; son ton était assaisonné de cette douceur modeste, de cette franchise et de ces grâces qui ne la quittaient jamais [1]. »

Dans ces instructions, elle ne cessait pas d'avoir Saint-Cyr en vue, et si elle voulait que les Dames atteignissent la perfection, c'était pour assurer l'avenir de la fondation : « Je demande à Dieu tous les jours, dit-elle, que Saint-Cyr soit détruit si les Dames ne sont des saintes, puisqu'il est comme impossible que vous remplissiez les desseins de votre institution si vous n'êtes parfaites. Toute la France est intéressée à votre conservation, tant que vous ferez votre devoir dans l'éducation des demoiselles. Au contraire, tout le monde demandera que votre maison soit détruite, si par votre irrégularité et votre négligence cette bonne éducation dégénère [2]. »

Elle craignait surtout qu'à l'exemple de tant de couvents où le travail des mains n'était qu'une distraction, les Dames ne

maison et à notre perfection. Nous pensâmes qu'il était bon que ces lettres ne servissent pas seulement à celles à qui elles étaient adressées, mais encore à toute la communauté; pour cela nous en fîmes faire des copies qu'on fit relier en plusieurs livres qu'on mit dans une armoire dans la salle de communauté, afin que toutes les pussent lire et se remplir des instructions merveilleuses qu'elles renferment, soit sur la vie intérieure et spirituelle, soit sur les devoirs de notre institut, qui y sont très-bien et très-nettement expliqués, aussi bien que les intentions des fondateurs. Toute la communauté entra si parfaitement dans les intérêts du bien public sur cela, qu'il n'y eut personne qui ne donnât de bon cœur ce qu'elles avaient de lettres ou d'écrits de madame de Maintenon, celles même qui les regardaient directement, où il y avait des avis et même des répréhensions que d'autres moins simples et moins zélées n'auraient pas données si volontiers. ...Nous mîmes aussi au net le recueil des entretiens que nous avions eus avec madame de Maintenon sur l'esprit dans lequel nous devions entendre nos obligations, et surtout celles qui regardent les classes et la manière de bien élever les demoiselles. Nous les montrâmes à madame de Maintenon, qui les lut d'un bout à l'autre, y mit bon et une apostille à chaque cahier, par laquelle elle adopte tout ce qui y est contenu et le reconnaît pour avoir été dit par elle et être de son esprit. »

[1] Tome 1er, p. 345.
[2] *Lettres édifiantes*, t. v, p. 975.

vinssent à regarder l'éducation des demoiselles comme une simple occupation; que ne voyant qu'elles-mêmes dans la fondation, elles crussent avoir rempli les intentions de leur fondateur en passant doucement leur vie en prières. Aussi elle ne passait pas de jour sans leur répéter : « Qu'elles devaient aux demoiselles tous leurs soins, toute leur application, tout leur temps; qu'elles avaient fait vœu non-seulement de les instruire, mais de les élever; et que ce terme comprend les devoirs des mères envers leurs enfants. » — « L'éducation des demoiselles est le spirituel de votre maison, disait-elle, tout doit y céder. Il faut que tout manque, même les offices, plutôt que cet endroit-là... Le roi et l'État vous les ont confiées, moi j'en charge votre conscience, vous en répondrez devant Dieu [1]. »

[1] Extrait des *Écrits de madame de Maintenon aux religieuses de Saint-Louis*, p. 445. — *Recueil d'avis*, t. II, p. 163. — *Lettres édifiantes*, t. III. — Languet, t. I, p. 362.

## CHAPITRE IX.

#### DE L'ÉDUCATION DONNÉE A SAINT-CYR.

D'après ce que nous venons de voir des constitutions de l'Institut de Saint-Louis, on doit préjuger ce qu'était l'éducation donnée à Saint-Cyr.

Le roi nommait lui-même et directement aux places d'élèves. Madame de Maintenon s'abstenait de s'y intéresser, « voulant lui en laisser tout le plaisir; » et il était interdit aux Dames d'y prendre aucune part et d'avoir aucune relation avec les familles. Les demandes étaient adressées au roi, qui les renvoyait au conseiller d'État chargé de l'administration de Saint-Cyr, et celui-ci lui présentait tous les six mois la liste des demandeurs, avec un rapport sur les services de chacun d'eux, et des attestations de leur mauvais état de fortune données par l'évêque et l'intendant de la province. Les demandes que le roi accueillait étaient envoyées à la supérieure de Saint-Cyr, avec ordre de recevoir les demoiselles nommées quand elles auraient fait leurs preuves. C'était d'Hozier, le généalogiste de la cour[1], qui vérifiait les preuves de noblesse, d'après le règlement de 1694, et aux frais de la maison de Saint-Louis[2]; et c'était sa femme qui

---

[1] La charge de généalogiste resta dans la même famille jusqu'à la révolution, et en 1789 c'était encore un d'Hozier qui vérifiait les titres de noblesse des demoiselles admises à Saint-Cyr.

[2] « Afin, disent les Mémoires, de donner aux familles les moyens de profiter de la grâce qu'on leur faisait... Nous avons eu des demoiselles qui ont prouvé jusqu'à quinze ou seize filiations. Il n'en a presque pas passé ici qui n'ait été en état de faire des preuves au-dessus de quatre degrés. Nous en avons eu des meilleures maisons de France... » (*Mémoires*, ch. III.) Voici quelques-uns des noms qu'on trouve dans les registres mortuaires de Saint-Cyr : de Boulainvilliers, de Chailly, de Montalembert, de Polignac, de Riencourt, de La Rochefoucauld, de Boufflers, de Menou, de

était chargée, avec le médecin de la maison, de l'espèce de visite médicale qu'on faisait subir aux demoiselles [1]. Quand l'une et l'autre avaient donné leur certificat, la supérieure renvoyait toutes les pièces au contrôleur général des finances, qui, après avoir vérifié les attestations de l'évêque et de l'intendant, faisait expédier le brevet définitif d'admission [2].

Les demoiselles entraient dans la maison depuis l'âge de sept ans jusqu'à l'âge de douze ans; elles y restaient jusqu'à vingt ans, sans jamais sortir que par des permissions rares et spéciales, ne pouvant être visitées par leurs parents que pendant les octaves des quatre grandes fêtes de l'année. Elles se levaient à six heures, entendaient la messe à huit, travaillaient jusqu'à midi, où elles dînaient, étaient en récréation jusqu'à deux heures, travaillaient jusqu'à six et se couchaient à neuf heures. Elles étaient partagées, suivant leur âge, en quatre *classes*, et dans chaque classe, d'après leur instruction, en cinq ou six *bandes* de huit ou dix élèves, occupant chacune une table de travail. Jusqu'à l'âge de dix ans, elles étaient dans la classe *rouge*, et elles y apprenaient à lire, écrire, compter, les éléments de la grammaire, le catéchisme et des notions d'histoire sainte. A l'âge de onze ans, elles passaient dans la classe *verte* et y apprenaient les mêmes choses avec la musique et des notions d'histoire, de géographie et de mythologie. A l'âge de quatorze ans, elles passaient dans la classe *jaune*, où l'instruction roulait principalement sur la langue française, la musique, la religion; on leur donnait aussi quelques leçons de dessin, et on leur apprenait à danser. A l'âge de dix-sept ans, elles passaient dans la classe *bleue*, où l'instruction ne roulait plus que sur la langue et la

---

Choiseul, de Coigny, de Lubersac, de Calonne, de Fontanges, de Quélen, de Chabannes, de Conflans, de Bouillé, de la Galissonnière, de Hédouville, de Novion, de Saint-Ruth, de Puységur, de Saint-Aulaire, etc., etc.

[1] On ne recevait rigoureusement aucune fille qui eût quelque difformité ou infirmité notable.

[2] Nous donnons dans l'Appendice, à la lettre G, le règlement d'admission à Saint-Cyr pour 1784.

musique, mais où l'éducation morale était développée jusqu'à la perfection.

Ce plan d'études, quoique supérieur à celui des couvents de cette époque, n'était ni très-varié, ni très-étendu, si l'on regarde aux douze années que la plupart des demoiselles devaient passer dans la maison, si l'on regarde surtout aux cinquante ou soixante demoiselles de la classe bleue, qui devaient être fort difficiles à occuper; mais il faut ajouter « qu'on préférait élever leur cœur que de leur donner des connaissances vaines sur des sujets variés, » et que les trois parties principales de l'instruction, c'est-à-dire la religion, la musique et les travaux manuels, prenaient la plus grande partie du temps.

L'instruction religieuse consistait, outre le catéchisme, en exhortations, lectures, entretiens. « On tâche, disait madame de Maintenon, de leur inspirer une piété solide, accommodée aux différents états où il plaira à Dieu de les appeler. On les élève en bonnes chrétiennes, mais en séculières, sans exiger d'elles des pratiques de couvent. — Vos filles en savent assez, disait-elle aux Dames, quand elles savent observer les commandements de Dieu et de l'Église. Ne les pressez pas trop sur la piété, contentez-vous de les instruire et de les édifier; c'est à Dieu à faire le reste [1]. » Et afin de leur rendre l'instruction religieuse plus agréable, elle avait composé pour les demoiselles des dialogues et entretiens sur divers points de conduite, de morale et de religion. « Ces conversations, dit Languet, pleines d'esprit, de sentiment, de reparties vives et agréables, sont préparées pour chaque classe et proportionnées à l'âge des enfants. Le roi et les princes qui l'accompagnaient dans ses visites à Saint-Cyr goûtaient beaucoup ces exercices, et madame de Maintenon en prépara quelques-unes, où elle faisait entendre aux uns et aux autres de bonnes vérités. » Rien ne plaisait davantage aux demoiselles, qui les récitaient avec beaucoup de naturel et

---

[1] *Règlements et usages des classes*, par madame de Maintenon, p. 28. — *Recueil d'avis*, t. II, p. 82 et 132.

composèrent elles-mêmes quelques-unes de ces conversations. De même, madame de Maintenon, qui avait une imagination inépuisable pour ôter à l'enseignement ses aspérités, fit écrire des histoires sur des sujets utiles ou édifiants par l'abbé Testu, l'abbé de Choisy, Duché, etc., « histoires bien choisies, disait-elle, qui en divertissant de jeunes personnes, ne leur laissent dans l'esprit que des choses vraies ou raisonnables. »

La musique était le principal des amusements de Saint-Cyr, et le seul des talents d'agrément pour lequel on montra de la préférence. On sait que Louis XIV l'aimait passionnément, et qu'il ne passait guère de jour sans entendre ou ses violons ou ses chanteuses; aussi voulut-il que les demoiselles fissent de cet art une étude particulière. Madame de Maintenon ne s'y opposa pas : elle avait pourtant peu de goût et d'estime pour la musique, et si elle disait que les chœurs d'*Esther* la ravissaient en extase, c'était moins pour le chant lui-même que pour les sentiments exprimés par le poëte; mais elle crut que la musique ferait trouver au roi quelque distraction à Saint-Cyr, en même temps qu'elle rendrait moins monotone l'éducation de cette maison. Toutes les demoiselles apprenaient donc la musique; toutes celles qui avaient de la voix apprenaient à chanter; enfin on montrait le clavecin à celles qui avaient des dispositions particulières. Les livres de musique de Saint-Cyr, qui sont aujourd'hui conservés à la bibliothèque de la ville de Versailles [1], témoignent que cette étude, au moins pour l'époque, y était fort étendue. En effet on y trouve : 1° des chants et motets d'église composés par Nivers; ils avaient été approuvés par l'évêque de Chartres, avec défense d'y rien changer à l'avenir, « étant persuadé, dit-il aux Dames, que vous ne devez pas employer à apprendre de nouveaux chants le temps que vous avez promis à Dieu de consacrer à l'éducation des demoiselles [2]. » — « Madame de Maintenon,

---

[1] Ils sont au nombre de quarante-deux, dont près de moitié se composent d'exemplaires de la musique d'*Esther*. Il y a en outre une centaine d'exemplaires de la *Méthode de Denis*, qui appartenaient aux élèves.

[2] Lettre du 1ᵉʳ novembre 1702.

ajoutent les *Mémoires de Saint-Cyr*, voulut expressément qu'on observât dans les chants d'église une grande simplicité, sans une recherche trop curieuse et d'un goût trop délicat. » Mais cette simplicité, avec des voix fraîches, pures, pleines d'innocence, avait des agréments et une harmonie toute céleste; elle ravissait Louis XIV, ainsi que les courtisans de Versailles qui venaient entendre les offices de Saint-Cyr, souvent moins par dévotion que par curiosité. — 2° Les chœurs d'*Esther* et d'*Athalie*, œuvre de Moreau, et, comme l'on sait, peu digne de la poésie de Racine; les chœurs de *Jonathas* et de *Jephté*, œuvre de Moreau et de Nivers [1]; les *Cantiques de Racine*, œuvre de Moreau; les *Stances chrétiennes de l'abbé Testu*, œuvre d'Oudot; des motets de Lulli, de Campra, de Clérambault, de Bernier, de Couperin, de Desmarets, des cantiques spirituels, des idylles religieuses pour les principales fêtes, quelques menuets, etc. — 3° Des morceaux choisis des opéras d'*Atys*, de *Thésée*, de *Roland*, de *Cadmus*, de *Bellérophon*, d'*Armide*, etc., musique de Lulli, paroles de Quinault. La plupart de ces morceaux sont des chants à la louange du roi, et ont été arrangés, épurés et augmentés à l'usage des demoiselles [2]. Les autres chants à la louange du roi sont des concertos, qui ont pour titre ordinaire : *Temple de la paix*, et sont l'œuvre de Dubuisson, Clérambault, Campra, etc. Enfin il y avait encore quelques cantiques qu'on chantait dans les classes [3]. En

---

[1] L'original de la musique de *Jonathas* est à la bibliothèque de Versailles.
[2] Ainsi le prologue d'*Atys* : « En vain j'ai respecté la célèbre mémoire... » a été arrangé par Nivers, et l'on y a ajouté :

« Vous de qui l'innocente et la noble jeunesse
S'élève au pied du thrône à l'ombre d'un grand roy,
Voulez-vous recueillir les fruits de sa largesse,
Du roy de l'univers apprenez bien la loy.
Voyez de Maintenon la modeste sagesse,
Imitez ses vertus, son air, sa politesse,
Sa rare piété, sa prudence, sa foy.
Ne demandez au ciel ni grandeur, ni richesse,
De qui le faux éclat rend nos yeux éblouis;
Mais par des vœux ardents et remplis de tendresse,
Abrégeant vos souhaits, demandez-lui sans cesse
Pour vous, pour nous, pour tous, qu'il conserve Louys.

[3] Voir à l'Appendice (H) celui qui a pour titre l'*Éducation de Saint-Cyr*.

général, les paroles de toute cette musique sont très-médiocres : la bergerie y domine comme dans la plupart des poésies du temps, avec quelques fades descriptions naturelles. Quant à la musique elle-même, elle est d'une grande simplicité, naïve, facile, mais languissante et monotone; elle n'a pour accompagnement que des violons et des flûtes. La plupart des Dames jouaient du clavecin, et quelques-unes du violon; elles ont composé quelques morceaux de musique assez médiocres; celles dont les noms sont restés sont, outre les cantatrices d'*Esther* que nous avons citées, mesdames du Han, de Mussan, de Cambis, etc.[1]. Nous aurons occasion de citer quelques-unes des pièces qu'on chantait à Saint-Cyr.

Louis XIV, pour récompenser les demoiselles du plaisir qu'il trouvait à leurs chants, leur donnait quelquefois l'agrément des musiciens de sa chambre. Ainsi, aux fêtes de Noël, il faisait venir sa musique pour jouer, dans la salle de communauté, des symphonies religieuses. Ce fut en 1695 qu'il leur donna, pour la première fois, ce spectacle. « Nous eûmes alors, racontent les Dames, le plaisir d'entendre la plus belle symphonie du monde; notre salle était pleine des plus habiles musiciens qu'eût Sa Majesté; il y avait des basses, des violes, des flûtes longues, des violons, des hautbois, un beau basson, et autres. On croyait être au ciel, et y entendre la musique des anges[2]. »

D'autres fois, il leur faisait entendre les trompettes, timbales, tambours et fifres dont on se sert dans les troupes à la guerre. « On les faisait entrer, dit notre historienne, dans la cour royale; les trompettes et les timbaliers étaient à cheval, les tambours et les joueurs de fifre à pied. Toutes les demoiselles se tenaient aux fenêtres, depuis le premier étage jusqu'au haut; la communauté était au rez-de-chaussée. Ces musiciens, avec les officiers qui les commandaient, firent deux ou trois fois le tour de la

---

[1] Un des volumes de la bibliothèque de Versailles, n° 2409, porte sur son titre : « Ce livre a été donné par notre mère du Han à ma sœur de Mussan en 1736; noté par l'une et par l'autre. »

[2] *Mémoires de Saint-Cyr*, ch. XXIX.

cour, gravement, en jouant des airs guerriers; les trompettes à part avec les timbaliers, les tambours et les fifres ensemble. Ce fut un plaisir fort majestueux et agréable [1]. »

L'instruction manuelle était fort étendue à Saint-Cyr, surtout pour les jaunes et les bleues : on y apprenait à coudre, à broder, à tricoter, à faire de la tapisserie; on y faisait tout le linge de la maison, de l'infirmerie, de la chapelle, les robes et vêtements des Dames et des élèves, etc. Jamais les demoiselles n'étaient oisives; et madame de Maintenon leur donnait l'exemple à ce sujet, elle qui avait toujours un morceau d'ouvrage à la main dans le carrosse du roi, dans son appartement, devant les ministres. Mais « point d'ouvrages exquis, disait-elle, et d'un trop grand dessin; point de ces colifichets en broderies ou au petit métier qui soient inutiles : il faut des occupations plus solides et plus importantes [2]. » Enfin les religieuses et les sœurs converses étant insuffisantes pour l'instruction et le service de la maison, les demoiselles étaient ordinairement appelées à les aider. « Les demoiselles, écrivait madame de Maintenon, apprennent tout les unes aux autres, et les maîtresses n'ont qu'à être présentes, et voir si tout se fait. Cette occupation, bien loin de les fatiguer, leur fait plaisir, et leur ôte tout ennui. En formant les autres, elles se forment elles-mêmes, et deviennent d'excellentes mères de famille [3]. » D'après cela, on choisissait dix des bleues ou des jaunes qu'on décorait du ruban couleur de feu, et qui aidaient les maîtresses dans les classes des rouges et des vertes; on en prenait encore vingt autres qu'on décorait du ruban noir, et qu'on appelait les *Filles de madame de Maintenon* : elles aidaient soit les maîtresses des classes, soit la supérieure et les *officières* de la maison, et rendaient de si grands services, que madame de Maintenon n'a jamais cessé de recommander aux Dames de conserver ce précieux corps, qui était ordinairement la pépinière de la com-

---

[1] *Mémoires de Saint-Cyr*, chap. XXIX.
[2] *Lettres édifiantes*, t. V, p. 533.
[3] *Recueil d'avis*, p. 869.

munauté. « Celles qui méritaient cette distinction, ajoute Languet, étaient au plus haut degré de considération parmi les demoiselles, et l'on a toujours eu à louer celles-ci de la soumission qu'elles ont pour les *noires* qu'on établit au-dessus d'elles [1]. » A leur sortie de la maison, on leur donnait une dot plus forte qu'aux autres demoiselles. En outre, certaines élèves pouvaient être employées à l'infirmerie, à la lingerie, à la roberie, et même à seconder les sœurs converses pour desservir le réfectoire, balayer les dortoirs, nettoyer les classes. C'étaient d'ailleurs les plus grandes demoiselles qui aidaient à habiller les plus petites; elles faisaient leurs lits, et leur apprenaient tout ce qu'elles devaient savoir. « Il faut les mettre à tout, disait madame de Maintenon, et les faire travailler aux ouvrages pénibles pour les rendre saines, robustes et intelligentes. Si ces soins eussent pu compatir à ce qu'elles ont à faire, j'aurais consenti qu'elles eussent fait elles-mêmes tout le service de la maison; mais il faut qu'elles ne travaillent hors de leurs classes qu'autant qu'elles le peuvent sans nuire à leur instruction, qui doit passer avant toute chose [2]. » Aussi, dans certaines circonstances, comme exercice, comme récompense, comme mesure d'ordre, on employait toute une classe ou quelques bandes à nettoyer, laver, blanchir l'infirmerie, à ranger le garde-meuble, le réfectoire, la sacristie, à balayer à fond toute la maison; et tous ces travaux devaient se faire en silence [3]. « Employez-les, disait madame de Maintenon, au service de la maison sans scrupule; tout ce que vous leur ferez faire à Saint-Cyr sera toujours peu de chose, en comparaison de ce qu'elles feront ailleurs [4]. —Rendez-les ménagères et laborieuses. Ne leur permettez que très-rarement les veilles et les jeûnes; mais tâchez de les faire travailler à tout ce qui se présente. Faites-leur des entreprises là-dessus, des tâches, des journées; rien ne leur est

---

[1] Languet, t. I. — *Lettres édifiantes*, t. v, p. 717.
[2] *Lettres édifiantes*, t. v, p. 399.
[3] *Ibid.*, p. 279.
[4] *Ibid.*, p. 26.

meilleur et plus convenable à leur fortune[1]. — Que les maîtresses n'oublient rien pour les empêcher d'être délicates; qu'elles mangent de tout, qu'elles soient sobres[2], qu'elles soient couchées et assises durement, qu'elles ne s'appuient jamais, qu'elles ne se chauffent que dans le grand besoin, qu'elles se servent les unes les autres, qu'elles balayent et fassent les lits : elles en seront plus fortes, plus adroites et plus humbles[3]. »

Mais en voulant qu'elles fussent habituées à une vie dure, elle ne voulait pas qu'elles manquassent de rien et qu'on les fît travailler « par un mauvais esprit de lésine et de ménage. » — « Ne souffrez jamais, disait-elle, que les demoiselles soient négligées. Il faut qu'elles servent la maison; mais il faut aussi qu'elles soient servies en tout. N'épargnez rien pour leur âme, pour leur santé et pour leur taille. Elles sont pauvres et apparemment elles le seront toujours : élevez-les donc dans l'état où il a plu à Dieu de les mettre; mais n'oubliez rien pour sauver leur âme, fortifier leur santé, conserver leur taille... Point d'économie indiscrète : ne conservez des pratiques de l'épargne que ce que la prudence exige pour en inspirer l'esprit à des filles nées sans biens et qui ne doivent rien ignorer de ce qui peut servir à se bien conduire dans la pauvreté... Si l'économie est nécessaire, qu'elle tombe sur vous qui êtes religieuses, et non sur les demoiselles. C'est vous qui avez fait vœu de pauvreté : dans les temps calamiteux, que les demoiselles ne mangent du pain bis qu'après que vous en aurez mangé du noir[4]. »

A Saint-Cyr on ne connaissait d'autres récompenses que des places d'honneur et quelques rubans; « point d'éloges, point d'admirations, disait madame de Maintenon : c'est une nourri-

---

[1] *Lettres édifiantes*, t. v, p. 24.
[2] La nourriture de Saint-Cyr était saine et abondante; mais, excepté dans les cas prescrits par les médecins, les Dames et les demoiselles ne buvaient que de l'eau. (*Rapport médical de l'abbé Tessier en 1784*, manuscrit de la bibliothèque de Versailles.)
[3] *Recueil d'avis*, t. ii, p. 85.
[4] *Lettres édifiantes*, t. v, p. 154 et 815. — Languet, t. i, p. 405.

ture dont on ne tâte guère ici. » On n'y connaissait aussi d'autres châtiments que des blâmes privés ou publics : « notre maxime est de toujours commencer par la douceur. » Pour les fautes graves, on appelait les jeunes filles à être réprimandées devant le chapitre; mais alors on les y préparait en secret, « la réprimande étant assez fâcheuse par elle-même sans y ajouter la confusion. » Point de distinctions entre elles, si ce n'est celles que donnait le mérite; on y était « sans égard au plus ou moins de naissance ni aux protections qu'elles pourraient avoir, ni aux agréments naturels [1]. » — « Je vois avec un extrême plaisir, écrivait madame de Maintenon, que, malgré le respect, la reconnaissance et la sincère affection que vous avez pour le roi, vous ne distinguez point les filles que vous tenez directement de sa main; j'ai même le plaisir de voir mes parentes oubliées, et que vous ne comptez ni protection, ni recommandation, ni élévation de naissance, mais leur seule vertu et leurs plus grands besoins [2]. » Enfin les demoiselles ne pouvaient être renvoyées de la maison que pour des cas graves, par l'ordre du roi et sur la plainte de la supérieure assistée du conseil de dedans. « Ces cas étaient, suivant madame de Maintenon, un esprit imbu de quelque nouveauté en matière de religion; un esprit corrompu qui gâtait les autres, une révolte qui irait à ne pas subir les pénitences qu'on jugerait à propos de leur donner [3]. »

On ne forçait pas leurs talents; on les habituait à s'instruire les unes les autres; on tendait en tout à les remplir de sentiments élevés. Voici ce qu'écrivait à ce sujet madame de Maintenon à l'abbesse d'un couvent qui devint la succursale de Saint-Cyr, et dont nous parlerons plus tard :

« Une fille de douze ans répond au catéchisme à une qui en a sept, comme elle ferait à la supérieure, et elles apprennent toutes les unes des autres tout ce qu'elles savent; car en tout

---

[1] *Règlements et usages des classes*, par madame de Maintenon, p. 28.
[2] *Lettres édifiantes*, t. VI, p. 39.
[3] *Ibid.*, t. V, p. 407.

on inspire la raison, en leur montrant la petitesse qu'il y aurait à ne pas vouloir profiter de ce qu'une autre sait, parce qu'on a quelques années de plus. On leur donne toujours les choses pour ce qu'elles sont, la piété au-dessus de tout, la raison ensuite, les talents pour ce qu'ils valent : on ne récompense point celles qui en ont, on n'estime que la vertu et la sagesse; on aime celles qui excellent dans quelques parties, mais sans en faire des prodiges, et l'on trouve que les autres en savent assez. En les louant de bien réciter des vers ou d'avoir chanté avec goût, on leur dit que les plus impures actrices d'opéra s'en acquittent mieux qu'elles, et l'on aime autant celles qui n'ont aucune de ces qualités extérieures... Ayez de la raison, et vous en inspirerez aux enfants : c'est là l'essentiel de l'éducation. Qu'elles vous voient en tout justes, désintéressées, donnant autant de soin à la plus choquante qu'à la plus aimable. Les enfants voient fort bien les vices ou les vertus de leurs maîtresses. Il faut parler à une fille de sept ans aussi sensément qu'à une de vingt : c'est en exigeant beaucoup de leur raison qu'on en hâte les progrès [1]. »

Malgré ces appels à la raison, la vie de Saint-Cyr n'était pas triste pour les demoiselles. « Je ne crois pas, disait madame de Maintenon, qu'il y ait de jeunesse qui se divertisse plus que la nôtre, ni d'éducation plus gaie. » Elle était sans cesse à leur inventer des amusements, à leur faire de petits dons, à leur procurer de ces petits plaisirs si chers à l'enfance; elle assistait ordinairement à leurs jeux : « Si j'ai fait du bien à Saint-Cyr, disait-elle, c'est par l'assiduité aux récréations. C'est là ce qui met l'union dans une maison et en ôte les partialités; c'est là ce qui lie les maîtresses avec leurs élèves; c'est là qu'une supérieure se fait goûter et épanouit le cœur de ses filles en leur donnant quelques plaisirs; c'est là qu'on dit des choses édifiantes sans ennuyer, parce qu'on les mêle avec de la gaieté; c'est là qu'en raillant on jette de bonnes maximes [2]. »

[1] *Lettres édifiantes*, t. vii, p. 464.
[2] *Ibid.*, t. v, p. 453 et 894.

Dans ces récréations, qui se passaient ordinairement sous les beaux quinconces qui ombrageaient la maison, madame de Maintenon était continuellement entourée par les demoiselles, et surtout par les plus folles et turbulentes : « Je ne hais pas trop, disait-elle, ce qu'on appelle de méchants enfants, c'est-à-dire enjoués, glorieux, vifs, un peu volontaires et têtus, parce que ces défauts se corrigent par la raison et la piété. »—« Elle a toujours fort aimé les enfants, ajoute Languet, et à les voir dans leur naturel; et les enfants sentaient si fort cette bonté qu'elles étaient plus libres avec elle qu'aucune personne. » Elle n'était jamais importunée des demoiselles, ni de leur bruit, ni de leurs jeux : « Rien ne m'est plus cher que mes enfants de Saint-Cyr, disait-elle; j'en aime tout, jusqu'à leur poussière [1]. » Elle ne se lassait pas, en tout temps, en tout lieu, de parler à toutes ou à chacune, de les exhorter et de les reprendre en public ou en particulier; elle voulait qu'elles lui écrivissent leurs chagrins, leurs doutes, leurs espérances; elle leur écrivit elle-même un monceau de lettres où se déploie avec une variété infinie de formes et une ressource inépuisable de pensées cet esprit si net, si pratique, si sensé que Louis XIV qualifiait justement de *solidité*. Aussi l'on peut dire que l'éducation donnée à Saint-Cyr était, suivant l'expression de l'évêque de Chartres, « le chef-d'œuvre de la réflexion et de l'expérience. » Pendant douze années les jeunes filles étaient instruites, formées, dirigées, encouragées, corrigées en toutes choses et à toute heure par des institutrices saintement dévouées à cette œuvre, qui ne les perdaient pas de vue un seul instant, qui les suivaient partout, qui variaient leurs soins, leurs instructions, leur vigilance, d'après les caractères, les âges, les circonstances. Aussi sur deux à trois mille demoiselles qui furent élevées à Saint-Cyr pendant cent ans et qui se dispersèrent dans toute la France pour y embrasser les états les plus différents, aucune, excepté les actrices d'*Esther*,

---

[1] Languet, t. I, p. 102.

n'a laissé un nom; vertus, talents, beauté, esprit, tout a été enseveli dans la même obscurité où sont restées elles-mêmes leurs saintes institutrices : c'est le plus grand éloge qu'on puisse faire de l'éducation donnée dans la maison royale de Saint-Cyr.

# CHAPITRE X.

## LE QUIÉTISME A SAINT-CYR.

Notre époque a peine à comprendre que le dix-septième siècle, si grand dans toutes les choses de l'intelligence, ait pu se passionner pour des questions théologiques qui nous semblent aujourd'hui oiseuses, même puériles, et que des hérésies aussi abstraites que fastidieuses aient produit tant d'agitations, de querelles et de haines. C'est que notre époque fait consister presque uniquement la fonction de l'homme dans l'amélioration matérielle, la recherche de l'utile, le progrès industriel, et que le siècle de Descartes et de Fénelon, sans dédaigner cette face de l'activité humaine, regardait l'exercice pur et désintéressé de l'esprit, la recherche de la vérité, la contemplation du beau et du bon comme la plus noble fonction de l'homme, la plus grande de ses jouissances, sa mission première, et qui le rapproche de Dieu; enfin, et comme le dit Bossuet, « on reconnaissait dans les opérations intellectuelles un principe et un exercice de vie éternellement heureuse, et comme le plus grand malheur, le temps où l'on tiendrait tout dans l'indifférence, excepté le plaisir et les affaires. »

De plus, la société du dix-septième siècle étant entièrement et fondamentalement chrétienne, la pensée ne trouvait ses principaux aliments que dans le domaine des idées religieuses, et la discussion ne pouvait s'exercer que sur des questions théologiques; mais comme il y avait alors plénitude, et pour ainsi dire surabondance de croyance, l'esprit humain, entraîné par la ferveur de la foi, pouvait aller jusque hors du sens commun et de la route légitime, pour tâcher, par des voies nouvelles et extraordinaires, d'arriver à une perfection fantastique et imaginaire.

Enfin, la société du dix-septième siècle était, comme l'on sait, amoureuse de finesses de langage et d'abstractions intellectuelles : il était donc facile au bel esprit d'envahir les choses de religion, de mettre du précieux et du raffiné jusque dans les croyances, de subtiliser même sur les sentiments de l'Évangile ; et c'est ainsi qu'il arriva à la pieuse folie du *quiétisme*.

On entend par *quiétisme* l'état de *repos* absolu et de perfection idéale d'une âme qui s'absorbe dans l'amour de Dieu, amour pur et désintéressé, qui n'est « ni dégradé par la crainte des châtiments, ni animé par l'esprit des récompenses, » qui n'a pas besoin d'œuvres, et vit uniquement de contemplation. C'est une doctrine qui, au premier coup d'œil, semble tout évangélique, et qui est faite pour séduire les âmes tendres, les cœurs pleins de foi et d'amour, surtout les femmes pieuses et avides d'une spiritualité imaginaire ; mais il n'en est guère de plus dangereuse, et qui conduise même plus rapidement à l'immoralité. En effet, en excluant l'activité chrétienne, la pratique des bonnes œuvres, l'accomplissement des devoirs, même la prière, la méditation et l'usage des sacrements, c'est-à-dire tout ce qui fait du christianisme la religion de l'humanité et de la civilisation, elle substitue au travail perpétuel qui est toute la vie chrétienne une orgueilleuse indifférence à tout, une quiétude oisive et coupable, des *états d'oraison*, qui sont la mort de l'âme et le sommeil de l'intelligence ; enfin des contemplations inertes, égoïstes, qui peuvent devenir déréglées.

Le quiétisme eut pour principal apôtre une jeune veuve, madame Guyon, femme de beaucoup d'esprit et de mœurs irréprochables, mais d'une exaltation voisine de la démence. Ses doctrines ayant paru suspectes à l'archevêque de Paris, elle fut arrêtée par ordre de ce prélat et mise dans un couvent. Elle fut rendue à la liberté par l'entremise de madame de La Maisonfort, sa cousine, et qui intéressa à sa délivrance madame de Maintenon ; mais ce fut sous la condition qu'elle ne se mêlerait plus de donner à personne des règles de perfection pour la vie intérieure. Elle n'en fit rien, et trouva des disciples parmi les dames les plus vertueuses de la cour, qui brûlaient d'être comptées parmi « les grandes âmes, les âmes d'élite et de choix ; » elle tint à Paris des assemblées secrètes où des personnes qualifiées assistaient, même de savants prêtres qui l'entendaient avec étonnement parler des choses les plus sublimes. De ces derniers était l'abbé de Fénelon, alors précepteur des enfants de France, qui semblait tout disposé, par l'effusion de son cœur et la subtilité de son esprit, à adopter les erreurs de madame Guyon ; il devint en effet son plus zélé disciple, et de concert avec madame de La Maisonfort, il demanda à madame de Maintenon de la laisser venir à Saint-Cyr.

Madame de Maintenon, avec sa tête froide et sa piété solide, n'était nullement faite pour les illusions du quiétisme ; elle se moquait même souvent de tout ce qui était mysticisme, extase, contemplation, et elle disait à ce sujet : « Dieu nous garde des spirituelles de travers, c'est ce qu'il y a de pis. » Néanmoins elle se laissa prendre au langage extraordinaire de madame Guyon, au récit arrangé de ses malheurs, à sa manière si séduisante de parler de Dieu. Elle la laissa venir à Saint-Cyr, et même y demeurer quelques jours ; Fénelon l'y rencontra, et tous deux remplirent la maison de leurs doctrines et de leurs écrits mystiques.

Saint-Cyr semblait être l'asile naturel du quiétisme, avec ses jeunes religieuses, ayant toute la ferveur et la simplicité d'un institut naissant, avec ses demoiselles nourries de bel esprit et avides de perfection : toutes ces imaginations tendres, rêveuses, solitaires, devaient embrasser avec passion ces maximes si attrayantes de l'abandon total, de la résignation inerte, de l'union absolue ; tous ces jeunes cœurs devaient être heureux de se consumer dans l'amour parfait, dans l'amour pur et désintéressé de Dieu. « Rien n'est plus propre à séduire de jeunes filles, écrivait madame de Maintenon, que de leur proposer une piété qui d'un côté retranche toute contrainte et tout assujettissement, et d'un autre côté nourrit l'amour-propre en les assurant qu'elles sont des âmes de premier ordre, et fort au-dessus de ces âmes misérables, auxquelles les vertus d'une piété commune sont nécessaires [1]. »

« Madame Guyon, disent les *Mémoires de Saint-Cyr*, charma nos Dames par son esprit et par ses discours de piété, qui paraissaient ne tendre qu'à ce qu'il y a de plus parfait; elles crurent y sentir une onction et un accroissement d'amour de Dieu qui leur donna une haute idée de sa sainteté. Mais dans ces commencements, c'était un mystère enfermé entre cinq ou six de nos Dames; car, selon madame Guyon, il n'y avait que des âmes choisies qui fussent capables d'entendre la vraie manière de s'unir à Dieu telle qu'elle l'enseignait; pour la mieux inspirer, elle donna à ces Dames les livres dont elle était l'auteur, les porta à les distribuer et à communiquer ainsi sourdement des unes aux autres la nouvelle spiritualité... Sa dévotion fut bientôt regardée comme le vrai chemin de la perfection, en sorte que celles qui n'avaient pu encore y atteindre en étaient fort humiliées [2]. »

La plus remarquable des disciples de madame Guyon fut madame de La Maisonfort. C'était une demoiselle d'une ancienne et pauvre famille du Berry, qui, dès son enfance, avait été nommée chanoinesse dans l'abbaye noble de Poussay en Lorraine. Elle avait beaucoup de vivacité et d'imagination, un esprit tourné aux choses abstraites, un goût extrême de spiritualité, une instruction très-variée, une âme ardente, énergique, inquiète, qui se voilait sous un extérieur enjoué et même étourdi; un cœur tendre et généreux, le goût et les manières du plus grand monde, une démarche pleine de noblesse, une beauté médiocre et pourtant pleine d'agréments. Elle avait vingt-quatre ans lorsqu'elle

---

[1] Lettre à madame du Pérou, dans Languet, t. II, p. 562.
[2] *Mémoires*, ch. XX.

vint à Paris (1684) pour tâcher de se placer honorablement auprès de quelque princesse, et fut présentée par l'abbé Gobelin à madame de Maintenon, qui lui proposa de venir à Noisy en qualité de maîtresse des demoiselles. Elle y consentit, espérant que ce serait un commencement de fortune, mais en témoignant sa répugnance pour la vie religieuse et en annonçant qu'elle se retirerait dès qu'on n'aurait plus besoin d'elle. A Noisy, puis à Saint-Cyr, elle fit des prodiges, et madame de Maintenon, qui se laissait prendre aisément à des dehors séduisants et aux agréments de l'esprit, conçut pour elle la plus vive affection : elle en fit son amie et sa confidente; elle lui communiquait toutes ses pensées; elle lui écrivait dans les termes du plus tendre abandon; elle était en admiration devant ses talents et ses grâces : « Quel véritable présent vous m'avez fait en me donnant la chanoinesse, écrivait-elle à l'abbé Gobelin, et quel dommage qu'elle n'ait pas de vocation ! » Néanmoins ce fut madame de La Maisonfort qui contribua le plus à donner aux demoiselles le goût du bel esprit, de la poésie et des vanités mondaines; ce fut elle qui leur fit lire les romans et les poëtes. « Elle crut faire merveille, disent les *Mémoires*, de leur apprendre quelque chose de l'antiquité, comme les fables des fausses divinités, les histoires profanes, les philosophes et choses semblables [1]. » Malgré cela, les services qu'elle rendit dans les classes furent tels, joints aux malheurs de sa famille, que le roi lui donna une terre de 1,000 écus de revenu. Alors de grands partis se présentèrent : elle les refusa, soit par amour de l'indépendance, soit par inquiétude d'esprit, soit par envie de demeurer à Saint-Cyr. Elle y faisait en effet une sorte de personnage, étant aimée et considérée du roi et vivant avec madame de Maintenon dans la plus intime familiarité; elle y plaisait à tout le monde par ses talents, son bon cœur, sa gaieté, ses entretiens, tantôt sur les grands écrivains du temps et principalement sur les auteurs de Port-Royal, tantôt sur les saints contemplatifs qui ont recherché

---

[1] *Lettres édifiantes.*

la perfection de la vie chrétienne, comme sainte Thérèse et saint François de Sales. Nulle ne loua *Esther* avec plus de goût : aussi Racine aimait-il à discourir avec elle, non-seulement sur la poésie, mais sur les choses saintes, et c'était alors un charme d'entendre l'un et l'autre. Nulle n'écoutait les instructions de Fénelon avec plus de ravissement, et celui-ci la regardait comme une de « ces âmes d'élite capables des mystères de la plus sublime dévotion. »

Cependant madame de La Maisonfort n'était à Saint-Cyr que sur le pied d'une maîtresse séculière, en dehors de la communauté; or madame de Maintenon, pensant qu'une femme de ce talent et de ce caractère était la supérieure de Saint-Louis qu'elle n'avait pas trouvée en madame de Brinon, aurait désiré la garder comme religieuse, pour que, après sa mort, elle pût consolider son œuvre. « Elle lui en jetait donc des paroles selon les occasions et la faisait sonder par des personnes de confiance; » mais cette âme étrange et pleine de contrariétés était tourmentée non-seulement par « une aversion naturelle pour tout engagement quel qu'il fût, » non-seulement par le regret et le désir du monde, mais par le mal qui avait tué l'auteur des *Provinciales* : le doute venait de temps en temps la jeter dans des troubles sans fin. Elle l'étouffait dans les extases de l'amour divin; mais alors « elle portait son vol si haut que nul ne la pouvait suivre : » aussi elle embrassa avec chaleur les idées de madame Guyon, « ses élans, ses mouvements subits, ses renoncements, ses abandons, » toute cette poésie mystique si bien faite pour cette imagination ardente, pour ce cœur agité; « elle s'engoua de cette sainte persécutée pour la justice par les conversations qu'elle eut avec elle et leur fréquent commerce de lettres; » elle reçut de Fénelon, qui était son directeur « et qu'elle aimait très-tendrement en Jésus-Christ, » des manuscrits sur la vie intérieure si abstraits, si obscurs, que l'auteur lui-même les jugeait dangereux pour des lecteurs vulgaires; elle les propagea, elle les commenta aux Dames de Saint-Cyr, ainsi que les livres de madame Guyon; enfin elle acheva d'égarer son esprit dans ces pieuses exaltations.

« Sur ces entrefaites, dit l'historienne de Saint-Cyr, elle crut sentir de la vocation pour notre Institut, elle qui jusque-là n'avait songé qu'à se retirer quand madame de Maintenon aurait pourvu à sa fortune. » C'était Fénelon, dont la parole pleine d'onction avait tout pouvoir sur elle, qui l'avait exhortée à chercher un apaisement à ses agitations, à ses désirs du monde dans la vie religieuse : « elle ne trouverait le calme, disait-il, que lorsqu'elle serait dans le fond de cet abîme où l'on commence à prendre pied. » Madame de Maintenon, dès les premiers mots qu'on lui en dit, mit un empressement extrême à acquérir pour l'Institut de Saint-Louis une femme d'un si grand mérite, qu'elle aimait comme si elle eût été sa fille. Celle-ci en fut très-flattée; mais quand il fallut prendre une résolution, elle retrouva ses doutes, ses incertitudes, ses répugnances, et fit bien des consultations à l'abbé de Fénelon, à l'évêque de Chartres, ainsi qu'aux abbés Tiberge et Brisacier. A la fin madame de Maintenon la fit résoudre de s'en rapporter à la décision des quatre prêtres que nous venons de nommer. Ceux-ci s'assemblèrent à Saint-Cyr et y tinrent longuement conseil, pendant que madame de La Maisonfort était à genoux devant le Saint-Sacrement, fondant en larmes et dans la plus grande agitation; puis ils décidèrent « que ses difficultés ne venaient que d'une conscience trop timide dont il était bon de l'affranchir; que cette disposition ne la rendrait que plus fidèle à ses devoirs et ne devait pas l'empêcher de faire des vœux; enfin que Dieu l'appelait à le servir comme Dame de Saint-Louis [1]. » En apprenant cette sentence, et encore bien qu'elle n'eût à faire que des vœux simples, elle tomba évanouie et pensa mourir de douleur. Néanmoins elle obéit et demanda le noviciat; on la reçut avec joie : « Madame de Maintenon, racontent les Dames, en fit une fête particulière ce jour-là, et crut avoir fait la plus grande acquisition du monde. Je remercie Dieu, lui disait-elle, de ce qu'il fait pour vous et pour nous : vous allez

---

[1] *Mémoires*, ch. xx.

donc trouver la paix[1]!... » Pendant son noviciat elle donna des marques touchantes d'humilité, de simplicité et d'obéissance, sans rien perdre de ses agréments : « Notre chanoinesse, écrivait madame de Maintenon, est plus dévote, plus abstraite, plus aimable, plus étourdie que jamais. » Mais elle continua aussi à propager les doctrines du quiétisme avec tant de zèle que madame de Maintenon s'en alarma : « Ne répandez pas, lui dit-elle, les maximes de M. de Fénelon devant des gens qui ne les goûtent point. Quant à madame Guyon, vous l'avez trop prônée ; mais il ne lui convient pas non plus qu'à moi qu'elle dirige nos Dames. Tout ce que j'ai vu d'elle m'a édifiée ; mais il faut conduire cette maison par les règles ordinaires et simplement... — Vous êtes destinée, lui disait-elle encore, à être la pierre fondamentale de Saint-Cyr ; vous devez soutenir un jour ce grand bâtiment par votre régularité et par vos exemples. Mais ne soyez pas si vive : vos discours jettent le trouble dans l'esprit de nos Dames. Ou je me trompe fort, ou vous prenez la piété d'une manière trop spéculative[2]... »

Cependant son aversion pour la vie religieuse reprit le dessus, et madame de Maintenon ainsi que Fénelon eurent de la peine à lui faire achever son sacrifice. Aussi au bout d'un an de noviciat, l'évêque de Chartres la dispensa (10 février 1692) d'une plus longue épreuve[3] : il l'autorisa à prononcer ses vœux, et, sur sa demande, il désigna l'abbé de Fénelon pour faire la cérémonie. Ce fut donc entre les mains de ce saint prêtre qu'elle fit profession le 1er mars 1692. Fénelon prononça à ce sujet sur le bonheur de la vie religieuse un sermon qui ravit toute l'assistance : quant à la professe, elle paraissait plus morte que vive. Madame de Maintenon ne put contenir sa joie, et elle la félicita de son sacrifice dans les termes les plus tendres : « Que vous êtes heureuse, ma chère fille, lui dit-elle, de vous ap-

---

[1] *Mémoires*, ch. xx. — Lettre du 10 décembre 1690.
[2] *Lettres édifiantes*, t. iii.
[3] Voir l'acte aux archives de la préfecture de Versailles.

partenir, de pouvoir vous offrir et de pouvoir vous donner! »

A peine madame de La Maisonfort était-elle engagée par ses vœux que ses troubles recommencèrent, surtout ses regrets du monde, son goût pour les choses d'esprit et le beau langage, à ce point qu'elle ne voulut plus se confesser aux missionnaires de Saint-Lazare, à cause de leur simplicité, et qu'on obtint de l'évêque de Chartres que l'abbé de Fénelon serait seul chargé de sa conscience. Madame de Maintenon lui prodigua les exhortations, les consolations avec une grande effusion de cœur et en employant toutes les ressources de son esprit. Il n'est rien de plus intéressant que les lettres qu'elle lui écrivit à cette époque; mais malheureusement les Dames de Saint-Cyr ne les ont pas toutes conservées et ont entièrement anéanti les réponses. Dans ces lettres, elle lui rappelle « que sa vie doit être cachée, mortifiée, pure, privée de tous les plaisirs; que si elle ne se repent pas du parti qu'elle a choisi, elle doit le prendre avec ses austérités et ses sûretés; qu'elle doit renoncer à la tendresse de son cœur, à la délicatesse de son esprit, et se dépouiller d'un reste d'orgueil, qu'elle se déguise à elle-même sous le goût des choses spirituelles... Vous ne devez plus avoir ce goût, mais vous devez encore moins chercher à le satisfaire avec un confesseur. Le plus simple est le meilleur pour vous, et vous devez vous y soumettre en enfant. Comment surmonterez-vous les croix que Dieu vous enverra dans le cours de votre vie, si vous vous dégoûtez d'un homme parce qu'il n'est pas aussi sublime que Racine?... Vous auriez eu plus de plaisirs dans le monde, et, selon les apparences, vous vous y seriez perdue. Jouissez donc du bonheur de la sûreté... Pourquoi Dieu vous a-t-il donné tant d'esprit et de raison? Croyez-vous que ce soit pour discourir, pour lire des choses agréables, pour juger des ouvrages de prose et de vers, pour comparer les gens de mérite et les auteurs? Ces desseins ne peuvent être de lui. Il vous en a donné pour servir à un grand ouvrage établi pour la gloire et le bien de l'État. Tournez vos idées de ce côté-là : elles sont aussi solides que les autres sont frivoles. Tout ce que vous avez reçu est pour le faire profiter : vous en rendrez compte. »

Enfin elle lui écrivit cette lettre d'une éloquence pénétrante, l'une des plus belles pages qui soient dans notre langue : «... Que ne puis-je vous faire voir l'ennui qui dévore les grands, et la peine qu'ils ont à remplir leurs journées! Ne voyez-vous pas que je meurs de tristesse dans une fortune qu'on aurait eu peine à imaginer, et qu'il n'y a que le secours de Dieu qui m'empêche d'y succomber? J'ai été jeune et jolie, j'ai goûté des plaisirs, j'ai été aimée partout; dans un âge un peu plus avancé, j'ai passé des années dans le commerce de l'esprit, je suis venue à la faveur; et je vous proteste, ma chère fille, que tous les états laissent un vide affreux, une inquiétude, une lassitude, une envie de connaître autre chose, parce qu'en tout cela rien ne satisfait entièrement. On n'est en repos que lorsqu'on s'est donné à Dieu; alors on sent qu'il n'y a plus rien à chercher, et qu'on est arrivé à ce qui seul est bon sur la terre... »

Dans son trouble d'esprit, on pourrait presque dire dans son désespoir, madame de La Maisonfort se jeta plus avant que jamais dans les rêveries du quiétisme; elle en devint le docteur et l'apôtre à Saint-Cyr, et se fit comme une secte et un parti des Dames et demoiselles qui avaient embrassé ces erreurs. « Ces Dames, raconte notre historienne, avaient de la froideur, de l'éloignement et même un peu de mépris pour celles qui n'étaient pas de leur causerie, une grande indépendance des supérieurs et des directeurs, beaucoup de présomption et d'orgueil; celles qui pratiquaient cette spiritualité se croyaient des âmes privilégiées et fort au-dessus des autres; elles n'assistaient au sermon que le moins qu'elles pouvaient, disant que cela ne fait que distraire, que Dieu seul suffit, et ayant mille travers de cette nature... Presque toute la maison devint quiétiste. On ne parlait plus que de pur amour, d'abandon, de sainte indifférence, de simplicité, laquelle on mettait à se bien accommoder en tout pour prendre ses aises, à ne s'embarrasser de rien, pas même de son salut. De là vint cette prétendue résignation à la volonté de Dieu, qu'on poussait à consentir aussi franchement à sa damnation qu'à vouloir être sauvée ; c'était en cela que consistait le fameux acte d'abandon qu'on enseignait, après lequel on n'avait plus que faire de se mettre en peine de son sort pour l'éternité... Ces façons de parler étaient si communes, que les rouges mêmes les tenaient ; jusqu'aux sœurs converses et aux servantes, il n'était plus question que de pur amour. Et il y en avait qui, au lieu de faire leur ouvrage, passaient leur temps à lire les livres de madame Guyon, qu'elles croyaient entendre[1]. »

L'évêque de Chartres fut averti de ces nouveautés, et il en parla à madame de Maintenon, qui fut toute surprise « de voir que ce qu'elle avait trouvé si bon fût traité d'erreur. » Comme madame Guyon se gardait bien de parler avec elle d'extases, de visions et de toutes ses extravagances mystiques, elle ne voyait aucun mal dans ses livres, qu'elle lisait avec plaisir ; de même, sans goûter les exaltations de madame de La Maisonfort, elle croyait que sa spiritualité était la même que celle de M. de Fénelon, dont elle aimait tant les écrits, qu'elle les donnait aux Dames pour sujets de méditation. Dès les premiers mots de Desmarets, elle ouvrit les yeux, le laissa maître de rechercher et poursuivre l'erreur à Saint-Cyr, et sacrifia sur-le-champ madame Guyon, qu'elle éloigna de cette maison. L'évêque assembla les Dames, leur montra le danger du quiétisme, les rappela à la pratique des vertus ordinaires, et leur ordonna de lui remettre les livres de madame Guyon. Quelques-unes se rendirent avec docilité ; d'autres parurent moins prêtes à céder, mais sans témoigner de répugnance ouverte ; quant à madame de La Maisonfort, elle résista. Depuis qu'elle était si avancée dans les erreurs du quiétisme, « elle méprisait les observances, n'aimait pas à se gêner, et, sous prétexte d'abandon total à Dieu, ne s'assujettissait volontiers à aucune règle : son directeur et madame de Maintenon avaient peine à la

---

[1] *Mémoires de Saint-Cyr*, chap. XXIX.

ramener à ses devoirs. » De plus, c'était le temps où se faisait la réforme de l'Institut, et où l'annonce des vœux solennels avait jeté tant de trouble dans la maison. La Maisonfort, quoiqu'elle fût entrée au noviciat, ne se cacha pas de témoigner son mépris pour les nouvelles constitutions, blâmant les vœux solennels, annonçant l'intention de n'en point faire, enfin en parlant tout haut et fort mal, même devant l'évêque de Chartres et madame de Maintenon. Celle-ci fut indignée de tant de témérité; mais elle avait une grande faiblesse pour cette fille, dont elle estimait trop haut l'esprit et les talents. Fénelon, sur qui rejaillissait le blâme d'une telle conduite, apaisa sa colère, contraignit la religieuse à des protestations d'obéissance, à une soumission absolue pour les nouvelles constitutions, enfin, la détermina à faire des vœux solennels; mais ce ne fut pas sans combats ni sans larmes (19 avril 1694).

Madame de Maintenon haïssait les disputes religieuses, et voulait les éviter à son institut : elle avait l'exemple de Port-Royal, lancé au plus fort de la tourmente, et des malheurs des filles de cette maison; elle consulta séparément Bossuet, Bourdaloue, l'évêque de Châlons (M. de Noailles), et plusieurs autres prélats et saints personnages : ils furent unanimes à condamner les maximes et les pratiques du quiétisme. Alors elle engagea madame Guyon à s'exiler, et lui interdit tout commerce avec Saint-Cyr. Elle crut qu'avec la retraite de cette dame, avec les vœux solennels et les obligations sévères qu'imposaient les nouvelles constitutions, il ne serait plus question de quiétisme dans la maison. Mais madame de La Maisonfort resta en correspondance avec Fénelon; les autres Dames que ce prêtre dirigeait dans les voies de la spiritualité continuèrent à partager ses idées, et formèrent une division funeste dans la communauté. De plus, madame Guyon ne cessa point son commerce de lettres avec Saint-Cyr : on les lisait en secret et pendant la nuit; on en multipliait les copies; on se communiquait ses manuscrits les plus mystiques; les esprits se montaient contre la persécution et les persécuteurs; enfin, La

Maisonfort prit sur la communauté un ascendant qui semblait faire d'elle une autre supérieure.

Fénelon, inquiet de la disgrâce de madame Guyon et du discrédit qui en retombait sur lui, demanda que les livres de cette dame fussent soumis à un examen. Les évêques de Meaux et de Châlons et M. Tronson, supérieur de Saint-Sulpice, tinrent à ce sujet, à Issy, des conférences, où lui-même fut admis en protestant de sa soumission parfaite à la décision qui serait prise; mais il se montra dans la discussion moins juge que partie; il défendit les doctrines de madame Guyon avec une ardeur extrême, et lorsque la commission, après huit mois d'examen, les condamna dans un formulaire en trente-quatre articles, il signa ce formulaire en déclarant que c'était « non par persuasion, mais par déférence » (10 mars 1695)[1].

Ce fut dans ces circonstances que madame de Maintenon, qui n'avait jamais douté de la pureté des doctrines de Fénelon, sollicita le roi de lui donner l'archevêché de Cambrai. Louis XIV aimait peu ce précepteur de ses petits-fils, qu'il appelait « le plus bel esprit et le plus chimérique de son royaume; » mais il ne connaissait pas l'inanité et l'opiniâtreté de ses opinions mystiques. Il nomma Fénelon archevêque. Le nouveau prélat, pour marquer à madame de Maintenon sa reconnaissance, demanda que son sacre se fît à Saint-Cyr, « dans ce lieu si précieux et si peu accessible, » dit Saint-Simon; et, pour témoigner la pureté de sa doctrine, il pria Bossuet, « ce dictateur de l'épiscopat, » de lui donner la consécration. La cérémonie eut lieu le 10 juin 1695; elle fut très-pompeuse, mais, pour ainsi dire, secrète, tant madame de Maintenon eut soin d'en écarter la foule. « Elle y assista, dit Saint-Simon, avec sa petite et étroite cour intérieure;

---

[1] Il instruisit madame de La Maisonfort de tout ce qui se passait à Issy, et lui envoya les articles à mesure qu'on les arrêtait. « Comme cette fille, dit Languet, avait l'esprit pénétrant, elle sentit bientôt qu'il y avait de la différence entre les articles et les maximes que Fénelon lui avaient débitées. Elle lui fit ses objections, auxquelles il répondit avec la dextérité d'un homme qui d'une part craignait de paraître s'éloigner des articles d'Issy, et de l'autre ne voulait pas se contredire lui-même. » (Tome II, p. 585.)

personne d'invité et portes fermées à l'empressement de faire sa cour [1]. » Les trois petits-fils du roi furent les spectateurs avec le duc de Beauvilliers, le petit cercle des amis dévoués de Fénelon, et les évêques de Châlons et d'Amiens, qui assistaient le prélat consacrant. Quant aux Dames et aux demoiselles, elles n'y participèrent que par leurs chants d'église, et entendirent à peine le bruit de cette pompe; mais elles furent ravies de l'élévation d'un homme qu'elles vénéraient comme un saint, et n'en devinrent que plus hardies à manifester leurs sentiments.

L'évêque de Chartres crut nécessaire de faire une visite nouvelle à Saint-Cyr : il y trouva les écrits de madame Guyon très-répandus, blâma sévèrement la désobéissance des religieuses, visita leurs cellules, la bibliothèque, les classes, enleva rigoureusement tous les livres et manuscrits qui lui parurent dangereux, et ordonna même qu'on lui remît ceux de Fénelon. Toutes les Dames obéirent, excepté madame de La Maisonfort, qui supplia madame de Maintenon de les lui laisser. Mais celle-ci lui écrivit :

« Pourquoi faut-il que vous les gardiez, et croyez-vous soutenir cette singularité? Vous savez que nous les avons montrés malgré lui et ce que votre imprudence et la mienne ont fait là-dessus. Il nous a dit et écrit plusieurs fois que ces écrits n'étaient point propres à toutes sortes de personnes et qu'ils pouvaient devenir très-dangereux; qu'il les avait faits pour chaque particulière à qui il répondait et sans y apporter aucune précaution. Vous êtes convenue en plusieurs occasions qu'ils ont fait du mal, parce qu'on ne les entendait pas ou qu'on les prenait par parties sans examiner le tout ensemble. Je suis assurée qu'il voudrait qu'ils ne fussent pas chez nous [2]. » La Maisonfort obéit; mais madame de Maintenon commença à se refroidir pour elle, et le quiétisme continua à troubler sourdement Saint-Cyr.

Les évêques de Meaux et de Châlons avaient publié, chacun

[1] *Mémoires*, t. I, p. 316.
[2] *Relation du quiétisme*, par Phelipeaux, p. 155.

dans son diocèse, une ordonnance pour la condamnation des doctrines examinées dans les conférences d'Issy. Fénelon ne les imita point, et sembla rétracter l'approbation qu'il avait donnée au formulaire. Alors Louis XIV commença à s'occuper de la querelle. Il n'était pas savant dans les choses de religion; mais les discussions théologiques avaient causé tant de maux qu'il avait horreur des nouveautés en matière de foi : toute dissidence lui paraissait un crime d'État; il y voyait un égal danger et pour son autorité et pour la paix du royaume : aussi était-ce moins par zèle religieux que par raison politique qu'il poursuivait avec une rigueur implacable non-seulement les hérétiques déclarés, comme les protestants, mais ceux qui tendaient à le devenir, comme les jansénistes. Les maximes du quiétisme ne lui paraissaient que des hallucinations de femme malade, et madame de Maintenon ayant essayé de lui lire quelques lignes de madame Guyon, il avait haussé les épaules en disant : « Ce sont des rêveries. » Mais il savait qu'avec le caractère de notre nation, il n'est pas d'idée, si folle et si chimérique qu'elle soit, qui ne trouve des partisans, qui ne tende même à se transformer en fait; et le quiétisme commençait en effet à troubler la cour, le clergé, les provinces. Il crut couper court au mal en faisant arrêter et emprisonner madame Guyon.

Les partisans du quiétisme ne furent pas effrayés de cet acte de rigueur, et pour ne parler que de Saint-Cyr, le trouble y devint tel, que madame de Maintenon pria Bossuet d'y venir pour « ramener doucement les esprits sans les aigrir. » En effet, l'illustre prélat y vint faire deux longues conférences (5 février et 7 mars 1696) où il traita à fond « les dogmes affreux de l'indifférence pour le salut éternel et de l'oraison passive. » A l'issue de ces conférences, chacune des Dames proposait au prélat ses difficultés, et il ne dédaignait pas, avec son langage noble, familier, persuasif, de dissiper leurs doutes, d'éclairer et de rassurer leurs consciences; aussi presque toutes furent touchées et déplorèrent humblement entre ses mains leurs égarements; mais madame de La Maisonfort et deux autres professes de la première fondation, mesdames du Tour et de

Montaigle, refusèrent de se rendre. La première ne craignit pas d'engager la controverse avec l'aigle de Meaux, et elle la soutint avec une ardeur et une force qui firent l'étonnement de madame de Maintenon et de toute la communauté ; elle obtint même d'avoir une entrevue particulière avec le prélat, et cette conversation l'ayant vivement remuée, elle reçut de M. de Cambrai la défense d'en avoir d'autres. Fénelon, en effet, s'était vu avec chagrin dépossédé de sa royauté de Saint-Cyr par les conférences de Bossuet ; il s'en plaignit à madame de Maintenon et lui reprocha « son excès d'ombrage et d'effroi. » — « Si vous m'eussiez parlé à cœur ouvert et sans défiance, lui dit-il, j'aurais mis en paix les esprits échauffés de Saint-Cyr et les aurais mis dans une parfaite docilité sous la conduite de leur saint évêque. » Malgré la défense de M. de Cambrai, madame de La Maisonfort demanda à exposer ses doutes dans un écrit que nul ne lirait que Bossuet lui-même, non plus que les réponses, et elle fit passer cet écrit bien cacheté par les mains de madame de Maintenon. L'abbé Phelipeaux, dans sa *Relation du quiétisme* (t. 1, liv. II, p. 161), ainsi que Languet de Gergy, dans ses *Mémoires sur la maison de Saint-Cyr* (t. II, p. 597), nous ont conservé des extraits de cet écrit et des réponses de Bossuet, et l'on est étonné de la subtilité d'argumentation, de la décomposition d'idées, de l'érudition variée de cette femme extraordinaire, comme aussi de l'inanité de ses abstractions orgueilleuses, de ses suppositions impossibles, de ses aspirations à une perfection imaginaire : il n'est rien de plus oiseux, de plus subtil, de plus vaporeux dans tout le quiétisme ; il n'est rien aussi de plus fin, de plus pur, de plus délicat. Bossuet eut besoin de toute sa lucidité puissante pour lui répondre, et souvent, au lieu de discuter, il se contentait de dire : « Il faut entendre cela sainement, » ou bien : « Il faut entendre cela avec un grain de sel. » En réalité, toutes ces abstractions ne méritaient d'autre réponse que le mot charmant de madame de Sévigné : « Épaississez-moi la religion, qui s'évapore toute à force d'être subtilisée. « Quoi qu'il en soit, madame de La Maisonfort fut ébranlée, et, « croyant que le plus sûr était de s'attacher aux sentiments de M. de Meaux, elle prit ce parti sans cesser pourtant de goûter M. de Cambrai [1]. »

Cependant Bossuet avait résumé toute la doctrine de l'Église sur le quiétisme dans un livre plein de la philosophie chrétienne la plus substantielle et la plus sensée; c'était l'*Instruction sur les états d'oraison*, dans laquelle se trouvait commenté le formulaire d'Issy. Avant de le rendre public, il l'envoya aux théologiens qui avaient signé ce formulaire; MM. de Noailles et Tronson l'approuvèrent; mais Fénelon refusa même de le lire, et se hâta de publier, en réponse à cet ouvrage, son *Explication des maximes des saints sur la vie intérieure*, livre déplorable, où il reproduit et défend les erreurs de madame Guyon non en théologien, mais en sophiste, avec tant de souplesse, de raffinement et d'obscurité, dans un style si entortillé, si faux, si diffus, qu'on y méconnaît et le beau génie, et le cœur droit, et la vertu sans tache, et la plume élégante de l'archevêque de Cambrai. La religion chrétienne, si réelle, si pratique, si humaine, se transforme dans ce livre en une sorte de mysticité nuageuse, subtile, abstraite, à l'usage de quelques initiés, seuls capables de cette *piété distinguée*, de cette croyance de précieuses; nulle part le quiétisme n'y apparaît plus antipathique au caractère, au bon sens, il faut dire même à la langue de la France.

Bossuet jeta l'alarme sur cette incroyable aberration d'un grand esprit; alors la lutte s'engagea entre les deux évêques, lutte très-grave, car sous l'apparence d'une rêverie de femme en démence que combattait une orthodoxie rigoureuse, c'était la lutte de la tradition catholique, du bon sens chrétien, de l'esprit d'ordre, de méthode et de clarté, contre l'innovation chimérique, les oiseuses recherches de l'imagination, les aspirations fantastiques, les vaines tensions, les rêves tentateurs et les grâces fardées du bel esprit. Tout le monde s'en mêla, surtout les jansénistes,

[1] *Relation du quiétisme*, t. I, liv. II, p. 176.

qui voyaient derrière ces subtilités dangereuses la morale relâchée des jésuites; Nicole, Racine, Despréaux y prirent la plume; mais nul ne traita plus justement et plus durement Fénelon que l'abbé de Rancé, l'austère réformateur de la Trappe : « Si M. de Cambrai a raison, dit-il, il faut brûler l'Évangile, et se plaindre de Jésus-Christ, qui n'est venu au monde que pour nous tromper. »

Nul ne sortit sans blessure de cette lutte, ni Fénelon, dont le livre fut condamné par le pape, mais qui tomba avec tant de grâce et de candeur, qu'il fit repentir ses adversaires de leur victoire; ni Bossuet, qui poursuivit avec un acharnement passionné ce qu'il appelait le *fanatisme de son confrère;* ni madame de Maintenon, qui abandonna son ami avec une faiblesse déplorable, et crut sa conscience tranquille derrière l'autorité de l'Église; ni Louis XIV, qui, regrettant « d'avoir exposé ses petits-fils au danger d'un tel instituteur, » lui enleva l'éducation des princes, l'exila dans son diocèse, chassa de la cour ses parents et ses amis, enfin ne souffrit jamais que son nom fût prononcé devant lui.

Madame de Maintenon eut sa part de cette colère. Le roi ne la ménagea pas sur son amitié aveugle pour Fénelon, et lui reprocha « de lui avoir fait nommer évêque un homme qui pouvait former dans sa cour un grand parti. » Il douta d'elle, et « ses reproches furent si amers, qu'elle avoua n'avoir jamais été si près de la disgrâce[1]. » Ce fut le seul nuage qui troubla cette union de trente ans; mais il fut assez fort pour que madame de Maintenon en tombât malade, et qu'elle se crût voisine de sa fin. Alors l'évêque de Chartres intervint et écrivit au roi : « Rendez votre confiance à cette excellente compagne, pleine de l'esprit de Dieu, de tendresse et de fidélité pour votre personne; je connais le fond de son cœur, et vous suis garant qu'on ne peut vous aimer plus tendrement ni plus respectueusement qu'elle vous aime. Elle ne vous trompera jamais, si elle n'est trompée elle-même. » Louis XIV

[1] Languet, t. II, p. 246.

se radoucit, et allant voir madame de Maintenon malade :
« Eh bien! dit-il, il faudra donc vous voir mourir pour cette
affaire-là ! »

Saint-Cyr se ressentit de cette querelle. Le livre des *Maximes
des saints* avait ranimé chez les Dames le quiétisme : « elles se
guindaient à des subtilités impraticables et mettaient M. de
Cambrai au rang des saints qui ont souffert pour la justice. »
Quand elles virent sa disgrâce, son exil, les poursuites commencées à Rome contre lui, elles furent accablées de douleur; madame de La Maisonfort accusait Bossuet de mauvaise
foi, parce que plusieurs saints avaient professé les opinions que
l'on condamnait; elle ne parlait plus que de martyre, et elle mit
dans sa résistance un emportement qui acheva de consumer
cette âme passionnée. Elle avait alors perdu toute sa beauté, et
pâle, maigrie, tourmentée de précoces infirmités, elle ne semblait plus que l'ombre d'elle-même; mais sa parole restait la
même ainsi que son ardeur, et elle avait gardé tout son ascendant sur les humbles filles, qui l'écoutaient inquiètes, irrésolues
entre l'obéissance et la révolte. Madame de Maintenon s'efforça
par ses instructions, ses prières, même ses menaces, d'abattre
ce mauvais esprit; « mais elle ne gagna rien sur mesdames du
Tour et de La Maisonfort, qui étaient comme les chefs du parti et
semblaient avoir un bandeau sur les yeux. » L'évêque de Chartres en fut alarmé : « considérant qu'il était important que les
Dames de Saint-Louis n'eussent aucun sentiment particulier sur
la foi, que leurs opinions erronées feraient le plus grand mal
à la noblesse qu'elles élevaient, et qui porterait ces nouveautés
dans les couvents ou dans les familles, il demanda à madame de Maintenon d'éloigner de la maison les plus suspectes
et les plus opiniâtres. » Celle-ci eut beaucoup de peine à s'y déterminer, et elle tempéra auparavant toutes sortes de moyens
pour faire rentrer les Dames en elles-mêmes; mais le roi ayant
voulu savoir ce qui s'était passé à Saint-Cyr au sujet du quiétisme
et quels progrès y avait faits l'erreur, il fallut tout lui dire.

Aussitôt ce prince comprit qu'il fallait couper dans le vif et écarter sans délai celles des Dames qui auraient encore de l'attachement pour l'erreur; et il se prononça sur-le-champ contre l'ancienne amie et confidente de madame de Maintenon, « celle qui avait fait le plus d'éclat, celle qui avait montré le plus de résistance et dont il craignait les liaisons avec l'archevêque de Cambrai [1]. » Le 7 août 1698, deux lettres de cachet arrivèrent pour mesdames de La Maisonfort et du Tour. Elles reçurent cet arrêt avec fermeté, dans la persuasion qu'elles souffraient pour la bonne cause, et elles se disposèrent à partir. Cependant elles passèrent toute la nuit à pleurer dans la chambre de la supérieure. Le lendemain au matin, sans que personne les vît, elles sortirent par la porte du jardin, où deux carrosses les attendaient, et furent conduites, madame du Tour aux Filles de la Visitation de Grenoble, madame de la Maisonfort aux Filles de la Visitation de Meaux. C'était cette dame elle-même qui avait demandé à se retirer dans ce couvent pour s'y mettre sous la direction de Bossuet : elle pensait avoir l'estime du grand prélat qui pourrait peut-être adoucir ou faire cesser sa disgrâce.

Le départ des deux religieuses jeta la consternation dans la maison, car ces deux Dames, si supérieures aux autres par leurs talents, étaient unies à toutes par les liens de l'amitié; les demoiselles, qui portaient à madame de La Maisonfort une affection voisine de l'admiration, en furent désolées. « Toutes les Dames pleuraient et craignaient pour elles-mêmes : voyant que les vœux solennels qu'on avait faits pour plus grande solidité n'exemptaient pas des lettres de cachet, elles s'imaginaient qu'il ne fallait plus compter sur rien [2]. » Madame de Montaigle ne cacha pas son sentiment sur cette persécution, et elle le dit en tels termes que le lendemain une troisième lettre de cachet l'envoya aux Filles de Notre-Dame de Châteaudun. Madame de Loubert, l'humble fille qui avait voulu rester obscure dans ses vœux simples, était

---

[1] Languet, t. II, p. 629. — *Mémoires de Saint-Cyr*, ch. XXV.
[2] *Mémoires de Saint-Cyr*, ch. XXV.

l'amie particulière des Dames renvoyées : elle fut si triste, si agitée de leur départ, qu'elle crut, vu la singularité de sa position, que de pareilles rigueurs allaient l'atteindre. Elle demanda à s'en aller; on le lui accorda avec regret, et elle se retira aux Ursulines de Poissy.

Madame de Maintenon vint consoler et rassurer la communauté. « Elle n'était pas moins éplorée que nous, disent les Dames, et s'était fait une extrême violence en souscrivant à la condamnation des exilées. » — « Vous ne pleurerez jamais tant vos sœurs, leur dit-elle, que je les pleure depuis quatre ou cinq ans et encore plus depuis quatre ou cinq mois que je voyais qu'il faudrait venir à ce qui s'est fait. Je les aimais par inclination et par estime, les voyant très-vertueuses; mais je dois préférer le bien de la maison à toute autre considération [1]. »

Mesdames du Tour et de Montaigle restèrent dans les couvents qu'on leur avait assignés, et elles y montrèrent tant de vertu qu'elles en devinrent les supérieures. Madame de La Maisonfort ne s'accommoda pas des Filles de la Visitation et passa dans un couvent d'Ursulines de la même ville. Elle n'avait pas compté en vain sur la bonté de Bossuet : ce grand homme lui témoigna l'intérêt le plus paternel; il la prit sous sa direction, et s'arrachait assidûment à ses occupations et à ses études pour répandre des consolations dans le cœur de cette simple religieuse, dont l'esprit, le langage, l'ardeur l'étonnaient. Au reste, jugeant que le quiétisme, comme opinion privée, présentait peu de dangers, il ne changea rien aux pratiques de piété que Fénelon lui avait prescrites. Madame de La Maisonfort continua dans sa retraite à être une sorte de personnage, considérée de tous, en commerce de lettres avec des gens de la cour, mais étant principalement en correspondance avec M. de Cambrai, pour lequel son affection et sa vénération ne furent jamais altérées, et qui accueillait les moindres de ses nouvelles avec un empressement plein de ten-

---

[1] Languet, t. II, p. 634. — *Mémoires de Saint-Cyr*, ch. XXV.

dresse. Les choses changèrent pour elle à la mort de Bossuet (1704). Elle était devenue si infirme qu'elle avait à peine le souffle; « mais comme la vivacité de son esprit la consumait, » elle se jeta dans les discussions théologiques que souleva le jansénisme à la fin du règne de Louis XIV; et, soupçonnée de partager ces opinions nouvelles, elle fut contrainte par le cardinal de Bissy, successeur de Bossuet, de s'en aller aux Bernardines d'Argenteuil. Elle quitta encore ce nouvel asile, et l'on ignore dans quel cloître, dans quel désert allèrent s'éteindre des facultés si belles, tant d'imagination, tant de vertus, une vie qui pouvait être si calme et qui fut tant tourmentée.

Cependant le roi savait combien les religieuses exilées étaient regrettées à Saint-Cyr. Comme il avait à cœur de préserver la maison de tout ce qui ressentait l'erreur, il crut nécessaire d'écrire à la communauté la lettre suivante, qui est datée du fameux camp de Compiègne, le 5 septembre 1698 :

« L'intérêt particulier que je prends au bien de votre maison et la connaissance que j'ai de quel préjudice il serait pour elle que les Dames du Tour, de la Maisonfort et de Montaigle, qui en sont sorties par mon ordre, y rentrassent quelque jour, m'engagent à vous déclarer ici que mon intention, en les renvoyant, a été que ce fût sans espérance de retour; et pour vous mettre à couvert des entreprises qu'elles pourraient faire sur cela à l'avenir, par toute mon autorité de roi et de fondateur, je vous défends, et à toutes celles qui vous succéderont, de souffrir jamais que ces trois dames rentrent parmi vous, sous quelque prétexte que ce soit. Je ne doute pas que tous ceux qui voudraient peut-être dans la suite les y faire rentrer ne soient arrêtés par une déclaration aussi expresse de ma volonté. »

Le roi ne s'en tint pas là; de retour de Compiègne, il vint à Saint-Cyr accompagné d'une nombreuse cour, entra dans la salle de communauté, où toutes les Dames étaient assemblées pour le recevoir, s'assit au milieu d'elles, et leur parla de la nécessité où il s'était trouvé d'éloigner des religieuses qui avaient du mérite et qui leur étaient chères. Il leur dit « qu'il en était venu là avec peine; mais que la conservation de la pureté de la foi dans cette maison l'avait exigé de lui; qu'il n'y avait rien qu'elles ne dussent sacrifier et qu'il ne sacrifiât lui-même pour cet objet. Il ajouta qu'il avait toujours eu en recommandation la pureté de la foi dans son royaume et le désir d'en écarter toute mauvaise doctrine; qu'il avait encore plus de zèle pour l'écarter d'une maison qui lui était aussi chère, et qui pourrait infecter tout le royaume si l'erreur y prenait racine. » Tout ce discours fut écouté dans le plus profond recueillement. « Madame de Maintenon était tout attendrie au souvenir des exilées, et nous aussi, » disent les Mémoires des Dames. « Telle fut cette célèbre journée, ajoute Languet, où l'on vit Louis XIV, assis au milieu d'une nombreuse communauté de religieuses, leur parler avec la majesté d'un grand roi et toute la force d'un prédicateur zélé. »

« Depuis ce temps, on n'entendit plus parler à Saint-Cyr du quiétisme : il y fut entièrement éteint [1]. »

[1] *Mémoires de Saint-Cyr*, ch. xxv. — Languet, t. ii, p. 632.

# CHAPITRE XI.

SAINT-CYR PENDANT LA GUERRE DE 1688. — VIE DE MADAME DE MAINTENON A SAINT-CYR. — LA DUCHESSE DE BOURGOGNE Y EST ÉLEVÉE. — VISITES DU ROI.

Nous venons de raconter les plus grands orages qu'ait vus l'Institut de Saint-Louis : avec les représentations d'*Esther* et les actes de la réforme, ce furent toutes les agitations qui troublèrent le calme de cette sainte maison. Pendant ce temps, la France luttait contre la moitié de l'Europe; et Louis XIV, défenseur du principe catholique [1], tenait tête à la ligue protestante que dirigeait Guillaume d'Orange. Ce fut une guerre longue et terrible, où nos armées eurent de grands succès, mais qui épuisa le royaume. Saint-Cyr en éprouva le retentissement : les religieuses et leurs élèves tressaillirent plus d'une fois à la nouvelle de nos batailles; elles ne pouvaient être insensibles à la gloire de nos armes, car la plupart avaient été bercées de récits militaires dans la maison paternelle; il en était peu qui n'eussent un père, un frère, un parent ou dans les escadrons qui gagnèrent les batailles de Fleurus et de Neerwinde, ou sur les vaisseaux qui vainquirent les Anglais à Beveziers; enfin, à Saint-Cyr, toute l'éducation, tous les entretiens, les hymnes mêmes qu'on y chantait leur rappelaient qu'elles étaient de « race guerrière [2]. » Madame de Maintenon était loin d'étouffer ce sentiment chez ses chères filles : elle voulait « que le patriotisme fût l'une des ver-

---

[1] C'est ce que Racine exprimait dans le prologue d'*Esther* par ces vers :
De ta gloire animé, lui seul de tant de rois
S'arme pour ta querelle et combat pour tes droits...

[2] Voyez dans ce chapitre l'*Hymne à saint Louis*.

tus d'un asile qui devait tout au roi, et qu'on y prît part à tous les événements qui intéressaient l'État. » Elle s'empressait donc de leur communiquer toutes les nouvelles de la guerre, et « à celles qui étaient bonnes, il y avait un cri de joie tout naturel, puis des actions de grâces à Dieu. » De son côté, Louis XIV, regardant l'Institut de Saint-Louis comme une œuvre qui devait attirer la bénédiction céleste sur ses armes, ne manquait pas, à l'entrée de chaque campagne, de se recommander aux prières des *anges de Saint-Cyr* : « Priez Dieu pour l'État, leur disait-il souvent, et demandez la paix. — Ce qui me plaît dans les Dames de Saint-Louis, ajoutait-il, c'est qu'elles aiment l'État, quoiqu'elles haïssent le monde : elles sont bonnes religieuses et bonnes Françaises. » Aussi, aux époques les plus solennelles de la guerre, quand le Dauphin partit pour faire le siége de Philipsbourg, quand Jacques II était sur le point de s'embarquer pour l'Irlande, Louis alla à Saint-Cyr et y conduisit ces princes pour y implorer « le Dieu des armées au milieu de ces âmes innocentes. » A chaque nouvelle d'un succès, d'une prise de ville, d'une négociation, il leur écrivait, ou à madame de Maintenon, pour les inviter à partager sa joie [1]; aussitôt, Dames et demoiselles se portaient à l'église pour y entonner les motets *pour le roi pendant la guerre*, cantiques souvent chantés dans le tremblement et l'inquiétude; car, quelques jours après, arrivaient les nouvelles des officiers morts ou blessés, et il était rare que nos victoires ne fissent pas quelques orphelines. Alors madame de Maintenon venait consoler les pauvres filles, qu'elle gardait pendant quelque temps dans sa chambre, et les assurer que la bonté du roi,

---

[1] Un assez grand nombre de ces lettres de Louis XIV étaient conservées en original aux archives de Saint-Cyr. Quelques-unes ont été insérées par les Dames dans le recueil des *Lettres édifiantes* de madame de Maintenon. Elles sont généralement très-courtes, n'offrent d'intérêt que par les événements qu'elles rappellent, et se terminent ordinairement par des lignes analogues à celles-ci : « Je sens une grande joie, que vous partagerez sans doute avec moi.... Je crois que les Dames de Saint-Louis ne seront pas fâchées d'apprendre cette nouvelle, qui est très-considérable dans cette conjoncture. » (Lettre du 20 juin 1694 et relative à la défaite des Anglais dans la rade de Brest.)

« de ce roi, disait-elle, que nous tenons de la magnificence de Dieu, » ne manquerait ni à elles, ni à leurs familles.

Au commencement de la campagne de 1691, Louis résolut de se mettre à la tête de l'armée de Flandre pour faire le siége de Mons, et comme madame de Maintenon devait, pendant son absence, demeurer à Saint-Cyr, il vint, avant son départ, lui dire adieu. Après qu'il fut allé à l'église avec toute la communauté, il fut accompagné par elle jusqu'à sa voiture. « Mesdames, leur dit-il, je me recommande à vos prières, j'en ai grand besoin; être roi est une charge qui expose à bien des fautes; j'espère que Dieu écoutera vos vœux. » Et après quelques mots à madame de Maintenon : « Adieu, mesdames, je vous laisse ce que j'ai de plus cher. » La supérieure (madame de Loubert) ayant dit que toute la maison allait redoubler ses prières pour que Dieu lui donnât la victoire : — Non pas tant la victoire, dit-il, que la paix; je ne veux que contraindre mes ennemis à la demander [1]. »

Pendant cette campagne, madame de Maintenon, qui depuis huit années n'avait pas quitté le roi un seul jour, fut affligée de cette séparation : « Faites des aumônes, lui écrivait l'abbé Gobelin; priez, jeûnez; que votre communauté de Saint-Louis s'acquitte, par vos ordres, de ces saints exercices; c'est ainsi que dans de pareilles occasions en ont usé les Clotilde, les Bathilde, les Blanche de Castille, et c'est tout ce que demande la place où la Providence vous met [2]. « On sait quel bruit fit le siége de Mons, qui fut l'une des grandes opérations militaires de l'époque; toute la maison en conçut des inquiétudes continuelles; « le roi, écrivait-on, s'expose comme un jeune fou qui aurait sa réputation à établir [3]; » et chaque jour des courriers apportaient des lettres ou du roi, ou du dauphin, ou du duc du Maine, avec les nouvelles du siége. Les Dames de Saint-Cyr s'étaient rendu familiers tous les termes des ingénieurs pour suivre les opérations de

---

[1] *Journal de Dangeau*, août 1691.
[2] *Mémoires de Saint-Cyr*, Introduction.
[3] Lettre du duc du Maine, dans les *Lettres édifiantes*, t. III, p. 163.

Vauban; elles en parlaient avec le roi Jacques II ou avec la reine d'Angleterre, qui, presque tous les jours, venaient mêler leurs prières à celles de la communauté; « enfin, dit madame de Maintenon, elles en avaient l'âme toute guerrière. » La prise de la ville fut annoncée par ces simples mots du roi, qui furent précieusement conservés dans les archives de Saint-Cyr :

« Ce 9 avril, à une heure et demie du matin. La capitulation a été signée; voilà une grande affaire finie. Remerciez bien Dieu des grâces qu'il me fait; je crois que vous le ferez avec plaisir [1]. »

Dès qu'il fut de retour à Versailles, il vint à Saint-Cyr pour remercier Dieu de sa victoire. Jamais les jeunes filles n'avaient chanté l'hymne de Lulli avec un plus beau transport; jamais le roi n'avait entendu leurs louanges naïves avec plus de plaisir. Il s'entretint familièrement avec les Dames, et comme l'une d'elles lui disait qu'il s'était trop exposé pendant le siége : « Je n'ai fait que ce que je devais, répondit-il. — Mais le bien de l'État est attaché à la conservation de votre personne. — Les places comme la mienne ne demeurent jamais vides; un autre la remplira mieux que moi. »

L'année suivante (1692), le roi alla faire le siége de Namur. Comme il souffrait de la goutte et d'autres infirmités, madame de Maintenon le suivit : « Vous me servirez, lui dit-il, si je tombe malade; et pour les autres accidents, je m'abandonne à la Providence, qui me conservera, si je suis encore nécessaire à la France, et qui me prendra, si je suis inutile. » De Dinan, où elle séjourna, madame de Maintenon écrivit aux Dames de Saint-Louis, avec sa liberté d'esprit et son enjouement ordinaire, tous les détails de ce grand siége, « dont le roi, au dire de Saint-Simon, était entièrement l'âme [2]. »

---

[1] *Lettres édifiantes*, t. III, p. 188.

[2] « Si on pouvait en conscience, écrivait-elle à madame de Veilhant, qui était alors *dépositaire*, souhaiter une religieuse hors de son couvent, je voudrais vous voir pour quelque temps dans les places de guerre par où nous passons présentement; et si on pouvait se changer, je prendrais pour ce temps-là cette humeur martiale qui vous fait aimer la poudre et le canon. Vous seriez ravie, madame, de ne sentir que le

Après la prise de Namur, le roi revint à Versailles, et il était à peine de retour qu'il apprit la victoire gagnée à Steinkerke par le maréchal de Luxembourg. Il vint lui-même en apporter la nouvelle à Saint-Cyr et fit chanter un *Te Deum*, qui fut payé comme de coutume par des larmes, car parmi les morts se trouvaient plusieurs personnes de condition, et principalement un frère de madame de Caylus, le jeune Villette de Murçay, colonel des dragons de la reine. Le roi s'entretint, selon sa coutume, avec les Dames, et comme elles lui rappelaient la glorieuse prise de Namur : « Il faudrait plutôt, dit-il en riant, me faire un compliment de condoléance, car je n'ai pris qu'une ville et M. de Luxembourg a gagné une bataille. — Vos généraux, sire, dit madame de Loubert, n'agissent que par vos ordres. — Ah ! reprit-il, ils font mieux que moi [1]. »

La victoire de Neerwinde n'excita pas moins d'émotion à Saint-Cyr ; aussi le maréchal de Luxembourg était-il en vénération dans cette maison, et quand il fut, deux ans après, atteint de la maladie dont il mourut, toute la communauté fut pendant huit jours en prières pour ce général, « qui gagnait des batailles par habitude, disait madame de Maintenon, et dont les jours étaient si utiles à l'État [2]. » L'humeur française des Dames de Saint-Louis était si bien connue, que les ennemis de la France les enveloppè-

---

tabac, de n'entendre que le tambour, de ne manger que du fromage, de ne voir que bastions, demi-lunes, contrescarpes, et de ne toucher rien dont la grossièreté ne soit fort opposée à cette sensualité au-dessus de laquelle vous êtes si élevée par votre courage et par vos inclinations. Pour moi, qui suis très-femmelette, je vous donnerais volontiers ma place, pour travailler en tapisserie avec nos chères Dames. J'espère que j'aurai cette joie bientôt, et que Namur aimera mieux se rendre que de se faire entièrement ruiner... Vous ne pensez qu'à la guerre, et ne me dites pas un mot de Saint-Cyr. Je suis trop bonne après cela de vous dire que le roi est en parfaite santé, quoique avec un peu de goutte, et que de son lit, où il est retenu depuis deux jours, il donne ses ordres pour le siége de Namur, pour que son autre armée s'oppose au prince d'Orange, pour que le maréchal de Lorges entre en Allemagne, pour que M. de Catinat repousse M. de Savoye, que M. de Noailles empêche les Espagnols de rien faire, que M. de Tourville batte la flotte des ennemis s'il a le vent favorable, et outre ces ordres-là qu'il gouverne tout le dedans de son royaume. Je vous quitte après cette peinture, qui doit remplir votre idée. » (*Lettres édifiantes*, t. VI, p. 541.)

[1] Languet, t. II, p. 775.
[2] Labeaumelle, t. III, p. 128.

rent dans les mensonges et les injures qu'ils répandaient contre Louis XIV et madame de Maintenon; ils firent même de leur patriotisme des sujets de satire, et, en 1693, on publia en Hollande les *Lamentations des Dames de Saint-Cyr sur la reprise de Namur*.

Au milieu de toutes nos victoires, madame de Maintenon ne désirait que la paix : c'était son souhait ordinaire; toutes ses lettres en parlaient; elle ne cessait d'en entretenir les Dames de Saint-Louis. « Je languis, leur disait-elle, de la continuation de la guerre, et je donnerais tout pour la paix. Devenez des saintes pour nous l'obtenir... Le roi la veut aussi véritablement que moi; il connaît la misère de ses peuples; il cherche tous les moyens de la soulager. Il n'y a qu'à désirer que Dieu éclaire nos ennemis sur la folle assurance qu'ils ont d'abattre la France. On les battra partout : c'est la cause de Dieu que le roi défend [1]. »

Cette guerre avait en effet épuisé les finances, forcé de créer de nouveaux impôts et causé une si grande misère que Vauban écrivait, en 1698, « qu'il y avait un dixième du royaume réduit à la mendicité et qui mendiait réellement. » Le peuple, habitué à voir dans les favorites du roi des sangsues publiques, trompé d'ailleurs par les calomnies des ennemis de la France, attribuait une partie de ses maux à madame de Maintenon. « Si vous saviez, écrivait-elle aux Dames de Saint-Cyr, tout ce qu'on dit de moi ; si je vous montrais tout ce qu'on m'écrit à moi-même! Je reçois tous les jours des lettres de ce style : Si je ne suis pas lasse de m'engraisser en suçant le sang des pauvres, et ce que je veux faire du bien que j'amasse étant si vieille. D'autres me donnent avis qu'on me doit assassiner... Et pourtant plût à Dieu que je pusse soulager la misère du peuple autant que j'en suis occupée [2] !... » En effet, sa vie presque entière était employée à des charités : elle n'avait que 4,000 livres de pension mensuelle que lui faisait le roi et le revenu de sa terre s'élevant à 18,000 livres; tout cela

---

[1] *Lettres édifiantes*, t. III, p. 640. — Languet, t. II, p. 648.
[2] Lettre du 10 novembre 1696. — Entretien du 31 décembre 1700, dans le t. IV des *Lettres édifiantes*.

était dépensé en aumônes et en actes de bienfaisance. Quand elle venait à Saint-Cyr, sa voiture était continuellement entourée de malheureux auxquels elle donnait du pain, de l'argent, des habits; elle faisait travailler les demoiselles à des vêtements pour les femmes pauvres [1], et elle en prenait quelques-unes pour visiter avec elle les malades. Elle avait établi une *charité* dans Saint-Cyr, et en avait fait *officières* les femmes les plus honnêtes de ce village : elle-même avait pris les fonctions de *trésorière*, et avait donné celles de *sous-trésorière* à une demoiselle qui l'accompagnait dans ses visites. Son grand chagrin était de ne pouvoir soulager plus de misères : « Au milieu de cette pompe, disait-elle, et de cette incompréhensible élévation que les châteaux en Espagne ne sauraient porter plus haut, Dieu a trouvé le secret de me laisser une sensibilité qui me fait ressentir les afflictions générales et particulières et entrer dans les peines d'un chacun comme si c'étaient les miennes propres, ce qui me rend ma place insupportable [2]. »

Au milieu de ses chagrins, Saint-Cyr était « sa grande consolation, » et elle n'en parlait qu'avec bonheur : « Vive Saint-Cyr ! écrivait-elle; malgré ses défauts, on y est mieux qu'en aucun lieu du monde.... Quand il s'agit de Saint-Cyr, il est toujours fête pour moi. » Elle quittait avec plaisir ce château de Versailles « où elle portait sa croix dans la place la plus singulière et la plus enviée [3]; » cette chambre du roi, « où les grands, disait madame de Caylus, faisaient la roue autour de sa niche [4], toute cette cour enfin, « où, disait-elle, les mois deviennent des moments, où je vis d'une rapidité qui m'étouffe. » Elle se faisait

---

[1] Il arriva un jour qu'une malheureuse femme qui était de passage à Saint-Cyr vint à accoucher dans une grange. Madame de Maintenon l'apprit, et après lui avoir fait donner les premiers secours, elle mit toutes les Dames et demoiselles à travailler à une layette qui fut faite en trois heures. Elle alla la porter elle-même : « Vous venez de faire votre récréation, dit-elle aux demoiselles, je vais faire la mienne. »

[2] *Lettres édifiantes*, t. v, p. 931.

[3] Labeaumelle, t. IV, p. 466.

[4] Madame de Maintenon était ordinairement assise dans un grand fauteuil en forme de niche, et c'était là qu'elle recevait les hommages des courtisans.

une sorte de violence pour y retourner : « J'éprouve un sentiment de tristesse et d'horreur à la vue de Versailles : c'est là ce qui s'appelle le monde; c'en est le centre; c'est là où toutes les passions sont en mouvement, l'intérêt, l'ambition, l'envie, le plaisir[1]. » Dès qu'elle voyait les clochers de sa *chère Thébaïde*, « de cet asile de piété que Dieu lui avait donné afin d'y pouvoir renouveler ses forces[2], » elle bénissait le ciel : « Lorsque je vois, disait-elle, fermer la porte sur moi en entrant dans cette solitude d'où je ne sors jamais qu'avec peine, je me sens pleine de joie. — Quand me verrai-je à cette grande table, environnée de toutes mes filles, où je me trouve plus à l'aise et avec plus de plaisir que dans le banquet royal[3] ! » Aussi le contraste des orages de la cour avec le calme de Saint-Cyr était pour elle un sujet intarissable d'instructions touchantes, « où elle ne respirait que la retraite et l'envie de se dérober au monde[4]. » — « Que ne puis-je, disait-elle, faire voir le fond de mon cœur et de mon état à toutes les religieuses, afin qu'elles sentent tout le prix de leur vocation ! Que ne donnerais-je pas pour qu'elles vissent d'aussi près que je le vois de quels plaisirs nous cherchons à abréger le songe de la vie ! combien nos jours sont longs, je ne dis pas seulement pour les personnes revenues des folies de la jeunesse, je dis pour la jeunesse même qui meurt d'ennui, parce qu'elle voudrait se divertir continuellement et qu'elle ne trouve rien qui contente ce désir insatiable de plaisir. O mes chères filles, que vous êtes heureuses d'avoir quitté le monde[5] ! » Et elle leur racontait avec des tours, des termes, des expressions pleines de charme et d'éloquence, sa vie de Versailles, le vide de ses journées, et comment, « étant à la place des reines, elle n'avait pas la liberté d'une petite bourgeoise[6]. »

[1] *Lettres édifiantes*, t. vi, p. 85.
[2] *Mémoires de Saint-Cyr*, Introduction.
[3] *Lettres édifiantes*, t. vi. — *Mémoires de Saint-Cyr*, ch. xiii.
[4] *Mémoires de Saint-Cyr*, chap. xiii.
[5] *Lettres édifiantes*, t. v, p. 41 et 324.
[6] Voir à l'Appendice le récit d'une journée de madame de Maintenon à Versailles.

C'était avec un vrai bonheur qu'elle retrouvait son petit appartement, où, comme disait le roi, sa *cellule* de Saint-Cyr, appartement solitaire d'où elle voyait les grands jardins de la maison, d'où elle entendait le bruit de ses chères enfants, où elle pouvait se recueillir, méditer, être avec elle-même. C'est là qu'elle fit, c'est là qu'elle répétait souvent dans le secret de son cœur cette belle prière, qui semble l'écho de l'harmonieuse prière d'*Esther* :

« Seigneur mon Dieu, vous m'avez mise dans la place où je suis; je veux adorer toute ma vie l'ordre de votre providence sur moi, et je m'y soumets sans aucune réserve. Donnez-moi la grâce de l'état où vous m'avez appelée; que j'en supporte chrétiennement la tristesse, que j'en sanctifie les plaisirs, que j'y cherche en tout votre gloire. Remplissez-moi de la sagesse et de tous les dons de votre esprit qui me sont nécessaires dans le poste avancé où vous m'avez attachée; faites fructifier les talents qu'il vous a plu de me donner; vous qui tenez en vos mains le cœur des princes, ouvrez celui du roi afin que j'y puisse faire entrer le bien que vous désirez; donnez-moi de le réjouir, de le consoler, de l'encourager et de l'attrister aussi, lorsqu'il le faut pour votre gloire; que je ne lui dissimule rien des choses qu'il doit savoir par moi et qu'aucun autre n'aurait le courage de lui dire... Que je l'aime en vous et pour vous, et qu'il m'aime de même [1] ! »

Madame de Maintenon ne restait pas oisive dans son appartement : car elle avait sa table continuellement chargée de papiers, et elle y faisait sa nombreuse correspondance. Louis XIV avait voulu souvent lui donner une maison, c'est-à-dire un aumônier, des écuyers, des pages, des secrétaires; elle le refusa : « Je n'ai pas voulu me mettre sur ce ton-là, disait-elle, il est au-dessus de moi [2]. » Elle se contentait d'avoir auprès d'elle une demoiselle de Saint-Cyr qui la suivait à Versailles et dont elle faisait sa compagnie ordinaire, son secrétaire et sa confidente en beaucoup de

---

[1] *Lettres édifiantes*, t. III, p. 460.
[2] *Mémoires de Saint-Cyr*, Introduction.

choses. Elle lui dictait la plupart de ses lettres pendant qu'elle-même filait ou tricotait, et elle la chargeait de répondre aux demandes vulgaires. C'était une place fort enviée, car elle donnait des privautés avec le roi, des relations avec les ministres, et procurait ordinairement à celle qui l'occupait quelque riche mariage. Madame de Maintenon eut ainsi successivement auprès d'elle mademoiselle de Loubert, qui devint supérieure de Saint-Cyr; mademoiselle de Saint-Étienne, qui mourut Dame de Saint-Louis; mademoiselle de Castéja, qui devint madame de Lalande; mademoiselle de Tonnancourt, qui fut rendue à sa famille; mademoiselle de Bouju, qui se fit religieuse aux Ursulines de Mantes; mademoiselle de Mornanville, qui devint madame de Chailly, mademoiselle d'Osmond, qui devint madame d'Havrincourt; enfin, mademoiselle d'Aumale, qui fut sa principale confidente, refusa les partis les plus avantageux et resta avec elle jusqu'à sa mort. Quant à sa suite, elle se composait seulement d'une femme de chambre et de deux domestiques, madame de Maintenon prenant tous ses repas avec les Dames et dans leur réfectoire.

Ce n'était pas uniquement sa correspondance qui l'occupait dans son appartement de Saint-Cyr, c'étaient aussi celles des affaires publiques où le roi voulait qu'elle entrât. Il s'y renfermait souvent avec elle, loin de ses ministres, de ses courtisans, de sa famille, et, dans cette chambre si modeste, il a été donné des avis, cherché des moyens, pris des résolutions qui ont influé sur les destinées de la France. Madame de Maintenon, nous l'avons déjà dit, ne se croyait pas propre aux affaires d'État et ne se sentait appelée qu'à faire le salut du roi; mais, excepté le bon et simple prêtre qui dirigeait sa conscience dans les premières années de sa faveur, tous ceux qui eurent sa confiance, principalement Fénelon et Desmarets, la poussèrent à s'occuper du gouvernement.

« On dit que vous vous mêlez trop peu des affaires, lui écrivait Fénelon; ce qui me paraît véritable sur ce sujet, c'est que votre esprit en est plus capable que vous ne pensez : vous vous défiez peut-être un peu trop de vous-même, ou bien vous craignez trop d'entrer dans des discussions contraires au goût que vous avez pour une vie tranquille et recueillie.... Vous ne devez jamais vous ingérer dans les affaires d'État, mais vous devez vous en instruire selon l'étendue de vos vues naturelles; et quand les ouvertures de la Providence vous offriront de quoi faire le bien, sans pousser trop loin le roi au delà de ses bornes, il ne faut jamais reculer... Vous devez, sans vous rebuter jamais, profiter de tout ce que Dieu vous met au cœur pour ouvrir les yeux du roi et l'éclairer. Au reste, comme le roi se conduit moins par des maximes suivies que par l'impression des gens qui l'environnent et auxquels il confie son autorité, le capital est de ne perdre aucune occasion pour l'obséder par des gens sûrs, qui agissent de concert avec vous pour lui faire accomplir, dans leur vraie étendue, ses devoirs dont il n'a aucune idée. Enfin le grand point est de l'assiéger, puisqu'il veut l'être; de le gouverner, puisqu'il veut être gouverné [1]... »

L'évêque de Chartres était plus discret, mais aussi plus louangeur : « Dieu a mis entre vos mains, disait-il, les intérêts de l'Église et de l'État, le salut d'un grand roi, celui des princes qui doivent régner après lui... N'usez pas votre crédit aux affaires des particuliers, quelque saints qu'ils soient; réservez-vous pour les affaires générales... Je sais que vous ne pouvez pas tout faire et que vous ne devez pas faire tout ce que vous pouvez : c'est dans les grands intérêts de l'Église et de l'État, lorsque vous voyez clairement le bien, qu'il faut employer votre crédit et l'user même au service de Dieu, si la nécessité le demandait... N'oubliez pas que la religion est le premier mobile des gouvernements heureux : tout doit lui céder... Vous êtes la mère et la protectrice des évêques, notre joie et notre gloire, celle qui aime uniquement l'Église au milieu du monde, celle que Dieu a préposée au soulagement du peuple, à la sanctification du roi,

---

[1] Languet, t. 1er, p. 476.

et pour être à la cour le modèle des grandes vertus, le canal des bons conseils[1]. »

Madame de Maintenon, quelle que fût sa répugnance à s'occuper des affaires, eut donc plus d'une fois à donner son avis sur elles, et même, quand le roi le lui demandait, à le donner par écrit. Alors elle s'en allait à Saint-Cyr pour s'y recueillir et émettre cet avis avec plus de liberté d'esprit. Les Dames de Saint-Louis avaient gardé quelques-uns de ces écrits religieux ou politiques : le plus intéressant est un mémoire sur la révocation de l'édit de Nantes.

Cette révocation avait été l'une des causes de la formation de la Ligue d'Augsbourg : vers la fin de la guerre et lorsque la misère publique forçait Louis XIV à songer à la paix, il chercha les moyens de dissoudre cette ligue, et un mémoire, qu'on croit être de Vauban, lui fut adressé à ce sujet. Ce mémoire l'engageait à apaiser les ressentiments des princes protestants en rappelant les huguenots fugitifs[2]. La résolution du roi était parfaitement arrêtée sur ce sujet; néanmoins il communiqua ce mémoire à madame de Maintenon et lui demanda son avis.

La révocation de l'édit de Nantes avait été la pensée politique de tout le règne de Louis XIV. C'était une mesure qui paraissait inévitable, à laquelle on songeait depuis la fin des guerres civiles, qui avait été conseillée et sollicitée par tous les ministres du roi, l'assemblée du clergé, les parlements, et même l'opinion publique : « Ramener les dissidents à l'unité, disait-on, devait être le digne ouvrage et le propre caractère de ce règne. » Madame de Maintenon n'y eut qu'une part très-indirecte, la part de toute la France catholique, c'est-à-dire qu'elle n'eut pas à la conseiller, mais qu'elle l'approuva, croyant comme tout le monde que ce serait un acte très-louable et de facile exécution[3]. « Le roi, écri-

---

[1] *Lettres édifiantes*, t. III, p. 323; et t. V, p. 431 et 752. — Labeaumelle, t. IX, p. 401 et 459.

[2] C'était aussi l'opinion de Fénelon : « Le rappel des huguenots en France, quoique sans exercice public, serait un moyen capable de déterminer les ennemis à une paix raisonnable. » (Œuvres de Fénelon, t. III, p. 623, édit. de 1787.)

[3] Voir le fragment de lettre de Voltaire cité page 26.

vait-elle le 13 août 1684, a dessein de travailler à la conversion entière des hérétiques; il a souvent des conférences là-dessus avec M. Le Tellier et M. de Châteauneuf, où l'on voudrait me persuader que je ne serais pas de trop. M. de Châteauneuf a proposé des moyens qui ne me conviennent pas : il ne faut pas précipiter les choses; *il faut convertir et ne pas persécuter*... Le roi est prêt à faire tout ce qui sera jugé le plus utile au bien de la religion. Cette entreprise le couvrira de gloire devant Dieu et devant les hommes [1]. »

On sait comment Louvois outra les volontés de Louis XIV par des violences et des atrocités. Madame de Maintenon les blâma : « tout en désirant de tout son cœur, disent les Dames, la réunion des huguenots à l'Église, elle aurait voulu que c'eût été plutôt par la voie de la persuasion que par la rigueur [2]; » mais elle ne put s'y opposer, et fut même contrainte de se taire. « Tout est porté à des extrémités déplorables, écrivait-elle à son amie, madame de Frontenac; le roi est très-touché de ce qu'il sait, et n'en sait qu'une partie. L'on est bien injuste de m'attribuer tous ces malheurs : s'il était vrai que je me mêlasse de tout, on devrait bien m'attribuer quelques bons conseils. Il y a quinze ans que je suis en faveur; je n'ai jamais nui à personne, et le roi m'a souvent reproché ma modération... Ruvigny [3] est intraitable; il a dit au roi que j'étais née calviniste et que je l'avais été jusqu'à mon entrée à la cour; ceci m'engage à approuver des choses qui sont fort opposées à mes sentiments...— Je gémis, écrivait-elle à Fénelon, des vexations qu'on leur fait; mais pour peu que j'ouvrisse la bouche pour m'en plaindre, mes ennemis m'accuseraient encore d'être protestante, et tout le bien que je pourrais faire serait anéanti [4]. » Cependant elle finit par parler au

---

[1] Labeaumelle, t. II, p. 109.

[2] *Mémoires de Saint-Cyr*, Introduction.

[3] C'était l'un des seigneurs calvinistes les plus influents : il émigra en Angleterre, y devint comte de Galloway, et perdit contre le duc d'Orléans la bataille d'Almanza.

[4] Ces accusations de protestantisme, qui se renouvelèrent très-fréquemment, venaient non-seulement de la religion où madame de Maintenon avait été élevée, mais

roi, et très-fortement, « des rigueurs qui éloigneraient à jamais de la vraie religion ceux qu'on y voulait ramener. Mais le roi, qui avait beaucoup de zèle et aurait voulu la voir plus animée, lui dit : Je crains, madame, que le ménagement que vous voudriez que l'on eût pour les huguenots ne vienne de quelque reste de prévention pour votre ancienne religion[1]. » Néanmoins elle persista, malgré Louis XIV, à garder ses domestiques, qui étaient presque tous huguenots ; elle les préserva de toute persécution ; et quand « le roi, qui a un zèle merveilleux pour la religion, racontait-elle aux Dames, me pressait ou d'ôter ces domestiques, ou de les obliger à rentrer dans le sein de l'Église, je lui disais : Laissez-moi faire ; je sais bien par où j'en sortirai ; je vous prie, que je sois la maîtresse de mes gens[2]. »

Telle fut la conduite de madame de Maintenon dans cette funeste révocation de l'édit de Nantes, dont ses ennemis l'ont entièrement chargée, et l'on comprend que Louis XIV, quand il en eut vu les déplorables suites, l'ait consultée sur le rappel des huguenots fugitifs. Dans le mémoire qu'elle écrivit à Saint-Cyr sur ce sujet[3], elle déclare que si les choses étaient encore dans le même état que lors de l'édit de révocation, il faudrait, sans balancer, s'appliquer uniquement avec patience et douceur à convertir les protestants en les persuadant de la vérité ; mais que dans l'état où sont les affaires, cette démarche serait regardée dans les pays étrangers comme l'effet de la crainte ; que ceux qui consentiraient à revenir affaibliraient plutôt l'État par leur malveillance qu'ils ne le fortifieraient par leur nombre ; qu'ils seraient

des habitudes et de l'extérieur calvinistes qu'elle avait gardés, malgré la pureté et l'ardeur de sa foi catholique. Ainsi, et pour ne citer qu'un fait, elle n'aimait pas la messe, et avouait qu'elle n'y aurait jamais assisté si elle eût suivi à ce sujet son mauvais penchant. Par contre, elle aimait beaucoup le chant des psaumes ; aussi à Saint-Cyr, dont l'église se faisait remarquer par sa nudité et sa sévérité puritaines, ce n'étaient pas les offices du matin qui étaient célébrés avec pompe, c'étaient ceux du soir.

[1] *Mémoires de Saint-Cyr*, Introduction. — *Mémoires de Languet*.
[2] *Recueil de quelques traits agréables et édifiants de madame de Maintenon avec les religieuses de Saint-Louis*, t. VII (de la Bibliothèque des Dames), p. 449.
[3] Il a été publié exactement par Labeaumelle.

un danger perpétuel; enfin que les huguenots fugitifs ont montré par leur haine contre la France qu'ils sont devenus des étrangers pour elle. Mais pour ceux qui sont restés, elle blâme sans détour les lois portées contre eux, les communions forcées, l'inquisition qui s'étend à tous leurs actes, et elle demande que, sans révoquer ouvertement le fatal édit, on leur laisse la liberté secrète de conscience en s'appliquant à les convertir avec modération.

Les protestants durent, en effet, à ces conseils quelques adoucissements dans les rigueurs dont ils étaient l'objet; mais le mémoire de madame de Maintenon n'eut pas d'autre influence sur les volontés du roi, ainsi que sur la fin de la guerre. Louis XIV parvint plus sûrement à dissoudre la Ligue d'Augsbourg en faisant une paix séparée avec le duc de Savoie, et la condition principale de cette paix fut le mariage de la fille aînée de ce prince avec le duc de Bourgogne. Ce fut pour la maison de Saint-Cyr l'occasion d'une nouvelle renommée.

Adélaïde de Savoie n'avait que onze ans lorsqu'elle fut amenée en France[1] : madame de Maintenon eut naturellement la charge d'achever son éducation, et elle pensa ne pouvoir mieux faire que de lui donner l'éducation de Saint-Cyr. Dès les premiers jours de son arrivée, elle la conduisit dans cette maison, et pour cette première visite, elle lui fit rendre tous les honneurs dus à son rang. La communauté, en longs manteaux, la reçut à la porte de clôture; la supérieure lui fit un compliment; toutes les demoiselles étaient rangées en haie sur son passage jusqu'à l'église; on la mena par toute la maison, et principalement aux classes, où des enfants de son âge jouèrent une conversation assez ingénieuse pour l'amuser et assaisonnée de louanges délicates. La jeune princesse, dont les contemporains nous ont laissé des portraits si séduisants, fut enchantée de tout ce qu'elle vit : elle en témoigna naïvement son contentement à celle qu'elle appelait *sa tante*, « pour confondre joliment, dit Saint-Simon, le

---

[1] Elle arriva à Fontainebleau le 5 novembre 1696 et fut mariée en décembre 1697; mais elle n'habita avec le duc de Bourgogne que deux ans après.

rang et l'amitié, » et elle lui demanda de revenir. Alors madame de Maintenon la mena régulièrement à Saint-Cyr deux ou trois fois la semaine pour y passer les journées entières, y suivre les exercices des demoiselles et y recevoir toutes les instructions qu'on leur donnait. On l'y traitait sans cérémonie, quoique avec respect; elle y portait ordinairement l'habit des élèves, et répondait au nom de mademoiselle de Lastic, qu'elle avait pris pour cacher son rang. « Elle était, disent les *Mémoires*, bonne, affable, gracieuse à tout le monde, s'occupant avec les Dames des différents offices, avec les demoiselles de tous leurs ouvrages, de tous leurs travaux, s'assujettissant avec candeur aux pratiques de la maison, même au silence, faisant elle-même soit à l'économie, soit au dépôt, soit à l'infirmerie, mille choses qui, en la divertissant, ne laissaient pas que de former son intelligence, courant et se récréant avec les rouges dans les grandes allées du jardin, allant avec elles au chœur, à confesse, au catéchisme, paraissant même au noviciat, dont elle suivait les austères exercices, même aux assemblées du chapitre, pour qu'elle apprît à prendre intérêt à la communauté. « Elle avait pour compagne ordinaire mademoiselle d'Aubigné, nièce unique de madame de Maintenon, qui devint la duchesse de Noailles, et qui était loin de l'égaler pour l'esprit, la grâce et le caractère; mais elle avait principalement pris en affection mademoiselle de Veldentz[1] et mademoiselle d'Osmond[2]. Plusieurs fois elle figura, dans les représentations d'*Esther*, sous le personnage d'une jeune Israélite. D'autres fois, elle prenait le costume des Dames, et faisait les

---

[1] Mademoiselle de Veldentz était la fille d'une princesse allemande qui, ayant été ruinée dans la dévastation du Palatinat, s'en vint en France implorer la pitié de madame de Maintenon. Celle-ci la secourut, lui fit obtenir une pension du roi et plaça ses deux filles à Saint-Cyr. L'une d'elles y resta comme Dame de Saint-Louis.

[2] Mademoiselle d'Osmond servit pendant deux ans de secrétaire à madame de Maintenon, et était aussi remarquable par sa beauté que par sa vertu. A la demande de la duchesse de Bourgogne, le roi lui donna une dot de 100,000 livres et la maria au marquis d'Havrincourt, gouverneur de Hesdin. Madame de Maintenon lui donna, au moment de son mariage, des conseils très-remarquables, et que nous avons cités dans la préface.

honneurs de la maison à quelque illustre visiteuse, principalement à la reine d'Angleterre. Souvent elle s'enfermait avec madame de Maintenon dans sa chambre, et lui servait de secrétaire. Enfin elle voulut, deux jours après son mariage, se montrer à ses amies de Saint-Cyr en habit de cérémonie : « elle était tout en blanc, et sa robe avait une broderie d'argent si épaisse et si massive, qu'à peine pouvait-elle la porter. » Ce fut un jour de fête pour toute la maison ; on la reçut en grande pompe ; une grosse cour l'accompagnait. Elle fut conduite à l'église, où l'on chanta le *Te Deum*, et ensuite les demoiselles entonnèrent en son honneur un hymne à saint Louis, dont le chœur forme un air de triomphe qui avait beaucoup de charme dans leur bouche. Les paroles et la musique sont probablement l'œuvre des Dames.

### CHŒUR.

Monarque éternel de la France,
  Père de nos rois,
  Ici l'innocence
Fleurit sous tes lois.
  Nous sommes la race
  Des braves soldats
  Que ta sainte audace
Guidait aux combats.

### UNE VOIX.

Sur le premier trône du monde
De nos aïeux tu fus l'appui ;
Et tes autels sont aujourd'hui
L'asile où notre espoir se fonde. (*Chœur.*)

### DEUX VOIX.

  Que tout favorise
  Les augustes nœuds
  Par qui s'éternise
  Ton sang glorieux ! (*Chœur.*)

### UNE VOIX.

D'un hymen si doux nos neveux
Attendent des rois qui les rendent heureux.

### DEUX VOIX.

Répands sur tes enfants des rayons de ta gloire.
Que le destin du monde en leurs mains soit remis

Par la paix ou par la victoire.
Qu'aux lois de l'Éternel ils soient toujours soumis;
Qu'ils détruisent ses ennemis;
Que leurs vertus retracent ta mémoire! (*Chœur.*) [1]

Madame de Maintenon, en donnant à la duchesse de Bourgogne l'éducation de Saint-Cyr, voulut lui inspirer une piété simple et droite, de la modestie dans ses goûts, l'éloignement des plaisirs, « et toutes les choses qu'on n'apprend pas à la cour. » — « Travaillons, disait-elle, à tempérer l'air de grandeur qu'on respire à Versailles, afin que la princesse ait de la dignité sans orgueil. » Elle voulut encore lui inspirer des habitudes françaises, de l'affection pour ces familles de la noblesse qui devaient la servir un jour, cette générosité, cette douceur, cette compassion pour les malheureux que devait lui enseigner la fréquentation de tant de filles pauvres et de haute naissance. Enfin elle voulut lui donner du goût pour son cher Saint-Cyr, et procurer ainsi à cette maison une protection puissante, lorsqu'elle-même ne serait plus. La duchesse de Bourgogne acquit dans cette éducation une partie de ces qualités dont Saint-Simon nous a tracé le tableau : « Vive, douce, accessible, ouverte avec une sage mesure, compatissante, peinée de causer le moindre malaise, dignement remplie d'égards pour tout ce qui l'approchait, elle faisait les constants délices de Versailles... Elle était l'âme de la cour, elle en était adorée. Tous, grands et petits, s'empressaient à lui plaire; tout manquait à chacun en son absence, tout était rempli par sa présence; ses manières lui assuraient tous les cœurs [2]... » Ce fut à Saint-Cyr qu'elle reçut de madame de Maintenon ces maximes de conduite qui firent le bonheur de son mariage, qu'elle relisait sans cesse, et dont les Dames de Saint-Louis avaient une copie écrite de sa main [3]. Aussi elle conserva pendant toute sa vie une vive affection pour toutes les habitantes de Saint-Cyr : au milieu des fêtes et

---

[1] Bibliothèque de Versailles, cahier 2409, portant le nom de madame du Han.
[2] Saint-Simon, t. IV, p. 264, et t. VIII, p. 200.
[3] Voir à l'Appendice, sous la lettre I, un extrait de ces maximes tirées de Languet, t. II, p. 668.

des plaisirs où elle se jeta avec trop d'étourderie, elle regrettait la piété « toujours aimable et toujours soutenue » de cette maison si paisible, ces jeux innocents où elle n'était plus princesse, et « ses bonnes amies de la classe rouge. » Souvent elle y vint pour se jeter au cou de *sa tante*, lui conter ses chagrins, prier pour son époux, y chercher dans la retraite un peu de calme et de force contre les intrigues de la cour. Elle donna aux Dames son portrait en costume de Saint-Cyr, et on le plaça dans la salle de communauté, à côté de ceux de Louis XIV et de madame de Maintenon. Quelquefois elle emmenait à Versailles cinq ou six des bleues pour leur faire jouer des scènes d'*Athalie* et d'*Esther*; mais cela se passait dans la chambre de madame de Maintenon et fort en particulier [1]. Saint-Cyr prit le plus vif, le plus minutieux intérêt à tous les événements de sa vie, à tous ses chagrins, à tous ses plaisirs, surtout à la naissance de ses enfants, qui fut célébrée par des prières, des chants, des feux de joie [2]. Nous verrons quelle impression y fit sa mort prématurée.

Pendant tout le temps où la duchesse de Bourgogne fut élevée à Saint-Cyr, Louis XIV prit l'habitude de venir dans cette maison, et peu à peu elle devint sa principale distraction. « Le goût des plaisirs, écrivait madame de Maintenon, est éteint dans le cœur du roi; l'âge et la dévotion lui ont fait faire des réflexions sérieuses sur la vanité et le néant de tout ce qu'il aimait autrefois. Il n'assiste aux spectacles et aux fêtes qu'avec répugnance; il se plaint avec moi de la contrainte que lui impose son rang de prendre part à des plaisirs qui n'en sont plus pour

---

[1] *Journal de Dangeau*, au 27 février 1699.
[2] On trouve dans la collection musicale des Dames de Saint-Cyr ce « *feu de joye* du sieur Moreau pour la naissance du duc de Bretagne : »

> Toi qui fais fleurir en Espagne
> Un rejeton des lys françois;
> Toi qui fis succéder les Bourbons aux Valois,
> Et qui viens de donner un duc à la Bretagne,
> Grand Dieu, fais que ce prince en tout suive tes lois;
> Qu'en tout ton esprit l'accompagne;
> Qu'il règne, et des vertus faisant le noble choix,
> Qu'il soit comme Louis le plus parfait des rois.

lui [1]. » Presque tous les jours, à l'issue de ses conseils ou de son travail avec les ministres, il conduisait sa promenade jusqu'à Saint-Cyr pour assister à l'office du soir, et ramener madame de Maintenon à Versailles [2]. Ce prince avouait qu'il n'aimait à prier que dans cet asile de paix et de pureté : l'ordre, le silence, le calme de cette maison, le reposait, le charmait, lui souriait sans cesse; il se plaisait dans cette église où il trouvait une douceur infinie à voir le recueillement des demoiselles, la gravité des cérémonies, à entendre l'harmonie de ces voix innocentes qui, avec les sons de l'orgue, remplissaient la voûte. Puis il venait dans la salle de communauté, et conversait avec les Dames sur la religion, leurs devoirs, l'éducation des demoiselles, même les affaires générales. Il aimait leur maintien plein de candeur, leur esprit d'humilité, leur détachement du monde, leurs regards tournés vers la terre. Ces conversations étaient ordinairement d'une simplicité qu'on pourrait dire vulgaire, et ceux qui aiment à se représenter les rois drapés dans leur grandeur, et comme placés sur un théâtre, n'y retrouveraient le

---

[1] Labeaumelle, t. II, p. 134.

[2] Les Dames de Saint-Louis avaient conservé de nombreux billets du roi à madame de Maintenon, et qui se rapportent à ces promenades. En voici deux :

« Je crois que je pourrai aller à complies à Saint-Cyr, si vous l'approuvez, et revenir avec vous en nous promenant. En cas que vous approuviez ma pensée, vous ferez trouver quelques Dames pour revenir avec nous, et me manderez en réponse de ce billet votre volonté, pour que je m'y conforme. » 2 juillet 1698.

« J'ai changé de résolution pour ma journée : le beau temps qu'il fait m'empêche d'aller à Saint-Germain; je remettrai ce voyage à demain, et pour aujourd'hui je dînerai au petit couvert, j'irai à la chasse, et je me rendrai à la porte de Saint-Cyr du côté du parc où je ferai traîner mon grand carrosse. J'espère que vous m'y viendrez trouver avec telle compagnie qu'il vous plaira. Nous nous promènerons ensemble dans le parc, et nous n'irons point à Trianon. En revenant demain de Saint-Germain j'irai à Saint-Cyr, au salut, en habit décent, et nous reviendrons ensemble. C'est là ce que je crois le mieux. Si vous voulez venir à la porte du jardin ce soir ou que mon carrosse aille vous prendre dans la cour de Saint-Cyr, ordonnez et me le mandez. » 1703.

La porte de Saint-Cyr dont il est ici question est celle dont nous avons parlé dans la description de la maison, et où aboutissait l'*allée de Versailles* (voir page 67). C'est par cette allée que souvent Louis XIV, sortant du salut, allait à pied avec madame de Maintenon rejoindre sa voiture, car celle-ci n'entrait pas dans la clôture, par respect pour le lieu. On remarquera que c'est par le même sentiment de respect que Louis XIV, dans la lettre que nous venons de citer, étant en habit de chasse, n'entre pas dans la maison, et qu'il attend au lendemain pour y aller en *habit décent*.

Louis XIV de Lebrun et de Despréaux que dans sa parole sérieuse et sa droiture d'esprit[1]. C'est qu'en effet ce prince était à Saint-Cyr ce que nul historien n'a pu le représenter, ce qu'il apparaît seulement dans les récits et les traditions des Dames de Saint-Louis. Ce n'était plus ce roi que dépeint Saint-Simon, « d'une gravité éternelle, qu'on faisait mille efforts pour réjouir, sans y réussir que rarement, » ce roi dont le visage reflétait les perpétuels soucis du pouvoir; le Jupiter de Versailles descendait de ses nuages et de sa majesté pour devenir un père de famille affable, ouvert, familier, qui souriait aux jeux de ses enfants, qui s'amusait de leurs naïves réponses, dont les rouges venaient timidement baiser la main. Souvent le monarque, qui sortait de décider des destinées de l'Europe dans une dépêche à Villars ou

---

[1] Les Dames de Saint-Louis avaient conservé des notes assez détaillées de ces conversations. Nous nous contenterons de citer celle-ci, qui se rapporte à l'année 1696 :

« Le roi, étant venu entendre vêpres ici, eut la bonté de venir à son ordinaire dans la salle de la communauté. Madame de Maintenon le remercia pour nous de l'honneur qu'il nous faisait, parce que c'était une marque qu'il était content de cette maison. « Les Dames et la maison, répondit le roi, me plairont toujours tant que le bien s'y fera et qu'elle augmentera en vertu. — Le bien y va toujours croissant, répliqua madame de Maintenon, et il y a tout lieu d'espérer qu'il y sera bientôt dans sa perfection. — Tout ira bien, reprit le roi, tant que les supérieures gouverneront avec sagesse, et que les inférieures obéiront exactement. — Vous ne manquez pas d'occasions, sire, dit madame de Maintenon, de leur recommander cette vertu. — C'est, repartit le roi, qu'il n'y a rien de plus nécessaire pour l'ordre et la paix des sociétés. »

» On vint à parler d'une nouvelle fondation : « Il y a, reprit madame de Maintenon, quelque chose de bien plus pressé à faire, c'est de procurer par la paix le repos des peuples qui sont foulés et le rétablissement de tant de familles ruinées. — C'est là, répondit Sa Majesté, ce qu'un roi doit se proposer : la paix dans son royaume, le repos et le soulagement de son peuple; mais le malheur est qu'avant de pouvoir leur procurer ces avantages, on est forcé malgré soi de les fouler. Nous avons assurément grand besoin de la paix, mais d'une bonne paix, que je ne cesse de demander à Dieu, qui seul peut changer le cœur de ceux qui s'y opposent. »

» Madame de Maintenon lui dit en parlant de nos règlements, que l'on dressait alors, que l'on ne pouvait dire de qui ils étaient, parce que tout le monde y avait eu part, et que l'on consultait sur chaque article. « Si cela est, dit le roi, ils ne seront pas sitôt finis, parce que, entre un nombre de personnes qui n'ont toutes qu'un même but, à peine s'en trouve-t-il deux qui ne pensent différemment. Je les exhorte toutes à ne guère faire de difficulté, mais à dire simplement leur sentiment, et à s'en tenir ensuite inviolablement à ce qui aura été arrêté et décidé, même contre leur avis, parce qu'un particulier ne doit pas avoir la présomption de croire son sentiment meilleur que celui du plus grand nombre, et qu'il faut avoir assez de droiture et de probité pour faire valoir et soutenir ce qui a été ainsi établi légitimement contre notre opinion. » — (Languet, t. I, p. 485.)

à Vendôme, s'arrêtant sous les grands arbres du jardin, prenait une petite fille sur ses genoux, lui demandait son nom, et la faisait babiller sur ses devoirs ou son catéchisme.

Les Mémoires des Dames et ceux de Dangeau nous ont conservé les détails d'une de ces soirées de Saint-Cyr. C'était le 25 mai 1704, après une douce journée de printemps, quand « le jardin était dans sa beauté. » Louis XIV trouva toutes les demoiselles, ayant des fleurs dans les cheveux, partagées par bandes, qui dansaient au bruit de leurs chants. Pendant toute sa promenade, il rencontra à chaque allée, à chaque bosquet l'un de ces essaims joyeux, dont quelques enfants se détachaient pour lui réciter un dialogue ou des vers. Enfin, quand le soleil vint à se cacher derrière les coteaux boisés de Saint-Cyr, il s'arrêta dans le grand parterre d'où l'on jouit de la vue magnifique du val de Gallie, du parc de Versailles et des collines de la forêt de Marly; les demoiselles se groupèrent autour de la pièce d'eau, dont la gerbe étincelait au soleil couchant, et là, « avec des voix qui semblaient descendre du ciel, » elles chantèrent un cantique dont la première strophe était :

> Du Seigneur troupes fidèles,
> Anges du ciel, veillez tous,
> Veillez, couvrez de vos ailes
> Un roi qui veille sur nous [1]...

Louis ne put entendre ce chant sacré, dont les bois renvoyaient l'écho, ces voix si pures au milieu du calme de cette belle soirée, sans un visible attendrissement : les yeux tournés au ciel, il joignit tout bas sa prière à celle des jeunes filles qui l'entouraient comme une pieuse famille. Alors la cloche du soir sonna; tout rentra dans le silence : « Bonsoir, mes enfants, dit madame de Maintenon, le roi est content de vous. » Et Louis, descendant l'escalier du grand parterre, salua les demoiselles et leurs maî-

---

[1] Ce cantique se trouve dans le manuscrit de la bibliothèque de Versailles portant le n° 2409. Le poëte et le musicien sont inconnus.

tresses, qui lui firent une profonde révérence [1]; puis il s'en alla avec madame de Maintenon encore ému, pensif, souriant, rejoindre sa voiture qui l'attendait à la porte du jardin, étant conduit par la supérieure et quelques Dames, pendant que les demoiselles regagnaient silencieusement leurs dortoirs par la grille et la cour de Maintenon.

[1] Voyez la gravure : *la Maison de Saint-Cyr vue du côté des jardins.*

## CHAPITRE XII.

SUCCURSALES DE SAINT-CYR. — MARIAGES DES DEMOISELLES. — INSTRUCTIONS DE MADAME DE MAINTENON A LEUR ENTRÉE DANS LE MONDE.

Quinze années d'expérience avaient fait de Saint-Cyr un établissement qui touchait à la perfection, « une école de vertu et le séjour des anges, » suivant l'expression de madame des Ursins. « ... Autant les demoiselles, disait madame de Maintenon, étaient dans le commencement orgueilleuses, hautaines et fières, autant elles se distinguent par l'humilité, la douceur, la simplicité. Il n'y a pas un seul mauvais esprit parmi elles, et elles se portent mutuellement au bien par leurs exemples et leurs discours. » Quant aux Dames, « la ferveur dans les prières, l'union dans les esprits, la joie dans les récréations, le concert dans les charges, tout y est à souhait. On n'a plus de goût pour le monde; les parloirs sont déserts; on n'y est plus bel esprit, et l'on y a acquis le bon goût de la simplicité et de la solidité[1]. » Aussi la maison avait-elle déjà un renom de sainteté : les papes lui prodiguaient les lettres apostoliques, les indulgences, les dons pieux; les plus grands personnages lui demandaient des prières; les plus vertueux prélats sollicitaient d'y faire la cérémonie de leur sacre; les plus grands orateurs étaient appelés à y prêcher, et Saint-Cyr eut la gloire, après avoir entendu les voix de Bossuet, de Fénelon, de Bourdaloue, du cardinal de Noailles, d'entendre encore celle de Massillon, dont madame de Maintenon qualifiait le talent en disant : « Il a la même diction dans la prose que Racine dans la poésie[2]. »

---

[1] *Lettres édifiantes*, t. v, p. 248. — Labeaumelle, t. III, p. 153.
[2] Elle écrivait de lui en 1704, après qu'il eut fait un sermon sur la pauvreté :

Grâce à cette belle renommée, le but que s'était proposé la fondatrice dans l'établissement de Saint-Cyr commençait à être atteint : « Élevons des enfants, disait-elle dès les premiers jours à madame de Brinon, qui, après nous, multiplient notre éducation. » Or la réputation de l'Institut de Saint-Louis s'étendait déjà par toute la France et même à l'étranger. « En tous lieux, disent les Mémoires des Dames, on se faisait un honneur singulier de mettre des filles à Saint-Cyr, pour qu'elles eussent le bonheur et l'avantage d'être élevées sous les yeux de madame de Maintenon[1]. » A la cour, le roi lui-même prenait plaisir à expliquer les perfections de cette éducation, et les plus grands seigneurs sollicitaient, mais sans succès, le privilége d'y mettre leurs filles à la condition de payer les dots d'autres demoiselles dans d'autres couvents. Les maisons religieuses qui élevaient des filles soit de la noblesse, soit de la bourgeoisie, demandaient qu'on leur donnât des élèves de Saint-Louis pour diriger leurs pensionnaires. Enfin les couvents les plus sévères se réjouissaient « qu'on leur débauchât des filles de madame de Maintenon » pour faire profession chez eux. « On me demande partout des demoiselles de Saint-Cyr, disait celle-ci; nous en avons qui veulent être capucines et filles de l'Ave Maria, d'autres carmélites. Sainte Thérèse s'empare de nos filles; menons-les à Dieu, n'importe comment[2]. »

Quelques-uns de ces couvents que madame de Maintenon aida de ses conseils, de son argent, de la protection du roi, devinrent en quelque façon des succursales de l'Institut de Saint-Louis, tant on y suivait scrupuleusement ses maximes et ses principes. Les principaux furent : l'abbaye de Gomerfontaine, dont était abbesse madame de La Viefville, élève de Saint-Cyr et parente du cardinal de Noailles; le prieuré des Bénédictines de Bisy, dont était supérieure la sœur cadette de madame de La

« S'il connaissait Saint-Cyr comme je le connais, il n'aurait pu choisir un sujet plus convenable; et s'il avait parlé devant le roi et toute la France, il n'aurait pu faire un plus beau sermon. »

[1] *Mémoires de Saint-Cyr*, chap. IX.
[2] Labeaumelle, t. II, p. 214 et 220.

Maisonfort, l'Élise d'*Esther*, dont Racine essuyait si naïvement les larmes; les Bénédictines de Moret, les Ursulines de Mantes, celles de Niort, etc.

Gomerfontaine fut surtout pour madame de Maintenon un second Saint-Cyr : c'était une très-ancienne abbaye, tombée dans le désordre et le délabrement, et qu'elle s'efforça de restaurer. Dès que madame de La Viefville en fut nommée abbesse, elle y envoya cinq ou six demoiselles comme novices ou religieuses, et mademoiselle d'Aumale comme maîtresse des pensionnaires, pour y rétablir l'ordre et la régularité. Le départ de cette petite *colonie* fut un événement : madame de Maintenon, devant toute la communauté et les demoiselles, les harangua, les embrassa, les conduisit jusqu'à la porte de la maison, en leur recommandant de « soutenir l'honneur de Saint-Cyr. » Gomerfontaine avait principalement pour pensionnaires des filles de la bourgeoisie; or madame de Maintenon, en fondant l'Institut de Saint-Louis pour des filles nobles, ne voulait pas exclure les autres classes des bienfaits de l'éducation qu'elle y avait établie : « Nous ne nous conduisons pas d'après ces maximes antichrétiennes, disait-elle; Dieu n'a fait acception de personne. » Elle voulait au contraire que Saint-Cyr devînt le modèle de toutes les maisons d'éducation pour les femmes, principalement de celles où l'on élevait les enfants de la bourgeoisie. Ainsi elle écrivait à l'abbesse de Gomerfontaine : « ... Je donnerais de mon sang pour communiquer l'éducation de Saint-Cyr à toutes les maisons religieuses qui prennent des pensionnaires : elles feraient de plus grands biens que nous, parce qu'elles élèvent des filles de la bourgeoisie, qui auront de plus grands établissements. » Mais en exhortant ces maisons à suivre les maximes de Saint-Cyr, elle leur conseillait de les modifier d'après la naissance et la destination de leurs élèves : « Il faut, dit-elle à la même abbesse, il faut élever vos bourgeoises en bourgeoises. Il ne leur faut ni vers, ni conversations; il n'est point question de leur orner l'esprit. Il faut leur prêcher les devoirs de la famille, l'obéissance pour le mari, le soin des enfants, l'instruction à leur petit domestique, la modestie avec ceux qui viennent acheter, la bonne foi dans le commerce. Il faut qu'elles édifient leurs parents, leurs amis, leurs voisins, qu'elles donnent de bons conseils et de bons exemples... » Et comme les filles de bourgeois étaient mêlées dans ce couvent à des filles de gentilshommes : « Quoique toutes les âmes soient également précieuses à Dieu, il faut pourtant que l'instruction soit plus étendue pour la fille d'un gentilhomme que pour la fille d'un vigneron. Expliquez-leur librement la différence des conditions : dites-leur que Dieu est le roi de tous les états, que dans le ciel les rangs ne seront marqués que par les vertus, et que la plus pieuse de ses sujettes lui est toujours la plus agréable. Quand la grande demoiselle peignera la petite paysanne, la paysanne servira sans répugnance la demoiselle[1]... »

D'après le but qu'elle s'était proposé en fondant l'Institut de Saint-Louis, madame de Maintenon s'efforçait de placer ses chères filles, autant que leur vocation y convenait, plutôt dans le monde que dans les couvents. Elle aurait voulu que les vertus de Saint-Cyr, au lieu de s'enfouir dans les cloîtres sans utilité pour le prochain, allassent s'épanouir et se féconder dans les familles, et elle blâmait sévèrement les Dames qui poussaient leurs élèves à être religieuses. Mais son grand chagrin était de voir que la plupart des demoiselles n'avaient d'autre vie à prendre, faute de bien, que celle du couvent ou du célibat près de leurs parents. Plusieurs avaient fait, grâce à sa protec-

---

[1] *Lettres édifiantes*, t. v, p. 623. — Elle en disait autant aux demoiselles de Saint-Cyr :

« Ne comptez pour rien votre noblesse; n'en parlez jamais. A quoi vous servirait-elle, si vous n'aviez pas de vertu? n'est-ce pas elle qui fait la vraie noblesse? la vertu n'est-elle pas son origine? Ayez des égards pour tout le monde, et même du respect pour les personnes d'un certain âge et d'un certain état, quand bien même elles n'auraient pas de naissance ; le monde est plein de ces sortes de personnes, et vous verrez, quand vous y serez, que l'on a avec elles les meilleures manières. Mettez-vous bien dans l'esprit, une fois pour toutes, que la noblesse n'est rien sans mérite, et que c'est au mérite que l'on doit l'honneur, l'estime et le respect, en qui que ce soit qu'il se trouve. » (Instruction aux demoiselles de la classe verte, dans le t. v des *Lettres édifiantes*, p. 44.)

tion et aux dons du roi, de beaux mariages : ainsi, outre celles que nous avons nommées en parlant des représentations d'*Esther*, mesdemoiselles de Bellebrunes épousèrent MM. de Forcet et de Mons, fermiers généraux; mademoiselle de Pardaillan, M. de Jouvenot; mademoiselle de Lestang, M. de Colombe, commandant des gardes marines à Brest; mademoiselle de Braye, M. de Saint-Germain, et elle devint sous-gouvernante des filles du duc d'Orléans; mademoiselle Biodos de Casteja, M. de Lalande, gentilhomme du duc de Maine, et elle devint sous-gouvernante des enfants de France; les deux demoiselles de Normanville, l'une le comte de Loubert, l'autre le président de Chailly; les deux demoiselles d'Osmond, l'une le marquis de Louvigny, l'autre le marquis d'Havrincourt, gouverneur d'Hesdin, colonel du régiment d'Artois-dragons. D'autres avaient été épousées avec leur modique dot par des courtisans ambitieux qui comptaient sur la faveur de madame de Maintenon, ou bien par des gens de finance qui espéraient en tirer avantage et *se faire de la cour :* « ces mariages, disent les Dames de Saint-Louis, étaient très à la mode en ce temps-là. » Mais en général le nombre des filles de Saint-Cyr qui se mariaient convenablement était petit; aussi madame de Maintenon disait avec une tendre sollicitude : « Ce qui me manque, ce sont des *gendres*... Je trouve peu d'hommes, mes chères enfants, qui préfèrent vos vertus aux richesses qu'ils peuvent rencontrer. » L'augmentation de soixante mille livres qu'elle obtint en 1698, et qui fut destinée exclusivement à former des dots aux demoiselles, remédia au mal, mais incomplétement, car il sortait quelquefois trente demoiselles par année, et l'on ne pouvait donner trois mille livres à chacune d'elles; aussi l'objet continuel des Dames était d'augmenter par leurs épargnes la dot des filles ou le nombre des filles dotées : « c'étaient là les aumônes dont leurs fondateurs les avaient chargées. » Madame de Maintenon songea plusieurs fois à doubler ce fonds de soixante mille livres au moyen de la sécularisation de quelque bien ecclésiastique; mais Louis XIV recula devant la résistance qu'il éprouverait de la part du clergé. Elle n'eut pas plus de succès lorsqu'elle lui demanda de supprimer les places de religieuses qui étaient à sa nomination dans les abbayes royales, et de consacrer les fonds de ces places à des dots de demoiselles. Alors elle se tourna d'un autre côté et fit demander aux états d'Artois, de Bourgogne et de Languedoc, de faire les fonds des dots des élèves de Saint-Cyr qui, nées dans ces provinces, viendraient à s'y marier. Ces états avaient demandé au roi la fondation de succursales de Saint-Cyr dans leurs provinces, en s'engageant à pourvoir en partie aux dépenses de ces établissements. Mais les désastres de la fin du règne de Louis XIV firent avorter et le projet de ces états et la demande de madame de Maintenon. Tout ce qu'elle put faire, en définitive, pour assurer le sort d'un plus grand nombre de demoiselles, fut de faire exécuter strictement l'article de la fondation qui leur donnait les places de *régales* dans les abbayes royales, et de faire mettre la signature du roi au contrat de celles qui se mariaient, honneur qui était toujours accompagné de quelques mots précieux de la bouche royale et qui devenait pour l'époux un titre perpétuel de recommandation.

Les noces de quelques-uns de ces mariages se firent soit à Saint-Cyr, dans le dehors de la maison, soit chez M. Chamillard à Paris. Madame de Maintenon en faisait les frais; elle accompagnait alors la bénédiction qu'elle donnait à ses chères filles de quelques cadeaux utiles, d'adieux pleins de tendresse et des plus sages conseils. « Qu'on voie partout et toujours, leur disait-elle, que vous avez été élevée à Saint-Cyr. — Soyez l'exemple de votre province; si vous répondez à l'éducation que vous avez reçue ici, vous porterez de grands trésors à votre mari, puisque vous serez pieuse, complaisante, douce, modeste, retirée, appliquée à vos devoirs, et imitant le plus que vous pourrez la femme forte dont nous avons tant parlé ensemble[1]. »

Comme sa tendresse pour ses chères filles n'était pas « enfer-

---

[1] *Lettres édifiantes*, t. v, p. 237.

mée dans le cloître de Saint-Cyr [1], » elle resta en correspondance avec quelques-unes, rendit à toutes les services dont elle fut capable, fit même des dons d'argent à celles dont les parents étaient pauvres. Elle en reçut les marques les plus tendres de reconnaissance et de vénération. Rien ne la toucha plus que de voir l'une d'elles, mariée en Bourgogne, faire cent lieues dans le but unique de lui faire bénir son premier enfant.

Les instructions de madame de Maintenon « aux demoiselles qui doivent retourner dans le monde » sont très-nombreuses : nous nous contenterons de citer celle-ci [2] :

« Vous croyez peut-être, mes chères filles, que vous avez été élevées dans une grande contrainte; vous verrez que la contrainte de Saint-Cyr est bien douce en comparaison de celle du monde.

» Les fautes que l'on fait à Saint-Cyr sont punies par des corrections de mères envers leurs enfants, et celles qu'on fait dans le monde le sont quelquefois par la perte de la réputation.

» Mais la contrainte où vous êtes élevées n'est pas encore assez grande, si elle ne vous rend pas assez timides : la timidité est votre unique sauvegarde; vous êtes perdues, si vous êtes hardies.

» Montrez-vous le moins que vous pourrez : fuyez plus que la mort le moindre commerce avec les hommes; et si vous vous y trouvez de nécessité, que ce ne soit jamais qu'en compagnie d'honnêtes femmes. Tremblez dans ces occasions, taisez-vous, soyez modestes, ne songez point à montrer de l'esprit; il y en a plus à se taire à propos qu'à parler, et il se marque plus par la conduite que par la conversation.

» Les jeunes personnes se font une honte d'être timides et s'imaginent qu'on leur croira peu d'esprit et qu'on dira qu'elles

---

[1] *Lettres édifiantes*, t. v, p. 543.

[2] Pour la compléter, il faut lire un avis très-détaillé de madame de Maintenon à une demoiselle qui sortait de Saint-Cyr et que nous donnons dans l'appendice, à la lettre J, et la lettre qu'elle écrivit à mademoiselle d'Osmond, devenue madame d'Havrincourt, et que nous avons insérée dans la préface.

ne savent pas se démêler dans le monde. La meilleure manière de s'y démêler pour les personnes de notre sexe, c'est d'y être embarrassée, de le craindre, d'y parler peu et de le quitter le plus tôt qu'on peut. Ne vous fiez point à vos bonnes inclinations, à l'éducation que vous avez reçue, à l'éloignement que vous sentez pour le mal; fuyez, c'est la seule sûreté pour vous.

» Les femmes qui se déshonorent n'ont point résolu de se déshonorer; elles y ont été conduites peu à peu et ont commencé par des choses qui leur paraissaient innocentes.

» L'amour du plaisir, l'attachement à la personne qu'on veut parer et l'envie de se distinguer, voilà ce qui perd les femmes. Vous courrez risque d'être de ce nombre si vous craignez trop de vous ennuyer et si vous ne préférez le soin de votre réputation à tous les plaisirs.

» Si vous êtes mariée, soyez par votre conduite plus sage que votre mari. Il y en a qui portent naturellement leurs femmes à voir le monde et qui dans la suite en sont au désespoir; il y en a d'autres qui montrent leur jalousie à leurs femmes, et ceux-là sont les plus commodes, puisqu'il n'y a qu'à se renfermer pour leur plaire; et c'est ce qui me fait vous dire d'être plus prudentes qu'eux et de prendre le parti de la solitude; il y en a peu qui n'en soient ravis, quoiqu'ils vous disent le contraire.

» Si votre mauvaise fortune vous met hors d'état d'être habillées comme les autres, jetez-vous dans l'extrémité opposée et vous mettez dans une si grande simplicité qu'on voie que vous avez le courage de vous mettre au-dessus des faiblesses de votre sexe.

» Il n'y a de vrai mérite ni de véritable vertu, mes chères filles, que celle qui est fondée sur la religion, sur la défiance de soi-même, sur la fuite des occasions et sur un recours continuel à Dieu [1]. »

Ces conseils si sages n'étaient pas donnés aux demoiselles seulement à leur sortie de Saint-Cyr : dès qu'elles arrivaient dans la classe bleue, madame de Maintenon les instruisait des devoirs

---

[1] *Lettres édifiantes*, t. v, p. 544.

d'une femme chrétienne dans le monde, de la sainteté des obligations et des peines du mariage, leur dissipant toutes les illusions qu'elles pouvaient avoir à ce sujet, leur citant les exemples de leurs compagnes, surtout de celles qui avaient de mauvais maris : « Les bons mariages, leur disait-elle, ne sont pas ceux où l'on ne souffre rien du tout, mais ceux où il y en a un des deux qui souffre de l'autre sans rien dire, ou bien quand ils ont assez de vertu pour se supporter tour à tour... Avec un mari, le mieux est de ne jamais se plaindre : ce n'est pas par des plaintes qu'on les ramène. Il faut avoir assez de sagesse et de vertu pour passer entre Dieu et soi ce qu'on peut dérober à la connaissance des autres [1]. »

Madame de Maintenon eut beaucoup de peine à décider les Dames de Saint-Louis à parler comme elle du mariage, et elle leur fit à ce sujet des exhortations très-vives : « La plupart des religieuses n'osent prononcer le nom de mariage : saint Paul n'avait pas cette fausse délicatesse, car il en parle très-ouvertement. Je vous ai vu ce faible; je voudrais qu'il fût détruit ici pour toujours. C'est un travers qui est insoutenable dans une maison comme la vôtre de n'oser y parler d'un état qui est le fondement de la société, que plusieurs de vos demoiselles embrasseront, dont vous devez les rendre capables de remplir les devoirs, d'un sacrement institué par Jésus-Christ, honoré de sa présence, dont les apôtres détaillent les obligations. Il y a certainement bien plus d'immodestie à ces façons-là qu'il n'y en a à parler de ce qui est innocent et dont tous les livres de piété sont remplis. Quand vos demoiselles auront passé par le mariage, elles verront qu'il n'y a pas de quoi rire. Il faut les accoutumer à en parler sérieusement, chrétiennement et même tristement, car c'est l'état où l'on éprouve le plus de tribulations, même dans les meilleurs, et leur apprendre que plus des trois quarts sont malheureux [2]. »

[1] *Lettres édifiantes*, t. v, p. 408.
[2] *Ibid.*, t. vi, p. 200. — Extrait des écrits de madame de Maintenon, p. 445.

D'après la sollicitude qu'elle témoignait pour trouver des époux à ses filles, madame de Maintenon devait s'inquiéter surtout du sort des demoiselles qui ne se marieraient pas. Aussi elle les entretenait souvent de leur mauvaise fortune et des moyens de la supporter, « leur disant que celles qui embrasseraient la vie religieuse auraient une existence assurée, mais que la plupart des autres seraient empêchées de se marier par leur peu de bien, et qu'elles devaient redoubler d'efforts pour vivre honnêtement et chrétiennement dans la pauvreté, le célibat étant un état aussi triste que dangereux...

» Vous retournerez la plupart, ajoutait-elle, en sortant d'ici, avec un père ou une mère veufs ou infirmes ou bizarres, chargés d'enfants dont vous irez augmenter le nombre, passant bien souvent vos journées à travailler... Il y en aura d'autres, et ce seront les plus heureuses, qui se trouveront dans le fond d'une campagne à vivre en ménagères, à veiller sur les domestiques, voir s'ils s'acquittent bien chacun de leurs fonctions, si le labourage se fait bien, s'ils ont soin des bestiaux, et qui enfin souvent seront obligées de mettre la main à l'œuvre[1]. » Elle les préparait à la vie réelle en leur montrant toutes les misères, toutes les humiliations qu'elles auraient à supporter « dans un temps où l'argent fait tout. » — « Faites-vous donc un grand fonds de piété, de vertu et de bons principes, pour qu'ils vous soient une ressource au besoin dans la suite de votre vie, qui ne sera pas aussi douce et aussi unie qu'elle est ici. Vous ne connaissez pas les afflictions, mes enfants; mais comptez que vous n'en manquerez pas dans la suite[2]... Abaissez-vous, mes chères filles; Dieu n'a permis le grand déchet de la noblesse que pour l'humilier et peut-être pour punir quelques-uns de vos ancêtres qui ont abusé de leur autorité et de leurs richesses; abaissez-vous donc pour répondre aux desseins de Dieu. Je ne veux pas dire par là de vous abaisser le cœur, au contraire; il faut l'avoir rempli d'une bonne gloire et

---

[1] *Lettres édifiantes*, t. v, p. 660.
[2] *Ibid.*, p. 249.

bien placée pour ne jamais faire de bassesse; mais je vous conjure de prendre des idées du monde qui soient justes et conformes à la vérité [1]. »

Tel était le langage pénétrant, vrai, persuasif de la fondatrice de Saint-Cyr lorsque, dans les classes ou sous les grands ombrages du jardin, elle se voyait entourée de jeunes filles, belles, rayonnantes de vie et d'espérance, qui l'écoutaient l'œil humide et le cœur ému; « douces colombes, lui disait un saint évêque, sur les ailes de qui elle devait aller au ciel. » Elle jetait alors sur elles des regards profonds et pleins de sollicitude, cherchant sur leur visage à deviner leur vie, s'efforçant par ses paroles d'assurer leur bonheur, et d'ordinaire elle finissait en appelant la bénédiction de Dieu sur elles et sur sa chère maison.

[1] *Lettres édifiantes*, t. v, p. 662.

# CHAPITRE XIII.

### SAINT-CYR PENDANT LA GUERRE DE LA SUCCESSION D'ESPAGNE.

Le testament de Charles II et « les nouvelles grandeurs qu'il apporta dans cette *grandissime* maison de France, » ainsi que s'exprime madame de Maintenon, furent accueillis et célébrés à Saint-Cyr par de vives démonstrations de joie. La fondatrice regarda d'abord ce bonheur inespéré comme une récompense de la piété du roi et de sa persévérance dans le bien. Mais quand la guerre eut été marquée par de grands revers, quand les plans, la sagesse, les efforts de Louis XIV furent continuellement renversés par une fortune implacable, madame de Maintenon se trouva soumise à de terribles épreuves. Elle avait cru, en arrachant le roi à ses désordres, en lui faisant mener une vie chrétienne et dévouée au bien de ses sujets, préparer des années de félicité au royaume; et depuis le moment de sa faveur, la France n'avait, pour ainsi dire, éprouvé que des calamités : « elle ne semblait, disait-elle, avoir été placée près du trône de Louis XIV que pour assister à l'éclipse de sa gloire. » Dans ce grand mécompte, Saint-Cyr fut son refuge : « jamais, disait-elle, mon Saint-Cyr ne m'a été si nécessaire et pour me cacher et pour me consoler. » Devant la cour, elle supportait les tribulations du roi et de l'État avec calme et sérénité; mais elle était en secret dévorée de chagrins et avait presque toujours la fièvre. Quand elle se sentait épuisée de sa contrainte, elle s'enfuyait à Saint-Cyr pour y pleurer librement et épancher ses douleurs dans le sein de ses chères filles; surtout auprès de mesdames du Pérou et de Glapion, qui étaient, dans ces tristes circonstances, ses confidentes ordinaires.

« J'ai sur les peines du roi, des princes, leur disait-elle, j'ai sur les malheurs de l'État, un degré de sensibilité que Dieu seul connaît... Mon imagination est sans cesse tendue de deuil... J'ai toujours à l'esprit l'Espagne presque perdue, la paix qui s'éloigne de plus en plus, les misères que j'aperçois de tous côtés, mille gens qui souffrent sous mes yeux et que je ne puis soulager... Tout cela m'agite à un point inconcevable, et j'ai le cœur si serré que j'ai toujours les larmes aux yeux. Je me dis à moi-même : Qui m'assurera que le roi ne répondra pas de tout cela, car nous sommes obligés à tout le bien que Dieu demande de nous, et nous lui rendrons compte de tout le mal que nous aurions pu empêcher? En vérité, la tête en est quelquefois prête à me tourner ; je crois que si l'on ouvrait mon corps après ma mort on trouverait mon cœur sec et tors comme celui de M. de Louvois[1]. »

Que de fois, pendant cette fatale guerre, on la vit arriver triste, sombre, la tête cachée dans ses coiffes, renfonçant ses larmes! Elle descendait de sa voiture, courbée par la douleur plus encore que par les ans, et s'acheminait lentement, silencieusement vers son oratoire. La supérieure venait à elle, n'osant l'interroger : « Dieu nous éprouve encore, » lui disait tout bas madame de Maintenon. Aussitôt le bruit d'une nouvelle défaite se répandait dans la communauté, et bientôt parmi les demoiselles consternées qui toutes, dans le malheur public, avaient quelque malheur domestique à craindre. On allait à l'église, on implorait les miséricordes de Dieu pour le roi, pour la France, et souvent au milieu des prières éclataient des sanglots!... Et combien cette désolation devenait plus grande quand le soir le roi venait, selon sa coutume, entendre le salut! Louis XIV, portant plus dignement le malheur qu'il n'avait porté ses prospérités, paraissait plein d'une tristesse grave et sereine, plein de la plus humble, de la plus constante résignation; il parlait aux Dames de ses malheurs avec un visage égal, il les attribuait simplement à lui-

---

[1] *Lettres édifiantes*, t. VI, p. 314.

même, et leur demandait de redoubler leurs prières; puis il aimait à s'entourer des rejetons de sa noblesse moissonnée à Hochstett et à Ramillies; il s'efforçait de sourire à ces pauvres orphelines qui entonnaient en pleurant le cantique royal; il s'arrêtait devant chacune d'elles, et d'une voix qui n'était plus calme il tâchait de consoler tantôt les filles de d'Aubigny, colonel des dragons, de Bernière, major du régiment des gardes, de Cateuil, capitaine de dragons, tués à Ramillies; tantôt celles de Kercado, mestre de camp du royal-étranger, de Villiers, maréchal de camp, de D'Escoubleau, capitaine au régiment de la reine, tués devant Turin. « Beaulieu, dit-il un jour à une pauvre fille qui se jetait à ses genoux en sanglotant, votre père est mort honorablement à mon service; si mes ministres venaient à l'oublier, priez madame de m'en faire souvenir. » Chaque famille de la noblesse eut tant de morts, de blessés, de prisonniers dans cette funeste guerre, que Saint-Cyr devint insuffisant pour les places demandées, et que, sans l'embarras des finances, on eût porté le nombre de ces places à quatre cents. « Le roi, écrivait madame de Maintenon en 1712, est accablé de filles dont les pères ont été tués ou estropiés dans ces dernières campagnes. »

Jamais on ne fit plus de prières à Saint-Cyr : chaque expédition, chaque combat, chaque événement de cette guerre fut marqué par des messes, des processions, des neuvaines. Pendant que Louis XIV et ses ministres préparaient les plans de campagne et les moyens de vaincre la coalition, madame de Maintenon et les Dames de Saint-Louis imploraient sans relâche les secours d'en haut, sollicitaient toutes les maisons religieuses de faire avec elles un concert de prières, et soulevaient pour ainsi dire toutes les âmes pieuses de la France pour forcer la miséricorde de Dieu. « Faites-vous des saintes, leur disait sans cesse madame de Maintenon, pour nous obtenir la paix. »

Ainsi quand, en 1708, Jacques III tenta un débarquement en Écosse[1], sa mère le recommanda aux prières des Dames de Saint-

---

[1] Voir mon *Histoire des Français*, t. III, p. 395 de la 8ᵉ édition.

Cyr en disant « qu'il partait avec des sentiments si chrétiens et si pleins d'amour et de reconnaissance pour le roi, qu'elle ne pouvait y penser sans consolations; » et madame de Maintenon écrivit à Saint-Cyr et aux principales communautés de Paris : « Vous êtes trop bonnes Françaises et trop attachées au roi pour ne pas faire toutes les prières possibles en faveur du roi d'Angleterre : son arrivée en Écosse peut nous donner la paix [1]. » L'expédition échoua, et la veuve de Jacques II remercia les Dames de Saint-Louis « de toutes les prières qu'elles avaient faites, leur en demandant par charité la continuation, afin d'obtenir de Dieu les grâces nécessaires pour profiter d'une si grande épreuve [2]. »

Dans cette même année, le duc de Bourgogne, avant de partir pour prendre le commandement de l'armée de Flandre, se recommanda aussi aux prières des Dames; et la duchesse de Bourgogne vint plusieurs fois à Saint-Cyr prier des heures entières pour la gloire de son époux : elle montrait, dans les circonstances périlleuses où se trouvait le pays, disait madame de Maintenon, « la dignité de la première femme de l'État, les sentiments d'une Romaine pour Rome et les agitations d'une âme qui veut le bien avec une ardeur qui n'est pas de son âge [3]. » Aussi la défaite d'Oudenarde, causée par le mauvais accord du duc de Bourgogne et du duc de Vendôme, fut-elle ressentie par toute la maison comme une disgrâce personnelle; la consternation y fut si grande que madame de Maintenon crut nécessaire d'écrire aux Dames quelques jours après : « Les affaires de Flandre ne sont pas en si mauvais état; la plupart de nos troupes dispersées sont revenues; peu de gens sont demeurés sur la place; il y a moins de prisonniers qu'on ne disait; mais je crains que la confiance outrée de M. de Vendôme ne nous attire encore quelque malheur [4]... »

[1] *Lettres édifiantes*, t. VI, p. 13 et 15.
[2] *Ibid.*, p. 25.
[3] Labeaumelle, t. v, p. 160.
[4] *Lettres édifiantes*, t. VI, p. 86.

A l'époque du siége de Lille, toutes ces appréhensions recommencèrent. « Les prières de quarante heures étaient partout. Madame la duchesse de Bourgogne passait les nuits à la chapelle; à son exemple, les femmes qui avaient leurs maris à l'armée ne bougeaient des églises. La frayeur était peinte sur tous les visages; et cette horreur dura près d'un mois!... Le roi avait écrit aux évêques pour qu'ils fissent faire des prières publiques, en des termes qui convenaient au danger : on peut juger quelle en fut l'impression et l'alarme générale[1]. » — « Je ne sais pas dissimuler avec vous, mes chères filles, écrivait madame de Maintenon, et mes lettres ne peuvent vous donner que de la douleur. Je suis dans des inquiétudes continuelles sur le dénoûment de la campagne. M. le duc de Bourgogne est à la tête d'une puissante armée, remplie de bonne volonté; sa situation est bonne, il ne manque de rien; mais on prétend qu'il ne saurait revenir en France sans donner une bataille, qui me serre continuellement le cœur... Notre roi est le seul qui se possède toujours avec la même égalité d'humeur, d'esprit et d'occupation... Sa piété, son courage augmentent avec les revers : il ne transpire rien de la douleur dont il est déchiré[2].... Et si vous pouviez voir quels sont ses travaux et ses chagrins! Il est toute la journée dans son cabinet à faire des comptes; il ne les quitte point qu'il ne les ait achevés, et il ne s'en décharge point sur ses ministres. Il ne se repose sur personne du règlement de ses armées, il possède le nombre de ses troupes et de ses régiments en détail comme je possède les bandes de vos classes. Il tient plusieurs conseils par jour, où l'on traite d'affaires fâcheuses, de la guerre, de la famine et d'autres afflictions[3]. »

Comme on le voit, madame de Maintenon, quand elle était à la cour, ne manquait pas d'entretenir ses chères filles de tous les faits de la guerre; et quand elle était à Saint-Cyr, Louis XIV en

---

[1] Saint-Simon, t. vi, p. 333.
[2] Lettres du 4 août et du 20 octobre 1708.
[3] *Lettres édifiantes*, t. v, p. 68.

faisait autant en lui envoyant des billets dont le laconisme et la simplicité contrastent avec la grandeur des événements [1]. C'était le sujet ordinaire de ses entretiens pendant les récréations : tantôt elle leur disait l'affliction du roi à la bataille de Hochstett : « Il ne revient point des quinze mille Français qui se sont rendus sans tirer un seul coup... Priez Dieu qu'il bénisse ses armes! » Tantôt elle leur racontait la défaite de Ramillies : « J'en ai été étonnée, frappée, abattue, indignée, pétrifiée dans le premier moment; mais je reprends courage et je me trouve un peu petite fille d'Agrippa d'Aubigné. » Tantôt elle leur parlait de la bataille de Malplaquet, « cette action illustre et malheureuse, » et elle leur apprenait les conditions de paix que la haine insensée des ennemis de la France avait voulu imposer à Louis XIV, « conditions qui ont donné, disait-elle, de l'indignation à tout ce qui a une goutte de sang français. » C'est à Saint-Cyr qu'elle écrivit à son neveu le duc de Noailles, qui commandait vers les Pyrénées :

« Vous savez la dernière réponse de nos ennemis. Le roi l'a entendue non avec l'indignation d'un homme qui se souvient de ses anciennes victoires, mais avec le sang-froid d'un homme maître de la guerre et de la paix. Nos princes, nos grands seigneurs n'ont pu se modérer ainsi : je ne les ai jamais vus moins courtisans et plus citoyens... Le maréchal d'Harcourt veut qu'on s'unisse pour soutenir le roi, et qu'on meure avec la France et avec lui; il conseille d'animer le peuple à son devoir par toutes sortes de moyens; il veut que tout cède au bien public, et que le maître se serve de chacun selon ses talents... Pour moi, j'ai été moins vive; je n'ai jamais espéré une paix raisonnable et n'ai jamais cru que le roi en acceptât une honteuse. Il faut donc songer à la guerre et défendre notre terrain et notre roi jusqu'à

---

[1] Le 26 mars 1702, il lui écrit : « Je viens d'apprendre par un courrier venu de Calais la mort du prince d'Orange. Les Anglais avaient fait fermer les ports pour la tenir secrète. Je vous prie de revenir en hâte à Versailles. »

Le 10 décembre 1710 : « Les ennemis se sont retirés, et le roi d'Espagne est maître de Madrid. J'ai cru que vous ne seriez pas fâchée de savoir cette nouvelle, en attendant que nous sachions un plus grand détail. »

la dernière goutte de notre sang. Je suis préparée à tout ce qui peut nous arriver de pis[1]. »

Cependant les rigueurs d'un hiver effroyable, puis les tortures de la famine vinrent s'ajouter aux malheurs de la France. « Grand nombre de gens qui, les années précédentes, soulageaient les pauvres, se trouvèrent réduits à subsister à grand'peine et beaucoup de ceux-là à recevoir l'aumône en secret. Il ne se peut dire combien d'autres briguèrent les hôpitaux naguère la honte et le supplice des pauvres, combien d'hôpitaux ruinés revomissaient leurs pauvres à la charge publique, c'est-à-dire alors à mourir effectivement de faim, et combien d'honnêtes familles expirantes dans les greniers[2].... » Le magnifique asile que Louis XIV avait bâti aux filles de sa noblesse ne reçut qu'une faible atteinte de la calamité publique; aussi les Dames s'efforcèrent de soulager quelques misères en s'imposant toutes sortes de privations : elles allégèrent les charges des paysans de leurs terres, et en nourrirent un grand nombre, principalement ceux de Saint-Cyr; leurs portes étaient continuellement assiégées de centaines de malheureux à qui elles distribuaient du pain et des habits; les demoiselles prirent part avec joie à toutes ces aumônes en travaillant à des ouvrages qu'elles faisaient dans les récréations et même pendant le temps des offices; elles se réduisirent à ne plus manger que du pain d'avoine, et madame de Maintenon leur en donna l'exemple; elles se dépouillèrent de leurs rubans et de tout le luxe de leur toilette pour envoyer du pain à Gomerfontaine, qui en manquait depuis huit jours, et madame de Maintenon pleura en apprenant « l'accueil qu'on avait fait à ce pain. » Quand elle partait pour Saint-Cyr, elle remplissait sa voiture de vivres, d'habits, d'argent, et tout cela était distribué avant qu'elle arrivât; elle ne pouvait plus aller qu'au pas, tant la foule qui l'entourait en poussant des cris de désespoir était grande. Un jour on lui jeta un enfant demi-mort dans son car-

[1] Lettre du 19 juillet 1710, dans Labeaumelle, t. v, p. 158.
[2] Saint-Simon; t. vii, p. 105.

rosse; enfin elle en vint à craindre pour elle-même. « La famine, écrivait-elle, met le peuple dans un mouvement auquel il ne se faut pas exposer. On voit des gens qui n'entendent plus raison et que la nécessité transporte. On en viendra à ne plus pouvoir sortir avec sûreté... Cet état-ci est si violent qu'il ne peut durer... Tout est à une extrémité qui me fait espérer que Dieu va y mettre la main... Que je suis lasse de mon état! Priez, priez, mes filles, pour que j'aie la force de le soutenir jusqu'à la fin [1]! » Et la douleur qu'elle avait du mauvais état des affaires et de la misère qu'éprouvait le peuple la fit tomber dans une tristesse et un abattement tels qu'on craignit pour sa vie [2].

Au milieu de ces calamités la maison de Saint-Cyr fit une grande perte : Godet Desmarets, évêque de Chartres, mourut. Il ordonna par son testament que son cœur fût apporté à Saint-Cyr : ce qui fut exécuté le 30 septembre 1709. Après un pompeux service, on mit ce cœur dans la muraille près du sanctuaire du côté droit, avec une épitaphe. M. de Mérinville, neveu du défunt, lui succéda dans le siége de Chartres; et M. de La Chétardie, curé de Saint-Sulpice, devint le directeur de madame de Maintenon.

Ce fut le commencement des funérailles qui mirent le comble à la désolation de Saint-Cyr. En 1711, le dauphin mourut; et en 1712, en moins d'un mois, la duchesse de Bourgogne, le duc de Bourgogne, leur fils aîné le duc de Bretagne, furent enlevés par une maladie si subite qu'on crut à des empoisonnements. On peut imaginer plus facilement que dépeindre la douleur de Saint-Cyr à la nouvelle de ces morts précipitées, surtout quand on eut à pleurer la duchesse de Bourgogne, « cette gloire de notre maison, dit madame de Maintenon, l'œuvre de mes mains, les délices de la France. » Elle tomba dans un abattement voisin du désespoir : « Quelle affliction pour le roi! écrivait-elle, je ne lui en ai jamais vu une pareille! quelle perte pour le royaume!

[1] Lettres de mai, juillet, septembre 1709, t. vi des *Lett. édifiantes*, p. 203 et suiv.
[2] Languet, t. ii, p. 714.

quel écrasement pour moi!... Je suis comme hébétée par l'accablement de mes peines et de ma tristesse!... Je ne sais vraiment ce que Dieu veut faire de nous! » Et à ceux qui voulaient la consoler : « Laissez-moi, disait-elle, laissez-moi pleurer mon enfant. » Elle ne cessait d'en parler, de raconter aux Dames et aux demoiselles les détails de cette mort étrange, la parfaite résignation de la princesse et toutes ses qualités. Elle en tomba malade et l'on crut qu'elle succomberait à une douleur qu'elle porta en effet toute sa vie. Ce fut dans ces circonstances que les demoiselles chantèrent en chœur cette prière pour leur institutrice, dont la musique, empreinte de la tristesse et de la gravité de l'époque, fut longtemps en honneur à Saint-Cyr.

> Vous qui de l'un à l'autre pôle
> Étendez de vos lois le pouvoir glorieux,
> Dieu puissant, de qui la parole
> Enfanta la terre et les cieux,
> Seigneur, conservez-nous notre unique espérance ;
> Celle qui nous conduit au pied de vos autels
> Est le soutien de l'innocence ;
> Prolongez ses destins, pour le bien des mortels ;
> Et lorsque l'univers suit la trace fidèle
> Que vos lois ont su lui marquer,
> Grand Dieu, du moins laissez-lui le modèle
> Des vertus qu'il doit pratiquer [1] !

Madame de Maintenon retrouva des forces pour soutenir le monarque en qui reposait le salut de la France; elle en retrouva aussi dans son amour pour Saint-Cyr : « Tout manque en moi, disait-elle, je m'échappe à moi-même ; mais ma sensibilité pour Saint-Cyr et mes chères filles vit encore. » Quand tous les sépulcres de la famille royale furent fermés, Louis XIV revint dans la maison où avait été élevée l'enfant si chère à sa vieillesse : jusque-là, il n'avait pas fait une plainte, montré une larme; mais à Saint-Cyr, dans la chambre de madame de Maintenon, dans l'oratoire de cette fidèle compagne, au pied du petit autel de la Croix, les deux

---

[1] Manuscrit n° 2423 de la bibliothèque de Versailles, p. 901.

vieillards se soulagèrent, et sans témoins, en silence, libres des courtisans et de la pompe royale, ils laissèrent couler et confondirent leurs pleurs. Louis sortit plus fort, plus résolu de cette sainte maison. « Désormais, écrivait madame de Maintenon, la France est son unique famille et au moins aussi chère que celle qu'il a perdue. » Et c'est après ces épanchements dans la retraite, après ces prières résignées dans le sanctuaire, que, se redressant dans tout son calme et sa majesté, il conçut ces résolutions et donna aux généraux ces instructions si pleines de grandeur qui sauvèrent le pays. « Si vous êtes battu, écrivait-il à Villars, j'irai moi-même vous secourir, ou mourir avec vous; j'ai l'honneur d'être le plus ancien soldat de mon royaume. »

Quelque temps après le roi ordonna qu'on portât à Saint-Cyr, « où l'on avait une grande passion de le voir, » le dernier rejeton de la race royale, à peine échappé de la maladie qui lui avait enlevé sa famille. On peut se figurer avec quelles larmes, quels transports les Dames accueillirent cet enfant de leur chère princesse, et quelles ardentes prières furent faites pour sa vie. On le mena souvent à Saint-Cyr pour y prendre l'air dans les jardins et l'amuser du spectacle des demoiselles, et quand il passa des mains des femmes à celles des hommes (1714), la duchesse de Ventadour, sa gouvernante, envoya à Saint-Cyr, pour la consacrer à la sainte Vierge, la dernière robe que l'enfant royal avait portée, robe brodée par sa mère, et qui fut conservée comme une pieuse relique.

Cependant la guerre continuait et l'on s'attendait à une action décisive. Madame de Maintenon en avait la fièvre : « Je crains et désire une bataille, disait-elle aux Dames... Dieu veuille enfin protéger nos armes ! » Tant de constance reçut son prix, et la victoire de Denain témoigna que la justice divine était enfin apaisée. Madame de Maintenon se trouvait à Versailles quand la première nouvelle en arriva. « Réjouissez-vous, mes chères enfants, écrivit-elle aux Dames; il y a trop longtemps que vous êtes tristes, réjouissez-vous ! les armes du roi sont à la fin victorieuses! » Et quelques heures après : « Nous coupons les vivres au prince Eugène ; on a pris beaucoup plus de butin qu'on n'avait cru ; nous aurons bientôt les drapeaux. » Puis son enjouement revenant avec la victoire : « Il serait bien honteux à vous, mes chères filles, de ne pas faire lever le siége de Landrecies à force de prières : c'est aux grandes âmes à faire de grandes choses. »

Enfin la paix d'Utrecht, puis celle de Rastadt, fut signée. Celle-ci fut annoncée à Saint-Cyr par ce billet du roi :

« La paix n'est pas encore faite, mais elle sera bientôt signée. Le prince Eugène est revenu à Rastadt et M. de Villars y allait retourner. On est d'accord de tout et j'ordonne au maréchal de signer. J'ai cru que vous ne seriez pas fâchée de savoir cette bonne nouvelle quelques heures plus tôt ; il ne faut rien dire, si ce n'est que le prince Eugène est revenu à Rastadt et que les conférences se recommencent. Je ne doute plus de la paix et m'en réjouis avec vous. Remercions bien Dieu[1]. »

Les malheurs de la guerre et les douleurs de la famille royale ne furent pas les seules causes du chagrin profond qui portait madame de Maintenon à chercher des consolations dans son oratoire de Saint-Cyr et dans la conversation de ses chères filles ; il y en avait un autre qui nous paraît plus étrange et moins légitime, qui l'affecta, ainsi que Louis XIV, autant que les autres, le danger où elle croyait la religion par les progrès du jansénisme.

Le gouvernement royal, tout-puissant, tout obéi qu'il était, n'avait pas laissé que d'exciter des pensées d'opposition, de sourds mécontentements, même des haines ferventes. Louis avait cru se défaire des ennemis de son État en chassant les huguenots ; mais il en avait trouvé d'autres non moins redoutables et plus habiles dans les jansénistes, qui n'étaient pas seulement une secte dissidente de l'Église catholique, mais un parti politique se recrutant dans le clergé, la magistrature, la haute bourgeoisie et jusqu'au pied du trône du grand roi.

[1] *Lettres édifiantes*, t. VI.

Cette opposition présentait sans doute quelque danger dans l'état où étaient les affaires et avec une guerre si désastreuse; mais les jésuites exagérèrent les opinions indépendantes, les desseins factieux de leurs adversaires : ils accusèrent les jansénistes d'être les ennemis de l'autorité et de la combattre soit dans le pape, soit dans les évêques, soit « dans les rois, par lesquels ils craignaient d'être réprimés [1]; » ils les accusèrent de songer à un changement dans la succession au trône en faveur du duc d'Orléans. « Ils se promettaient, disaient-ils, de malheureux avantages de la diminution de la famille royale, et ils ne cachaient pas leurs détestables espérances [2]. » Ils effrayèrent ainsi Louis XIV, « qui croyait les huguenots et les jansénistes peu différents et presque également hérétiques [3]; » ils lui laissèrent croire que la minorité de Louis XV était menacée d'une guerre civile et le poussèrent à sévir contre les novateurs.

Madame de Maintenon, excitée par les jésuites, qu'elle n'aimait pas, contre les jansénistes, parmi lesquels elle avait des amis vénérés, surtout le vertueux cardinal de Noailles, fut tourmentée au point d'entretenir journellement de ces tristes querelles la maison de Saint-Cyr. Les Dames et les demoiselles furent ainsi mises au courant du livre du Père Quesnel, origine ou prétexte de tous les troubles; de l'approbation que lui avait donnée le cardinal de Noailles, de la *constitution* du pape contre ce livre, etc. « Elle avait un soin particulier, disent les Dames, de nous instruire de tout ce qui se passait par rapport à cela, pour nous prémunir contre les mauvaises impressions qu'on pourrait vouloir nous donner, et elle nous inspirait un vrai zèle pour l'Église, qu'elle ne faisait pas consister à discourir sur les matières de religion, nous disant que cela n'était nullement convenable à des filles, mais à nous tenir bien attachées au Saint-Siége et à en recevoir les décisions avec une parfaite soumission. Si vous n'étiez qu'une communauté re-

---

[1] *Lettres édifiantes*, t. vi, p. 724.
[2] *Ibid.*, p. 477.
[3] Saint-Simon, t. vii, p. 447.

ligieuse, nous disait-elle, je vous laisserais le plus qu'il est possible ignorer ce qui se passe dans le monde; mais vous élevez des filles qui y retourneront. Il faut bien leur donner des préservatifs contre les différents dangers qu'elles y trouveront. D'ailleurs le *parti* croirait beaucoup gagner en mettant dans le sien ce grand nombre de demoiselles qui doivent, en sortant de chez vous, remplir les couvents et porter dans toute la France l'instruction que vous leur avez donnée [1]. »

Nous n'avons pas à raconter les persécutions faites contre le jansénisme : c'est la partie la plus triste du règne de Louis XIV, c'est aussi la partie la plus triste de la vie de madame de Maintenon, et rien ne saurait excuser l'abandon qu'elle fit alors du cardinal de Noailles. L'Institut de Saint-Louis se ressentit de ces persécutions : on renvoya des demoiselles suspectes d'appartenir au parti par leurs familles; on refusa d'admettre celles dont les parents pouvaient être soupçonnés; et les jésuites se trouvèrent ainsi avoir une influence fâcheuse dans les nominations; enfin la vie et même l'éducation de Saint-Cyr prirent la teinte de la dévotion dans laquelle était tombée madame de Maintenon, c'est-à-dire qu'elles devinrent un peu sombres, tristes et inquiètes.

C'est dans ces circonstances que madame de Maintenon crut bon de compléter la réforme de Saint-Cyr en ôtant aux Dames leur costume séculier qui était si modeste et si élégant, pour leur donner l'habit sévère de l'ordre de Saint-Augustin. « Elle était persuadée, disait-elle aux Dames, que l'habit religieux a quelque chose qui inspire de la gravité, du recueillement et du mépris pour soi-même; que dans le monde on était toujours en doute si elles étaient religieuses ou non; que dans la suite des gens malintentionnés pourraient les faire regarder comme des filles de communauté qu'on peut défaire quand on veut [2]. » Ce changement

---

[1] *Mémoires de Saint-Cyr*, ch. XXIX. — *Lettres édifiantes*, t. V, p. 956, et t. VI, p. 505.

[2] *Mémoires de Saint-Cyr*, chap. XXVIII. — L'habit des religieuses de Saint-Augustin « est d'étamine du Mans ou de serge de Londres noire, suivant les saisons, et consiste en une robe et un scapulaire avec deux ceintures, l'une pour attacher la

d'habit se fit le 7 août 1707. Le roi n'y consentit qu'avec une grande répugnance, et à la condition que les Dames conserveraient leur manteau et leur croix d'or.

Les derniers événements de l'histoire de Saint-Cyr pendant le règne de Louis XIV furent les maladies qui affligèrent cette maison. « La colère de Dieu nous visita aussi, dit l'historienne de Saint-Cyr, car nous eûmes jusqu'à cent douze demoiselles dans les infirmeries; » douze moururent en moins de deux mois. Les Dames se dévouèrent à les soigner avec une grande vertu, et quelques-unes des plus jeunes y succombèrent. Les *Mémoires de Saint-Cyr* citent parmi ces religieuses qui moururent ainsi « dans le baiser du Seigneur, » madame de Saint-Périer, qui était maîtresse des bleues; madame de Nobleval, qui s'était faite religieuse malgré sa famille, laquelle lui préparait un riche mariage et une place à la cour; madame de Malvoue, qui sollicita de soigner les malades de la petite vérole et fut emportée en quelques heures; enfin madame d'Assy. « C'était un esprit doux et bien fait, un bon naturel qui n'avait que de bonnes inclinations; l'innocence et la candeur étaient peintes sur son visage, qui, jointes à sa beauté naturelle, la rendaient tout aimable. Pendant son agonie, elle devint beaucoup plus belle qu'elle n'avait été dans le temps de sa meilleure santé, mais c'était une beauté toute céleste qui inspirait de la dévotion, et nous la regardâmes mourir avec ravissement... »

robe, l'autre qui prend le scapulaire par devant et par derrière. Pour coiffure elles ont un bandeau, une guimpe ronde, un petit voile de toile blanche, un autre voile d'étamine noire, et par-dessus un autre grand voile aussi d'étamine légère. » (*Histoire des ordres monastiques,* t. IV, p. 437.)

# CHAPITRE XIV.

MORT DE LOUIS XIV. — RETRAITE DE MADAME DE MAINTENON A SAINT-CYR. — SA MORT.

Au mois d'août 1715 le roi tomba malade, et dès les premiers jours on désespéra de le sauver. Madame de Maintenon avait alors quatre-vingts ans, elle était très-infirme et n'avait plus toute la fermeté de son intelligence; néanmoins elle le soigna avec la plus grande vigilance, « demeurant quelquefois quatorze heures de suite près de son lit, y passant encore la nuit sur un matelas. Malgré son affliction, elle avait le courage de n'en rien laisser paraître devant lui : ce qui ne se pouvait sans qu'elle se fît une extrême violence; mais dès qu'elle rentrait chez elle elle donnait liberté à sa douleur. Elle parlait souvent au roi avec tant de zèle et d'une manière si élevée, que ceux qui l'entendaient étaient ravis d'admiration, et dirent que ce n'était pas une femme, mais un ange qui parlait [1]. » —

« Le roi m'a dit trois fois adieu, racontait madame de Maintenon aux Dames de Saint-Cyr : la première, en me disant qu'il n'avait de regret que celui de me quitter, mais que nous nous reverrions bientôt; je le priai de ne plus penser qu'à Dieu. La seconde, il me demanda pardon de n'avoir pas assez bien vécu avec moi; qu'il ne m'avait pas rendue heureuse, mais qu'il m'avait toujours aimée et estimée également. Il pleurait et me demanda s'il n'y avait personne, je lui dis que non; il dit : « Quand on entendrait que je m'attendris avec vous, personne

[1] *Mémoires de Saint-Cyr*, chap. XXIX.

n'en serait surpris. » Je m'en allai pour ne pas lui faire de mal. A la troisième, il me dit : « Qu'allez-vous devenir, car vous n'avez rien? » Je lui répondis : « Je suis un rien, ne vous occupez que de Dieu; » et je le quittai. Quand j'eus fait deux pas, je pensai que, dans l'incertitude du traitement que me feraient les princes, je devais demander qu'il demandât à M. le duc d'Orléans d'avoir de la considération pour moi. Il le fit de la manière dont le prince le publia sur-le-champ : « Mon neveu, je vous recommande madame de Maintenon; vous savez la considération et l'estime que j'ai eues pour elle; elle ne m'a donné que de bons conseils, j'aurais bien fait de les suivre; elle m'a été utile en tout, mais surtout pour mon salut. Faites tout ce qu'elle vous demandera pour elle, pour ses parents, pour ses amis, pour ses alliés, elle n'en abusera pas; qu'elle s'adresse directement à vous pour tout ce qu'elle voudra[1]. » Enfin, dans son testament, il recommanda à son successeur Saint-Cyr et les Invalides « comme des établissements trop utiles et trop solidement fondés pour souffrir la moindre altération. » — »

Pendant ce temps la maison de Saint-Louis était dans la consternation : toute la communauté se tenait à l'église, faisant des prières; « et ce devoir de la plus juste reconnaissance ne cessait ni jour ni nuit. » Le 29 août le roi perdit connaissance, et l'on crut qu'il n'avait plus que peu d'heures à vivre. « Vous ne lui êtes plus nécessaire, dit à madame de Maintenon son confesseur; vous pouvez vous en aller. » Et le maréchal de Villeroy l'exhorta à ne pas attendre plus longtemps et à se retirer à Saint-Cyr; il envoya même des gardes du roi pour se poster de distance en distance sur la route, et lui prêta son carrosse : « On pouvait craindre, lui disait-il, quelque émotion populaire, et le chemin ne serait peut-être pas sûr. » Madame de Maintenon, affaiblie et troublée par l'âge et la douleur, fit la faute de suivre ce conseil; elle n'attendit pas le dernier soupir de son époux, quitta son chevet en pleurant et s'en alla à Saint-Cyr.

[1] *Mémoires de Saint-Cyr*, Introduction.

Son arrivée y jeta l'alarme, et toute la communauté courut à la porte de clôture pour la recevoir. Elle dit en entrant avec des sanglots : « Il ne me faut plus que Dieu et mes enfants. » Et voulant réunir à la fois tout ce qui pouvait redoubler sa tristesse, au lieu de se renfermer, elle demanda à voir toutes ses filles. Elles défilèrent devant elle, dans la salle de communauté, toutes en pleurs, jusqu'aux plus jeunes : « J'espère, mes chères enfants, leur dit-elle, que je vous reverrai sans attendrissement dans la suite ; mais aujourd'hui il n'y a pas moyen. »

Cependant le lendemain le roi sortit de son affaiblissement et donna quelques lueurs de vie. On avertit madame de Maintenon de retourner auprès de lui ; elle le fit à regret, ne croyant pas fondée cette espérance. Louis la reconnut, lui dit encore quelques paroles, et retomba bientôt sans connaissance ; aussi vers le soir, voyant qu'elle ne pouvait plus lui être utile, elle revint à Saint-Cyr et n'en sortit plus. Le roi mourut le lendemain à neuf heures du matin. Mademoiselle d'Aumale, aussitôt que la nouvelle en arriva à Saint-Cyr, la porta à madame de Maintenon, et pour cela elle lui dit en entrant dans sa chambre : « Madame, toute la maison est en prières au chœur. » Celle-ci leva les mains au ciel en pleurant et se rendit à l'église, où elle assista à l'office des morts.

Dès que le roi eut expiré, tout ce qu'il y avait de plus grand à la cour écrivit à madame de Maintenon ou lui envoya des exprès pour lui faire des compliments. Le duc d'Orléans, devenu régent du royaume, se hâta de venir lui-même : on sait quelle triste renommée avait ce prince à cause de son impiété et de ses débauches ; néanmoins il lui avait toujours témoigné une grande considération, et disait à ceux qui la calomniaient : « Elle a fait du bien à tout le monde tant qu'elle a pu et n'a jamais fait tort à personne. » Il trouva madame de Maintenon dans son lit, et eut avec elle la conversation suivante, que celle-ci dicta aux Dames de Saint-Cyr.

« Le prince me dit qu'il venait m'assurer de toute la considération que je pouvais désirer. J'ai voulu le remercier; il m'a interrompu en disant qu'il ne faisait que son devoir, et que je savais ce qui lui avait été prescrit par le roi. Je lui dis que je voyais avec plaisir la marque de respect qu'il donnait au feu roi en me faisant cette visite. Il repartit qu'il n'avait garde d'y manquer par cette raison-là, et qu'il le faisait aussi par son estime pour moi. Il me dit qu'il avait pris des mesures pour qu'on me donnât exactement ce que le roi me donnait de sa cassette [1]. J'ai répondu qu'on me l'avait appris hier au soir et que je l'en remerciais très-humblement; que c'était trop dans l'état où sont les finances et que je n'en désirais pas tant; que d'ailleurs ce qu'il me donnerait serait employé à des prières pour obtenir de Dieu le secours dont il avait besoin... Je l'ai prié de ne rien écouter de tout ce qu'on voudrait lui imposer sur mon sujet; que je connaissais la malice des hommes, que je ne pensais qu'à me renfermer, et que la seule obligation que je lui avais d'un bienfait dont il m'assurait suffisait pour m'engager d'honneur à ne jamais rien faire ni dire contre lui; que je ne pensais plus aux affaires que pour prier pour le bonheur de la France. Il m'a renouvelé toutes sortes de protestations pour moi et pour Saint-Cyr, et m'a prié de m'adresser à lui directement. Je lui ai répondu que mes plus grandes instances seraient pour achever la fondation de Saint-Cyr. » —

« Après cette conversation, ajoutent les Dames, le régent voulut voir toute la communauté, et nous fit l'honneur de nous dire : « J'ai demandé à vous voir, mesdames, pour vous assurer de la protection que vous trouverez toujours en moi; je n'ai rien à vous dire pour vous le persuader; il suffit que le roi vous ait recommandées. Je connais le mérite de votre maison si utile à la noblesse et à tout le royaume. Pour ce que vous sou-

---

[1] Le brevet est du 12 septembre. « Le roi ayant été informé que le feu roi a recommandé peu de temps avant de mourir à M. le duc d'Orléans ladite dame, qui touchait sur sa cassette une somme de 4,000 livres par mois, que *son désintéressement lui a rendue nécessaire*, Sa Majesté, pour satisfaire à ses justes intentions, lui a accordé et fait don de la somme de 48,000 livres de pension annuelle. »

haiterez et que madame de Maintenon désirera, vous pouvez vous adresser à moi, je serai toujours prêt à vous rendre les services qui sont en mon pouvoir. Je viens moi-même vous en assurer. Je me recommande à vos prières pour que Dieu me donne la force et les lumières dont j'ai besoin pour soutenir le terrible fardeau dont je suis chargé. » Toute la communauté le remercia et le reconduisit jusqu'à la porte de clôture [1].

La duchesse d'Orléans, mère du régent, vint quelques heures après en grand habit de cour et donna de même à madame de Maintenon des marques d'estime et d'amitié. « Je viens mêler mes larmes, lui dit-elle, avec celles de la personne que le roi que je regrette tant a le plus aimée [2]. » — « Madame de Maintenon est un ange, ajoutait-elle, par la manière dont elle avait usé de sa faveur et celle dont elle avait parlé au roi dans ses derniers moments, aussi bien que par son désintéressement [3]. » La reine d'Angleterre vint ensuite : elle l'embrassa tendrement, car depuis son séjour en France elle s'était liée d'une étroite amitié avec elle, et toutes deux fondirent en larmes. « Tous les princes et princesses se préparaient de même à lui faire visite, mais elle les fit remercier, ne voulant plus voir le monde ni en entendre parler [4]. » Cependant elle consentit à voir le duc du Maine, le maréchal de Villeroy et le duc de Noailles; puis elle cessa entièrement de recevoir des visites.

Dès les premiers jours de sa retraite à Saint-Cyr, elle congédia ses domestiques et se défit de son équipage, « ne pouvant se résoudre, disait-elle, à nourrir des chevaux, pendant qu'un si grand nombre de demoiselles étaient dans le besoin [5]. » Elle

---

[1] *Mémoires de Saint-Cyr*, chap. XXIX. — Languet, t. II, p. 799.
[2] *Mémoires de la princesse palatine*, p. 24.
[3] *Mémoires de Saint-Cyr*, chap. XXIX. — C'est cette même princesse qui a laissé des mémoires où elle ne parle jamais de madame de Maintenon que dans les termes les plus cyniques et avec une haine poussée jusqu'à la fureur.
[4] Préface du tome VII des *Lettres édifiantes*.
[5] Un frère de madame de Glapion lui écrivit « qu'ayant ouï dire qu'elle avait renvoyé tous ses gens, toute la noblesse du royaume devait venir pour la servir, et qu'il s'offrait lui-même à commencer. »

vécut dans son petit appartement, se soumettant, autant que le permettait son âge, aux règlements de la maison, suivant les exercices de la communauté, allant aux classes « et aux récréations, dont elle était tout l'agrément, » ne sortant que pour se rendre dans le village en compagnie de quelques demoiselles afin de visiter les malades et les pauvres[1]. « Son plaisir, disent les Dames, aurait été de manger avec nous au réfectoire, comme elle avait toujours fait auparavant; mais elle était devenue trop incommodée pour y pouvoir dîner, le lieu étant froid et humide[2]. »

Elle passa ainsi près de quatre années dans une retraite profonde, ne voyant personne que mesdames de Caylus et de Dangeau, employant ses journées à la prière, au travail des mains, à de bonnes œuvres. Ne pouvant plus que rarement monter aux classes, elle avait presque toujours auprès d'elle quelques demoiselles qu'elle instruisait, souvent même un enfant à qui elle montrait à lire, ou bien quelques novices qu'elle examinait et encourageait[3]. Son plus grand plaisir était dans les charités innombrables qu'elle faisait et pour lesquelles elle s'imposait même des privations; tout son revenu y était employé; elle s'attachait principalement à secourir des officiers et des soldats que la fin de la guerre avait mis dans le besoin et qui venaient solliciter ses secours jusqu'à Saint-Cyr : « Ces pauvres gens de la maison du roi, qui ont fait des merveilles, écrivait-elle, me font pitié par leur détresse. »

Les deux personnes qui adoucirent sa retraite et passaient ordinairement leurs journées avec elle furent mademoiselle d'Aumale et madame de Glapion. Nous avons déjà parlé de la pre-

---

[1] Les registres de baptême de la commune de Saint-Cyr portent que madame de Maintenon a été la marraine de plusieurs enfants de pauvres paysans.
[2] *Mémoires de Saint-Cyr*, chap. XXIX.
[3] « M. le maréchal de Villeroy, écrivait-elle, rabattrait bien de l'estime qu'il a pour moi s'il me voyait montrer à lire à mademoiselle de La Tour (c'était une élève de sept ans qu'elle avait prise chez elle à cause de sa mauvaise santé et qu'elle aimait beaucoup), examiner la vocation d'une postulante ou raccommoder mes chemises. »

mière; quant à la seconde, que nous avons vue figurer dans les actrices d'*Esther*, c'était une femme d'un esprit élevé, d'un grand caractère, d'une plus grande vertu, et qui semblait avoir hérité des qualités de l'institutrice de Saint-Cyr [1]. Madame de Maintenon la regardait comme son élève particulière; elle lui portait une affection aussi tendre que celle qu'elle avait eue pour madame de La Maisonfort, et elle rappelait les erreurs de celle-ci en disant : « Il n'y a que Glapion qui ne m'ait pas trompée. — Ma fille, lui disait-elle un jour, vos défauts seraient les vertus des autres. » Elle était savante en médecine, madame de Maintenon lui ayant fait apprendre la pharmacie, la botanique, un peu de chirurgie, et la plupart des demoiselles aimaient mieux se confier à elle qu'aux médecins de la maison; elle fut longtemps l'infirmière modèle de Saint-Cyr, et se dévoua avec tant de zèle dans les petites véroles que sa vie fut souvent menacée. Avec cela elle avait les plus nobles manières, un beau langage, « un style si spirituel, si poli, et d'une singularité si naturelle, que les personnes du goût le plus délicat prenaient plaisir à toutes ses lettres; » enfin elle était respectée et aimée des plus grands personnages. Elle remplit successivement les principales charges de la maison, et, un an après que la veuve de Louis XIV se fut retirée à Saint-Cyr, elle fut élue supérieure; ce fut un grand bonheur pour madame de Maintenon que de se mettre sous les ordres de « sa fille la plus chère et la plus intimement honorée de sa confiance. »

La fondatrice de Saint-Cyr avait cru trouver dans cette maison une retraite où les bruits du monde ne pourraient la troubler; mais les affaires publiques vinrent l'y chercher et lui causer des inquiétudes qui furent exagérées par les faiblesses de son grand âge.

On sait qu'il se fit à la mort de Louis XIV une violente réaction contre son gouvernement. Saint-Cyr en éprouva le contre-

---

[1] Voici son portrait d'après une lettre d'une élève de Saint-Cyr citée par Labeaumelle : « Elle était grande et bien faite, fort blanche et fort pâle, les yeux bleus pleins de feu et d'esprit, le visage long, la bouche agréable, le nez un peu gros, les lèvres fort minces. »

coup : plus d'un ministre nouveau blâma cette institution de la favorite, qui coûtait tant d'argent et dont l'utilité pouvait être mise en question : « Je ne suis pas sans inquiétude, écrivait-elle, sur ce qui se passe : la religion, l'État, mes proches, Saint-Cyr et moi y avons intérêt... On ne paye d'aucun côté et la dépense journalière est forte : nous ne subsistons que par le crédit que nous nous sommes acquis en payant comptant jusqu'ici. Il m'est revenu que dans le conseil des finances, où l'on demanda les 20,000 écus que le feu roi a donnés aux demoiselles qui sortent, un conseiller s'était récrié en disant qu'un régiment en subsisterait[1]... » En effet, l'on cessa de payer pendant quelques années les 20,000 écus, et la dot des demoiselles ne put être faite que sur les épargnes que les Dames avaient amassées.

Le gouvernement du régent parut si mauvais à madame de Maintenon, surtout quand elle le vit en guerre avec Philippe V, qu'elle crut qu'une grande révolution était prochaine et que la France allait être bouleversée : « Je crois déjà voir des barricades, disait-elle; Dieu nous préserve d'un cardinal de Retz! » Et elle poussa la faiblesse jusqu'à dire aux Dames de « s'affectionner les gens du village pour en être gardées. » — « Votre sûreté est de vous les attacher si fort qu'un seul coup de cloche les fasse accourir à votre secours. »

Ce fut au milieu de ces préoccupations que le czar Pierre le Grand, qui visitait alors la France, demanda à voir Saint-Cyr et sa fondatrice. Madame de Maintenon était malade : « Je n'ai osé dire que non, écrivit-elle, et je vais l'attendre sur mon lit. Je ne sais s'il faut l'aller recevoir en cérémonie, s'il veut voir la maison, les demoiselles, s'il entrera au chœur. Je laisse tout au hasard... Le czar est arrivé à sept heures du soir (10 juin 1717); il s'est assis au chevet de mon lit; il m'a demandé si j'étais malade; j'ai répondu que oui; il m'a fait demander ce que c'était que mon mal : j'ai répondu Une grande vieillesse; il ne savait que me dire, et son truchemau (le prince de Kourakin) ne pa-

[1] *Mémoires*, ch. xxx.

raissait pas m'entendre. Sa visite a été fort courte ; il a fait ouvrir le pied de mon lit pour me voir : vous croyez bien qu'il en aura été satisfait[1]. »

Le czar visita la maison dans tous ses détails, s'en fit donner le plan, s'amusa des jeux des demoiselles, mais ne parut prendre qu'un médiocre intérêt à l'institution : elle était d'une société trop polie, trop avancée pour convenir au pays sauvage qu'il voulait civiliser.

Depuis cette visite, madame de Maintenon ne fit plus que traîner une vie languissante. Le duc du Maine, déjà si maltraité par le gouvernement du régent, ayant été compromis dans la conspiration de Cellamare, arrêté et enfermé à Doullens, ce fut pour celle que Saint-Simon appelle « sa chère et abandonnée protectrice » la plus sensible affliction et qui lui fut mortelle. « Elle se trouva encore mère dans cette circonstance, » dit Languet de Gergy, et dès lors la fièvre qui la consumait depuis vingt ans la mit dans un tel état de faiblesse, qu'elle cessa de se lever. Néanmoins elle vécut encore pendant un mois, voyant approcher sa fin avec le calme le plus parfait et la piété la plus fervente : « Elle fut près de trois heures à l'agonie, disent les Dames ; elle avait l'air d'une personne qui dort tranquillement, et son visage paraissait plus beau et plus respectable que jamais[2]. » Enfin, elle expira le 15 août 1719, à cinq heures du soir : alors « ce ne fut plus qu'un cri dans toute la maison, dit l'historienne de Saint-Cyr, et on peut s'imaginer quelle fut notre douleur de nous voir séparées pour toujours de celle qui auparavant faisait après Dieu notre bonheur et notre félicité en cette vie. Nous la pleurâmes bien amèrement, et tout ce qui rappelle son souvenir nous est toujours un grand sujet d'attendrissement[3]. »

On ouvrit son testament, où elle faisait seulement quelques legs pieux, tout son bien devant appartenir à sa nièce, la duchesse de

---

[1] Lettre du 11 juin 1717.
[2] *Mémoires de Saint-Cyr*, Introduction.
[3] *Ibid.*, ch. xxx.

Noailles : elle y ordonnait, disent les *Mémoires*, « qu'on l'enterrât dans notre cimetière avec les religieuses; mais on crut n'être pas obligé de suivre en ce point les mouvements de son humilité, et on jugea qu'il était bien plus à propos de la mettre au milieu de nous dans le chœur, pour y recevoir plus fréquemment les marques de notre reconnaissance par nos prières, et afin que ce nous fût un souvenir perpétuel de tout ce qu'elle nous avait enseigné pendant sa vie par ses paroles et ses exemples. On embauma son corps et elle demeura deux jours exposée sur son lit, avec un air si doux et si dévot qu'on eût dit qu'elle priait Dieu [1]. »

Le troisième jour, vers le soir, on l'ensevelit et on la mit dans le vestibule du chœur, la communauté rangée autour du cercueil, les demoiselles dans le grand corridor, un cierge à la main. L'évêque de Chartres et cent prêtres de Saint-Lazare, avec tous les curés des paroisses voisines, entrèrent par la porte de clôture, et lorsqu'ils furent près du vestibule ils entonnèrent les prières des morts. Les demoiselles passèrent devant eux et allèrent prendre leur rang dans le chœur; on y porta le cercueil dans une marche assez lente; la communauté le suivait et quatre religieuses tenaient les coins du drap mortuaire. Le clergé continua de chanter, « car nous ne chantâmes rien, dit l'historienne de Saint-Cyr, et véritablement nous ne l'aurions pas pu, car les sanglots ne nous l'auraient pas permis [2]. » Après les vêpres des morts, on descendit le cercueil dans le caveau; le clergé se retira; « ensuite la communauté et les demoiselles sortirent du chœur plus tristes qu'on ne saurait dire [3]. » Le lendemain il y eut un service solennel; mais on ne dit pas d'oraison funèbre, et l'on se contenta de mettre sur la tombe, placée au milieu du chœur, entre les bancs des demoiselles et les stalles des religieuses, une épitaphe faite par l'abbé Vertot, où les Dames se plaignirent avec raison de voir l'établissement de Saint-Cyr à peine touché [4].

[1] *Mémoires de Saint-Cyr*, ch. xxx.
[2] *Ibid.*
[3] *Ibid.*
[4] Voir cette épitaphe à l'Appendice (K) avec un extrait (L) des registres mortuaires

La mémoire de madame de Maintenon fut si précieusement conservée à Saint-Cyr, qu'à l'époque de la destruction de cette maison elle semblait encore y vivre et la gouverner. Son nom, son souvenir, ses pensées, ses écrits y étaient sans cesse invoqués. Tous les objets qui lui avaient appartenu devinrent pour les Dames et les demoiselles de saintes reliques. Son appartement fut conservé tel qu'il était à sa mort, avec son ameublement : « on réserva son cabinet, disent les Dames, comme un lieu précieux, dédié à sa mémoire; et afin qu'il ne fût pourtant pas inutile, on en fit la chambre du conseil, et l'on y mit les portraits du roi notre fondateur, celui de Louis XV et de la reine de France, celui de madame la dauphine de Savoie, de madame la duchesse d'Orléans (mademoiselle de Blois), de madame de Maintenon et des autres personnes à qui nous devons en particulier respect et reconnaissance [1]. » Quant à l'humble plaque de marbre noir qui marquait le tombeau de madame de Maintenon, c'était le lieu vénéré où les novices allaient prier à la veille de leur profession, où les religieuses aimaient à méditer et à chercher des consolations, enfin où les demoiselles venaient, au moment de leur départ, faire une dernière prière et s'engager à conserver toute leur vie « les maximes et les principes de Saint-Cyr. »

de la communauté, qui se trouvent aujourd'hui aux archives de la commune de Saint-Cyr.

[1] *Mémoires de Saint-Cyr*, chap. XXXI.

# CHAPITRE XV.

### LA MAISON DE SAINT-CYR PENDANT LE RÈGNE DE LOUIS XV.

Après la mort de madame de Maintenon, l'histoire de l'Institut de Saint-Louis perd presque tout son intérêt : elle n'est plus marquée par aucun événement notable, par aucun grave changement ; elle ne consiste plus qu'en visites de princes, cérémonies religieuses, prises de voile, élections de supérieures, morts édifiantes. « A Saint-Cyr, disait la fondatrice quelque temps avant sa mort, le souvenir du passé tue le présent ; » et, en effet, jusqu'à sa destruction, Saint-Cyr vécut et valut moins par lui-même que comme une relique vénérée du dix-septième siècle, comme l'œuvre du grand règne qui en avait le mieux gardé l'empreinte et le caractère. Les ombres de Louis XIV, de madame de Maintenon, de Racine, de Fénelon semblaient planer sur cette maison, la protéger et la consacrer ; les habitantes de Saint-Cyr les croyaient toujours voir présentes au milieu d'elles ; les visiteurs n'étaient empressés qu'à rechercher leurs traces ; et aujourd'hui encore, malgré les transformations et les ruines que l'édifice a subies, on ne saurait y mettre le pied sans être pieusement pénétré de ces souvenirs ; on ne saurait le voir avec son architecture grave et monotone, avec sa façade pleine d'une froideur solennelle, ses grandes cours, sa chapelle reblanchie, ses armes royales mutilées, sans que la pensée évoque avec un respectueux attendrissement le roi, les grands personnages, les saintes femmes qui présidèrent à sa fondation, les quatre ou cinq générations de jeunes filles qui y furent élevées, et tout ce temps de grandeur monarchique, le plus glorieux qu'ait eu jamais la France et qui est déjà si loin de nous.

Saint-Cyr, après la mort de madame de Maintenon, subsista soixante-douze ans. Le récit de ces années, au moins jusqu'à l'époque de la révolution, est généralement plein de stérilité et de monotonie, et nous n'aurons plus qu'à y glaner quelques détails : car pendant tout ce temps pas un bruit, pas une agitation ne troublent le silence et la paix de cette maison ; pas une ride ne ternit la limpidité de sa vie : il semble qu'il ne sorte de ce saint asile que l'harmonie des plus innocentes prières, que le parfum des plus douces vertus. A voir ce calme, à lire les *Mémoires des Dames*, où il se reflète dans toute sa pureté naïve, on éprouve une émotion pleine de tristesse en songeant au contraste que présentait l'Institut de Saint-Louis, religieusement enveloppé dans ses souvenirs, avec les scandales de la cour de Versailles, le désordre des hautes classes de l'État, les agitations et les erreurs de ce dix-huitième siècle, avide d'incrédulité, impatient de changements et qui était dans l'enfantement d'une révolution.

Pendant les premières années qui suivirent la mort de madame de Maintenon, la maison de Saint-Cyr fut heureuse d'avoir à sa tête madame de Glapion : « La Providence, qui fait bien toutes choses, disent les *Mémoires des Dames*, permit qu'elle fût en place dans un temps où nous avions besoin d'une personne qui sût aussi bien qu'elle faire honneur à la maison et la tirer de plusieurs occasions difficiles que madame de Maintenon nous parait de son vivant, mais qu'il a fallu surmonter depuis que nous avons perdu ce grand soutien : c'est ce que madame de Glapion fit parfaitement avec beaucoup d'esprit et de politesse [1]. » Ces occasions difficiles étaient des procès, les payements irréguliers du trésor et les sourdes inimitiés de quelques courtisans.

Les Dames avaient partagé les appréhensions de leur fondatrice

---

[1] *Mémoires de Saint-Cyr*, chap. XXXI.

sur la conservation de la maison : elles cherchèrent donc, après sa mort, des protecteurs, se recommandèrent surtout au régent et au maréchal de Villeroy, et ne furent rassurées que lorsqu'elles virent recommencer les visites royales.

Le 19 avril 1720, Louis XV, alors âgé de douze ans, vint à Saint-Cyr, non pour voir la maison, mais pour s'y confesser. Après sa confession, qui se fit dans la sacristie du dehors, il se plaça à la grille du chœur, accompagné du régent et du maréchal de Villeroy, son gouverneur; les Dames s'y présentèrent pendant que les demoiselles se tenaient debout à leurs bancs, et le maréchal leur dit « que le roi les assurait de sa bienveillance et de sa protection, qu'il aimerait et favoriserait leur maison comme son bisaïeul avait fait et qu'il reviendrait les voir. » Quelques jours après, le jeune monarque allant à la chasse s'arrêta à la petite porte du jardin : les Dames et les demoiselles y coururent et le saluèrent des cris de *Vive le roi !* « Ce cri parut faire plaisir à Sa Majesté, et elle se baissa même sur son cheval pour mieux voir les demoiselles [1]. »

Cette protection que les Dames recherchaient avec tant de soin, elles crurent l'avoir retrouvée quand le mariage de Louis XV ayant été résolu avec une fille de Philippe V, la jeune infante, qui n'avait que six ans, fut amenée en France pour y être élevée et que Saint-Cyr fut choisi comme son principal lieu d'éducation, ainsi qu'on avait fait pour la duchesse de Bourgogne. L'enfant, qui n'était pas belle, mais pleine d'esprit, fut reçue la première fois avec le cérémonial ordinaire : compliment de la supérieure, *Te Deum,* danses, jeux des demoiselles; et comme elle se plut beaucoup à la compagnie des rouges, avec lesquelles elle se mit tout d'abord à danser, elle vint très-souvent à Saint-Cyr avec la duchesse de Ventadour, sa gouvernante, y prit part aux exercices des demoiselles et fit les délices de la maison par ses reparties piquantes et la naïveté de ses propos. Les Dames, naturelle-

---

[1] *Mémoires de Saint-Cyr,* chap. XXXI.

ment pleines de respect pour le sang de Louis XIV, furent très-empressées auprès d'elle, espérant s'en faire une protectrice dans l'avenir.

Après la première visite de l'infante, Saint-Cyr eut la visite solennelle du roi. Il était accompagné de plus de deux cents personnes et on lui fit la réception la plus pompeuse. Madame de Glapion lui adressa un discours où elle rappela en termes pleins de dignité et d'émotion « et ce fondateur qui ne dédaignait pas de régler lui-même l'ordre et l'objet de leurs occupations journalières, et cette dauphine qui aima, qui honora de sa plus intime familiarité cette maison, où l'on vit croître les qualités qu'elle ne fit que montrer un moment à la France, et madame de Maintenon, qui mérita par ses vertus de partager avec son roi la gloire d'une œuvre qu'il n'eût voulu partager qu'avec elle[1]. » Le roi vit les demoiselles à l'église, dans les classes, aux jardins, il prit plaisir à les regarder jouer et danser dans les parterres ; mais, en lisant les minutieux détails où les religieuses sont entrées sur cette visite, on est surpris de les voir dépeindre ce roi de douze ans tel qu'il fut plus tard, ennuyé, insouciant, plein d'une froideur marquée pour tout le monde, excepté pour son précepteur, le cardinal Fleury.

Trois ans après, le régent mourut (1723). « On peut dire, racontent les Dames, que nous perdîmes en lui un protecteur rempli de bienveillance pour notre maison. Dans les occasions où il s'agissait de nos droits, il les soutenait comme aurait pu faire le feu roi, notre fondateur, et les possédait mieux qu'on n'aurait pu le croire. Il louait la conduite que nous tenions de ne nous mêler en rien des affaires du monde et de ce que nous parlions toujours bien des puissances et du gouvernement de l'État ; il disait : « Ces dames-là sont sages, elles ont été bien formées, » voulant dire que madame de Maintenon nous avait donné un bon esprit et de bons principes[2]. » Saint-Cyr ressentit l'effet de cette mort. Pendant les trois années du ministère désastreux du duc de Bourbon

[1] *Mémoires de Saint-Cyr*, chap. XXXI.
[2] *Ibid.*

la maison ne reçut presque rien des revenus qu'elle avait sur le trésor, et rien des 60,000 livres de la dot des demoiselles ; la communauté s'imposa des privations pour y pourvoir, et néanmoins elle dut en renvoyer quelques-unes sans dot. Saint-Cyr perdit aussi, sous ce ministère, la gracieuse enfant qu'on y élevait pour être l'épouse du roi : on la renvoya en Espagne ; et l'on fit épouser à Louis XV Marie Leczinska, fille de Stanislas, roi de Pologne, lequel avait été détrôné par Pierre le Grand.

Trois jours après son arrivée à Versailles la reine vint à Saint-Cyr (septembre 1725) « et, pour nous faire plus d'honneur et de plaisir, disent les Dames, en grand habit, fort parée, et ayant beaucoup de pierreries. » C'était alors madame du Pérou, le principal auteur des mémoires manuscrits d'où nous tirons tous ces détails, qui était pour la cinquième fois supérieure. Elle la reçut avec le cérémonial usité et que nous avons déjà décrit. La reine visita toute la maison, y prit un grand intérêt, l'assura de sa bienveillance, et, lorsqu'elle se fut assise dans la salle de communauté, elle dit aux Dames « qu'elle voulait être leur supérieure, leur seconde fondatrice et remplacer madame de Maintenon. » Celles-ci, transportées de joie, se jetèrent à ses pieds en la remerciant. Alors elle demanda à avoir dans la maison un appartement pour y faire ses retraites ; et on lui destina l'appartement réservé qui avait été occupé jadis par les religieuses de la Visitation. On y fit, pour les gens de son service, une porte qui conduisait dans la cour du dehors, de telle sorte que la régularité de la maison ne fut pas troublée.

La protection de la bonne et pieuse reine fut peu efficace pour Saint-Cyr ; elle était sans pouvoir, et tout ce qu'elle put obtenir de l'administration parcimonieuse du cardinal de Fleury fut le rétablissement du fonds destiné à la dot des demoiselles. Toute son influence se borna aux nominations, le roi se faisant un plaisir de lui en laisser écrire la liste. Quant à continuer l'œuvre et le rôle de madame de Maintenon, toute sainte qu'elle était, elle s'en reconnaissait incapable ; elle se contenta de conseiller aux

Dames de suivre les avis et les instructions de leur institutrice, mais elle ne s'occupa ni de la maison, ni des constitutions, ni de l'éducation des demoiselles. Elle alla rarement dans les classes, et ne regarda Saint-Cyr que comme un couvent ordinaire, où il lui était agréable de passer ses journées dans des pratiques de dévotion, et où elle trouvait des religieuses qui unissaient une grande piété à une grande distinction d'esprit et de manières. Elle venait surtout pour jouir des entretiens de madame de Glapion, qu'elle aimait très-tendrement et pour laquelle elle n'avait pas de secrets. La seule part qu'elle prit aux actes de Saint-Cyr fut de donner le voile aux novices, Dames ou converses, qui faisaient profession. Son plus grand plaisir était de se promener dans les bois de la maison.

Là se trouvait une petite statue de la Vierge, assez grossièrement sculptée en bois, qui, disait-on, avait fait des miracles dans les guerres de religion et qu'avait donnée madame de Bouju, Dame de Saint-Louis; on l'avait placée sur un autel rustique, au fond d'un bosquet très-touffu, près d'une source d'eau vive qui parcourait le jardin. La situation en était solitaire, agréable, propre à la méditation; de là l'on voyait les coteaux boisés de Saint-Cyr, et au-dessous le clocher de l'abbaye de Notre-Dame-des-Anges, celui de la paroisse de Saint-Cyr et les humbles maisons du village. C'était là que la reine aimait à s'asseoir et à prier. La dévotion qu'elle témoignait à ce petit autel le mit en honneur dans la maison : les demoiselles allaient y faire des neuvaines; les Dames les y conduisaient en procession. C'était un lieu favori de promenades, de conversations et de rêveries solitaires, mais qui devint funeste à une demoiselle de Saint-Cyr. Celle-ci, qu'on avait refusée pour le noviciat à cause de la faiblesse de son esprit et de sa santé, s'avisa, sans que personne le sût, de s'en aller, par une nuit d'hiver, prier au pied de la petite *Vierge du bois*. Le lendemain matin, on la trouva morte dans la neige. Ses compagnes la regardèrent comme une sainte, et pendant plusieurs années cette mort fut le sujet des entretiens de Saint-Cyr.

Quelque temps après (1730), la maison fit une grande perte : madame de Glapion mourut âgée de cinquante-cinq ans. « Israël a perdu sa gloire, dit une des Dames, » et elles crurent avoir vu mourir une seconde fois madame de Maintenon. La reine fut très-affligée de cette mort, et la cour de Versailles, qui avait une grande considération pour cette religieuse, prit part à la douleur de Saint-Cyr.

Cependant Marie Leczinska, qui s'efforçait d'imiter madame de Maintenon en quelques parties, eut envie de voir jouer *Esther* (1731). Les Dames avaient une grande répugnance pour les spectacles et ne les donnaient plus que par une sorte de respect traditionnel pour leur fondatrice; nonobstant elles s'empressèrent d'y préparer les demoiselles, et voici quelles furent les principales actrices : mademoiselle de Loubert, nièce de l'ancienne supérieure de Saint-Cyr, fit Esther; mademoiselle de Gensian, Assuérus; mademoiselle Hurault, Aman; mademoiselle de Fleurigny, Zarès, etc. On dressa un théâtre dans la classe bleue, et l'on y mit des gradins pour placer les demoiselles. Les actrices n'eurent d'autre costume que leur habit de Saint-Cyr avec quelques dentelles et quelques diamants. Elles jouèrent assez bien; mais la reine ne parut prendre aucun plaisir à cette représentation et dissimula à peine son ennui. « Nous n'en fûmes pas fâchées, disent les *Mémoires*, à cause de l'inconvénient qu'il y a de donner nos demoiselles en spectacle. » Depuis cette représentation le goût de la déclamation théâtrale passa complétement à Saint-Cyr, et on ne joua plus *Esther* que par fragments et entre les demoiselles.

Les cérémonies religieuses prirent la place de ces divertissements profanes, et, malgré les prescriptions de leur institutrice, les Dames les firent plus pompeuses et plus longues. L'une de ces cérémonies fut celle de la béatification de saint Vincent de Paul, fondateur des prêtres de Saint-Lazare, qui se fit avec une grande magnificence pendant trois jours et attira la foule de Versailles.

Depuis que sa fille était devenue reine de France, Stanislas Leczinski habitait le château de Chambord; et comme l'étiquette l'empêchait d'aller à Versailles, c'était à Saint-Cyr qu'il venait quand il voulait voir sa fille. Auguste II, électeur de Saxe, qui occupait le trône de Pologne, étant mort, les Polonais voulurent avoir un roi national, et ils appelèrent Stanislas. Celui ci accepta leurs propositions et se disposa à se rendre en secret à Varsovie. Avant de partir, il voulut donner à la reine sa femme un asile voisin de la cour, et vint demander aux Dames de Saint-Louis de permettre qu'elle habitât leur maison. Ce fut un grand honneur pour elles, mais aussi un grand embarras. Elles donnèrent à la reine de Pologne l'appartement de Marie Leczinska, auquel on ajouta plusieurs autres pièces, la grande tribune, une partie de l'infirmerie des Dames, etc.; on ferma toute communication du grand escalier avec l'intérieur de la maison; on assigna aux gens de son service tous les bâtiments du dehors. Ce fut une cour entière, avec domestiques, chevaux, équipages, qui vint s'installer dans la paisible maison de Saint-Louis, et qui attira les visites continuelles de la cour de Versailles; la reine de France y venait presque tous les jours voir sa mère. Cependant, grâce à la vigilance des Dames, les demoiselles se doutèrent à peine de ce monde et de ce bruit. La reine de Pologne les vit très-rarement; elle n'était occupée que de dévotions, vivait familièrement avec les Dames, et avait avec elles des conversations qui donneraient à penser que Saint-Cyr n'était déjà plus qu'un couvent ordinaire. Elle y reçut de son époux, qui courait alors tant d'aventures, des lettres qu'elle lisait aux Dames, et qui excitaient d'ordinaire ses pleurs et sa colère : « Pourquoi nous a-t-on engagés dans cette affaire? disait-elle; nous nous serions bien passés de cette chienne de couronne [1]. » Cependant, ainsi qu'on avait fait du temps de Louis XIV, Saint-Cyr fut en prières durant toute cette guerre pour la prospérité de nos armes et le salut de Stanislas.

La reine de Pologne resta trois ans à Saint-Cyr. Stanislas,

---

[1] *Mémoires*, ch. XXXVIII. — Les lettres du roi de Pologne avaient été conservées par les Dames et sont dans leurs Mémoires : elles n'offrent qu'un médiocre intérêt.

chassé de son royaume et n'ayant échappé aux Russes qu'après mille dangers, revint en France. Il alla remercier les Dames de l'asile qu'elles avaient donné à son épouse, et sa présence fut un jour de fête pour la maison. Il la visita en détail, exprima l'intention qu'il avait eue de faire un établissement semblable en Pologne, et donna aux Dames son portrait et celui de la reine.

Après le départ de sa mère, Marie Leczinska reprit son appartement de Saint-Cyr et continua d'y venir, mais moins fréquemment, pour y faire ses dévotions. Tous ses enfants furent successivement amenés dans cette maison, pour être montrés aux demoiselles et recommandés aux prières des Dames; leur naissance y fut célébrée par des fêtes et de grandes joies. Elle aurait voulu que ses filles y fussent élevées; mais le cardinal de Fleury aimait peu Saint-Cyr : les ennemis de madame de Maintenon avaient jeté des ombres dans son esprit sur l'utilité de cet établissement et sur l'éducation qu'on y donnait; il fit partager ces préventions à Louis XV. On disait à Versailles que les demoiselles avaient un orgueil de grandes dames avec la roideur des couvents et une piété puérile et disgracieuse. Les filles de Louis XV furent donc envoyées, non à Saint-Cyr, mais à l'abbaye de Maubuisson, où elles reçurent la plus ignorante éducation [1].

La maison de Saint-Louis commença donc à être négligée de la cour. La reine elle-même cessa peu à peu d'y venir, à mesure que la mort enlevait les Dames de la première fondation, avec lesquelles elle aimait à converser. Cependant la maison conserva sa renommée, et tous les princes se faisaient un plaisir et un devoir de la visiter : ainsi on y vit souvent le dauphin, le duc d'Orléans, petit-fils du régent, le duc de Penthièvre, fils du comte de Toulouse, etc.; des évêques s'y firent sacrer, des abbesses qui avaient été élèves de Saint-Cyr, y reçurent la consécration religieuse; les ambassadeurs et princes étrangers regardaient comme

[1] « Madame Louise m'a souvent répété qu'à douze ans elle n'avait pas encore parcouru son alphabet, et n'avait appris à lire que depuis son retour à Versailles. » (*Mémoires de madame Campan.*)

une grande faveur d'être admis à la visiter, et sollicitaient à cet effet les ministres et l'évêque de Chartres. Enfin les provinces continuaient à le regarder comme un établissement modèle, et les pays d'états renouvelèrent, mais sans plus de succès, la demande de succursales. « On ne doit pas s'étonner, dit une lettre écrite en 1784, si l'Europe entière, frappée de cette sage institution, projeta de la retracer; si l'Allemagne, la Suède, le Danemark, tentèrent souvent les moyens d'une aussi noble entreprise, et si du temps d'Auguste III, roi de Pologne, Wenceslas Rrewuski, premier sénateur du royaume, enchanté d'avoir vu dans sa jeunesse la maison de Saint-Cyr, en proposa le plan pour qu'on l'exécutât sous les yeux mêmes de la cour. »

La seule imitation de la maison de Saint-Louis qui réussit et dura jusqu'à l'époque de la révolution fut l'*Institution de l'Enfant-Jésus*, fondée à Paris par Languet, curé de Saint-Sulpice, frère de l'archevêque de Sens dont nous avons souvent cité les mémoires. On y élevait gratuitement, et comme à Saint-Cyr, trente à trente-cinq filles nobles complétement dénuées de tout, et qu'on occupait plus spécialement de travaux manuels et de soins du ménage; il y avait à cet effet dans la maison une boulangerie, une basse-cour, une lingerie, une apothicairerie, outre une maison de refuge et de travail pour quatorze cents femmes pauvres. Les demoiselles sortaient de cette maison avec une dot de 1,000 à 1,500 livres. Le revenu avait été fait sur les biens du curé Languet et avec les dons recueillis par lui; la reine Marie Leczinska y prit une grande part; elle avait même mis cette succursale de Saint-Cyr sous sa protection spéciale. Languet était lié d'amitié avec les Dames de Saint-Louis, qu'il venait souvent visiter; il leur donna une copie en plâtre de la fameuse Vierge d'argent qu'il avait fait faire pour son église de Saint-Sulpice, et elle fut placée, sous le nom de Notre-Dame-du-Refuge, dans une chapelle rustique qu'on éleva dans le bosquet voisin de l'église, et qui fut aussi vénérée que celle de la Vierge du petit bois. Enfin, il amena plusieurs fois à Saint-Cyr, pour visiter cette *métropole*, les demoiselles de l'Enfant-Jésus, qui furent accueillies par leurs sœurs de Saint-Louis avec une joie extrême et de naïves réjouissances [1].

La bonne renommée de Saint-Cyr à l'étranger et dans les provinces ne fut pas inutile à la conservation de cette maison; car elle avait à la cour de nombreux ennemis, surtout dans l'entourage de Louis XV. Cependant ce prince, malgré le peu d'affection qu'il avait pour l'Institut de Saint-Louis, montra un grand respect pour l'œuvre de son aïeul. Il n'y vint que très-rarement, et ne voulut pas qu'aucune des favorites qui déshonorèrent son règne ternît la pureté de cette maison par sa présence; il imita et compléta l'établissement de Saint-Cyr par la fondation de l'École militaire (janvier 1751) [2]; enfin il fit à l'édifice de grandes réparations matérielles.

Madame de Maintenon avait souvent regretté d'avoir bâti Saint-Cyr dans un endroit froid et marécageux : « J'aurais voulu,

[1] C'est par ces visites que se terminent les *Mémoires des Dames de Saint-Cyr*, ou, plus exactement, de madame du Pérou. Cette dame mourut en 1748, âgée de plus de quatre-vingt-deux ans. Voici son acte mortuaire, extrait des registres conservés aujourd'hui à la commune de Saint-Cyr : c'est le seul qui renferme un éloge de la personne décédée, tant madame du Pérou avait été un personnage important à Saint-Cyr :

« Le lundy quinzième de juillet mil sept cent quarante-huit, est décédée dans cette maison de Saint-Louis, à Saint-Cyr, sœur Catherine Travers du Pérou, religieuse du chœur, fille de messire Jean Travers des Murs, garde de la manche, et de dame Marie Chevalier, son épouse, née en la paroisse de Souancé, diocèse de Chartres, âgée de quatre-vingt deux ans cinq mois, après avoir reçu plusieurs fois les sacrements de pénitence, d'eucharistie et d'extrême-onction pendant sa maladie, qui a été longue, et dans le cours de laquelle elle a continué à donner les grands exemples des vertus qu'elle a pratiquées pendant soixante-quatre ans qu'il y a que l'établissement est commencé, et où elle a toujours rempli les principales charges, surtout celles de supérieure, qu'elle a exercée pendant vingt-quatre ans (voir à l'Appendice M la *liste chronologique des supérieures de la maison de Saint-Louis*), et de maîtresse des novices dans les intervalles, et on a toujours vu en elle dans ces différents emplois un grand zèle pour la gloire de Dieu et pour la perfection de l'Institut, où elle a eu beaucoup de part, ayant travaillé avec feue notre illustre institutrice, qui l'a toujours honorée d'une grande confiance et faisoit une estime singulière de ses vertus et de ses lumières. Son corps a été inhumé le lendemain de sa mort dans le cimetière de cette maison avec les cérémonies accoutumées. Fait par nous, Guillaume Deschambes, supérieur de la maison de la congrégation de Saint-Cyr, » etc.

[2] Nous parlerons de cette fondation dans l'*Histoire de l'École militaire de Saint-Cyr.*

disait-elle, donner à mes filles une complexion forte et une santé vigoureuse, et le mauvais choix de Mansard m'est un obstacle insurmontable. Je ne puis voir la méchante mine d'une de ces pauvres enfants sans maudire cet homme. » En effet les maladies étaient fréquentes à Saint-Cyr; outre la petite vérole, les pulmonies, les pleurésies, les dyssenteries enlevaient un grand nombre de jeunes filles; en moins de soixante-dix ans (de 1686 à 1755), sur douze cents demoiselles admises à Saint-Cyr, deux cent soixante-quinze y étaient mortes [1].

Vers le milieu du dix-huitième siècle, la situation devint intolérable; les eaux avaient entièrement miné les fondations; les caves étaient presque continuellement inondées; l'humidité avait pourri toutes les boiseries du rez-de-chaussée, des classes et même des dortoirs; quelques parties de la maison, surtout dans la cour des cuisines, étaient devenues inhabitables, et les infirmeries, à certaines époques, étaient insuffisantes. Louis XV, averti par le conseil du dehors, fit visiter la maison, et sur le rapport des architectes, il dit : « Les pauvres Dames! Il faudra donc que je les bâtisse ailleurs. » Mais celles-ci supplièrent qu'on les laissât dans l'endroit où les avait mises Louis XIV et où reposait leur sainte institutrice. Alors le roi se décida à faire entreprendre des travaux de réparation qui durèrent plus d'un an et coûtèrent cent cinquante mille livres. On reprit toutes les fondations; on construisit un grand aqueduc autour de tous les bâtiments pour enlever l'eau des caves; on renouvela toutes les boiseries; on bâtit, à la place du portique d'honneur, un pavillon tout en pierres, destiné à renfermer les archives [2].

Louis XV s'occupa aussi d'augmenter les revenus de la maison. La plupart des demoiselles n'arrivaient qu'à l'âge de douze ans, en conséquence il en sortait trente à quarante par année;

---

[1] La mortalité était moins grande sur les Dames; 94 y firent profession dans le même espace de temps : 54 y moururent, mais 12 seulement n'avaient pas dépassé trente ans. (Voir à l'Appendice N la *liste chronologique des Dames de Saint-Cyr*.)

[2] Ce pavillon est aujourd'hui le logement du commandant en second de l'École militaire.

et les 60,000 livres des dots étant insuffisantes, les Dames devaient y pourvoir par leur fonds de réserve qui s'épuisait. Le roi leur fit donc plusieurs fois des dons extraordinaires : ainsi, en 1766, il leur donna 24,000 livres, qui furent converties en contrats sur les aides et gabelles; enfin, en 1769, il publia des lettres patentes portant extinction et suppression du prieuré de la Saussaye-lez-Villejuif et union de tous ses biens et revenus à la maison de Saint-Louis. Ce prieuré était une ancienne léproserie de fondation royale, qui avait été transformée en couvent de femmes et était tombée en décadence : il ne renfermait que sept religieuses et jouissait de 17,849 livres de revenu [1]. Ce fut une augmentation de biens importante pour la maison de Saint-Louis, et dont les Dames témoignèrent au roi leur reconnaissance par des prières solennelles; elles en firent aussi leurs remercîments au directeur de leur temporel, M. d'Ormesson [2], qui leur avait ménagé ce don, ainsi qu'à M. Berthier de Sauvigny, conseiller d'État, commissaire nommé par le roi pour opérer l'union du prieuré à la maison de Saint-Louis.

Malgré les désordres de la cour de Louis XV, les nominations aux places de Saint-Cyr furent généralement faites avec équité et suivant les intentions du fondateur : les registres d'entrée ont été perdus, mais les registres de la comptabilité des dots existent encore [3] et témoignent que ces places étaient données non à la noblesse de cour, trop souvent avide et corrompue, mais à cette noblesse de province pauvre, simple, honnête, qui aurait été le

---

[1] Les lettres patentes sont du mois d'août 1769. Le préambule porte : « Par le compte que nous nous sommes fait rendre de l'état des biens et revenus de notre maison de Saint-Louis, nous avons reconnu que sa dotation n'avait jamais été achevée et que son produit actuel était insuffisant à ses charges; nous avons en conséquence résolu d'y pourvoir pour soutenir un établissement si utile, l'un des plus beaux monuments de la piété du feu roi notre très-honoré seigneur et bisaïeul, et pour donner à la noblesse de notre royaume une nouvelle preuve de l'attention constante que nous avons à venir au secours des familles dont les pères ont employé une partie de leur fortune à notre service, » etc.

[2] La maison de Saint-Louis eut, depuis 1732 jusqu'en 1792, trois directeurs temporels de la famille d'Ormesson. (Voir à l'Appendice O la liste de ces directeurs.)

[3] Ils sont aux archives de la préfecture de Versailles.

salut de la monarchie, si elle eût uni quelques lumières à ses solides vertus. Les pères des demoiselles sont presque tous des capitaines, des colonels, des brigadiers, des chevaliers de Saint-Louis sans fortune; on n'en voit presque aucun décoré de dignités de cour; quelques-uns à peine ont des titres supérieurs à celui d'écuyer ou de chevalier; enfin si l'on trouvait à Saint-Cyr des filles portant les noms des familles illustres de la monarchie, de celles qui occupaient les grandes charges de l'État, c'est qu'elles appartenaient à des branches cadettes ou ruinées.

Il n'y eut pas moins d'empressement sous Louis XV que sous le règne de son aïeul pour obtenir les places de Saint-Cyr, car les victoires de Fontenoy et de Raucoux, les batailles désastreuses de la guerre de Sept-Ans ne firent pas moins d'orphelines que les guerres de Louis XIV; nous ne citerons parmi les demoiselles admises à cette époque qu'un seul nom, celui de la nièce de d'Assas, le glorieux capitaine au régiment d'Auvergne, tué à Clostercamp [1]. Mais en ce temps-là, et la guerre de Sept-Ans en fut le triste témoignage, la noblesse avait perdu une partie de ses vertus militaires; souvent elle croyait avoir satisfait à son devoir et payé sa dette envers ses aïeux en faisant seulement une ou deux campagnes, quelquefois même quelques mois de paisible garnison; aussi Louis XV, pour réveiller chez elle l'esprit militaire, restreindre le nombre des demandes pour Saint-Cyr et rentrer dans les intentions de la fondation, publia, le 1er juin 1763, des lettres patentes qui portaient :

« A l'avenir, aucune des deux cent cinquante places fondées en notre maison de Saint-Cyr ne pourra être accordée qu'à celles dont le père ou le grand-père auront servi au moins dix ans dans nos troupes, si ce n'est qu'avant ledit temps l'un ou l'autre aient été tués à notre service, ou qu'ils l'aient quitté par rapport à des blessures ou des infirmités qui les aient empêchés de continuer. »

[1] La nièce de d'Assas mourut à Saint-Cyr le 4 avril 1776, âgée de quinze ans. Elle était fille de François d'Assas, seigneur de Gaujac, de Mercou et autres lieux, chevalier de l'ordre royal et militaire de Saint-Louis, et de Marianne du Ginestoux, de la ville du Vigan.

Ce furent là tous les événements de l'histoire de Saint-Cyr pendant le règne de Louis XV. Nous compléterons ces détails par le récit d'une visite que fit dans cette maison en 1769 un écrivain célèbre de l'Angleterre, Horace Walpole [1], qui était accompagné des femmes les plus distinguées de la cour de Versailles. Elle témoigne que rien n'y avait changé depuis la mort de madame de Maintenon, mais qu'on y sentait néanmoins un commencement de décadence.

« La première chose que je désirais voir, écrivait-il à ses amis d'Angleterre, était l'appartement de madame de Maintenon; il se compose, au rez-de-chaussée, de deux petites pièces, d'une bibliothèque et d'une très-petite chambre à coucher, la même dans laquelle le czar la vit et où elle mourut; on a ôté le lit, et la chambre est maintenant tapissée de mauvais portraits de la famille royale. On ne peut s'empêcher de remarquer la simplicité de l'ameublement et l'extrême propreté qui règne partout. Un grand appartement qui se trouve au-dessus, composé de cinq pièces, et destiné par Louis XIV à madame de Maintenon, sert maintenant d'infirmerie; il est rempli de rideaux blancs, fort propre et orné de tous les passages de l'Écriture qui pouvaient donner à entendre que la fondatrice était reine... L'heure des vêpres étant venue, on nous conduisit à la chapelle, et je fus placé dans la tribune de madame de Maintenon; les pensionnaires, dont chaque classe est conduite par une dame, viennent deux à deux prendre leurs siéges, et chantent tout le service. Les jeunes filles, au nombre de deux cent cinquante, sont vêtues de noir, avec de petits tabliers pareils, qui sont, ainsi que leurs corsets, noués avec des rubans bleus, jaunes, verts ou rouges, selon les classes; celles qui sont à leur tête ont pour marque distinctive des nœuds de diverses couleurs. Leurs cheveux sont frisés et poudrés. Elles ont pour coiffure une espèce de bonnet rond, avec des fraises blanches et de grandes collerettes; enfin leur costume est très-

---

[1] Horace Walpole, comte d'Orford, était le troisième fils du fameux ministre Robert Walpole; il était né en 1717 et mourut en 1787.

élégant. Les religieuses sont tout habillées de noir, avec des voiles de crêpe pendants, des mouchoirs d'un blanc mat, des bandeaux et des robes à longue queue. La chapelle est simple, mais fort jolie; au milieu du chœur, sous une dalle de marbre, repose la fondatrice.... Madame de Cambis, l'une des religieuses, qui sont au nombre d'environ quarante, est belle comme une madone. L'abbesse n'a qu'une croix d'or plus grande et plus riche qui la distingue des autres; son appartement consiste en deux pièces fort petites. Nous vîmes là jusqu'à vingt portraits de madame de Maintenon. Le portrait en pied, au manteau royal, dont je possède une copie, est le plus souvent répété [1]; mais il en est un autre dans lequel on la représente vêtue de noir, avec une grande coiffure en dentelles, un bandeau et une robe traînante; elle est assise dans un fauteuil de velours cramoisi; entre ses genoux se trouve sa nièce, madame de Noailles, encore enfant; dans le lointain on découvre une vue de Saint-Cyr [2]. On

---

[1] Ce portrait est celui qui fut peint par Mignard en 1694 pour la maison de Saint-Cyr. Madame de Coulanges écrivait à madame de Sévigné le 29 octobre de cette année : « J'ai vu la plus belle chose qu'on puisse imaginer; c'est un portrait de madame de Maintenon fait par Mignard. Elle est habillée en sainte Françoise romaine. Mignard l'a embellie, mais c'est sans fadeur, sans incarnat, sans blanc, sans l'air de la jeunesse; et sans toutes ces perfections, il nous fait voir un visage et une physionomie au-dessus de tout ce que l'on peut dire : des yeux animés, une grâce parfaite, point d'atours; et avec tout cela aucun portrait ne tient devant celui-là. » (*Lettres de madame de Sévigné*, t. VI, p. 265 de l'édition de 1843.) Ce portrait ne mérite pas tous ces éloges : c'est une des moins bonnes toiles de Mignard. Madame de Maintenon est représentée à mi-jambe, robe fond or, manteau doublé d'hermine, la main droite sur le cœur, la gauche tenant un livre sur ses genoux. La figure est sèche et dure, les draperies lourdes, toute la personne roide, triste et sans majesté. On raconte que, lorsque Mignard peignit ce portrait, il demanda à Louis XIV s'il donnerait à madame de Maintenon le manteau d'hermine, symbole de la dignité royale : « Sainte Françoise le mérite bien, » répondit Louis XIV. Ce tableau, à la destruction de la maison de Saint-Louis, devint la propriété de madame de Crecy, dernière maîtresse générale des classes; il fut cédé par elle au célèbre amateur Quintin Craufurd, et à la mort de ce dernier, en 1820, il fut acheté par la liste civile; il est aujourd'hui au musée de Versailles. Il en existe de nombreuses copies. La maison de Saint-Louis en avait trois. Une des moins mauvaises, qu'on attribue à Mignard, est à Saint-Cyr, dans l'appartement du général commandant l'École militaire.

[2] Ce tableau est celui que nous reproduisons dans la gravure qui est en tête de cet ouvrage. On l'attribue à Hyacinthe Rigaud, et il se trouve au musée de Versailles, salle de la vaisselle d'or. C'est une peinture assez médiocre, mais qui donne

nous montra quelques riches reliquaires; ensuite nous fûmes conduits dans les salles de chaque classe. Dans la première, on ordonna aux demoiselles, qui jouaient aux échecs, de nous chanter les chœurs d'*Athalie;* dans la seconde, on leur fit exécuter des menuets et des danses de campagne, tandis qu'une religieuse, un peu moins habile que sainte Cécile, jouait du violon. Dans les autres, elles répétèrent les proverbes ou dialogues qu'avait écrits pour leur instruction madame de Maintenon. De là nous visitâmes les dortoirs; puis nous fûmes témoins du souper; enfin l'on nous mena aux archives, où nous vîmes des volumes de lettres de madame de Maintenon; une des religieuses me donna même un petit morceau de papier avec trois pensées écrites de sa propre main. Notre visite se termina par le jardin, qui a un aspect très-imposant, et où les demoiselles jouèrent devant nous à mille petits jeux. Enfin nous prîmes congé de Saint-Cyr au bout de quatre heures [1]..... »

une meilleure idée de madame de Maintenon que le portrait de Mignard. L'enfant qui est auprès d'elle n'est point la duchesse de Noailles, comme le dit Walpole, mais la duchesse de Bourgogne.

[1] *Lettres d'Horace Walpole,* traduites par Charles Malo. Paris, 1848, lettre 123e, p. 396.

# CHAPITRE XVI.

LA MAISON DE SAINT-CYR PENDANT LE RÈGNE DE LOUIS XVI. — DERNIÈRES ANNÉES ET FIN DE L'INSTITUT DE SAINT-LOUIS.

On sait que vers la fin du dix-huitième siècle tous les pouvoirs de l'État étaient en décadence; la royauté par son inertie et ses scandales, la noblesse par sa corruption et son orgueil, le clergé par son défaut de zèle et de savoir, poussaient aveuglément à la ruine de la monarchie. L'Institut de Saint-Louis eut sa part, quoique très-faible, de cette décomposition sociale. Les intentions et les désirs de ses fondateurs n'avaient pas été entièrement remplis : il était un soulagement pour la noblesse; il avait répandu dans les familles et dans les couvents des filles pieuses et saintement élevées; il faisait l'édification et l'honneur de l'Église et du pays; mais il n'était pas devenu un séminaire d'éducation pour toute la France; ses bienfaits se trouvaient restreints à un petit nombre de familles et n'avaient pas rendu à la noblesse ses vertus militaires; c'était plutôt pour elle un asile de bienfaisance qu'un modèle pour toutes les maisons qui élevaient des femmes; enfin il n'avait pas, comme l'espérait madame de Maintenon, « renouvelé dans le royaume la perfection du christianisme. »

De plus, la maison de Saint-Cyr s'était immobilisée dans ses constitutions et les instructions de sa fondatrice : elle les avait observées rigoureusement, mais non dans son esprit, qui était loin de proscrire le progrès régulier, le changement sage et mesuré. La piété était toujours la base de l'éducation, mais elle y était trop souvent embarrassée de pratiques et de minuties, et quelques Dames, comme l'avait tant appréhendé madame de Maintenon, plus occupées de leur salut que de l'instruction des demoiselles, employaient la moitié de leur temps en oraisons et en méditations. Les demoiselles n'en puisaient pas moins à Saint-Cyr de très-solides vertus, mais c'étaient trop souvent des vertus sans grâce et sans humilité. Quoique l'Institut de Saint-Louis ne fût plus une maison favorite et une sorte d'annexe de la cour, il y régnait un air de hauteur et d'orgueil que les Dames étaient incapables de réprimer, car elles en étaient elles-mêmes, et pour ainsi dire à leur insu, tout empreintes. C'était là ce qui faisait dénigrer à Versailles l'éducation de Saint-Cyr, ce qui faisait dire à Louis XV dans ce grossier langage qu'il affectait quelquefois : « Ces filles sont des *bégueules;* madame de Maintenon s'est bien trompée avec d'excellentes intentions. Elles sont élevées de manière qu'il faudrait de toutes en faire des dames du palais, sans quoi elles sont malheureuses et impertinentes [1]. »

Quant à l'instruction, elle n'avait pas varié, et en obéissant puérilement à la lettre des règlements, on l'avait laissée ce qu'elle était sous Louis XIV. Rien n'avait été changé dans l'ordre des classes, dans le régime des études, dans les matières enseignées, et en restant immobile on avait reculé jusqu'au ridicule. Ainsi en exagérant les recommandations de madame de Maintenon sur le bel esprit, on était arrivé à avoir des filles qui n'avaient lu, pour ainsi dire, que leur livre d'église et savaient à peine leur langue. On les faisait travailler à des ouvrages d'aiguille sur les patrons et les modes du dix-septième siècle. Pas un livre de musique nouvelle, à une époque où les œuvres de Rameau et de Gluck faisaient tant de sensation, n'avait pénétré dans la maison. « Il était ridicule, dit madame Campan, d'entendre à cette époque les jeunes élèves chanter encore la musique de Lulli et de les voir danser le *passe-pied* et la *forlane,* vêtues en habits retroussés comme du temps de Louis XIV. » De plus on se plaignait (mais la faute était au conseil du *dehors* et au roi lui-

---

[1] *Mémoires de madame Du Hausset,* p. 74.

même) que les preuves de pauvreté fussent éludées pour les filles des courtisans, qu'on donnât les dots de sortie par faveur, que, contrairement à la volonté du fondateur, quelques demoiselles eussent été admises à Saint-Cyr en payant pension. Enfin l'on sentait en tout qu'il y avait dans l'Institut de Saint-Louis, sinon décadence, au moins affaiblissement[1]; et rien ne le témoigna mieux que l'accroissement continu des grands biens de la maison de Saint-Louis, accroissement qui devint l'objet de remarques fâcheuses à une époque où les richesses ecclésiastiques et le désordre des finances de l'État excitaient tant de haines et de colères : en effet, il y avait là, on ne saurait le dissimuler, un véritable abus.

Nous avons vu que sous Louis XIV la maison de Saint-Louis possédait : 1° 114,000 livres de revenu provenant de la manse abbatiale de Saint-Denis[2]; 2° 1,600 livres de revenu provenant de la terre de Saint-Cyr; 3° 29,250 livres de revenu provenant des terres achetées avec les 50,000 livres de rente données primitivement en dotation par Louis XIV; que, de plus, elle tirait du trésor : 1° 20,750 livres restant de ces 50,000 livres non employées en terres; 2° 30,000 livres données à elle en 1698, la dotation primitive ayant été reconnue insuffisante[3]; 3° 60,000 livres destinées à former des dots aux demoiselles. Total : 255,500 livres. Le 28 juillet 1790, les Dames firent une déclaration de leurs biens de laquelle il résultait : qu'elles possédaient 368,000 livres de revenus en biens immobiliers, outre 120,000 livres qu'elles tiraient directement du roi ou du trésor; total 489,000 livres[4].

[1] On remarqua comme signes de cet affaiblissement certains changements matériels qui eurent lieu, à cette époque, dans la maison : ainsi les Dames échangèrent leur parloir pour un salon de réception meublé avec somptuosité; la supérieure se logea dans le grand appartement bâti par madame de Maintenon et que celle-ci avait transformé en infirmerie; on transporta l'infirmerie dans l'aile orientale (où est aujourd'hui la lingerie de l'École militaire) entre la cour des cuisines et la boucherie, dans une partie très-malsaine, etc.

[2] Cette manse rapportait, en 1789, 194,000 livres.

[3] Voir page 122.

[4] Voir l'état sommaire des biens et revenus de la maison de Saint-Louis à l'Appendice P.

## CHAPITRE XVI.

Or leurs charges n'avaient augmenté que dans le rapport de la valeur de l'argent, puisque le nombre des élèves et des religieuses était resté le même, et il y avait dans la maison la même sobriété, la même économie [1], la même sagesse de dépenses que du temps de madame de Maintenon. Que faisaient donc les Dames de la partie de leurs revenus qu'elles ne dépensaient pas, et qui s'élevait annuellement à 50,000 livres [2]? Elles en acquéraient de nouveaux biens, et c'est ainsi qu'elles étaient arrivées à posséder quatorze grandes terres, cinquante-cinq corps de ferme, plus de quatre mille arpents de bois, dix-sept maisons, quinze moulins, etc., le tout ayant, avec la maison de Saint-Louis, une valeur de plus de seize millions [3]. Leur intention était, il est vrai, de se donner plus tard, au moyen de leurs grands biens, une entière indépendance, c'est-à-dire « de se mettre à l'abri des dons que leur faisait le trésor royal; » mais elles n'en continuaient pas moins à recevoir ces dons, à une époque où les finances de l'État étaient dans le plus grand délabrement, et avec des revenus presque doubles de ceux qu'elles avaient sous Louis XIV, elles continuaient à élever seulement deux cent cinquante demoiselles, pendant que ces revenus auraient suffi pour en élever trois à quatre cents.

Cette passion d'acquérir qui fait tache dans l'histoire des Dames de Saint-Louis, devint surtout sensible sous le règne de Louis XVI. En 1777, elles obtinrent du roi un don d'argent qu'elles employèrent à acheter 3,795 livres de rentes sur l'Hôtel de ville de Paris. En 1779, ayant fait un échange de biens avec le prince de Conti, qui mit entre leurs mains une somme de 260,000 livres, elles demandèrent l'autorisation d'acheter une terre avec

---

[1] Un rapport médical de l'abbé Tessier, membre de l'Académie des sciences, en 1784, critique les conditions d'hygiène et de salubrité de la maison de Saint-Cyr, et il semble les attribuer à une économie mal entendue. (Manuscrit de la bibliothèque de Versailles.)

[2] Voir l'*état des charges et dépenses de la maison de Saint-Louis* à l'Appendice Q.

[3] Voir l'*état sommaire des biens et revenus de la maison de Saint-Louis* à l'Appendice P.

cet argent : le beau comté de Charny en Bourgogne, rapportant plus de 24,000 livres de rente, était à vendre au prix de 850,000 livres, elles l'achetèrent, et, pour le payer, firent un emprunt de 500,000 livres qu'elles remboursèrent en moins de dix ans. En 1787, le prieuré de Troarn, situé près de Caen, étant tombé en décadence, le roi le fit séculariser par le pape ; puis il unit et incorpora ses revenus, montant à 14,000 livres, à la maison de Saint-Louis ; enfin il l'érigea en chapitre de chanoinesses dont les places devaient être données uniquement et exclusivement aux élèves de la maison de Saint-Cyr, « dans la vue, disaient les lettres patentes, de leur procurer un asile contre l'infortune. » Cet établissement ne reçut sa sanction définitive qu'en 1789 ; mais les premières opérations des États-généraux en suspendirent l'exécution, et une loi du 12 juillet 1790 ayant supprimé les chapitres, le projet échoua complétement. Les revenus du prieuré de Troarn n'en restèrent pas moins unis à la maison de Saint-Cyr et suivirent les destinées des biens de cette maison.

Enfin le roi et sa famille aimaient à faire passer leurs charités par les mains des Dames de Saint-Cyr, sachant qu'elles étaient habiles à soulager des infortunes et des misères inconnues, surtout dans la noblesse des provinces. « Il est de notoriété publique, dit un acte du mois de mai 1793, que feu Capet, sa femme et ses tantes versaient fréquemment dans cette maison d'abondantes aumônes, dont la distribution était confiée à la sagesse des citoyennes qui dirigeaient la maison de Saint-Cyr [1]. »

Ainsi qu'on le voit, Louis XVI aimait l'Institut de Saint-Louis et le traita avec une grande générosité ; mais ce ne fut pas avec cette générosité pleine de sollicitude et d'intelligence que lui avait témoignée Louis XIV ; il ne songea d'ailleurs à améliorer ni ses constitutions intérieures, ni le mode des nominations, ni la distribution des dots ; il s'occupa seulement d'assurer aux demoiselles, par des lettres patentes du 8 août 1776, le droit d'être choisies de préférence pour les places dans les abbayes royales ;

---

[1] Archives de la préfecture de Versailles.

il fit renouveler et rendre public le règlement pour l'admission [1]; enfin il rendit une ordonnance pour limiter l'âge d'admission à dix ans, les Dames s'étant plaintes que les demoiselles n'arrivaient plus qu'à un âge où le caractère est déjà formé et difficile à assujettir aux règles : on restreignit ainsi le nombre des sorties annuelles, et par conséquent des dots.

Louis XVI ne vint à Saint-Cyr que très-rarement. Sa seule visite solennelle fut faite en compagnie de la reine, en 1779, et l'on chanta alors en grand chœur le fameux motet de Lulli et de madame de Brinon. Marie-Antoinette ne montra pas d'affection particulière pour Saint-Cyr, mais elle faisait grande estime des Dames et de leurs élèves; elle avait même parmi ses femmes des jeunes filles de Saint-Louis, et madame Campan raconte « qu'elle leur interdisait le spectacle lorsque les pièces ne lui paraissaient pas d'une moralité convenable, se regardant avec raison comme chargée de veiller aux mœurs et à la conduite de ces jeunes personnes [2]. »

Le seul événement remarquable de l'histoire de Saint-Cyr pendant le règne de Louis XVI fut la fête séculaire de 1786; l'Institut de Saint-Louis célébra avec une pompe inaccoutumée l'anniversaire de sa fondation; les portes restèrent ouvertes pendant trois jours à la foule des visiteurs, qui purent pénétrer partout et gagner les indulgences accordées par le saint-siége à ceux qui honoreraient les reliques de l'église; cent prêtres de Saint-Lazare célébrèrent les offices; les paroisses voisines y vinrent en procession; enfin, et pour la première fois, des honneurs publics furent rendus à la mémoire de madame de Maintenon, son éloge ayant été prononcé dans l'église par un prêtre de la Mission [3]. La foule des curieux et des dévots fut grande; mais aucun prince de la famille royale ne vint à cette cérémonie.

---

[1] Voir l'Appendice G.
[2] *Mémoires de madame Campan*, t. I, p. 104.
[3] *Éloge de madame de Maintenon*; discours prononcé à Saint-Cyr le deuxième jour de la fête séculaire de 1786, par M. François, prêtre de la Mission. Paris, Hérissant, 1787, in-8°.

« Votre maison ne peut manquer tant qu'il y aura un roi en France, » disait madame de Maintenon à ses chères filles. Saint-Cyr en effet devait finir avec la monarchie. Trois ans après cette fête où l'Institut de Saint-Louis semblait avoir convié la France à voir une dernière fois « cette relique de Louis XIV, » ainsi que l'appelle un contemporain, la révolution éclata.

La maison de Saint-Cyr, grâce aux dons successifs de trois rois, grâce à l'administration habile des Dames et de leurs intendants, était devenue, comme nous l'avons vu tout à l'heure, l'une des grandes propriétaires de la France; mais on sait combien le régime de la propriété féodale était facile à l'arbitraire et pénétrable à l'abus : les terres de la maison de Saint-Louis ne furent exemptes ni de l'un ni de l'autre. Les Dames étaient naturellement douces, charitables et bienveillantes : elles faisaient annuellement 11,000 livres d'aumônes régulières; elles distribuaient, dans le village de Saint-Cyr seulement, 4,000 livres de pain par semaine; elles faisaient vivre plus de 2,000 employés de tout genre : gardes, messiers, domestiques, etc.; mais en même temps leur administration était régulière, ferme, économique; leurs intendants particuliers, receveurs, procureurs fiscaux et autres agents exigeaient strictement les droits, fermages et redevances, et ils le faisaient souvent avec cette rigueur des subalternes qui touche à la tyrannie et excite tant de haines. Aussi il y avait eu dans les terres de la maison de Saint-Louis, comme dans toutes les terres seigneuriales, des injustices, des vexations, des désordres; il y avait eu des plaintes, des menaces; et au moment de la révolution, un grand nombre des vassaux des Dames de Saint-Cyr étaient animés contre elles de ces passions cupides et haineuses qui furent, pour la plupart des paysans de la France, tout le sentiment révolutionnaire, et qu'ils dissimulèrent sous les grands mots de réforme des abus et d'amour de la liberté.

Néanmoins la maison de Saint-Louis était tellement endormie dans le passé et vivant de la vie du dix-septième siècle, qu'elle ne s'aperçut de la révolution, de la tendance des esprits, des dangers qui la menaçaient qu'après les journées de juillet 1789. Il y eut alors dans toutes ses terres et jusqu'à ses portes une fermentation extrême et presque un soulèvement : les paysans s'attroupèrent, s'armèrent; des bandes de vagabonds coupèrent ses bois, tuèrent son gibier, et menacèrent ses agents. L'un de ceux-ci, le sieur Chastel, receveur des revenus de la maison de Saint-Louis dans la ville de Saint-Denis, fut assassiné le 4 août dans une émeute [1]. Le village de Saint-Cyr ne fut pas le moins prompt à remuer : il s'y forma, dès la fin de juillet, une garde nationale et une municipalité qui se montrèrent sur-le-champ animées de sentiments hostiles, surtout contre les missionnaires de Saint-Lazare. Les Dames s'enfermèrent davantage et redoublèrent leurs prières; mais elles ne crurent véritablement au danger et ne comprirent la portée du bouleversement politique qu'aux journées d'octobre, quand le bruit des Parisiens violant le château de Versailles arriva jusqu'à elles, quand les paysans des campagnes voisines y répondirent par des cris de joie et des menaces sauvages.

Cependant la révolution commençait à atteindre directement la maison de Saint-Louis : la nuit du 4 août, où l'Assemblée nationale abolit tous les droits féodaux, la priva de 100,000 li-

---

[1] Les Dames firent une pension de 600 livres à sa veuve; mais quand on leur enleva leurs biens, elles furent forcées de suspendre le payement de cette pension. Voici en quels termes la dépositaire de la maison de Saint-Louis annonça à la veuve Chastel cette triste nécessité, le 3 janvier 1792 :

« Les événements désastreux qui nous affligent, madame, en ruinant notre maison, nous ôtent les moyens de contribuer à votre bien-être, comme nous nous l'étions proposé. Soyez bien persuadée, je vous prie, que de tous les retranchements que nécessite la vente de nos biens, celui qui porte sur vous nous est le plus mortifiant, et l'incertitude où nous sommes pour l'avenir ne me laisse pas même la satisfaction de pouvoir vous dire que vous n'éprouverez qu'un retard de quelques mois. Au moins je vous assure de la part de la mère supérieure et des Dames de son conseil qu'au mois de juillet ou même dès le mois d'avril, si notre maison a repris quelque consistance, nous remplirons avec le plus grand empressement l'obligation que nous avons contractée avec vous de si bon cœur. Il m'en coûte infiniment, madame, d'avoir à remplir auprès de vous une commission aussi désagréable; tandis que je voudrais n'avoir à vous assurer que de la sincérité de mes vœux et de l'inviolable attachement.... » etc.                                   » Du Ligondès. »

La Convention eut l'humanité de rétablir la pension de la veuve Chastel dans le décret de suppression de l'Institut de Saint-Louis.

vres de revenu; le décret du 2 novembre 1789 qui mettait les biens ecclésiastiques à la disposition de la nation, celui du 13 février 1790 qui abolissait les vœux monastiques et supprimait les ordres religieux, lui firent craindre non-seulement pour ses biens, mais encore pour son existence; enfin elle se crut atteinte par le décret du 20 mars qui ordonnait aux municipalités de faire l'inventaire des biens mobiliers et immobiliers des couvents, d'arrêter les comptes et registres, de recevoir la déclaration de leurs dettes, de dresser un état des religieux ou religieuses, et de leur demander s'ils entendaient rester ou non dans les maisons de leur ordre. Mais avant que ce dernier décret fût mis à exécution, Louis XVI, malgré ses cruelles préoccupations, songea à préserver l'œuvre de son aïeul de la tempête révolutionnaire en faisant une grande concession aux opinions nouvelles : le 26 mars 1790, une ordonnance parut sous forme d'arrêt du conseil, qui abolissait et révoquait les règlements exigeant des preuves de noblesse pour l'entrée à Saint-Cyr, entrée qui dorénavant serait ouverte à tous les enfants des officiers de terre et de mer, sans distinction de naissance [1]. C'était un grave changement, mais il fut à peine aperçu dans le bouleversement général et ne fit sensation qu'à Saint-Cyr. Dès lors l'Institut de Saint-Louis

---

[1] « Le roi ayant supprimé les dispositions des ordonnances militaires qui exigent des preuves de noblesse pour l'admission au grade d'officier dans ses armées de terre et de mer, en acceptant l'article de la loi constitutionnelle qui déclare que tous les citoyens sans distinction de naissance peuvent être admis à tous les emplois et dignités ecclésiastiques, civiles et militaires, Sa Majesté a porté son attention sur les établissements de fondation royale destinés à l'éducation des enfants de militaires morts ou blessés au service de l'État. Elle a reconnu qu'il était juste de révoquer les dispositions des règlements qui exigent des preuves de noblesse pour en procurer l'entrée; telles sont notamment les conditions prescrites pour la maison royale de Saint-Cyr et pour l'École militaire. Sa Majesté a considéré que ces monuments de la bienfaisance et de la piété de ses pères n'en deviendraient que plus chers et plus utiles à la nation et acquerraient de nouveaux droits à sa protection, si l'entrée en était ouverte à tous les enfants de ses officiers de terre et de mer, sans distinction de naissance, et dans la seule proportion des services rendus à la patrie par leurs auteurs. A quoi voulant pourvoir, le roi étant en son conseil a aboli et révoqué, abolit et révoque les dispositions des règlements qui exigent pour l'entrée à la maison royale de Saint-Cyr, à l'École royale militaire et autres maisons royales d'éducation des preuves de degré de noblesse, etc. SAINT-PRIEST. »

devint simplement une maison nationale d'éducation, et les noms de *Dames* et de *Demoiselles* paraissant des appellations féodales contraires au régime nouveau, les premières prirent le nom d'*institutrices* de la maison de Saint-Louis, les secondes celui d'*élèves*.

Nous n'avons pas besoin d'exprimer les sentiments des unes et des autres à la nouvelle de ces changements et de ceux qui les suivirent. Nulle part la stupéfaction et l'indignation ne furent plus grandes : Saint-Cyr s'était si complétement immobilisé dans le passé, qu'on y tombait brusquement de madame de Maintenon à Mirabeau : aussi tous les actes, les hommes, les idées de la révolution lui parurent également monstrueux et criminels. On ne put y résister que par la prière, mais on ne s'y soumit que par la crainte, et, dans cette sainte et pacifique maison, on vit pour la première fois des visages irrités, on entendit pour la première fois des paroles de haine, on appela, pour ainsi dire, la persécution.

Cependant la révolution continuait sa marche : le décret du 14 avril 1790 donna l'administration des biens du clergé aux directoires de département et de district ; mais une exception formelle ayant été faite à l'égard des maisons chargées de l'éducation publique, l'Institut de Saint-Louis continua de posséder et d'administrer ses biens immobiliers. Néanmoins elle cessa de recevoir ses revenus provenant du trésor, et elle se trouva soumise à l'inventaire prescrit par la loi du 20 mars.

Quatre fois le directoire du district avait ordonné à la municipalité de Saint-Cyr de procéder à cet inventaire, et celle-ci, malgré son ardeur révolutionnaire, reculait à la seule pensée de se trouver en face de ces Dames que les paysans étaient habitués à craindre et à respecter, et qui leur paraissaient aussi fières et aussi imposantes qu'avant la révolution. A la fin, le directoire rendit un arrêté (1er juillet 1790) par lequel il délégua trois de ses membres pour procéder, de concert avec la municipalité, à l'inventaire. Ces trois membres appartenaient à cette bourgeoisie éclairée qui avait embrassé la cause de la révolution avec tant de zèle et d'illusions : ils avertirent les Dames de la mission dont ils étaient chargés, les prièrent de la rendre plus facile et plus prompte en préparant elles-mêmes l'inventaire, et leur demandèrent le jour où elles voudraient bien les recevoir.

A cette époque, l'Institut de Saint-Louis était gouverné par trois femmes d'un vrai mérite : madame d'Ormenans, supérieure; madame de Crécy, maîtresse générale des classes; madame du Ligondès, dépositaire [1]. Elles avaient, outre les vertus ordinaires à cette maison, une grande fermeté, l'intelligence des affaires, les manières les plus distinguées et ce beau langage du dix-septième siècle que Saint-Cyr avait conservé comme par tradition. Elles courbèrent la tête sous l'humiliation qui les frappait, firent préparer l'inventaire, et avertirent les administrateurs qu'elles les attendraient le 20 juillet.

Les administrateurs [2] et les officiers municipaux, lorsqu'ils se présentèrent, trouvèrent toutes les Dames réunies dans le parloir de la supérieure; ils ne purent cacher leur émotion à l'aspect de ces nobles femmes dont le maintien était plein à la fois de résignation et de fierté : « Nous leur proposâmes, dit le rapport, de nous déclarer si elles entendaient rester en religion; il nous fut répondu par toutes que leur intention et leur bonheur était de vivre et de mourir dans leur sainte maison. » Alors l'inventaire commença, la supérieure et quelques religieuses suivant seules les opérations; il dura huit jours et fut fait avec des ménagements dont les Dames apprécièrent la délicatesse. Ensuite, la supérieure et la dépositaire donnèrent un aperçu de leur situation financière, de laquelle il résultait qu'elles n'avaient rien reçu du trésor depuis l'année 1788, qu'elles avaient épuisé leur fonds de réserve, que leurs fermiers refusaient de les payer à cause des

---

[1] Les autres officières étaient : madame de Launay, assistante; mesdames Delpeyrou, de Machault, des Essarts, de la Motte, premières maîtresses des quatre classes; madame de Lastic, économe; madame de Cockborn, sacristine; madame de Lapotière, pharmacienne, etc.

[2] MM. Deplane, Venard et Coupin.

circonstances politiques [1], et qu'elles avaient des reprises ou créances à exercer soit sur eux, soit sur le trésor, pour une somme de 420,000 livres. L'état des biens de l'Institut de Saint-Louis fut affiché à la porte de la maison et dans toutes ses propriétés [2].

Après cet inventaire, des relations d'estime et d'amitié s'établirent entre les Dames et les administrateurs du district de Versailles, dont quelques-uns partageaient leurs sentiments politiques [3]. Ils vinrent successivement à Saint-Cyr, examinèrent les règlements, les ressources et l'économie de la maison, donnèrent des conseils aux Dames, les protégèrent contre le mauvais vouloir des paysans; enfin ils leur témoignèrent tant de respect et d'intérêt qu'elles ne firent plus rien sans leur avis, et que leur intendant Astruc prenait les ordres du directoire du district comme il prenait jadis ceux du conseil du dehors, qui cessa presque entièrement ses fonctions.

Cependant la révolution continuait. Le décret du 14 octobre 1790 déclara nationaux les biens des établissements d'instruction publique, lesquels durent être vendus, et, en attendant la vente, administrés, à partir du 1$^{er}$ janvier 1791, par les directoires de district et de département; les dépenses de ces établissements furent mises à la charge du trésor public, qui devait provisoirement leur tenir compte de la totalité de leurs revenus.

Les Dames essayèrent d'échapper à cette spoliation en adressant

---

[1] Leur état de dépenses et de recettes pour 1789 s'établit par 442,000 livres de dépenses et 331,000 livres de recettes. On combla le déficit avec les excédants des années antérieures.

[2] Le procès-verbal de l'inventaire présente peu d'intérêt : on y trouve que la maison possédait cinquante-huit tableaux de piété, vingt et un portraits de rois ou de princes, onze portraits de madame de Maintenon, une bibliothèque contenant quatorze mille volumes et mille manuscrits, quatre cent quarante-six lits, etc. (Archives de la préfecture de Versailles.)

[3] C'est ce que témoigne ce fragment de lettre de madame du Ligondès à M. Devèze, homme de loi qui avait été au service des Dames et était devenu procureur-syndic du district : « Nous désirerions bien avoir la certitude que le tripot dans lequel vous êtes vous procure au moins quelques avantages pour vous dédommager d'un travail pénible et odieux; mais le bonheur n'est encore qu'une idée pour ceux même qui croient le tenir : il faut vivre d'espérance pour porter le malheur qui dans ce moment n'est que trop certain. »

à l'Assemblée nationale un mémoire qui fut renvoyé au comité ecclésiastique, et dans lequel, après avoir exposé la fondation spéciale de Louis XIV, son but, son caractère, elles expliquaient que l'Institut de Saint-Louis n'était que par la forme une maison ecclésiastique, puisque, dans l'origine, les Dames étaient des institutrices séculières ; qu'elles avaient repris ce caractère depuis l'abolition des vœux monastiques; et qu'il était nécessaire de conserver à cette maison ses grands biens si l'on voulait qu'elle fît son œuvre d'éducation nationale. Le comité ecclésiastique décida que l'Institut de Saint-Louis devait être conservé comme maison d'éducation, mais que ses biens étaient nationaux et devaient être vendus.

Alors l'administration des biens de la maison de Saint-Louis passa aux directoires de district de département de Versailles. On mit en vente ces biens dès les premiers jours d'avril 1791; et ils trouvèrent facilement des acheteurs [1].

Les Dames furent profondément affligées et humiliées de se voir dépouillées de ces biens que leur avait donnés Louis XIV et qu'elles regardaient comme sacrés ; mais croyant qu'un état de choses si odieux ne pouvait être durable, elles s'abstinrent de rien demander de leurs revenus aux nouvelles autorités, et vécurent, ainsi que leurs élèves, d'expédients. Leur intendant Astruc était un homme actif et intelligent, qui fit rentrer, à force de sollicitations et de soins, toutes les créances, tous les arrérages, et il parvint ainsi à pourvoir aux dépenses de la maison pendant plus d'une année. Rien ne fut changé d'ailleurs en apparence au régime de l'Institut de Saint-Louis : on continua à recevoir des demoiselles nommées par le roi, à les élever, à les instruire suivant les règlements anciens; mais on cessa de leur donner des dots à leur sortie.

[1] On voit parmi eux l'illustre chimiste Lavoisier, qui acheta la terre du Tremblay renfermant quatre cent cinquante-cinq arpents, moyennant 470,000 livres; le duc de Luynes, madame de Beauharnais, qui fut plus tard l'impératrice Joséphine, etc. Les biens entourant la maison de Saint-Louis furent achetés par des paysans de Saint-Cyr et à des prix élevés. (Archives de la préfecture de Versailles.)

Cependant le décret du 26 décembre 1790 avait prescrit le serment à la constitution civile du clergé. La plupart des curés de campagne s'empressèrent de le prêter, et parmi eux le curé de la paroisse de Saint-Cyr, Lameule, grand partisan des idées nouvelles. Les prêtres de Saint-Lazare étaient au contraire très-opposés à la révolution et ne le cachaient pas; « leur incivisme, dit un rapport de la municipalité, avait provoqué plusieurs fois l'indignation du peuple, qui demandait leur expulsion de Saint-Cyr; on leur avait surpris des lettres qui contenaient de coupables instructions et des espérances criminelles [1]; » enfin ils refusaient de prêter le serment, par la raison qu'étant aux gages des Dames, ils devaient être regardés comme chapelains particuliers et non comme fonctionnaires publics. Les autorités de Versailles furent consultées à ce sujet et décidèrent en leur faveur, mais en même temps elles déclarèrent que les Dames pouvaient être astreintes au serment d'après la loi du 16 avril, qui exigeait le serment de tout fonctionnaire de l'instruction publique. Cette solution et les paroles imprudentes des missionnaires exaspérèrent les habitants de Saint-Cyr, que leur curé soulevait contre les *aristocrates* et les *fanatiques*, et qui d'ailleurs depuis la révolution souffraient de la faim. En effet, les Dames, privées de leurs revenus, ne faisaient plus d'aumônes; la moitié des agents qu'elles employaient, domestiques, ouvriers, avaient été renvoyés; une partie des habitants ne vivait qu'en maraudant sur leurs propriétés ou sur les propriétés royales; enfin la misère des paysans et leurs menaces étaient telles, que le directoire du district avait ouvert pour eux des ateliers de charité sur les grandes routes : « Attendu, disait-il, l'urgente nécessité d'employer des bras que le désespoir peut rendre redoutables à la révolution. »

Tel était l'état de la commune de Saint-Cyr lorsque le jour de la Fête-Dieu, le curé Lameule ayant voulu conduire, selon la coutume, la procession jusque dans la maison et l'église de Saint-Louis, trouva les portes fermées et les missionnaires qui lui refu-

[1] Archives de la préfecture de Versailles.

sèrent l'entrée avec des paroles injurieuses. Il revint furieux dans le village, et quelques heures après un soulèvement éclata : les paysans envahirent la cour du dehors avec des bâtons, des faux, des fusils et entrèrent avec des cris de mort dans le bâtiment des missionnaires. Ces prêtres se sauvèrent en tremblant par les derrières dans la ferme voisine, et de là gagnèrent la campagne et Versailles, abandonnant à la dévastation leur logis et leurs meubles.

Pendant ce tumulte, les Dames s'étaient renfermées et comme barricadées dans l'intérieur de la maison : les mains levées au ciel et tout en larmes, entourées, pressées par leurs élèves qui jetaient des cris de frayeur, elles se croyaient arrivées à leur dernier jour. Le curé et les officiers municipaux forcèrent la porte de clôture et sommèrent les Dames de renvoyer les missionnaires et de « consentir aux mesures prises par les autorités pour assurer le service divin [1]. » Ces mesures consistaient principalement à n'avoir plus d'autres chapelains que le curé lui-même. Les Dames répondirent par un refus formel. Les municipaux s'emparèrent de l'église et les sommèrent d'y conduire les demoiselles. Les Dames refusèrent; puis, à une deuxième sommation, elles y vinrent avec leurs élèves; mais pendant que le curé de Saint-Cyr célébrait la messe, elles gardèrent le plus profond silence, et l'on n'entendit dans l'église que des pleurs et des gémissements.

La municipalité et le curé adressèrent au district une pétition violente où ils demandaient que la maison de Saint-Louis ne fût plus desservie que par des prêtres constitutionnels, et que les Dames fussent contraintes à prêter serment. Cette pétition arriva dans le moment où la fuite du roi appelait l'attention publique sur cette maison. En effet, le bruit courut à cette époque que Marie-Antoinette, avant son départ, avait confié aux Dames un dépôt de diamants et autres objets précieux; et les assemblées populaires de Versailles demandèrent que celles-ci fussent poursuivies comme complices de la fuite de la famille royale. Dans ces circonstances, le directoire du district n'osa prendre ouver-

[1] Archives de la préfecture de Versailles.

tement la défense des Dames; il envoya donc (25 juin) deux de ses membres avec les injonctions les plus étroites pour faire une perquisition dans la maison. Ceux-ci se contentèrent de la simple dénégation de la supérieure, et le bruit relatif au dépôt d'objets précieux se dissipa.

Mais la municipalité de Saint-Cyr persistait dans ses réclamations, et la fermentation de la commune n'était pas apaisée. Le directoire ordonna « de mettre les religieuses de Saint-Louis à l'épreuve du serment prescrit par la loi du 16 avril, afin de n'avoir aucun doute sur leurs dispositions. » La municipalité les requit donc de se conformer à cette loi. Les Dames répondirent par des observations signées de chacune d'elles dans lesquelles elles prétendaient ne devoir pas être placées dans la classe des maisons d'éducation publique, les comités ecclésiastique et d'aliénation ayant décidé que leur maison était une maison d'éducation privée; en conséquence elles demandaient qu'il ne fût rien statué à leur égard jusqu'à ce que l'Assemblée eût rendu son décret d'organisation de l'éducation publique [1].

Le directoire répondit (5 juillet) à ces observations : « que si les Dames sont par leur institut et la nature de leur fondation vouées à l'éducation publique, rien ne peut les soustraire à l'obligation de prêter le serment et aux suites de la non-prestation. Or elles conviennent qu'elles sont liées par un vœu spécial à l'enseignement; cet enseignement, quoique donné non publiquement, est un véritable enseignement public, puisqu'il est payé sinon des deniers du trésor public, au moins de deniers qui sont à la disposition de la nation; puisque, depuis la suppression des ordres, tous les enfants de l'État ont un droit égal à cet enseignement; puisque, enfin, ce n'est que comme établissement public que l'administration de ses biens a été laissée à la maison de Saint-Louis; les institutrices sont donc astreintes au serment. »

« En conséquence, le directoire considérant la nécessité de

---

[1] Archives de la préfecture de Versailles.

former la jeunesse à l'esprit de la Constitution et d'éloigner de jeunes élèves tout ce qui pourrait entretenir ou fortifier de ridicules préjugés et des principes dangereux;

» Qu'il est notoire que depuis quinze jours les Dames de Saint-Cyr ont empêché le curé de leur dire la messe et soustrait ainsi leurs élèves aux devoirs de la religion;

» Estime qu'en vertu de la loi du 16 avril dernier il doit être fait aux Dames de la maison de Saint-Louis une nouvelle sommation de prêter le serment prescrit par la loi du 26 décembre précédent; et que, faute par elles de le prêter sans observation, sans restriction et sans modification, et ce, dans le délai de trois jours après la sommation qui leur sera faite par les municipaux de Saint-Cyr, elles doivent être déchues de leurs fonctions et remplacées provisoirement[1]. »

Les Dames ne s'attendaient pas à ce menaçant arrêté; elles pensèrent que le directoire du district était complètement changé pour elles; néanmoins elles ne répondirent à la nouvelle sommation de la municipalité que par un nouveau refus, et croyant que la persécution allait commencer, elles s'y préparèrent. Mais le directoire les fit avertir secrètement de rester immobiles et silencieuses; deux de ses membres pratiquèrent le curé et le maire de Saint-Cyr et les engagèrent à se contenter du départ des missionnaires; l'arrêté ne reçut pas d'exécution, malgré les réclamations des assemblées populaires de Versailles; enfin les Dames, de l'avis des membres du directoire, plièrent devant la nécessité : elles consentirent à ne pas rappeler les missionnaires et à recevoir à leur place, comme confesseurs et directeurs, trois prêtres assermentés. C'étaient trois hommes pieux et paisibles, qui n'avaient prêté le serment que par crainte, et qui partageaient toutes les opinions des Dames; ils vécurent dans un grand isolement et ne furent point inquiétés. D'ailleurs le curé Lameule vint à mourir, et il fut remplacé le 18 décembre

[1] Extrait du registre des délibérations du directoire du district. (Archives de la préfecture de Versailles.)

1791 par son vicaire, Benaut, prêtre assermenté, qui fut nommé par l'assemblée électorale : c'était un patriote très-modéré, ayant les mœurs les plus douces et les goûts les plus pacifiques, et que les Dames agréaient à cause de son talent pour la musique : nous verrons plus loin quel fut son triste sort.

Enfin, le 26 septembre 1791, l'Assemblée constituante ayant décrété que « tous les corps et établissements d'instruction et d'éducation publique continueraient provisoirement d'exister sous leur régime actuel et suivant les mêmes lois, statuts et règlements qui les gouvernent, » la maison de Saint-Louis continua à vivre, pendant près d'une année, de son ancienne vie, mais continuellement alarmée, inquiète, tremblante à chaque coup qui ébranlait le trône. Comme on doit le penser, l'instruction y était presque nulle, on n'y voyait que des visages désolés, et les journées s'y passaient à maudire les actes d'une révolution que les habitantes de Saint-Cyr ne pouvaient comprendre, révolution qui bouleversait leur paisible existence, dépouillait leurs familles et détruisait tout ce qu'elles étaient habituées à respecter.

Cependant les décrets du 13 février, du 14 avril, du 14 octobre 1790 avaient fait disparaître la plupart des couvents d'hommes ; mais, à cause des exceptions et réserves contenues dans ces décrets, un petit nombre de couvents de femmes avaient été fermés, presque toutes les religieuses ayant persisté dans la vie commune, même en subissant l'humiliation d'être privées de leurs biens. Ces couvents étaient sans cesse dénoncés à l'Assemblée législative comme des débris absurdes de l'ancien régime, comme des foyers de conspiration et de correspondance avec les émigrés, comme excitant dans les provinces des résistances à la révolution. Aussi, quand, les armées étrangères ayant envahi notre territoire, la lutte entre la royauté et l'Assemblée législative fut arrivée à son dernier terme, celle-ci rendit un décret (7 août 1792) par lequel elle ordonnait l'évacuation et la vente des maisons occupées par les religieuses, en exceptant seulement celles qui étaient consacrées au soin et au soulagement des malades. La pension donnée par l'État aux religieuses, en compensation de la perte de leurs biens, fut réglée à 500 liv. pour celles qui étaient âgées de moins de 40 ans; à 600 liv., pour celles de 40 à 60 ans; à 700 liv., pour celles qui étaient âgées de 60 ans. Les religieuses, en se retirant, pouvaient disposer du mobilier de leur chambre et des effets qui étaient à leur usage personnel. Ordre était donné aux municipalités de dresser l'état des religieuses qui se trouvaient dans les couvents, avec l'énonciation de leur âge et de la pension qui leur était due, de faire l'inventaire et de veiller à la conservation des ornements et vases d'église, bibliothèques, argenterie, objets d'art appartenant à ces couvents, et qui entraient dans le mobilier national.

Ce décret paraissait applicable à la maison de Saint-Louis ; mais les Dames avaient résolu d'attendre qu'on les brisât : elles ne bougèrent pas, refusèrent même l'entrée de leur maison aux officiers municipaux, et, dans leur résistance, elles parurent avoir pour elles la dernière ombre de l'autorité royale. En effet, le 8 août, Louis XVI signait le brevet d'admission de la dernière enfant qui soit entrée à Saint-Cyr[1], et celle-ci y arrivait le 9 ! Le lendemain, le trône s'écroulait. A la nouvelle de cette catastrophe, tout le village fut en rumeur et prit les armes avec des cris menaçants. La garde nationale battit les bois et les routes pour arrêter les Suisses échappés de Paris, et une patrouille que conduisait le curé Benaut en prit ainsi trois qu'elle mena à Versailles ; des volontaires commencèrent à se former, et une souscription fut ouverte pour leur donner un équipement ; le maire, à l'imitation de ce qui se faisait à Paris, fit détruire les armoiries royales sur toute la façade de la maison de Saint-Louis[2] ; les Dames, consternées, perdirent toute espérance.

---

[1] Elle se nommait Michaud-Montpain et était de Toulon. — Voir la *liste de sortie des demoiselles* à l'Appendice R. — Il était entré en 1790 vingt-six élèves, en 1791 quatorze, en 1792 sept.

[2] « Je reconnois avoir reçu du citoyen maire la somme de douze livres pour avoir défait les armes de la maison de Saint-Louis ; par ordre de la municipalité, le 14

## CHAPITRE XVI.

Le 16 août, l'Assemblée législative rendit un décret qui fixait la pension de retraite des membres des congrégations séculières de femmes. Ce décret n'avait aucun rapport avec l'Institut de Saint-Louis, et néanmoins il contenait l'article additionnel suivant, qui même, dans la collection des décrets de l'Assemblée, se trouve en tête de la loi et tout à fait séparé d'elle :

« Les pensionnaires de Saint-Cyr dont l'entretien était à la charge de cette maison, et qui, reçues avant le 1er janvier dernier par titres authentiques, s'y trouveraient à l'époque du présent décret, recevront pour retourner chez elles vingt sous par lieue jusqu'à la municipalité où elles déclareront vouloir se retirer, laquelle indemnité leur sera payée d'avance par le receveur du district de la situation de Saint-Cyr, d'après l'état qui aura été arrêté par le directoire du département. »

Cet article étrange, qui semblait n'être qu'un article oublié de quelque loi précédente, qui sous-entendait la suppression de l'Institut de Saint-Louis sans rien prescrire de précis sur lui, fut regardé dès l'abord par tout le monde comme l'arrêt de mort de Saint-Cyr. Il n'y fut connu que le 19 août et fut accueilli par des transports de douleur : les Dames s'embrassaient en sanglotant ; les demoiselles les entouraient avec de grands cris, se regardant pour ainsi dire comme abandonnées ; les nombreuses gens de service de la maison se demandaient en tremblant ce qu'ils allaient devenir : l'église, les chapelles, le tombeau de madame de Maintenon étaient assiégés de femmes suppliantes et désolées.

Le même jour un arrêté pris par le comité des trois corps administratifs de Versailles mit la maison de Saint-Louis en *chartre privée*, et nomma quatre commissaires « à l'effet de renvoyer les prêtres de la maison de Saint-Louis, en interdire l'entrée aux personnes suspectes, prendre des informations très-exactes pour savoir s'il n'existe pas des personnes non attachées au service de cette maison et qui y seraient retirées, et en ce cas les faire

août 1792. Fait à Saint-Cyr le 12 novembre 1792. JUBÉ. » (Archives de la commune de Saint-Cyr.)

évacuer; enfin, requérir la municipalité de Saint-Cyr d'établir un poste à la principale entrée [1]. »

Tout cela fut exécuté; mais les perquisitions faites dans leur maison, la surveillance exercée sur elles, les gardes mis jusqu'à leur porte de clôture, touchèrent moins les Dames de Saint-Cyr que l'ordre donné par les mêmes autorités d'envoyer à la maison commune de Versailles les volumes contenant les preuves de noblesse des demoiselles. Ces volumes in-folio, au nombre de vingt-cinq, étaient magnifiques et renfermaient des notices et des peintures précieuses pour toutes les familles nobles de la France; l'architecte de la maison Demonville les déposa entre les mains de la municipalité de Versailles; quelque temps après ils furent brûlés.

Alors les demoiselles s'apprêtèrent à partir; mais ce fut contre la volonté des Dames, qui, mieux informées par leur intendant et leurs amis de Versailles, s'efforcèrent de les retenir et de conserver leur maison malgré la loi du 16 août. Voici comment elles parvinrent en effet à prolonger l'existence de l'Institut de Saint-Louis pendant sept mois.

Le 18 août, l'Assemblée législative avait rendu un nouveau décret qui semblait confirmer la ruine de cette maison : il abolissait toutes les corporations et congrégations religieuses, « même celles qui, vouées à l'enseignement public, ont bien mérité de la patrie; » il déclarait leurs biens nationaux, en exceptant de la vente « les maisons et jardins qui pouvaient être employés à un service public; » il supprimait les costumes religieux. Mais l'article 6 du titre I$^{er}$ prescrivait aux religieux et religieuses chargés de l'instruction publique de conserver leurs fonctions à titre individuel, en les privant même de la moitié de leur pension, s'ils venaient à les cesser. De plus l'article 6 du titre II portait que les bourses ou places gratuites fondées soit dans les colléges, soit dans les maisons et congrégations de filles seraient conservées provisoirement aux individus de l'un et de l'autre sexe qui en jouissaient.

---

[1] Archives de la commune de Saint-Cyr.

## CHAPITRE XVI.

Les Dames prétendirent que le décret du 16 août n'avait rien d'impératif, que celui du 18 en annulait les effets immédiats, et elles engagèrent les demoiselles et leurs parents à se tenir en repos. « Nous ne comptons nous ébranler, écrivait madame de Crécy, que lorsque nous en aurons reçu l'ordre officiel. » Et pour se conformer entièrement au décret du 18 août, par le conseil de leurs amis du district elles quittèrent leur habit de l'ordre de Saint-Augustin et prirent un costume analogue à celui des premières années de la fondation. Cependant quelques parents ne partagèrent pas leur sentiment, et le 30 août mademoiselle de Puisaye fut retirée par sa famille. Elle s'adressa à cet effet au directoire du district, qui l'autorisa à quitter la maison par un arrêté spécial où la conservation de l'Institut semblait regardée comme certaine, puisqu'on réservait à la demoiselle « tous ses droits à valoir, s'il y a lieu, lorsqu'il sera pris des arrangements et fait des dispositions ultérieures dans l'administration et le régime de cette maison. » Le directoire chargea la municipalité de Saint-Cyr de notifier le présent arrêté aux Dames et de tenir la main à son exécution.

La deuxième demoiselle qui sortit de Saint-Cyr fut Marie-Anne de *Buonaparte*, née à Ajaccio le 3 janvier 1777[1], nommée à une place à Saint-Cyr[2] le 24 novembre 1782, entrée dans la

---

[1] L'acte de naissance de Marie-Anne de Buonaparte est aux archives de la préfecture de Versailles.

[2] On trouve aux archives de Versailles le brevet suivant :

*Brevet de place à Saint-Cyr pour mademoiselle de Buonaparte.*

Aujourd'hui, 24 novembre 1782, le roi étant à Versailles, bien informé que la D[lle] Marie-Anne de Buonaparte a la naissance, l'âge et les qualités requises pour être admise au nombre des D[lles] qui doivent être reçues dans la maison royale de Saint-Louis établie à Saint-Cyr, ainsi qu'il est apparu par titres, actes, certificats et autres preuves, conformément aux lettres patentes des mois de juin 1686 et mars 1694, Sa Majesté lui a accordé une des deux cent cinquante places de ladite maison, enjoignant à la supérieure de la recevoir sans délai, de lui faire donner les instructions convenables et de la faire jouir des mêmes avantages dont jouissent les autres demoiselles, en vertu du présent brevet, que Sa Majesté a, pour assurance de sa volonté, signé de sa main, et fait contre-signer par moi, ministre et secrétaire d'État et de ses commandements et finances.

LOUIS.
Le baron DE BRETEUIL.

maison de Saint-Louis le 22 juin 1784. Depuis la réunion de l'île de Corse à la France, le gouvernement s'était efforcé d'attacher à leur nouvelle patrie les familles de ce pays; et Louis XVI, dès son avénement, avait renouvelé une ordonnance de son aïeul pour l'admission dans les colléges Mazarin et de La Flèche, au séminaire d'Aix et à la maison de Saint-Cyr, « des enfants des familles nobles de la Corse tombées dans le besoin. » De ce nombre était la famille Buonaparte, « réduite à l'indigence, dit une pétition du chef de cette famille, Charles de Buonaparte, par l'injustice des jésuites, qui lui enlevèrent une succession à lui dévolue[1]. » C'est ainsi que le deuxième fils de Charles, *Napolione* ou Napoléon, avait été placé au collége militaire de Brienne, et de là à l'École militaire de Paris, et que l'une de ses filles avait été admise dans la maison de Saint-Cyr[2].

Napoléon de Buonaparte, sorti de l'École militaire en 1785, était, depuis le 6 février 1792, capitaine en deuxième au 4ᵉ régiment d'artillerie, lorsque, dans un voyage qu'il fit en Corse, il fut nommé lieutenant-colonel du 1ᵉʳ bataillon des volontaires de l'île. Dénoncé à cause de sa conduite à Ajaccio dans une émeute qu'il réprima, il revint à Paris, se justifia avec peine auprès du ministre de la guerre, et reçut l'ordre de reprendre son commandement en Corse. Il profita de son séjour à Paris pour aller à Saint-Cyr voir sa sœur Marie-Anne : il y vint une première fois quelques jours avant le 20 juin, et il était en compagnie de son camarade de Brienne, Fauvelet de Bourrienne. Il y retourna au commencement d'août et lia quelques relations avec les Dames[3],

---

[1] *Histoire des premières années de Napoléon Bonaparte*, par Costou.

[2] D'autres familles corses avaient leurs enfants à Saint-Cyr : ainsi parmi les élèves qui partirent en septembre se trouvent les demoiselles Caltaner, Cattaneo, Casabianca, Morlax, Buttafoco, Varèse, etc.

[3] Dans une lettre écrite par madame de Crécy à M. Boërio, député de l'île de Corse à l'Assemblée nationale, et datée du 4 septembre, on trouve : « Je pense que M. Buonaparte aura l'honneur de vous voir avant son départ (pour la Corse); vous m'obligeriez beaucoup de lui faire mes compliments et à mademoiselle sa sœur mes amitiés. Voudriez-vous bien aussi lui demander s'il a pu remettre à M. de Vrigny la lettre dont l'avait chargée l'une de nos Dames. A son avant-dernier voyage ici j'ai oublié de le lui demander... »

surtout avec madame de Crécy, qui l'apprécia à cause de l'affection profonde qu'il marquait à sa sœur. Enfin il se disposait à retourner en Corse, lorsque la révolution du 10 août et les décrets des 7 et 16 du même mois suspendirent son départ.

Sa sœur n'ayant pas d'autre parent que lui en France, il résolut d'aller la chercher dans la maison de Saint-Louis et de la ramener avec lui dans sa famille. Il arriva à Saint-Cyr dès le matin du 1er septembre 1792. Madame de Crécy essaya vainement de le dissuader de son projet; puis elle lui dit qu'elle ne pouvait laisser partir sa sœur, la communauté étant en quelque sorte prisonnière, sans l'ordre de la municipalité et du directoire du district. Napoléon se rendit alors chez le maire de la commune, devenu le tuteur et le gardien de la fondation de Louis XIV. Ce maire était un pauvre épicier nommé Aubrun, sans instruction, mais plein de bon sens, qui était devenu chaud patriote plutôt par cupidité que par sentiment, et qui a administré sa commune presque sans interruption pendant trente-huit ans [1]. Il demeurait dans la rue fangeuse du village, en face de la porte du cimetière de Saint-Louis, dans une petite boutique sombre et malpropre. C'est là que le jeune homme qui vingt ans plus tard était le maître de l'Europe vint solliciter l'assistance du magistrat populaire. On était à la terrible époque qui suivit le 10 août, alors que l'anarchie désolait Paris, que les Prussiens avaient pris Longwy et assiégeaient Verdun, que l'on n'entendait partout que des cris de trahison, et que la France entière semblait n'avoir plus d'autres sentiments que la terreur et la colère. Napoléon en quittant la capitale l'avait laissée pleine des agitations les plus sinistres et à la veille des massacres des prisons; il avait rencontré sur la route de Paris, dans les rues de Versailles, même dans la commune de Saint-Cyr, des troupes de volontaires qui partaient aux cris répétés de *Vive la nation* [2]! il avait été arrêté en plusieurs endroits, et ses épaulettes

---

[1] Le maire Aubrun est mort en 1828.
[2] Parmi eux étaient des domestiques, des employés de la maison de Saint-Louis

Messieurs,

Buonaparte frère et tuteur de la demoiselle marianne Buonaparte a l'honneur de vous exposer que la loi du 7 août et plus particulièrement l'article additionnel decreté le 16 du même mois supprimant la maison de St Thiers, il vient réclamer l'exécution de la loi et ramener dans la famille la dite demoiselle sa sœur. Des affaires très instantes et de service publique l'obligeant à partir de paris sans délai, il vous prie de vouloir bien ordonner qu'elle jouisse du bénéfice de la loi du 16 et que le Trésorier dudit soit autorisé à lui escompter les 20 # pour l'an jusqu'en la municipalité d'ajaccio les autres tiers du domicile de la dite demoiselle ou elle doit se rendre auprès de sa mère.

avec respect
le 17 7bre 1792                           Buonaparte

J'ay l'honneur de faire observer à Messieurs les administrateurs que n'ayant jamais connu d'autre père que mon frère, sy ses affaires l'obligeaient à partir sans qu'il ne m'amen avec luy je me trouverois dans une impossibilité absolue de vacuer la maison de St G

avec respect

Marianne Buonaparte

Paris, Publié par Turne.                                   Paris, Lith. Devillers, rue Villed

ne l'avaient pas garanti d'exhiber ses papiers et sa *carte civique*. Le maire l'accueillit d'abord avec défiance; puis il quitta sa boutique pour aller dans la maison de Saint-Louis constater la présence de la demoiselle Buonaparte; enfin, après avoir causé assez longuement avec le jeune officier des affaires publiques, il mit le certificat suivant au dos de la pétition que Napoléon adressait au directoire du district et qu'il avait écrite dans le parloir de madame de Crécy.

Voici cette pétition et ce certificat, que nous copions textuellement, avec leur orthographe défectueuse, sur l'original conservé aux archives de la préfecture de Versailles [1].

*A messieurs les administrateurs de Versailles.*

« Messieurs,

» Buonaparte, frère et tuteur de la demoiselle Marianne Buonaparte, a l'honneur de vous exposer que la loi du 7 août, et particulièrement l'article aditionelle décrété le 16 du même mois, suprimant la maison de S<sup>t</sup>-Louis, il vient réclamer l'exécution de la loi et ramener dans sa famille ladite demoiselle sa sœur, des affaires très-instantes et de service publique lobligant à partir de Paris sans délai; il vous prie de vouloir bien ordonner qu'elle juisse du bénéfice de la loi du 16 et que le thrésorier du distric soit autorisez à lui esconter les 20 sols par lieue jusqu'à la municipalité d'Ajaccio en Corse, lieu du domecile de ladite demoiselle, et ou elle doit se rendre auprès de sa mère.

» Avec respect,

» Buonaparte.

» Le 1<sup>er</sup> septembre 1792. »

---

et même son chirurgien, Atoche, qui partit le 3 septembre comme chirurgien-major du 6<sup>e</sup> bataillon de Seine-et-Oise. Au 16 septembre 1792, le département avait fourni 9,370 volontaires.

[1] Voir ci-joint le fac-simile de la pétition de Napoléon et de sa sœur. Le mot *Biens nationaux*, qui est à l'un des angles, indique que cette pièce était primitivement aux archives du district, bureau des Biens nationaux.

« Jay l'honneur de faire observer à M^rs les administrateurs que, nayant jamais connu d'autres père que mon frère, sy ses affaires lobligoiet à partir sans qu'il ne m'amene avec luy je me trouverois dans une imposibilité absolu dévacuer la maison de Saint-Cyr.

» Avec respect,

» Marianne BUONAPARTE. »

« Nous, maire et officiers municipaux de Saint-Cyr, district de Versailles, département de Seine-et-Oise, nous étant transportés en la maison de Saint-Louis, établie en ce lieu, et nous étant fait représenter les brevets et autres titres, nous avons reconnue que la demoiselle Marie-Anne Buonaparte, née le 3 janvier 1777, est entré le 22 juin 1784 comme élève de ladite maison de Saint-Louis ou elle est encore dans la même qualité. Elle nous aurait témoigné le désir qu'elle aurait de profiter de l'occasion du retour de son frère et tuteur pour rentrer dans sa famille.

» Vu les différentes choses que nous venons d'énnoncer et l'embaras où ce trouverés ladite demoiselle de faire un voyage aussi longt seul, et de lors de l'impossibilité absolue où elle serait d'évacné la maison de Saint-Louis pour le 1^er octobre, en conformité de la loi du 7 août dernier, nous n'empêchons et croyons même qu'il est nécessaire de faire droit à la demande desdits sieur et demoiselle Buonaparte.

» Fait et délivré à Saint-Cyr au greffe municipale, cejourd'hui 1^er septembre 1792, le quatrième de la liberté et le premier de l'égalité.

» AUBRUN, *maire;*

» HOUDIN, *secrétaire-greffier.* »

Napoléon porta ces pièces à Versailles, et il mit tant d'activité dans ses démarches d'abord auprès du directoire du district, ensuite auprès du directoire du département, que dès le soir même les deux directoires avaient fait droit à sa demande, ainsi que le constate la pièce suivante, qu'on trouve inscrite au dos de sa pétition :

« Extrait du registre des délibérations du directoire du district de Versailles, le 1ᵉʳ septembre 1792, 4ᵉ de la liberté, 1ᵉʳ de l'égalité.

» Vu la pétition de l'autre part, l'extrait du procès-verbal de l'Assemblée nationale du 16 août et le certificat de la municipalité de Saint-Cyr;

» Ouï monsieur le commissaire-syndic;

» Le directoire est d'avis qu'il y a lieu de délivrer, au profit de la demoiselle Buonaparte, un mandat de la somme de 352 livres, pour se rendre à Ajaccio en Corse, lieu de sa naissance et de la résidence de sa famille, distant de trois cent cinquante-deux lieues; qu'en conséquence le sieur Buonaparte est autorisé à retirer de la maison de Saint-Cyr la demoiselle sa sœur, avec les hardes et linges à son usage.

» Pour copie [1] :

» CORDERANT, *secrétaire*. »

---

[1] Cette copie n'est pas tout à fait conforme à la minute; ainsi l'on trouve à la fin de la délibération : « Sauf la réserve de ses droits dans le cas où il serait ultérieurement accordé quelque chose aux pensionnaires de Saint-Cyr. »

Voici l'arrêté d'homologation du directoire du département :

« Vu par le directoire du département un mémoire présenté par le Sʳ Buonaparte, habitant de la ville d'Ajaccio en Corse, frère et tuteur de la demoiselle Marianne Buonaparte, native de ladite ville, élève de la maison de Saint-Louis de Saint-Cyr, proche Versailles, par lequel il expose qu'il désire profiter de son retour à Ajaccio pour y ramener ladite demoiselle sa sœur que des affaires de famille y appellent, et demande qu'attendu qu'elle est tenue aux termes des décrets d'évacuer la maison de Saint-Louis au 1ᵉʳ octobre prochain, il lui soit accordé la somme attribuée par la loi du 16 août dernier aux personnes qui doivent sortir de cette maison pour se rendre dans leur patrie;

» Vu l'extrait de baptême de ladite demoiselle Buonaparte en date du 3 janvier 1777, duquel il appert qu'elle est née en la ville d'Ajaccio; vu le brevet de place à la maison de Saint-Louis de Saint-Cyr à elle délivré le 24 novembre 1782; vu l'extrait du procès-verbal de l'Assemblée nationale du 16 du mois d'août dernier et le certificat de la municipalité de Saint-Cyr étant en suite du mémoire en date du 1ᵉʳ de ce mois;

» Vu enfin la délibération du directoire du district de Versailles en date dudit jour, par lequel il est d'avis qu'il y a lieu de délivrer au profit de la demoiselle Buonaparte un mandat de la somme de 352 livres pour se rendre à Ajaccio en Corse, lieu de sa

Le soir même Napoléon revint à Saint-Cyr avec une mauvaise voiture de louage, et une heure après on le vit, avec sa sœur [1], portant l'un et l'autre un paquet de hardes, sortir de cette maison de Saint-Louis, où il ne devait plus revenir que le 28 juin 1805, et alors empereur des Français, roi d'Italie, ayant fondé, en 1800, dans les murs restaurés de Saint-Cyr le Prytanée français, qui, trois ans après, fit place à l'École spéciale militaire [2].

Cependant les Dames étaient revenues de la stupeur où les avait jetées le décret du 16 août : elles l'expliquaient, elles l'interprétaient, et malgré la destruction de la royauté, la proclamation de la République, les premiers actes de la Convention, elles se roidissaient contre la tempête et s'efforçaient de conserver pour des temps meilleurs l'œuvre de madame de Maintenon. Grâce à leur résistance, les demoiselles retardaient leur départ, et vingt-cinq seulement étaient sorties à la date du 1$^{er}$ octobre, fixée pour l'évacuation totale de la maison; pas une religieuse n'avait quitté son poste; sœurs converses, employés, domestiques, tout était resté [3]. De plus, la commune de Saint-Cyr

---

naissance et de la résidence de sa famille, distant de 352 lieues, qu'en conséquence le S$^r$ Buonaparte est autorisé à retirer de la maison de Saint-Cyr ladite demoiselle sa sœur avec les hardes et linges à son usage;

» Ouï monsieur le procureur général syndic provisoire, le directoire du département arrête que, conformément à l'avis du directoire du district de Versailles en date du 1$^{er}$ de ce mois, il y a lieu d'autoriser le S$^r$ Buonaparte à retirer de la maison de Saint-Louis de Saint-Cyr la demoiselle sa sœur, et d'expédier au profit de ladite demoiselle un mandat de la somme de 352 livres sur le receveur du district de Versailles sur les fonds extraordinaires destinés aux frais du culte, pour subvenir à la dépense de son voyage. » (Archives de la préfecture de Versailles.)

[1] Marie-Anne de Buonaparte, plus connue sous le nom d'Élisa, épousa en 1797 un capitaine d'infanterie d'une famille noble de la Corso, Félix Bacciochi; elle devint en 1805 princesse de Lucques et de Piombino, et mourut en 1820.

[2] Nous raconterons cette visite dans l'*Histoire de l'École militaire de Saint-Cyr.*

[3] L'abbaye Notre-Dame des Anges, dont nous n'avons pas dit un mot depuis la fondation de la maison de Saint-Louis, tant sa vie fut obscure et cachée, n'avait pas eu les mêmes facilités pour prolonger son existence. Les religieuses, et surtout leur supérieure, madame de Guillemin, étaient haïes des habitants, et elles avaient eu à souffrir de leur part des menaces, des insultes, des attroupements. Du 25 septembre au 1$^{er}$ octobre, cette abbaye fut évacuée, et la sortie des religieuses fut marquée par de grands désordres. Les femmes du village envahirent la maison et en pillèrent le mobilier : on accusa les autorités municipales d'avoir pris part à la dévastation.

commençait à appréhender la destruction d'une maison qu'elle appelait plus tard « la caverne impure de la superstition et du fanatisme [1], » mais qui faisait vivre la plupart de ses habitants ; les autorités de Versailles s'apercevaient du vide que ferait dans le département la suppression de cette grande institution ; enfin le directoire du district faisait tous ses efforts pour prolonger son existence et adoucir sa situation. En effet, dès le 9 octobre, il délivra les Dames d'une tutelle qui les humiliait, en ordonnant à la municipalité de relever la garde nationale qui était à leurs portes, et en confiant simplement la surveillance à l'architecte Demonville et à ses employés.

Cependant les ressources de l'Institut commençaient à s'épuiser : les Dames ne vivaient plus que des avances faites par leur intendant ; elles se décidèrent à demander des secours au district, et dans la lettre qu'elles écrivirent à cet effet, elles ne mettaient pas même en doute la légitimité de leur existence. Le directoire saisit cette occasion de légaliser le maintien de l'Institut de Saint-Louis par l'arrêté suivant (23 octobre) :

« Vu le mémoire par lequel les citoyennes institutrices de la maison de Saint-Cyr exposent que, privées de leurs revenus, depuis le 1er janvier 1791, par la vente de leurs biens et la suppression de leurs rentes et droits utiles, elles n'ont vécu depuis cette époque que du recouvrement de l'arriéré et des fruits de leur économie, pour ne pas être à charge à la république, sans demander, ainsi que la loi du 5 novembre 1790 leur en donnait le droit, qu'il leur fût fait compte de la totalité de leurs revenus ; mais que, enfin, toutes leurs ressources étant épuisées et la nécessité de pourvoir à l'entretien de 250 élèves confiées à leurs soins les mettant dans le cas de réclamer soit la liquidation de ce qui leur est dû depuis 1791, soit un secours provisoire jusqu'à l'organisation définitive de l'éducation publique ;

---

L'abbaye Notre-Dame des Anges possédait un revenu de 18,745 livres, et renfermait vingt-deux religieuses, treize converses et dix-neuf pensionnaires.

[1] Pétition de la municipalité de Saint-Cyr à la Convention, le 27 floréal an II.

» Le directoire, attendu la vérité de l'exposé des institutrices de Saint-Cyr, et considérant que le décret qui ordonne l'évacuation des maisons religieuses ne s'étend pas aux établissements d'éducation; que l'article additionnel au décret du 16 août en vertu duquel il est alloué vingt sols par lieue aux élèves qui sortent de cette maison, ne contient rien d'impératif sur la sortie des élèves; qu'au contraire l'article 6 du titre 2 de la loi du 18 août conserve provisoirement aux individus de l'un et de l'autre sexe les bourses ou places gratuites dont ils jouissent, et que l'article 6 du titre 1$^{er}$ de la même loi ordonne à tous les membres des congrégations employés actuellement dans l'enseignement public d'en continuer l'exercice à titre individuel jusqu'à son organisation définitive;

» Enfin que l'établissement de Saint-Cyr, jusqu'à ce qu'il soit formellement supprimé par la loi, devant être considéré comme un collége, les dispositions du titre 4 de la loi du 18 août de cette année lui sont applicables;

» En conséquence, ouï le procureur-syndic, estime qu'il y a lieu d'accorder à la maison de Saint-Cyr une somme de 30,000 livres; somme modique si l'on considère qu'il existe dans cette maison cinquante-six religieuses qui ont droit à une pension de 700 livres, et trente-six sœurs et domestiques qui, à 300 livres, feraient, indépendamment de ce qui est nécessaire pour les élèves, une somme supérieure au secours proposé [1]. »

Le directoire du département ne montrait pas à l'égard de Saint-Cyr la même bienveillance: après le 10 août, un mouvement insurrectionnel des sections de Versailles l'avait composé de révolutionnaires très-ardents [2], et dès le 13 septembre le procureur-syndic écrivait au ministre de l'intérieur Roland: « La loi du 16 août ordonne l'évacuation des maisons religieuses; la

---

[1] Extrait du registre des délibérations du directoire du district.

[2] Avant le 10 août, voici les noms des membres du directoire : Lebrun, Huet, Durand, Vaillant, Belin, Henin, Leflamand, Rousseau; après le 10 août, on trouve les noms suivants : Lepicier, Venard, Vanteclef, Morillon, Bocquet.

maison de Saint-Cyr fait-elle partie des maisons exceptées par la loi? le directoire doit-il faire avertir les parents? Si elle est conservée, quel parti prendre pour les Dames? L'éducation des demoiselles doit-elle être continuée? comment y pourvoir?... »

Le ministre ayant tardé de répondre, le directoire pressa l'exécution de la loi du 16 août en régularisant la sortie des demoiselles. Par un arrêté du 9 octobre, il ordonna aux administrateurs du district de se transporter à Saint-Cyr et d'y dresser l'état de toutes les pensionnaires qui ont été reçues antérieurement au 1er janvier 1792, en se faisant représenter les brevets ou titres d'après lesquels elles avaient été admises; il ordonna en outre que les demoiselles ne pourraient sortir que par l'ordre du directoire du district, et qu'elles ne seraient admises à recevoir l'indemnité fixée par la loi du 16 août que sur un certificat de sortie de la supérieure de Saint-Cyr visé par la municipalité.

Cet arrêté reçut son exécution : l'état des pensionnaires fut dressé [1], et comme les Dames continuaient à suivre en tout leurs règlements, la maîtresse générale des classes qui était, ainsi que nous le savons, la supérieure des demoiselles, signa les certificats de sortie [2].

Cependant Roland s'occupa de la demande du directoire du département : on sait que le parti girondin, qui était alors maître du gouvernement, aurait voulu conserver dans la république les bonnes institutions de la monarchie; le ministre de l'intérieur était donc favorable au maintien de l'Institut de Saint-Louis, et après avoir pris des renseignements auprès de M. d'Ormesson, ancien directeur du temporel, il écrivit à l'intendant Astruc (29 novembre) : « Il me devient intéressant sous tous les rapports de prendre connaissance de la maison de Saint-Cyr; un établissement de cette importance ne peut, sans danger pour ses administrateurs eux-mêmes, rester isolé et indépendant de la surveillance générale du gouvernement; je dois donc chercher à

[1] Voir cet état à l'Appendice R.
[2] Ces certificats sont encore aujourd'hui à la préfecture de Versailles.

m'en faire rendre compte… Vos documents doivent porter principalement sur l'état des revenus et des dépenses, sur sa position actuelle, sur son mode d'administration, soit économique, soit de police, soit même contentieuse, sur les améliorations et réformes dont elle peut être susceptible; en un mot, sur tout ce que le gouvernement a besoin de savoir pour pouvoir étendre à cette maison le degré de surveillance et de protection qu'il est dans le cas de lui devoir… »

Astruc répondit à cette lettre par un mémoire fort détaillé dans lequel il faisait d'abord l'histoire de la fondation de Saint-Cyr, de sa transformation en monastère, de ses constitutions, et il faisait ressortir, en omettant à dessein tout le côté religieux et chrétien, ce que les vertus des Dames avaient de simple, de touchant, de philosophique. « Leur attachement à cette maison, disait-il, est en elles un sentiment naturel : choisies parmi les élèves en qui on a remarqué des talents et des dispositions à l'instruction et à l'éducation, et qui d'ailleurs réunissent le caractère de douceur et de sociabilité capable de maintenir la paix dans cette maison, elles ont dès l'âge le plus tendre contracté la douce habitude de s'aimer et de vivre ensemble comme des enfants d'une même famille. L'égalité la plus parfaite contribue encore au maintien de l'union, et cette communauté est un modèle de fraternité, de concorde et de perfection. »

Puis il abordait les détails de l'éducation des demoiselles, et faisait valoir tout ce qui avait, dans cette éducation, un caractère démocratique et pouvait plaire aux idées nouvelles : « Elles font toutes, excepté leurs corps et leurs souliers, tout ce qui est à leur usage et à celui de toute la maison… Les élèves sont successivement attachées pendant quelque temps à tous les différents offices, tels que la buanderie, lingerie, office des différents ouvrages, économie où se traitent les achats de toutes les provisions, dépôt où se traitent toutes les affaires. Ainsi elles sont à même d'acquérir toutes les connaissances utiles et nécessaires à de bonnes mères de famille. Du reste, les institutrices ne négligent aucun moyen d'abattre en elles tout sentiment de hauteur; on leur répète sans cesse que la vertu est seule digne de l'estime et de la considération, et pour leur démontrer qu'il n'est aucun travail qui ne convienne également à tous les hommes, on les accoutume à servir et à desservir tour à tour les tables de réfectoire, à balayer les dortoirs, à faire leurs lits et autres ouvrages du même genre. »

Puis il entrait dans le détail des revenus et des dépenses de la maison, de l'administration intérieure, des fonctions de l'intendant et du conseil du dehors, et il disait que depuis le 1$^{er}$ janvier 1791, où elles avaient été privées de leurs biens, elles n'avaient pas reçu un sou du trésor et n'avaient vécu qu'avec les ressources de leur sage et économique administration, « c'est-à-dire avec le recouvrement de tout l'arriéré actif tant en fermages qu'en autres débets; de sorte qu'aucun des exercices habituels n'a été interrompu, l'éducation des élèves a toujours eu le même cours, et malgré l'anxiété où ont été souvent les institutrices sur leurs moyens de subsistance, leur zèle et leur activité à remplir leurs devoirs ne se sont jamais démentis. Certes il serait permis de douter qu'il se trouvât dans toute l'étendue de la république un établissement quelconque qui, ayant eu autant de revenus même avec moins de charges, eût pu, après la perte de ces revenus, prolonger son existence aussi longtemps sans aucun secours...

» Du reste, cette maison ne s'est jamais concentrée en elle-même; toujours en mesure avec les événements successifs, elle a été constamment au niveau des révolutions; ses relations continuelles avec les corps administratifs du département de Seine-et-Ose en sont une preuve évidente. Les membres du directoire du district de Versailles ont été très-exactement et très-régulièrement instruits de la position de la maison de Saint-Cyr, de ses besoins et des moyens qu'elle employait pour y parer. Tout a été pour ainsi dire concerté avec eux : plusieurs membres se sont en différents temps transportés dans la maison; ils en ont examiné les détails et ont été édifiés de la simplicité qui y régnait. Les membres du directoire du département ont été également instruits par de très-fréquentes relations de tout ce qui concerne cette maison. Ces deux corps administratifs étaient favorablement disposés à lui procurer des secours; mais, à cause des événements, leur bonne volonté est restée sans effet. »

Il déclarait ensuite que la maison ne vivait que des avances qu'il lui avait faites personnellement, et que ces avances montaient à 34,723 francs. Il ajoutait : « Le décret du 8 octobre 1790 sur les ordres religieux ordonne que les maisons actuellement occupées de l'éducation publique demeurent provisoirement exceptées de l'article qui règle le traitement individuel à faire à chaque religieux, et qu'il sera tenu compte à ces maisons de la totalité de leurs revenus. L'article 6 du décret du 14 octobre 1790 ajoute que les biens possédés par elles seront administrés, à partir du 1er janvier 1791, par les administrateurs de département et de district, et que, dès cette époque, il leur sera tenu compte en argent de leurs revenus. Donc la maison de Saint-Cyr devait jouir de ces revenus; les administrations de département et de district, avec lesquelles elle en a souvent conféré, ont été de cet avis; mais l'exécution en a été suspendue. »

Il terminait en disant « qu'il était de l'honneur et de l'intérêt de la République de conserver une maison dont l'organisation était un chef-d'œuvre de sagesse, où les institutrices réunissent à la vertu la plus pure et à la plus grande modestie tous les talents utiles et d'agrément, où l'éducation est aussi variée et aussi complète qu'on peut le désirer pour des mères de famille, où enfin tout respire l'ordre, l'union, la simplicité et l'égalité[1]. »

Une copie de ce mémoire fut envoyée au district avec cette lettre de madame du Ligondès (14 décembre) :

« Il y a apparence que cette maison, que votre prudence a

---

[1] Archives de la préfecture de Versailles.

maintenue dans la plus grande tranquillité, malgré les mouvements violents dont elle a été souvent environnée, touche au moment d'une décision qui doit régler son sort!... Quel qu'il puisse être, jamais les institutrices de Saint-Cyr ne perdront de vue ce qu'elles doivent à votre sage vigilance. C'est une jouissance pour moi de vous porter l'expression de la reconnaissance de toutes et l'assurance de mon estime sincère [1]..... »

Cependant le directoire, par un arrêté du 21 décembre, avait approuvé la délibération du district qui donnait 30,000 livres de secours provisoires à la maison; mais cet arrêté, ainsi que le mémoire d'Astruc, restèrent enfouis dans les cartons du ministère, et les Dames n'entendirent plus parler du ministre Roland. Elles ne renouvelèrent plus leurs instances, et passèrent deux mois d'agonie dont on peut aisément se figurer l'horreur en songeant que la communauté de Saint-Louis pleurait au pied de l'autel où s'était agenouillé Louis XIV pendant que son petit-fils montait sur l'échafaud. A l'aspect extérieur de cette maison, à son calme et à son silence, on eût pu croire que rien n'y était changé; mais on s'y cachait pour gémir et pour prier; on n'y vivait que dans des terreurs continuelles et les plus navrantes appréhensions. Plus de jeux, plus de conversations, plus de danses, plus de chants; chaque jour était marqué par le départ d'une élève et par les plus tristes adieux. Les Dames ne pouvaient regarder sans fondre en larmes ces lieux où elles avaient passé une vie si heureuse, où elles croyaient si doucement mourir. Tout était plein autour d'elles de souvenirs qui les désolaient; tout leur rappelait à chaque pas, à chaque instant ce passé dans lequel elles avaient vécu et qui leur semblait sacré : le tombeau de l'institutrice, les portraits du fondateur, les dons de trois rois. L'église, les classes, le jardin, tout, jusqu'aux pierres et au pavé, leur paraissait également regrettable et renouvelait leur désespoir. « Dieu lui-même, disait l'une d'elles,

---

[1] Archives de la préfecture de Versailles.

semble s'être retiré de nous, et les saints mystères ne disent plus rien à nos cœurs depuis que l'autel est profané par des prêtres souillés d'un serment sacrilége. »

Le 16 novembre 1792 mourut la dernière dame de Saint-Louis qui ait été enterrée à Saint-Cyr : elle se nommait Catherine de Cockborne de Villeneuve et était âgée de soixante-onze ans. Rien ne fut plus navrant que son agonie. Dans le délire de la fièvre, cette pauvre religieuse chantait d'une voix sépulcrale les chœurs d'*Esther* où les Israélites déplorent dans une langue divine les malheurs de leur patrie, et où les Dames retrouvaient maintenant l'expression de leurs propres douleurs. Toute la communauté la conduisit au cimetière en pleurant, et quand on la mit en terre, « il n'y eut parmi nous, raconte la même Dame dont nous venons d'emprunter les paroles, il n'y eut parmi nous qu'une pensée, qu'un cri, qu'une prière : Seigneur, ayez pitié de nous! Nous eussions voulu toutes être là où était notre sœur. »

Le lendemain deux officiers municipaux de Saint-Cyr, en vertu d'une loi rendue le 20 septembre 1792 « pour déterminer le mode de constater l'état civil des citoyens, » se transportèrent auprès de la supérieure et de la dépositaire de la maison de Saint-Louis, et requirent l'exhibition des registres de décès des Dames et des demoiselles pour les clore et les déposer à la municipalité [1].

Au commencement de février la maison de Saint-Louis était dans la plus grande détresse; les avances de son intendant s'élevaient à plus de 60,000 livres; les Dames avaient horreur de demander du pain à la révolution qui venait de verser le sang royal; et tout en laissant partir leurs élèves une à une, elles persistaient à rester dans leur maison jusqu'à ce qu'on les en

---

[1] On lit, en effet, à la suite de l'acte de décès de madame de Cockborne, dans le registre mortuaire des Dames de Saint-Cyr, la note suivante :

« Nous, Pierre Bonneaux, Jean-Louis Houdouin, officiers municipaux de la commune de Saint-Cyr, accompagnés du citoyen Claude Houdin, secrétaire greffier, en exécution de la loi du 20 septembre 1792 qui détermine le mode de constater l'état civil des citoyens, avons, en conformité du titre VI, article 1er, arrêté et clos le présent registre, ce jourd'hui 18 novembre 1792 et an Ier de la république française, et déposé aux archives de la municipalité. »

chassât; enfin le bureau des biens nationaux du département de Seine-et-Oise (5 février) adressa cette note au directoire : « La presque totalité des maisons religieuses du département est évacuée; celle de Saint-Cyr, la plus considérable de toutes, ne l'est pas encore. Il est urgent de faire cesser les dépenses énormes supportées par la République pour ce qui concerne les élèves qui y sont encore. Le bureau des biens nationaux vous propose de fixer au 15 mars pour les élèves et au 1$^{er}$ avril pour les religieuses l'époque d'évacuation de la maison. »

En réponse à cette note, le 8 février, le directoire du département chargea les administrateurs du district, en vertu de la loi du 16 août, « d'enjoindre aux institutrices de la maison de Saint-Cyr de prendre les mesures les plus précises pour que leurs élèves soient retirées d'ici au 15 mars prochain pour tout délai, et de s'arranger elles-mêmes de manière à évacuer ladite maison pour le 1$^{er}$ avril; comme aussi de leur annoncer que si, à cette époque, ces mesures n'ont pas reçu leur exécution, les élèves qui se trouveront dans la maison de Saint-Cyr resteront à leur charge, l'administration se réservant au 1$^{er}$ avril prochain de prendre une détermination à l'égard des religieuses qui se seraient refusées à l'exécution de ces mesures[1]. »

Le directoire du district ayant donné communication de cet arrêté aux Dames de Saint-Cyr, elles se regardèrent comme perdues, et nonobstant firent une dernière tentative. Le 24 février, l'intendant Astruc se présenta à la barre de la Convention avec une pétition qui demandait le maintien de l'Institut de Saint-Louis : n'ayant pu ni la lire, ni la déposer, à cause de la foule des pétitionnaires, il l'adressa au président, qui la renvoya au comité d'instruction publique. Cette pétition, qui était un abrégé du mémoire envoyé au ministre Roland, se terminait ainsi :

« Dans le cas où la Convention nationale ne croirait pas devoir conserver cet établissement, je la supplie de prendre en considération le sort des élèves et des institutrices.

[1] Archives de la préfecture de Versailles.

» Les premières sont des enfants qui appartiennent à des parents pauvres de toutes les parties de la République; la distance plus ou moins rapprochée des lieux où résident leurs familles nécessite des précautions pour que tous ces enfants d'un sexe faible puissent retourner dans leurs familles avec décence et sans le plus léger inconvénient. Il en est, j'ose le dire, dont les parents sont émigrés; mais il en est aussi beaucoup d'autres dont les parents sont sur les frontières de la République pour combattre les tyrans étrangers : je réclame pour celles-ci votre justice, pour les autres, qui sont bien à plaindre, votre humanité!...

» Quant aux institutrices, renfermées dans la maison depuis l'âge de sept à huit ans, elles y ont consacré leur vie au service et à l'éducation des élèves; les fonctions pénibles et d'ordre public qu'elles y ont remplies avec le zèle de la vertu la plus pure seront sûrement la mesure et la base du traitement que la Convention jugera devoir leur accorder.

» Telles sont, citoyens représentants, les considérations que la place d'administrateur de la maison de Saint-Cyr, que j'occupe depuis vingt-cinq ans, m'a fait un devoir de vous présenter; elles méritent de fixer un moment votre attention, puisqu'elles sont une partie intégrante des immenses travaux dont vous êtes chargés pour le bonheur et le salut de la République[1]. »

Pendant que les destinées de la maison de Saint-Louis se discutaient dans le comité d'instruction publique, cette maison avait épuisé ses dernières ressources; et, le 9 mars, madame du Ligondès écrivait au district de Versailles pour réclamer les secours promis et votés par les corps administratifs du département. Elle disait en finissant : « Les institutrices vous demandent en grâce, citoyens administrateurs, de vouloir bien prendre en considération la détresse où elles se trouvent. Vous avez en main l'état des revenus dont elles jouissaient; vous savez que depuis vingt-six mois et plus ils tournent en totalité au profit de la Ré-

---

[1] Archives de la préfecture de Versailles.

publique : elle est trop juste pour ne pas accorder au moins quelques secours aux citoyennes qui en ont fait généreusement le sacrifice. »

Le lendemain les Dames reçurent du département une injonction nouvelle d'évacuer leur maison : elles répondirent par une lettre de madame du Ligondès qui avertissait les administrateurs que « les institutrices, placées entre la crainte de désobéir à la loi du 18 août et de ne pas déférer aux ordres des autorités, s'étaient adressées à la Convention nationale; qu'elles attendraient sa décision, et suppliaient néanmoins les autorités de leur envoyer quelques secours provisoires. « Notre situation, disait-elle en finissant, est devenue intolérable, et nos demandes réitérées ne sont que le cri du plus pressant besoin et de deux cents enfants près de mourir de faim. » Enfin le procureur-syndic du district joignit ses plaintes à celles des Dames en écrivant, le 13 mars, pour la quatrième fois au département :

« Serait-il de la dignité, de la justice de la République d'abandonner au plus affreux dénûment des enfants, des femmes, dont l'âge et la faiblesse sont un titre à la protection qu'elles ont d'autant plus droit d'en attendre que leurs biens ont été vendus au profit du trésor public? La vivacité de leurs sollicitations est proportionnée à l'urgence de leurs besoins, et nous nous voyons dans la douloureuse impuissance de les secourir. Au nom de l'humanité, faites droit à notre demande [1]... »

Le directoire du département resta immobile, et trois jours après, la Convention nationale, sur le rapport de Romme parlant au nom du comité d'instruction publique, rendit le décret suivant :

« Art. 1ᵉʳ. La maison d'éducation de Saint-Louis, à Saint-Cyr-lez-Versailles, est supprimée et sera évacuée dans le mois à compter de la publication du présent décret.

» 2. Les religieuses institutrices et les sœurs converses recevront

---

[1] Archives de la préfecture de Versailles.

une pension de retraite qui sera fixée pour chacune d'elles, conformément au décret du 7 août 1792, dont toutes les dispositions leur sont appliquées.

» 3. Elles pourront en conséquence disposer du mobilier de leur chambre et des effets qu'elles prouveront avoir été à leur usage personnel, avec les précautions et sous les réserves portées par la loi.

» 4. Les élèves recevront chacune pour retourner chez elles quarante sous par lieue jusqu'à la municipalité où elles déclareront vouloir se retirer. Cette indemnité leur sera payée d'avance par le receveur du district de la situation de Saint-Cyr.

» 5. Les élèves pourront disposer des habits et du linge qui étaient à leur usage personnel.

» 6. Sur les observations de la municipalité de Saint-Cyr et l'avis des corps administratifs, il sera accordé aux personnes attachées à l'administration de cette maison, ainsi qu'aux domestiques de l'un et l'autre sexe, à raison de la nature et de la durée de leurs services, une retraite qui sera fixée par un décret.

» 7. Les pensions qui étaient payées par la maison de Saint-Cyr à certaines citoyennes, en considération de leurs longs services, et faisant en tout la somme de deux mille cent livres, leur seront continuées par le trésor public.

» 8. L'intendant-économe de cette maison sera tenu de rendre ses comptes devant le directoire du district, sur les observations de la municipalité. Le directoire du département est autorisé à apurer ces comptes définitivement.

» Dans le cas où il sera déclaré reliquataire, il sera poursuivi comme les autres débiteurs de la nation; et s'il est reconnu qu'il est en avance, attendu la nature de l'administration, il sera pourvu sans délai à son remboursement par un décret particulier.

» Sur la proposition faite d'excepter de la vente des biens de Saint-Cyr, la maison, le jardin et le clos y attenant, la Convention passe à l'ordre du jour, motivé sur ce que la loi fait cette exception pour toutes les maisons d'éducation, et par conséquent pour la maison de Saint-Cyr[1]. »

L'expédition de cette loi n'arriva à Saint-Cyr que le 28 mars, et le lendemain, la supérieure, au milieu de toutes les Dames assemblées, écrivit au directoire du district la lettre suivante :

» Citoyens administrateurs,

» Nous avons reçu mercredi le décret de la Convention nationale qui supprime la maison de Saint-Cyr.

» Nous concentrons la vive douleur qui nous accable en nous voyant nécessitées d'abandonner un état et des fonctions qui ont fait jusqu'ici notre bonheur, et nous ne nous permettons d'autre expression que celle de la plus entière soumission à la loi.

» C'est parmi vous, citoyens, que nous venons chercher l'organe qui doit nous l'expliquer ; nous vous prions en conséquence de vouloir bien nous envoyer un commissaire.

» L'expérience des procédés passés, qui seront toujours l'objet de notre gratitude, semble nous promettre que vous aurez la bonté d'adoucir, autant qu'il se pourra, les horreurs de notre dernière agonie.

» Agréez, citoyens administrateurs, l'assurance de l'estime sincère, etc.

» Emmanuelle d'Ormenans. »

Ainsi qu'on le voit, l'Institut de Saint-Louis tombait avec honneur, et sa fin n'était pas indigne de son origine.

Le 30 mars, le directoire du district nomma le citoyen Boyelleau, l'un de ses membres, « commissaire à l'effet de suivre et faciliter l'exécution du décret du 16 mars, recueillir toutes les pièces et renseignements nécessaires pour fixer le traitement des institutrices et des ci-devant sœurs converses, faire la remise aux élèves des linges et hardes à leur usage ; arrêter les registres de

[1] L'original de cette loi est signé : Grangeneuve, Julien (de Toulouse), Max. Isnard.

recette et de dépense, être présent à la réserve de tous les objets que la loi accorde aux institutrices, veiller à ce que les effets communs soient remis en lieux sûrs après l'évacuation complète de la maison, y établir pour gardiens le citoyen Demonville et tels autres sous ses ordres qu'il sera jugé nécessaire, apposer les scellés sur les archives de la maison, faire transporter au district pour l'être ensuite à la Monnaie toute l'argenterie, etc. [1]. »

Ce commissaire arriva le 17 avril, et, assisté de la municipalité, vérifia sur-le-champ l'état nominatif des Dames [2] : la plus âgée, madame de Courcelles, avait plus de 80 ans, et était entrée dans la maison quelques mois avant la mort de madame de Maintenon! les quatre plus jeunes n'avaient pas fait de vœux solennels. Toutes déclarèrent le lieu où elles voulaient se retirer. On fit ensuite l'appel nominal des demoiselles : il n'en restait plus que 110 : d'octobre 1792 à février 1793 il n'en était parti que 65; mais depuis les premiers jours de mars les familles avaient été averties du décret qui se préparait par les Dames elles-mêmes, et du 1er au 16 plus de cinquante étaient parties. La sortie de celles qui restaient encore se prolongea du 30 mars au 27 avril [3]. Trois jours avant le départ de la dernière demoiselle, le commissaire du district et la municipalité de Saint-Cyr, réunis dans la salle des archives, reçurent les comptes définitifs des Dames et de leur intendant, desquels il résultait qu'il était dû au citoyen Astruc la somme de 119,864 livres pour excédants de dépenses sur les recettes et autres avances faites de 1790 à 1793, mais que les rentrées à opérer sur les anciens revenus de la maison de Saint-Louis s'élevaient à 117,000 livres.

Le lendemain les Dames commencèrent à partir : elles emportèrent leurs effets, leur mobilier, leurs reliques, leurs livres, leurs manuscrits, les tableaux de leur salle de communauté et de la chambre de madame de Maintenon, etc. Leur départ se

---

[1] Extrait du registre des délibérations du directoire du district.
[2] Voir à l'Appendice S *l'état nominatif des Dames à l'époque de leur sortie*.
[3] Voir à l'Appendice R *l'état nominatif de sortie des demoiselles*.

fit au milieu de la foule des habitants de Saint-Cyr, dont les uns témoignaient une joie insultante, pendant que les autres recevaient des mains des religieuses des effets, des hardes, quelques parties de leur modeste mobilier. La supérieure et la dépositaire ne quittèrent la maison que les dernières, le 1ᵉʳ mai, après avoir fait une prière suprême devant l'autel dépouillé, après avoir dit adieu au tombeau de la fondatrice. A peine étaient-elles parties que la municipalité vint fermer les portes et fenêtres de l'établissement désert et mit partout les scellés.

Dix-huit des Dames et neuf des sœurs converses se retirèrent à Versailles : elles y vécurent de leurs pensions de retraite par groupes de cinq ou six, suivant leurs règles, la plupart se vouant encore à l'instruction publique, pour obéir à leur quatrième vœu. Les autres se retirèrent en province dans leurs familles. Une seule eut à souffrir du régime de la terreur : ce fut madame du Ligondès. Retirée à Versailles ainsi que madame d'Ormenans, elle n'y fut occupée qu'à régler les dernières finances de la maison, à certifier les petites dettes qu'elle laissait; mais pendant que l'administration départementale apurait définitivement ses comptes, elle fut injustement accusée d'avoir détourné de la maison de Saint-Cyr une somme de 42,000 livres et jetée en prison (27 octobre 1793). Elle y tomba malade et fut transférée à l'hôpital, ce qui n'empêcha pas l'accusateur public de provoquer sa mise en jugement[1]; mais la mort la délivra du tribunal révolutionnaire.

Les titres de la fondation, les actes de propriété, les registres de recette et de dépense, les terriers, baux, fermages et tous les

---

[1] On trouve, dans les archives de la préfecture de Versailles, cette lettre de l'accusateur public près le tribunal criminel de Seine-et-Oise aux administrateurs du district, sous la date du 5 pluviôse an II.

« La femme Ligondès, citoyens, ci-devant dépositaire de la maison de Saint-Cyr, est dénoncée comme ayant soustrait une somme de 42,000 livres de la caisse de cette maison. La soustraction matérielle de cette somme est en effet prouvée; mais la prévenue prétend qu'elle en a tenu compte dans ceux qu'elle vous a rendus. Je vous prie donc de me faire passer ce compte avec toutes les pièces que vous croirez propres à éclairer la justice sur le mérite de cette justification. GILLET. »

autres papiers de la maison de Saint-Louis furent transportés au directoire du district, et ils sont encore aujourd'hui aux archives de la préfecture de Versailles [1]. Le mobilier fut vendu dans le mois d'août, et cette vente, qui dura vingt-cinq jours, attira la foule de toutes les campagnes voisines, qui se disputa, même à haut prix, les dernières dépouilles des Dames de Saint-Cyr [2]. Les gros matériaux de démolition furent employés à l'hôpital de Poissy et à plusieurs autres établissements publics. Quant à l'argenterie, elle avait été inventoriée et transportée à Versailles avant même le départ des Dames, le 10 avril 1793 : le poids de cette argenterie s'élevait à cinq cent trente-neuf marcs [3]. Le 14 novembre suivant, des commissaires de la commune de Saint-Cyr furent envoyés à la Convention pour lui présenter cette argenterie, ainsi que celle qui provenait de l'abbaye de Notre-Dame des Anges et de l'église paroissiale, et en outre les cloches et les grilles de fer de la maison de Saint-Louis. « Cette offre fut suivie, dit le rapport des commissaires, d'un

---

[1] Une partie en a été distraite en 1844 et transportée au ministère de l'intérieur, sur la demande de l'administrateur Jourdan, et dans le but du rétablissement de la maison de Saint-Louis qui avait été proposé par la duchesse d'Angoulême : « Les personnes les plus éminentes, disait-il au préfet de Seine-et-Oise le 14 octobre 1844, prennent un intérêt immense à ce rétablissement, veuillez soigner et activer cette affaire; entrez dans les moindres détails, et procurez-nous, après vous être concerté avec le domaine, les éclaircissements les plus positifs et les plus satisfaisants. »

[2] Les procès-verbaux de la vente sont aux archives de Versailles.

[3] D'après une tradition qui existe encore à Saint-Cyr, mais qui est certainement fabuleuse, ces 539 marcs ne seraient pas toute l'argenterie qu'auraient possédée les Dames. Voici ce qu'on raconte à ce sujet : quelques jours avant le départ des Dames, l'architecte Demonville aurait fait venir un maçon de Bailly, nommé Delaunay, ainsi que son fils qui le servait comme manœuvre; on leur aurait bandé les yeux, et, après leur avoir fait faire un long chemin dans les caves, on les aurait conduits dans un endroit voûté où l'on avait placé à l'avance du plâtre et des pierres; là, on leur aurait débandé les yeux, et on leur aurait fait sceller dans la muraille une caisse grosse comme une auge à maçon contenant des objets précieux, comme calices, croix, etc., et entre autres une couronne d'or et de diamants ayant une valeur d'un million; puis on leur aurait de nouveau bandé les yeux et on les aurait ramenés au point de départ. Ces bruits devinrent tels qu'en octobre 1794, alors que la maison était transformée en hôpital, le directoire du district envoya deux commissaires pour faire des fouilles. On y employa huit jours : les caves, les murs, les fondations furent sondées (le procès-verbal ne dit pas si ce fut en présence de Delaunay), et l'on ne trouva rien.

discours de félicitation sur les glorieux travaux de la Convention et la demande du changement de nom de notre commune. » Cette demande fut accueillie et la commune de Saint-Cyr prit le nom de *Val-Libre*.

Quelques jours auparavant (13 brumaire an II), la Convention avait ordonné que la maison de Saint-Louis serait appropriée pour l'établissement d'un hôpital militaire.

Cependant la commune était tombée dans la misère la plus profonde. Le jour même où les dernières Dames de Saint-Louis quittaient leur maison, la municipalité de Saint-Cyr adressait au district de Versailles les plus lamentables plaintes. « L'évacuation de la maison de Saint-Louis, disait-elle, a réduit dans la plus grande misère et mis sans ressource une infinité de malheureux, comme vieillards des deux sexes, veuves, orphelins, pères de famille chargés de beaucoup d'enfants, dont un grand nombre ont participé à la défense de la république, la plupart de ces infortunés recevant des secours abondants de la charité des Dames. » Elle demandait qu'on lui continuât les aumônes et distributions de pain, qu'on donnât aux habitants les produits du jardin, etc. Le directoire accéda à cette dernière demande et en référa au département pour chercher les moyens de soulager ces misères. Le département ne fit rien; les plaintes continuèrent; la municipalité elle-même demanda au directoire du département qu'on l'indemnisât de tous les sacrifices qu'elle avait faits depuis la révolution, qu'on payât la garde nationale, les officiers municipaux, le maire lui-même, pour tout le temps qu'ils avaient donné à la surveillance et à l'évacuation de la maison de Saint-Louis. Sur le refus du département, elle s'adressa à la Convention; mais sa pétition, chef-d'œuvre de déclamation démagogique, fut sévèrement repoussée [1]. La commune n'en continua pas moins ses plaintes, et elle en prit une renommée contre-révolutionnaire qui fit la perte du curé Benaut : accusé d'avoir excité toutes ces réclamations, il fut traduit au

---

[1] Archives de la préfecture de Versailles.

tribunal révolutionnaire « pour cause de fanatisme et de fédéralisme, » et exécuté le 28 thermidor an II [1].

L'agitation de la commune de Saint-Cyr devint telle, que le représentant Charles Delacroix crut nécessaire d'y venir lui-même. « La municipalité, disait-il, ne réunissait pas les lumières et l'énergie nécessaires. » Il la composa « d'une manière plus avantageuse à la république » par arrêté du 6 janvier 1794, et pour mettre fin aux plaintes et à la misère des habitants, il pressa les travaux d'établissement de l'hôpital militaire du *Val-Libre*. Ces travaux étaient commencés depuis deux mois, et la maison de

[1] Benaut était un homme fort timide, mais dont les sentiments royalistes ou girondins n'étaient douteux pour personne : d'après une note transmise au comité de salut public par le comité de surveillance de Saint-Cyr, il avait donné asile à une parente de Mirabeau ; il avait des relations politiques avec l'évêque constitutionnel de Versailles, Avoine, et surtout avec le célèbre député Vergniaud ; aussi ses *opinions anti-civiques* et son *fanatisme* avaient été déjà dénoncés aux autorités révolutionnaires de Seine-et-Oise. A la fin il fut arrêté, conduit à la prison des Récollets à Versailles et menacé du tribunal révolutionnaire. Ce malheureux était une sorte de contrefaçon de J.-J. Rousseau ; il avait été jadis compositeur de musique et marié ; désespéré de la perte d'une épouse qui lui laissa une fille unique, il était entré dans les ordres, et avait apporté dans le sacerdoce sa timidité et sa légèreté d'esprit, ses illusions philosophiques, ses rêves du *Vicaire savoyard*, sa passion pour la musique avec du goût pour les sciences naturelles, enfin une humeur et un caractère complétement opposés à l'austérité de ses fonctions. Sa vie était d'ailleurs aussi paisible que régulière, mais elle n'avait rien de sacerdotal ; sa fille était une belle personne de seize ans, qui chantait à ravir, mais qui, ayant été accueillie par les Dames de Saint-Louis, n'était pour les paysans qu'une aristocrate ; enfin ceux-ci se moquaient de ce singulier prêtre chez qui l'on n'entendait que les sons de la harpe et du clavecin, et qu'on voyait herborisant avec sa fille ou bien perdu dans la contemplation des beautés de la nature.

Mis en prison, le pauvre curé, tremblant de frayeur, se hâta d'envoyer aux représentants du peuple en mission (Musset et Delacroix) sa démission de la cure de Saint-Cyr, ainsi que ses lettres d'institution canonique, en s'engageant à n'exercer aucune fonction ecclésiastique ; il exposa humblement aux autorités de Versailles [1], ses actes de civisme, sa conduite au 10 août, « et comment il avait constamment rempli tous les devoirs d'un vrai républicain ; » il implora le directoire du district pour sa malheureuse enfant, qu'on voulait chasser du presbytère, demandant quelques jours de répit pour qu'elle pût trouver un asile. Tout cela fut inutile : il fut envoyé à Paris devant le tribunal révolutionnaire, condamné à mort et exécuté. Son modeste mobilier, dont ses livres et ses instruments de musique faisaient tout le prix, fut confisqué et vendu. Enfin sa fille, qui s'était retirée à Paris et y cherchait à vivre du métier de blanchisseuse dans le faubourg Saint-Marceau, trois mois après, mourut de douleur et de misère.

[1] En marge de cette lettre, datée du 14 prairial an II, on lit : « Affaire terminée, le réclamant ayant subi la peine de mort. » (Archives de la préfecture de Versailles.)

Saint-Louis en fut entièrement bouleversée : les classes, les dortoirs, les cellules des Dames, les infirmeries, les lingeries, etc., furent transformés en vingt salles d'hôpital renfermant neuf cent cinq lits, et qu'on décora des noms de Brutus, Mucius-Scævola, Guillaume Tell, Marat, du Bonnet-Rouge, des Sans-Culottes, etc. L'église elle-même, dépouillée de ses autels, de ses tribunes, de ses grilles, fut partagée en deux étages et transformée en quatre salles de malades. Enfin on détruisit le grand parterre, les jets d'eau, les quinconces pour faire des plantations de légumes. Les travaux ne furent terminés que vers le milieu de l'année 1794 ; ils coûtèrent deux cent trente-six mille francs [1] ; mais des soldats malades appartenant principalement aux armées de l'Ouest y furent installés dès le mois de novembre, et en avril suivant ils y étaient entassés au nombre de dix-huit cents. On donna à l'hôpital une garde de cent invalides, qui avaient pour caserne le petit hospice de Saint-Roch.

Pendant que l'on travaillait à transformer l'église en salles d'hôpital (janvier 1794), les ouvriers aperçurent au milieu du chœur dévasté, où, stalles des Dames, bancs des demoiselles, orgues, chapelles, tout avait disparu, une table de marbre noir perdue dans le sol couvert de débris : c'était la tombe de madame de Maintenon. Ils la brisèrent, ouvrirent le caveau et le double cercueil [2], et en enlevèrent le corps de la fondatrice, parfaitement conservé, couvert encore de ses habits, ayant même gardé les parfums avec lesquels on l'avait embaumé. Ils lui mirent une corde au cou, le traînèrent dans la cour du dehors, au milieu de rires et de cris sauvages, et le jetèrent dépouillé et tout mutilé dans un grand trou du cimetière, où ils l'enterrèrent.

La maison de Saint-Cyr devint, en l'an VI, d'hôpital militaire un hôtel d'nvalides, puis en 1800 un collége sous le nom de *Prytanée*

---

[1] Archives de la commune de Saint-Cyr.

[2] La tradition accuse principalement de cette profanation le maçon Delaunay : il n'aurait voulu, dit-on, que débarrasser la principale salle de l'hôpital d'un tombeau qui l'aurait gêné.

*français* [1]. En 1802, à l'époque de la restauration du culte catholique, et quand on se disposait à rendre l'église de Saint-Louis à sa destination, M. Crouzet, directeur du Prytanée, ayant été averti de l'endroit où reposait le cadavre de madame de Maintenon, le fit exhumer avec une certaine pompe religieuse et enterrer dans l'ancienne cour verte, en face du logement qu'avait occupé la fondatrice de Saint-Cyr. On le couvrit d'une pierre tumulaire entourée d'une grille et de saules pleureurs. Mais les profanations réservées à ces malheureux restes n'étaient pas finies. En 1805 le Prytanée devint, sans changer de nom, une sorte d'école militaire préparatoire, qui eut pour commandant le général Duteil. L'un des premiers actes de ce général fut d'ordonner la destruction du modeste tombeau de la « fanatique, disait-il, qui avait fait révoquer l'édit de Nantes. » Alors les derniers ossements de madame de Maintenon furent placés dans un mauvais coffre à emballage, et relégués d'abord dans un grenier parmi des débris de meubles, puis dans un coin poudreux de l'économat de l'École militaire [2], derrière des caisses de rebut. Ce coffre était à la merci de ceux qui connaissaient son existence, et c'est ainsi que la plupart des ossements en furent dispersés. D'ailleurs, pendant trente ans, personne ne s'en occupa, ni le gouvernement impérial, ni celui des Bourbons, ni les généraux qui se succédèrent dans le commandement de l'École militaire, ni même la famille de madame de Maintenon.

Enfin, en 1836, M. le colonel Baraguay-d'Hilliers, commandant l'École spéciale militaire, demanda au ministre de la guerre l'autorisation d'élever un monument dans la chapelle à la fondatrice de Saint-Cyr. Cette autorisation ayant été donnée, on rechercha l'endroit du chœur des Dames où elle avait été inhumée [3] et qui

---

[1] Nous donnerons l'histoire de ces transformations dans l'*Histoire de l'École spéciale militaire de Saint-Cyr*.

[2] L'économat était alors placé dans l'ancienne sacristie des Dames, la seule pièce de la maison de Saint-Louis qui ait encore aujourd'hui tout son aspect d'autrefois.

[3] Ce caveau n'avait que deux mètres de hauteur et deux mètres trente centimètres de côté. Sa place est aujourd'hui marquée par une petite dalle de pierre sans inscription.

avait été muré et carrelé. On le découvrit et l'on retrouva dans l'ancien caveau un cercueil de bois vermoulu, avec un cercueil de plomb à tête, ouvert seulement du côté de l'épaule droite, et où étaient encore des débris de linceul tombant en poussière, une petite croix d'ébène, un talon de soulier de femme, quelques aromates, des lambeaux de parchemin. On réunit ces débris aux ossements très-incomplets et très-douteux qu'on retrouva dans le coffre; on mit le tout dans une petite boîte en chêne, recouverte d'une feuille de plomb, avec un parchemin relatant l'exhumation; puis l'on déposa cette boîte dans un mausolée en marbre noir, surmonté d'une croix et placé sur un socle en marbre blanc. Tout cela se fit sans cérémonie religieuse, sans aucune pompe, en présence seulement du commandant de l'École. Ce petit monument est placé dans l'enfoncement latéral de l'église, qui avait été jadis la chapelle de Sainte-Candide [1]; il porte pour inscription :

CI-GIT
MADAME DE MAINTENON.
1635-1719 [2].

1836.

C'est là tout ce qui rappelle aujourd'hui à Saint-Cyr l'Institut royal de Saint-Louis : cellules des Dames, classes des demoiselles, appartement de madame de Maintenon, théâtre d'*Esther*, église, cimetière, livres, archives, tout a été détruit ou bouleversé dans les dévastations ou transformations qu'a subies cette maison; pas un buste, pas un tableau, pas une inscription, pas un signe n'est là pour rappeler aux nouveaux habitants de Saint-Cyr, à ces générations de jeunes gens qui en sortent pour aller, suivant le mot de Louis XIV, « soutenir à leur tour la réputa-

[1] Voir le plan en c" et la page 62.
[2] Nous complétons les documents que nous avons donnés sur madame de Maintenon par un extrait d'une conversation avec les Dames de Saint-Cyr (voir l'Appendice T), qui a été écrit entièrement de sa main et dont nous donnons une partie en *fac-simile*. La note qui suit ce fragment est de la main de madame de Glapion. Nous empruntons le tout aux archives de la préfecture de Versailles.

tion du nom français[1], » cette belle institution créée en l'honneur de la noblesse militaire, ces jeunes filles, qui se glorifiaient d'être *de la race des soldats*, cette éducation qui touchait presque à la perfection, et tout ce passé si glorieux et si poétique de notre patrie, dont la maison de Saint-Cyr semble le témoignage.

Trop heureux ce livre s'il pouvait réparer cet ingrat oubli, s'il parvenait à tirer de ces injustes ténèbres et les anges qui ont embaumé Saint-Cyr de leurs vertus, et les colombes élevées sous leurs ailes, et la maison qui a eu la gloire d'enfanter *Esther*, et l'église illustrée par Bossuet et Fénelon, où l'on a tant prié, où l'on a tant pleuré pour la France !

[1] Voyez page 43.
[2] Voyez page 191.

FIN.

de la noblesse militaire, ces jeunes filles, qui se glorifiaient d'être *de la race des soldats*, cette éducation qui touchait presque à la perfection, et tout ce passé si glorieux et si poétique de notre patrie, dont la maison de Saint-Cyr semble le témoignage.

Trop heureux ce livre s'il pouvait réparer cet ingrat oubli, s'il parvenait à tirer de ces injustes ténèbres et les anges qui ont embaumé Saint-Cyr de leurs vertus, et les colombes élevées sous leurs ailes, et la maison qui a eu la gloire d'enfanter *Esther*, et l'église illustrée par Bossuet et Fénelon, où l'on a tant prié, où l'on a tant pleuré pour la France !

[1] Voyez page 43.
[2] Voyez page 191.

FIN.

prevention de prendre contre le desordre
tant dans les meurs que dans l'administra
tion des biens

Defendre boire present

+ Defendre qu'on acquiere plus de biens

Defendre de bastir pour agrandir la
maison

Specifier l'argent Le temps que les
filles seront receues et demeureront
dans la maison


les nottes sont de la main du Roy notre
fondateur

# APPENDICES.

## A.

### NOTES DE LA MAIN DE LOUIS XIV SUR LA FONDATION DE SAINT-CYR [1].

(*Voir à la page* 38.)

ESTABLISSEMENT DE SAINT-CIR.

Lettres patentes bien dressées;
Biens à donner pour la fondation;
Ornements à faire pour l'esglise;
Meubles de touttes sortes;
Choix d'un homme d'affaire;
Choix d'un conseiller d'Estat pour assister aux comptes;
Provisions par advance pour que rien ne manque au p$^r$ juillet, jour que les demoiselles entreront à Saint-Cir;
Proposition de donner plus de revenu qu'il ne faut pour l'entretien de la maison, à condition de marier des demoiselles sur le revenant-bon, une somme honneste mise à part pour les besoins qu'on pourrait avoir;
Règlemens à faire;
Constitutions bien examinées;
Bons sujets à choisir;
Voir à peu près l'estat où la despense ira;
Précautions à prendre contre le désordre, tant dans les meurs que dans l'administration des biens;
Défendre tous présents;

---

[1] Cette pièce est en original aux archives de la préfecture de Versailles. On lit au bas : « Ces nottes sont de la main du roy notre fondateur. » Nous la donnons en fac-simile.

Défendre qu'on acquière plus de biens ;

Défendre de bastir pour agrandir la maison ;

Spécifier l'aage et le temps que les filles seront receues et demeureront dans la maison.

## B.

### EXTRAITS DE LA PREMIÈRE INSTRUCTION DE M<sup>me</sup> DE MAINTENON

#### AUX DAMES DE SAINT-LOUIS SUR L'ÉDUCATION DES DEMOISELLES
#### (JUILLET 1686).

*(Voir page 52.)*

« Dieu ayant voulu se servir de moi pour contribuer à l'établissement que le roi a fait pour l'éducation des pauvres demoiselles de son royaume, je crois devoir communiquer aux personnes qui sont destinées à les élever ce que mon expérience m'a appris sur les moyens de leur donner une bonne éducation...

» Quand on veut seulement orner leur mémoire, il suffit de les instruire quelques heures par jour; mais quand on veut former leur raison, exciter leur cœur, élever leur esprit, détruire leurs mauvaises inclinations, en un mot leur faire connaître et aimer la vertu, on a toujours à travailler, et il s'en présente à tout moment des occasions; on leur est aussi nécessaire dans les divertissements que dans les leçons, et on ne les quitte jamais qu'ils n'en reçoivent quelque dommage...

» Il est besoin dans cet emploi plus que dans aucun autre de s'oublier entièrement soi-même, c'est-à-dire qu'il ne faut songer qu'à se faire entendre et à persuader; il faut abandonner l'éloquence qui pourrait attirer l'admiration des auditeurs; il faut même badiner avec les enfants dans de certaines occasions et s'en faire aimer pour acquérir sur eux un pouvoir dont ils puissent profiter, mais il ne faut pas se méprendre aux moyens dont on doit se servir pour se faire aimer : il n'y a que les moyens raisonnables qui réussissent ; il n'y a que les intentions droites qui attirent la bénédiction de Dieu.

» On doit moins songer à orner leur esprit qu'à former leur raison : cette méthode, à la vérité, fait moins paraître le savoir et l'habileté des maîtresses; une jeune fille qui sait mille choses par cœur brille plus en compagnie et satisfait plus ses proches que celle dont on a pris soin seulement de former le jugement, qui sait se taire, qui est modeste et retenue, et qui ne paraît jamais pressée de montrer son esprit. Il faut quelquefois leur laisser faire leur volonté pour connaître leurs inclinations, leur apprendre la différence de ce qui est mal et de ce qui est bien, de ce qui est indifférent, et leur accorder tout ce qui est de cette dernière espèce...

» On doit leur apprendre toutes les délicatesses de l'honneur, de la probité, du secret, de la générosité et de l'humanité, et leur peindre la vertu aussi belle qu'elle l'est; mais il faut qu'elles soient persuadées que si la vertu n'a la religion pour fondement, elle n'est point solide et que Dieu ne soutient point, mais réprouve ces vertus païennes et héroïques qui ne sont que les effets d'un orgueil délicat et insatiable pour les louanges.

» Il faut se faire estimer des enfants, et le seul moyen pour y réussir est de ne leur point montrer de défauts, car on ne saurait croire combien ils sont éclairés pour les démêler.

» Il faut caresser les bons naturels, être sévère avec les mauvais, mais jamais rude avec aucun.

» Il faut par des complaisances leur faire aimer la présence de leurs maîtresses et qu'ils fassent devant elles les mêmes choses que s'ils étaient abandonnés à eux-mêmes.

» Il faut entrer dans les divertissements des enfants, mais il ne faut jamais s'accommoder à eux par un langage enfantin, ni par des manières puériles; on doit au contraire les élever à soi en leur parlant toujours raisonnablement; en un mot, comme on ne peut être ni trop, ni trop tôt raisonnable, il faudrait accoutumer les enfants à la raison dès qu'ils peuvent entendre et parler, et d'autant plus qu'elle ne s'oppose point aux plaisirs honnêtes qu'on doit leur permettre.

» Les agréments extérieurs, la connaissance des langues étrangères et mille autres talents dont on veut que les filles de qualité soient ornées ont leurs inconvénients pour elles-mêmes, car ces soins prennent un temps qu'on pourrait employer plus utilement. Les demoiselles de la maison de Saint-Louis ne doivent pas être élevées de cette manière, quand on le pourrait; car étant sans bien, il n'est pas à propos de leur élever l'esprit et le cœur d'une façon si peu convenable à leur fortune. Mais le christianisme et la raison, qui est tout ce qu'on veut leur inspirer, sont également bons aux princesses et aux misérables, et si nos demoiselles profitent de ce que je crois qu'elles entendront, elles seront capables de soutenir tout le bien et tout le mal qu'il plaira à Dieu de leur envoyer [1]. »

---

[1] *Lettres édifiantes*, t. 1, lettre 81e.

## C.

### EXTRAIT DE L'HISTOIRE DE LOUIS XIV EN VERS,

PAR RÉGNIER DESMARETS.

(*Voir page* 86.)

Sous des toits chancelants mille nobles familles
Avec peine élevaient d'aimables jeunes filles,
Et dans ce triste état voyaient avec douleur
Du sang de leurs aïeux la honte et le malheur.
Toi, de leur mauvais sort réparant la disgrâce,
Dans ce superbe enclos où ta bonté les place,
Sous de sages regards, loin des yeux des humains,
Tu les fais élever par de savantes mains.
Là chaque jour s'exerce à quelque tâche aisée
La belle et jeune troupe en classes divisée;
On prend soin de former les cœurs et les esprits,
Et pour chaque leçon on propose des prix.
Tel que dans les beaux jours de la saison charmante,
Où la terre est de fleurs parfumée et brillante,
On voit un jeune essaim travailler sur les fleurs
Que la naissante aurore émaille de ses pleurs :
Telle voit-on la troupe à l'ouvrage invitée
Et par l'espoir du prix vivement excitée;
Chacune pour l'avoir se surpasse à l'envi,
Tremble que par une autre il ne lui soit ravi,
Et du nom révéré de celle qui le donne
De l'un à l'autre bout tout le salon résonne;
Une honnête rougeur qui se mêle à leurs lis
Rend d'un nouvel éclat tous les teints embellis.
Quand l'âge, dont la fleur est si belle et si chère,
Mais qui vient et qui fuit d'une aile si légère,
Leur fait voir quel parti chacune doit choisir,
Et qu'à son gré chacune a fixé son désir,
Alors, soit que son choix aux autels la destine,
Soit qu'au joug de l'hymen un doux penchant l'incline,

On lui fait embrasser l'état qu'elle choisit
Et de sa place vide une autre se saisit.
Celle qui t'inspira de si célestes vues
Du ciel uniquement doit les avoir reçues :
Ses nobles sentiments et ses soins glorieux
Font bien voir que sa vie est toute dans les cieux...

---

### D.

### CANTATE A LA LOUANGE DE MADAME DE MAINTENON [1].

(*Voir page* 86.)

UNE VOIX.

Fuyez loin de ces lieux, profanes voluptés,
Malheureux à jamais ceux que vous soumettez
    A votre funeste puissance;
Ne nous étalez pas vos charmes dangereux,
    Ce séjour est l'asile heureux
    Du repos et de l'innocence.
    Ici les frivoles désirs
    Ne mêlent point à nos plaisirs
    L'impatience et la tristesse;
    Nous ne redoutons point l'ennui,
    Et chaque jour voit avec lui
    Ressusciter notre allégresse.

UNE DEUXIÈME VOIX.

Quelle main nous a fait ces jours délicieux?
Quelle divinité nous rassemble auprès d'elle?
    J'en reconnais les rayons glorieux;
Tout est ici guidé par cet astre fidèle.

---

[1] Manuscrit de la bibliothèque de Versailles.

#### CHOEUR.

C'est la vertu qui se montre à nos yeux
Sous les traits d'une humble mortelle;
D'un seul de ses regards elle embellit ces lieux;
Sa bonté chaque jour pour nous se renouvelle.

#### DUO.

Célébrons à jamais ses bienfaits précieux;
Peut-on lui refuser une amour éternelle?

#### UNE VOIX.

L'astre du jour sortant de l'onde
Répand également sa lumière féconde
Sur les palais des rois et les toits des bergers;
Telle du sein brillant d'une cour qu'elle éclaire
Elle vient tous les jours dans ce lieu solitaire
Éclairer nos humbles vergers.

#### UNE VOIX.

Elle soutient notre jeunesse;
Dans les routes de la sagesse
Nos pas sont par elle affermis;
Des vices enchanteurs elle confond l'adresse,
Et son exemple instruit notre faiblesse
A triompher de leurs traits ennemis.

#### UNE VOIX.

Sans elle quelle main eût conduit notre enfance?
Nous serions des troupeaux sans guide et sans défense
Au milieu des loups furieux;
Le monde eût infecté notre faible innocence
De son venin contagieux;
Peut-être qu'aujourd'hui le mensonge odieux,
L'orgueil ou l'aveugle licence
De notre pureté seraient victorieux.

#### CHOEUR.

O vertu de qui la tendresse
Prend soin du bonheur de nos jours,
Conduisez-nous sans cesse,
Protégez-nous toujours.

### UNE VOIX.

Fasse le juste ciel qu'avec des traits de flamme
Dans tous les cœurs votre nom soit écrit !
Puissent tous les mortels vous chérir dans leur âme
Autant que le ciel vous chérit !

### DUO.

Qu'à jamais le souverain être
Vous fasse un destin glorieux,
Et que l'ardeur qu'en nous vos bontés ont fait naître
Puisse de plus en plus éclater à vos yeux !

UNE VOIX.     Nous bénissons votre présence ;
UNE VOIX.     En vous seule est notre espérance ;
UNE VOIX. Sans vous nos plus beaux jours seraient de tristes nuits ;
UNE VOIX. Vous changez en plaisirs nos plus mortels ennuis.

### CHOEUR.

O vertu de qui la tendresse
Prend soin du bonheur de nos jours,
Conduisez-nous sans cesse,
Protégez-nous toujours.

---

## E.

## BREF DU PAPE ALEXANDRE VIII A MADAME DE MAINTENON[1].

*(Voir page 107.)*

#### A NOTRE TRÈS-CHÈRE FILLE EN JÉSUS-CHRIST, LA NOBLE FEMME DE MAINTENON.

Chère fille en Jésus-Christ, noble Dame, vos vertus insignes et vos recommandables prérogatives nous sont si connues qu'elles nous engagent à vous donner des marques toutes particulières de notre affection paternelle ; notre très-cher fils François Trévisani, notre camérier, vous en rendra un excellent

---

[1] L'original est aux Archives de la préfecture de Versailles.

témoignage, en portant la barrette que nous envoyons à notre cher fils Toussaint de Forbin; les effets le feront encore plus évidemment connaître dans les occasions qui se pourront présenter. Nous vous prions aussi de vouloir bien donner toute l'assistance et toute la protection possible dans une cour, où les belles qualités que vous possédez vous ont acquis avec justice une faveur approuvée de tout le monde, à notre susdit fils, qui, par un mérite égal à la naissance, et surtout par la commission que nous lui donnons, est digne d'une distinction particulière; nous vous prions aussi avec un zèle également fort de faire valoir, toutes les fois que l'occasion s'en présentera, l'affection filiale que vous avez pour le saint-siége, et d'en défendre tous les justes intérêts. Sur cette espérance, nous prions Dieu qu'il vous comble de ses grâces, et nous vous donnons, très-noble Dame, notre bénédiction apostolique.

Donné à Rome, etc.

## F.

### PROCÈS-VERBAL DE LA VISITE DE L'ÉVÊQUE DE CHARTRES EN 1692 [1].

(*Voir pages* 57 *et* 116.)

L'an 1692, le samedi vingt-deuxième jour de novembre, sur les neuf heures du matin, nous, Paul de Godet des Marais, conseiller du roy en tous ses conseils, et commissaire député en cette partie par notre saint-père le pape Innocent XII, à présent séant sur la chaire de saint Pierre, assisté de M<sup>e</sup> Florent de Gaueau, prêtre, docteur de la maison et société de Sorbonne, chanoine de notre église de Chartres et promoteur de notre cour épiscopale; Robert Pérot, aussi chanoine de notre église, et Jean Proust, diacre, notre secrétaire ordinaire et greffier de notre officialité, procédant, sur la réquisition de notredit promoteur, à l'exécution de l'ordonnance par nous apposée, le jour d'hier, au bas de la requête qui nous a été présentée par les supérieure et Dames de la maison royale de Saint-Louis à Saint-Cyr, aux fins qu'il nous plût ériger leur maison en monastère, nous sommes transportés, revêtus de notre rochet, camail et étole, de l'appartement où nous sommes logés dans le dehors de ladite maison de Saint-Cyr, à la porte de l'église, à laquelle le sieur Savoye, supérieur des missionnaires établis en ladite maison pour en desservir

[1] L'original de cette pièce est aux Archives de la préfecture de Versailles.

la chapelle, que nous avions fait avertir de notre arrivée, nous a reçus accompagné de sa communauté, composée des sieurs du Vaucel, d'Arrest, Solé et Desortiaux, prêtres missionnaires, avec la croix, les chandeliers et l'encensoir, et nous ayant présenté la croix que nous avons adorée, et l'eau bénite, dont nous avons fait l'aspersion aux assistants, sommes entrés processionnellement dans ladite église qu'avons trouvée magnifiquement bâtie et cintrée, ayant sept toises de hauteur, dix de longueur sur cinq de large, sans y comprendre le chœur desdites Dames, contenant douze toises de long sur cinq de large et vingt-six pieds de hauteur, et l'avant-chœur, qui est de quatre toises de longueur sur cinq de large et six pieds de hauteur, avec un plancher comme le chœur; ladite église fondée et bénite sous l'invocation de la sainte Vierge et de saint Louis, et sommes allés au maître-autel, où nous avons visité le Saint-Sacrement, qu'avons trouvé dans trois ciboires d'argent, dorés en dedans, dont nous avons fait l'exposition, et après avoir chanté la strophe *Tantum ergo*, avons donné la bénédiction du Saint-Sacrement; avons visité le maître autel, dont le retable est grand, magnifique et doré, élevé jusques à la voûte; ledit autel très-décemment et très-proprement paré; avons trouvé le sanctuaire de ladite église parqueté et séparé d'une balustrade; avons trouvé à main gauche dans ladite église, une chapelle dédiée sous le nom de saint Candide, sur l'autel de laquelle repose le corps dudit saint dans une très-belle châsse dorée, ledit autel de même matière et de même structure que celui ci-dessus, vis-à-vis duquel est une autre chapelle depuis peu commencée et dont la maçonnerie est toute faite, destinée pour y mettre le corps de sainte Pérégrine et y faire un autel semblable à celui de saint Candide. De là sommes allés à la sacristie de ladite église, que nous avons trouvée toute parquetée et lambrissée d'une belle menuiserie, garnie de toutes ses tables et armoires nécessaires, dans laquelle avons trouvé deux calices d'argent, dont la coupe est dorée par le dedans, avec les ornements, aubes et linges nécessaires pour le service du jour; et au-dessus de la table où s'habillent les prêtres, à côté d'un grand crucifix, avons trouvé une caisse couverte de satin cramoisi, dans laquelle est le corps de sainte Pérégrine. De là serions passés dans une antisacristie, où nous aurions trouvé un lavoir et une piscine et quantité de cierges et flambeaux de cire blanche, dont, et ce que dessus, avons dressé le présent procès-verbal. Fait et arrêté, etc.

Et les mêmes jour et an que dessus, sur les dix heures du matin *sic*, nous, évêque et commissaire susdit, etc., sommes transportés à la grande porte de clôture de ladite maison, où avons été reçus par la Dame Marie-Anne de Loubert, supérieure, et par toutes les Dames qui composent la communauté, rangées en ordre de procession, toutes revêtues d'un voile noir et de leurs longs manteaux d'église, ayant chacune une croix d'or pendante devant elle et un cierge allumé à la main; laquelle Dame supérieure nous ayant présenté le crucifix que nous avons adoré, aurions été conduits processionnellement, lesdites Dames chantant le *Veni Creator*, le long d'un corridor, par un grand vestibule et au travers de l'avant-chœur, dans le chœur intérieur de ladite église, au milieu duquel aurions trouvé un priez-Dieu couvert d'un drap de pied et d'un carreau violet; et l'hymne finie, aurions chanté l'oraison du Saint-Esprit. Ensuite de quoi nous nous serions approchés de la clôture dudit chœur, faite de bonne et forte menuiserie, avec trois grandes et fortes grilles de fer bien travaillé, ayant chacune un petit guichet pour la communion, fermé de bonnes serrures, sous la principale desquelles grilles aurions trouvé deux tiroirs faits de grosses planches de chêne, arrêtés et posés de manière qu'ils ne se peuvent tirer entièrement de part ni d'autre, servant à passer dans ladite église tout ce qui est nécessaire pour la célébration des divins offices, recouverts des deux côtés de bons volets fermants à différentes clefs et serrures; ledit chœur entièrement parqueté et lambrissé, garni de quarante-huit stalles pour les Dames et de seize grands bancs très-propres, d'égale longueur, placés de symétrie de part et d'autre et arrêtés au parquet; le bas dudit chœur garni de deux priez-Dieu, aussi très-propres, y ayant pour séparation dudit chœur et de l'avant-chœur deux tribunes à droite et à gauche, au-dessus et à côté de l'une desquelles paraitrait la monstre de l'orgue, très-belle, grande et artistement travaillée, qui n'a aucune issue dans l'intérieur de ladite maison. Ledit avant-chœur garni de deux autels, posés aux deux côtés de l'entrée dudit chœur, ornés de chandeliers, tableaux et de plusieurs reliquaires. Ledit avant-chœur, parqueté et lambrissé comme le chœur, où restent les converses pendant le service divin, à main gauche duquel aurions vu trois portes qui conduisent à trois confessionnaux bien fermés, ayant chacun deux grillons fort serrés et recouverts d'une plaque percée de petits trous et d'un rideau de serge verte, lesdits grillons et plaque étant de fer. Et repassant par le vestibule, aurions vu trois autres confessionnaux fermés et de la forme des précédents; d'où nous sommes allés dans le lieu appelé le Chapitre ou salle de communauté, où nous aurions trouvé ladite Dame supérieure, accompagnée de vingt-deux Dames, directrices de ladite maison, vêtues comme dessus, rangées de part et d'autre dans une grande modestie; et après leur avoir donné notre bénédiction, leur aurions exposé le sujet de notre visite, et les aurions requises de nous déclarer si elles persistaient dans le dessein de passer de l'état séculier au régulier, suivant la supplique qu'elles en auraient fait à notre saint-père le pape, sur laquelle elles auraient obtenu son bref, et pour l'exécution duquel elles nous auraient présenté leur requête le jour d'hier, à quoi elles nous auraient témoigné persister et souhaiter l'érection de leur maison en monastère, et ont lesdites Dames signé avec nous, etc.

Ensuite de quoi nous aurions continué notre visite, accompagnés des Dames de Buthery et de Montaigle, qui nous auraient conduits dans la sacristie du dedans, que nous aurions trouvée très-proprement planchée et lambrissée, garnie d'une grande table en armoire, dans laquelle il y aurait de très-beaux et très-riches ornements de toutes les couleurs de l'église, régnant et au-dessus de ladite table une armoire remplie de linges d'église très-fins et très-propres, garnis de dentelles de points de France, d'Angleterre et autres, une grande croix, six chandeliers, six pots à bouquets, une lampe, un encensoir garni de sa navette, un petit bassin et burettes, le tout marqué aux armes du roi; missels, livres et toutes les autres choses nécessaires pour la célébration des divins offices et pour officier pontificalement. De là nous nous serions transportés dans une chambre basse joignant une autre chambre servant actuellement de noviciat, toutes deux lambrissées et garnies de meubles nécessaires; d'où nous serions allés au lieu appelé le dépôt, garni d'un grand bureau et de grandes armoires tout autour, servant à renfermer les titres, papiers et enseignements de ladite maison, et d'un coffre-fort à mettre l'argent; le tout en bon état et bien sûr. Serions passés ensuite dans deux dortoirs de même plain-pied, remplis de plusieurs lits et meubles convenables, qu'on nous a dit servir pour coucher les sœurs converses; d'où, repassant le long du corridor qui règne devant les lieux ci-dessus, serions allés au réfectoire des Dames, que nous avons trouvé très-proprement lambrissé et garni de tables et autres meubles nécessaires, avec un pupitre dans le milieu pour la lectrice. Ensuite serions passés au grand réfectoire des demoiselles, au bout duquel il y avait une table élevée sur une estrade de trois marches, où se place ordinairement la Dame qui préside audit réfectoire, y ayant au-dessus du lambris qui règne au pourtour dudit réfectoire un tableau de Notre-Seigneur crucifié; les deux côtés duquel réfectoire, garnis de huit grandes tables, servent aux demoiselles; au bout de chacune il y aurait une chaise de menuiserie, où se mettent les maîtresses de chacune des classes desdites demoiselles, y ayant une chaise élevée au côté droit dudit réfectoire pour celle qui y fait la lecture; les deux côtés de la porte dudit réfectoire garnis de grandes armoires de menuiserie servant à resserrer tout ce qui convient audit réfectoire, devant lequel et sous le vestibule d'icelui il y aurait deux grands lave-mains de cuivre bronzé, d'une très-belle structure. Et de là serions entrés dans la cuisine de la communauté au lieu appelé l'écurage, garde-manger, dépense et la fruiterie, et dans le magasin, lesquels lieux nous aurions trouvés garnis de tous les ustensiles et provisions nécessaires pour l'entretien et service d'une nombreuse communauté. Puis on nous aurait fait entrer dans le lieu appelé la chambre de la lingère, où nous aurions trouvé plusieurs sœurs converses appliquées au travail; ladite chambre meublée de tables et armoires, d'un lit et autres choses nécessaires. Serions passés ensuite dans une grande salle environnée de grandes armoires remplies de tous les linges nécessaires pour ladite maison, sans y comprendre tout le linge des infirmeries, qui n'a point de communication avec celui ci-dessus, y ayant d'ailleurs plusieurs grandes armoires remplies de linge de table et des offices, le tout très-propre et tenu d'un grand ordre. Après quoi lesdites Dames nous auraient fait voir un autre lieu servant de magasin à ladite lingerie, où se mettent le linge sale et les provisions nécessaires au blanchissage; et lesdites Dames nous auraient de là fait passer dans le laboratoire de l'apothicairerie, que nous aurions trouvé d'une très-grande propreté et garni de tous les ustensiles convenables pour la confection des remèdes. De là dans le lieu appelé la boutique de l'apothicairerie, que nous aurions trouvée garnie de tablettes, très-propres tout autour et du haut en bas remplies de chevrettes, pots et galons, et autres ustensiles, contenant toutes les drogues et remèdes nécessaires pour le soulagement d'une grande et nombreuse communauté. Lesdites Dames nous auraient fait entrer de là dans la cuisine, dépense et garde-manger des infirmeries, que nous aurions trouvés tenus très-proprement et garnis de tous les meubles nécessaires. Ensuite serions entrés dans une grande salle, nattée, garnie de tables, bancs et siéges et d'un pupitre, ladite salle servant de réfectoire aux demoiselles convalescentes. D'où serions allés dans de grands magasins où se mettent les provisions de bois, que nous aurions trouvés très-bien fournis, et, repassant le long du grand corridor du bas de ladite maison, aurions été conduits par lesdites Dames dans un petit parloir élevé de quelques degrés, appelé le parloir du dépôt, séparé du dehors par une grille de fer où il y aurait un petit guichet fermant à clef, par où il peut passer un sac de mille livres seulement; et en retournant à la porte de clôture, serions entrés dans un confessionnal bien fermé et grillé comme les précédents. Aurions vu ensuite un parloir, appelé le petit parloir, fermé d'une grille sans guichet, d'environ deux pieds et demi de large sur trois et demi de haut; ledit parloir parqueté et lambrissé à hauteur d'appui et garni de siéges et tables très-propres. De là serions entrés dans le parloir appelé le parloir des Dames, garni de siéges, séparé du dehors par une grande grille, où il y a un petit guichet fermant à clef. Aurions après été conduits par lesdites Dames de Buthery et de Montaigle au grand parloir appelé des demoiselles, meublé comme dessus, avec une grande grille de fer sans guichet; d'où nous sommes allés dans un petit parloir, appelé des sœurs converses, fermé de grilles, comme dessus, sans guichet. Et de là serions entrés dans le tour de dedans, que nous aurions trouvé de moyenne grandeur et capable seulement de passer un médiocre paquet; ledit tour fort et fait d'un bois de chêne, sans qu'on puisse rien voir au dedans, étant fermé par une porte qui cache entièrement ledit tour, à côté duquel il y aurait un petit grillon dormant pour parler aux gens de dehors, refermé d'un volet par-dessus. Et sortant de ladite clôture, après avoir visité généralement tout le rez-de-chaussée de ladite maison, avons remarqué que la porte d'icelle clôture était bonne, forte et fermant à plusieurs barres de fer et serrures. Avons remarqué en outre que toutes les fenêtres dudit rez-de-chaussée de ladite maison, tant du côté de l'avant-cour que de la cour appelée du dehors et autres lieux ayant rapport à l'extérieur de la clôture sont garnis de forts barreaux de fer, et treillassés de filets de laiton. Et, attendu l'heure de midi, nous nous sommes retirés et avons remis à continuer la visite cejourd'hui, deux heures de relevée. Fait et arrêté en ladite maison, etc.

Ledit jour 22 novembre 1692, sur les deux heures de relevée, nous, évêque et commissaire susdit, assisté que dessus, nous sommes transportés dans ladite maison, où nous aurions été reçus par les Dames du Pérou, de Saint-Pars, de Saint-Aubin et de La Maisonfort, qui nous auraient conduits dans un grand vestibule au premier étage, appelé le vestibule des classes, d'où nous serions entrés dans la classe où sont instruites les plus grandes demoiselles, appelée la classe bleue, que nous avons trouvée très-grande et spacieuse, garnie de tables, bancs et autres siéges, et tapissée de tapisseries bleues, lesdites demoiselles travaillant à plusieurs ouvrages, avec lesquelles il y avait plusieurs maîtresses ; d'où nous serions entrés dans un dortoir de plain-pied à ladite classe, rempli d'un grand nombre de lits à piliers, garnis de rideaux bleus, paillasses, matelas et couvertures blanches ; le tout très-propre, y ayant à chacun des bouts dudit dortoir deux petites chambres ou cellules toutes parquetées et lambrissées de belle menuiserie, où couchent deux desdites maîtresses. De là sommes passés aux autres classes, appelées jaune, verte et rouge, toutes grandes et disposées avec leurs dortoirs, comme celle ci-dessus, et toutes meublées suivant leurs couleurs, dans lesquelles avons trouvé les demoiselles desdites classes travaillant, ayant avec elles leurs maîtresses et sous-maîtresses. D'où nous serions allés, en suivant ledit premier étage, à la tribune de l'église, que nous aurions trouvé grande et spacieuse, parfaitement bien parquetée et lambrissée, ayant vue généralement sur tout l'avant-chœur, chœur intérieur, église du dehors et sanctuaire ; ladite tribune fermée d'un grand vitrage qui en contient toute la face : aux deux côtés de la première tribune, il y aurait deux oratoires faits de menuiserie et de vitrage sur toute ladite église, dans l'un desquels très-proprement paré il y aurait une grille de fer très-propre d'environ deux pieds et demi de large sur trois de haut, à laquelle il y a un petit guichet fermant à clef pour la communion ; ladite grille ayant vue sur l'autel d'une petite chapelle extérieure, dite la chapelle de la Croix, très-artistement faite et très-décemment parée, garnie de croix et de chandeliers d'argent. Dans le même oratoire, il y aurait une autre grille de fer sans guichet, de moindre grandeur que la précédente, servant de confessionnal. Hors dudit oratoire et dans un petit corridor, aurions vu trois portes : la première, ouvrant dans une petite sacristie dépendant de la petite chapelle, en laquelle il y aurait un ornement d'autel complet, à fond blanc, en broderie d'or et d'argent et des couleurs de l'église, le linge, missels, calice et les autres choses nécessaires pour la célébration de la messe; le tout convenable à la propreté et à la magnificence du reste; la deuxième porte fermant un petit magasin servant de décharge au lieu ci-dessus; et la troisième fermant un confessionnal, où il y a deux grillons de fer et une plaque de fer, percée comme à tous les autres confessionnaux de ladite maison. En continuant par le même petit corridor, nous sommes entrés dans un lieu appelé le cabinet des retraites, très-proprement parqueté et lambrissé, ayant de grandes armoires autour destinées à mettre des livres. Ensuite serions passés dans quatre chambres, toutes bien parquetées et lambrissées d'une très-belle et propre menuiserie : la première, appelée la bibliothèque, où nous avons vu trois grandes armoires remplies de livres de piété; toutes lesdites armoires fermant à clef, treillassées par devant de fil de laiton très-fin, ayant toutes chacune un rideau de serge bleue, et encore deux grands volumes en vélin, reliés en maroquin du Levant, contenant les armes, blasons et preuves généalogiques de la noblesse des demoiselles qui ont été reçues dans ladite maison, chacun volume contenant la preuve de cent familles, plus un grand portefeuille rempli de pareilles preuves de la noblesse de plusieurs demoiselles de ladite maison, dont sera fait un troisième volume, dans la forme ci-dessus, lorsque le nombre de cent sera complet; la deuxième, meublée de deux lits de repos et de siéges de damas bleu, avec des housses de serge bleue, comme les précédents rideaux; la troisième, meublée d'un grand lit et de plusieurs siéges semblables aux précédents; et dans la quatrième, aurions trouvé plusieurs siéges semblables, tables et rideaux, appelée le parloir de la supérieure, séparé du dehors par une grande grille, qui a un petit guichet fermant à clef; lesquels ornements de la susdite chapelle de la Croix et tous les meubles bleus desdites quatre chambres appartiennent à madame de Maintenon, leur institutrice. De là sommes allés dans deux chambres parquetées et lambrissées comme dessus et meublées de plusieurs lits et autres meubles, qui sont occupées par mademoiselle d'Aubigné. Et passant le long d'un corridor et devant la grande tribune susdite, sommes entrés dans un grand appartement, composé d'une grande salle, d'une antichambre, d'une chambre et d'un grand cabinet tout lambrissé et parqueté d'une très-belle menuiserie. La première, meublée de plusieurs siéges violets, cabinets et tables; la deuxième, de tables et de plusieurs chaises de paille; la troisième, de trois lits à piliers et rideaux très-propres et autres meubles nécessaires; et la quatrième, d'un grand lit violet, avec les chaises de même; lequel appartement l'on nous a dit être destiné à recevoir les religieuses qui doivent venir conduire lesdites Dames de Saint-Louis dans le noviciat qu'elles désirent faire avant de faire profession de la règle de saint Augustin. Passant ensuite par un dégagement du susdit appartement, serions entrés dans trois petites chambres servant de garde-robes audit appartement; et traversant une galerie qui est le long d'icelui, serions entrés par un petit corridor dans l'un des oratoires de la grande tribune; et repassant par icelle, aurions été par un long corridor dans une grande salle appelée l'infirmerie des demoiselles, où il y a trente lits à piliers et à rideaux rouges très-bien garnis; ladite infirmerie meublée d'ailleurs de tous les meubles nécessaires, auquel lieu nous aurions vu environ vingt-cinq malades, presque toutes convalescentes. Au bout de ladite infirmerie, nous aurions vu une grande chambre très-propre, appelée la chambre des infirmières, proprement parquetée et lambrissée, et séparée du dehors, où est situé l'autel, par une forte cloison de menuiserie, dans laquelle est une grande grille avec un petit guichet fermant à clef pour la communion; et à l'un des côtés de ladite cloison, nous avons vu un petit grillon de fer, recouvert d'une plaque de fer, servant de confessionnal pour les infirmes. De ladite grande grille, avons vu que ledit autel, appelé de Sainte-Geneviève, est très-décemment paré. En sortant de ladite chapelle, serions entrés dans deux autres salles, garnies chacune de plusieurs lits rouges, pareils aux précédents, et autres meubles nécessaires; lesdites salles servant d'infirmerie aux Dames et novices de ladite maison, le tout très-proprement tenu. Serions entrés ensuite dans une grande chambre, garnie de six lits rouges, comme dessus, et d'autres meubles nécessaires, servant actuellement d'infirmerie aux sœurs converses, à côté de laquelle et au-dessus des infirmeries des Dames, est une grande chambre, remplie de lits rouges et meubles comme dessus, que l'on nous a dit être le supplément des infirmeries. De là sommes passés, au travers d'une fort grande chambre ou grenier lambrissé, appelé le séchoir du linge des infirmeries, lequel en était effectivement rempli; de laquelle grande chambre serions entrés dans une autre grande chambre, toute garnie de tablettes du haut en bas en forme d'armoires, appelée la lingerie des infirmeries, lesdites tablettes chargées de linge et d'autres choses nécessaires aux malades. D'où nous sommes allés dans un grand dortoir, coupé d'un bout à l'autre d'une cloison contre laquelle sont adossés de part et d'autre deux rangs de lits à piliers et rideaux rouges très-bien garnis; les trumeaux des fenêtres de part et d'autre garnis de tables et de bancs, et les embrasements desdites fenêtres remplis de petits coffres servant à mettre le linge et habits de chacune des demoiselles qui couchent dans ledit dortoir, aux deux bouts duquel sont deux cellules pour deux maîtresses, et à chacun des côtés dudit dortoir, devant les cheminées, aurions vu des lampes qui sont allumées pendant la nuit. Dudit dortoir, sommes passés dans un lieu spacieux, appelé le vestibule des dortoirs, d'où nous aurions vu une grande chambre, appelée la chambre des postulantes, et dans trois autres dortoirs, meublés comme dessus des couleurs verte, bleue et jaune, contenant chacun plus de quarante lits, sans ceux des cellules des maîtresses; et repassant par le dortoir vert, nous sommes allés au grand dortoir des Dames, étant double par le côté droit, et y ayant des cellules de part et d'autre, et à gauche d'un côté seulement ayant vue sur la cour du dehors, les fenêtres garnies de vitres, châssis et claies; lesdites cellules, au nombre de trente-six, que nous avons toutes visitées et trouvées très-proprement planchées, et toutes lambrissées d'une belle menuiserie, et meublées chacune d'un lit à piliers avec les rideaux violets et garnis très-proprement d'une petite armoire, d'un priez-Dieu, d'une table, d'une écritoire, d'une cuvette, pot à l'eau, chandeliers et deux chaises de paille; le tout très-propre. Au bout desquelles cellules avons trouvé un lieu bien fermé, dans lequel il y aurait un petit lit sans rideaux et une chaise de paille, appelé la prison; d'où nous serions allés dans une chambre, appelée la boutique, remplie de tablettes, garnie de merceries, toiles, étoffes, papier, et de toutes choses nécessaires concernant les menus besoins de ladite maison. Ensuite serions entrés dans un fort grand et long galetas lambrissé, régnant sur toute l'église et ses dépendances, excepté sur le dessus du sanctuaire et des chapelles, appelé le garde-meuble, rempli de tables, meubles et habits, où il y aurait entre autres choses plusieurs garnitures et lits de futaine blanche très-propres, qui sont les rideaux des lits et des fenêtres des cellules des Dames et des infirmeries, qu'on met ordinairement à Pâques, et qu'on remplace des violets et des rouges ordinairement à la fête de tous les saints. Dont et de ce que dessus..., etc.

Et le lundi 24 novembre 1692, nous, évêque de Chartres, etc., nous sommes transportés, sur les quatre heures du soir, à la porte de clôture de ladite maison, en continuant notre visite, où nous avons été reçus par les Dames Gaultier et de Buthery, lesquelles nous auraient conduits dans la cour royale de ladite maison, que nous aurions trouvée fermée par le côté du midi d'une muraille faite à chaux, sable et moellon, de vingt-quatre toises de longueur sur deux de hauteur; au milieu de laquelle est un grand portique de pierre de taille, avec une bonne et forte porte cochère de bois de chêne, fermée de plusieurs barres et serrures en très-bon état, les trois autres côtés de la ladite cour, fermés du bâtiment de ladite maison. D'où, traversant la cour appelée des cuisines et le lieu appelé les bûchers, serions entrés dans les jardins; et allant droit jusqu'à la muraille de clôture, nous y aurions trouvé près du corps de ladite maison une porte cochère appelée la porte des provisions et du jardin, très-forte et bien fermée avec un petit grillon très-serré d'environ quatre pouces, avec un petit volet fermant à clef pour voir du dedans ceux qui pourraient s'y présenter pour entrer, ladite porte couverte d'un hangar fait de charpente et couvert d'ardoise; et nous étant fait ouvrir ladite porte, nous avons visité les murs de ladite clôture par dehors, qu'avons trouvés de pareille hauteur que par dedans et en bon état; et étant rentré, et continuant notre chemin le long d'un mur de la hauteur et fait comme dessus, le long de cinquante-six toises, nous n'avons remarqué aucune ouverture ni aucune issue au dehors. Ensuite tournant à la main gauche le long d'un mur comme ci-dessus d'environ trente-sept toises de long, aurions trouvé une autre porte cochère, servant d'entrée au jardin appelé le jardin de la petite infirmerie, dans la partie supérieure duquel jardin il y aurait un bâtiment détaché de toutes parts des murs de ladite clôture. Que lesdites Dames Gaultier et de Buthery nous ont dits avoir été construit pour servir d'infirmerie pour les maladies communicables en cas que Dieu en affligeât leur maison, dans lequel bâtiment serions entrés et y aurions trouvé par bas quatre pièces de plainpied servant de salle, cuisine et autres offices, dans laquelle salle nous aurions trouvé une moyenne grille de fer avec un petit guichet, ayant vue sur une chapelle extérieure, appelée la chapelle de Saint-Roch, le tout bien fermé sans aucune communication du dehors; d'où nous serions montés aux premier et second étages dudit bâtiment, où nous aurions trouvé quatre grandes chambres et deux cabinets avec quelques meubles à l'usage ordinaire. Ledit jardin, fermé d'un mur de chaux, sable et moellon de douze pieds de haut comme dessus, faisant clôture du côté de Versailles, d'environ soixante-dix toises de longueur; d'où retournant à la porte d'entrée dudit jardin, le long d'un mur d'environ quarante-huit toises de long, serions repassés dans le grand jardin le long d'icelui mur, au bout duquel nous aurions trouvé la suite des murs de ladite clôture que nous aurions continué de visiter, sans y trouver aucune ouverture, environ cinquante toises de longueur. Après quoi nous aurions vu une porte d'un pied et demi de large sur six ou sept de hauteur, fermée de serrures et verrous, appelée la petite porte du jardin, de laquelle nous étant fait faire ouverture, nous aurions reconnu que les murs sont en dehors de même hauteur et qualité qu'en dedans : et après être rentrés, avançant le long de la même clôture la longueur d'environ cent toises, aurions trouvé dans un angle dudit jardin un petit pavillon dont les murs font partie de la clôture, sans aucune ouverture extérieure par le bas; et étant montés au premier étage, y aurions trouvé une grande chambre percée de plusieurs fenêtres ayant vue de toutes parts. De là allant à main gauche le long d'environ soixante-dix toises, aurions trouvé une porte nouvellement faite pour le service des maçons et autres ouvriers qui travaillent aux aqueducs et canaux commencés dans les jardins pour le dessèchement de la maison, laquelle porte faite de grosses planches de chêne, avons trouvée bien fermée de verrous et serrures; près de laquelle nous aurions vu un aqueduc voûté qui reçoit les eaux des autres aqueducs et canaux susdits et qui se décharge hors de ladite clôture, lequel est fermé sous le mur d'icelle clôture d'une forte grille de fer engagée de toutes parts dans un mur de pierre de taille enfoncé de dix à onze pieds de profondeur, en sorte que la clôture ne peut être enfreinte par ledit aqueduc. Laquelle porte nous ayant été ouverte, nous avons visité lesdits murs par dehors, et les avons trouvés en bon état et de pareille hauteur que celle qu'ils ont en dedans. Étant rentrés et continuant de là notre chemin environ cent toises de long, serions arrivés à l'un des angles dudit jardin, et, arrivant à la main gauche le long d'un mur de clôture d'environ deux cent dix toises de longueur, n'y aurions trouvé aucune ouverture. Après quoi avons trouvé un bâtiment dont nous avons suivi les murs environ trente toises, après quoi nous aurions trouvé une porte cochère qui donne entrée dans la cour dudit bâtiment, lequel on nous a dit servir aujourd'hui au blanchissage du linge, pourquoi il est appelé le lavoir, dans lequel nous serions entrés et y aurions trouvé par bas deux grandes pièces, dans l'une desquelles sont les cuviers avec leurs pompes et un grand bassin, partagé en quatre parties où le linge se lave ordinairement; l'autre pièce servant de bûcher auxdits lavoirs. Au-dessus desdites deux pièces, nous avons vu trois fort grandes chambres servant de séchoir pour le linge, partie dudit bâtiment et une portion de la cour, faisant en tout environ treize toises faisant clôture sans aucune ouverture. En sortant de ladite cour et après la porte d'icelle, aurions trouvé la porte du cimetière, dans lequel nous avons trouvé une grande croix de pierre de taille : ledit cimetière tout environné de murs de la hauteur en construction que dessus, dont un des côtés, d'environ quarante toises, fait clôture du côté de la rue de Saint-Cyr, et d'autre part vingt-six toises du côté du jardin desdits sieurs prêtres de la Mission, sans aucune ouverture ni issue de part ni d'autre; d'où nous sommes revenus par dedans les bâtiments de ladite maison, par le vestibule qui est vis-à-vis l'avant-chœur de ladite église à la grande porte de clôture par laquelle nous étions entrés, qui ouvre dans la cour du dehors où sont les bâtiments qu'habitent lesdits sieurs prêtres de la Mission et ceux destinés pour les hôtes, laquelle grande porte de chêne nous avons visitée par dedans et par dehors et trouvée faite de grosses et fortes planches de bois de chêne fermée de plusieurs barres, verrous, serrures, et en très-bon état. Dont et de tout ce que dessus avons dressé procès-verbal pour servir et valoir en temps et lieu que de raison, etc.

## G.

### MÉMOIRE

POUR SERVIR D'INSTRUCTION AUX PERSONNES QUI DÉSIRERONT OBTENIR DES PLACES POUR DES DEMOISELLES DANS LA ROYALE MAISON DE SAINT-LOUIS A SAINT-CYR-LEZ-VERSAILLES (1784).

(*Voir pages* 140 *et* 256.)

Par les lettres patentes de la fondation de la royale maison de Saint-Louis à Saint-Cyr-lez-Versailles, Louis XIV, de glorieuse mémoire, s'est réservé, et à ses successeurs rois, la nomination et entière disposition de deux cent cinquante places de demoiselles qui doivent être élevées en ladite maison, pour en disposer en faveur des filles nobles, et principalement de celles qui seront issues de gentilshommes qui auront porté les armes, ou qui, étant morts pour le service, auraient épuisé leur fortune par les dépenses qu'ils y auraient faites, et se trouveraient hors d'état de leur donner les secours nécessaires pour les bien élever.

*Qualités requises.*

1° Aucune demoiselle, suivant lesdites lettres patentes, ne pourra être pourvue de l'une de ces places si elle n'est au moins âgée de dix ans; celles qui en auront plus de dix ne pourront y être admises.

2° Il faudra, aux termes des mêmes lettres patentes, que la demoiselle qui sera présentée soit en état de justifier une profession de noblesse au moins de cent quarante ans consécutifs du côté paternel.

3° Par autres lettres patentes du 1er juin 1763, il a été ordonné qu'à l'avenir les demoiselles qui se présenteront pour être reçues dans ladite maison seront tenues de justifier que leur père ou aïeul ont servi au moins dix ans chacun dans les troupes de Sa Majesté, si ce n'est qu'avant ledit temps l'un ou l'autre aient été tués à son service, ou qu'ils l'aient quitté par rapport à des blessures ou des infirmités qui les aient empêchés de le continuer. Celles dont le père où le grand-père auront été tués au service seront tenues de le justifier par extraits mortuaires en bonne forme, dûment légalisés; et celles dont les pères ou grands-pères auront, avant les dix ans ci-dessus, quitté le service pour raison de blessures ou d'infirmités, rapporteront un certificat des commandants ou officiers des corps dans lesquels ils auront servi, contenant la qualité des blessures, infirmités ou autres accidents qui les auront obligés de quitter le service.

*Causes d'exclusion.*

Toute demoiselle qui aurait quelque défaut, infirmité ou difformité, ne pourrait être admise à l'une desdites deux cent cinquante places. Ainsi, celles qui sont borgnes, louches, bossues, boiteuses, manchotes, qui ont mauvaise odeur, des humeurs froides, des teignes, quelque infirmité ou incommodité de nuit, etc., sont absolument exclues.

*Moyens pour parvenir à obtenir une place.*

Les parents ou amis des demoiselles ayant toutes qualités requises qui désireront obtenir de Sa Majesté l'une desdites deux cent cinquante places, s'adresseront à M. d'Ormesson, conseiller d'État, intendant des finances, commis par Sa Majesté pour être chef du conseil par elle établi pour la direction de l'administration du temporel de ladite maison de Saint-Louis, et, en cette qualité, chargé de lui présenter les placets pour l'admission auxdites places; et ils joindront au placet :

1° L'extrait baptistaire de la demoiselle pour laquelle on demande une place, et ceux de ses sœurs cadettes, si elle en a, séparés, et légalisés par le juge royal de la paroisse où sont nées ces demoiselles.

2° Un certificat du curé de la paroisse des père et mère, pareillement légalisé, portant le nombre de leurs enfants vivants et l'âge de leurs filles.

3° Un certificat de l'évêque diocésain, ou, en cas de vacance ou absence, du vicaire général, qui atteste que les père et mère de la demoiselle n'ont point de biens suffisants pour la faire élever suivant sa condition.

4° Un mémoire détaillé des services militaires des père, grand-père et proches parents de la demoiselle, et la preuve de dix années au moins de service pour chacun des père et aïeul de cette demoiselle, lesquels doivent être justifiés par lettres, brevets et commissions d'officiers, ou par des certificats équivalents, soit du ministre de la guerre, soit du commandant ou principaux officiers des corps dans lesquels lesdits père et aïeul auront servi, conformément aux lettres patentes du 1er juin 1763.

5° L'extrait baptistaire du père de la demoiselle, légalisé.

Au moyen de toutes ces reproductions, la demande étant en règle, elle sera mise sous les yeux du roi par M. d'Ormesson; et, après qu'il aura plu à Sa Majesté ordonner que la demoiselle sera admise, ses parents ou amis seront informés aussitôt, afin de les prévenir qu'il faut qu'ils remettent ou envoient les titres de noblesse entre les mains de M. le président d'Hozier, commissaire nommé par les Dames supérieure et religieuses de ladite maison de Saint-Louis, pour certifier à Sa Majesté la noblesse des demoiselles élevées dans ladite maison.

*Preuves de noblesse.*

Les pièces qui doivent être représentées pour établir les preuves de noblesse sont :

1° Les contrats de mariage du père, de l'aïeul, bisaïeul, trisaïeul et autres ascendants en ligne directe et masculine, en remontant jusqu'à cent quarante ans au moins ; dans le cas où il n'y aurait pas eu de contrat de mariage, on y suppléera par l'acte de célébration, dûment légalisé.

2° Et afin que les filiations et les qualifications soient d'autant plus clairement et incontestablement justifiées, on joindra à chaque contrat de mariage deux autres actes, dans lesquels les mêmes qualités que celles prises dans les contrats de mariage se trouvent insérées : ces actes doivent être, extraits baptistaires, testaments, créations de tutelles, gardes nobles, partages, transactions, actes ou jugements de maintenue de noblesse, rendus lors des recherches de 1666 et 1696, lettres de chancellerie, hommages, aveux et dénombrements de fiefs, contrats d'acquisitions, ventes ou échanges, procès-verbaux, pour être reçu dans l'ordre de Malte, ou dans d'autres ordres ou chapitres nobles, brevets, provisions ou lettres de retenue de charges, commissions, certificats de service, ou autres pièces énonciatives de la qualité de noble.

3° Des extraits des rôles des tailles de la paroisse où les père et mère de la demoiselle ou ses aïeux ont fait leur résidence depuis trente ans, s'ils ont demeuré dans les lieux taillables ou sujets à d'autres impositions ou charges sur les roturiers. Lesdits extraits de rôles contenant que lesdits père et mère ou aïeuls ont toujours été employés au chapitre des nobles.

Tous les titres et pièces servant à établir la noblesse telle qu'elle est requise pour être reçu dans la maison, seront rapportés en bonne forme ; savoir, les actes passés devant notaires en grosse, ou par expédition signée des notaires qui auront la minute, les copies collationnées n'étant pas suffisantes.

Les secondes expéditions délivrées sur les minutes, les extraits baptistaires, ou certificats, ou pièces servant à justifier la naissance, seront légalisés par le juge royal du ressort du lieu où demeureront ceux qui les auront signés ou délivrés, faute de quoi ils ne feront point foi, et l'on n'y aura aucun égard.

Les titres ayant été examinés et vérifiés, M. le président d'Hozier en délivrera son certificat.

La dépense de cet examen, certificat et procès-verbal contenant l'arbre généalogique, n'est point à la charge des parents des demoiselles, et concerne les Dames de la maison de Saint-Cyr seules.

Si, sur le rapport qui sera fait du tout au roi par M. d'Ormesson, Sa Majesté juge que la demoiselle a les qualités requises, elle ordonnera que le brevet de don de l'une de ces places soit expédié.

Mais, comme les demoiselles ne peuvent être reçues dans la maison qu'à mesure qu'il y vaque des places, elles attendront qu'on les informe du temps juste auquel elles pourront entrer; c'est le moyen de ne pas s'exposer inutilement aux frais coûteux et inévitables d'un long séjour à Paris jusqu'à la vacance des places.

Toutes choses étant enfin disposées pour l'entrée des demoiselles dans ladite maison, les parents ou amis iront chez M. le président d'Hozier retirer leur certificat de noblesse, et aussitôt après se transporteront chez le notaire de la maison de Saint-Cyr avec l'extrait baptistaire de la demoiselle et le certificat de noblesse de M. le président d'Hozier, pour y présenter deux personnes mariées, connues et domiciliées à Paris, à l'effet d'y signer un acte de cautionnement, par lequel elles s'obligeront, à défaut de parents, de reprendre la demoiselle lorsqu'elle aura ses vingt ans accomplis, et même dans tous les cas où elles pourraient en être requises par madame la supérieure; ensuite la demoiselle sera reçue dans ladite maison pour y être élevée jusqu'à l'âge de vingt ans accomplis, de la manière et en conformité des lettres patentes de fondation.

*Observations importantes.*

Ceux qui voudront demander des places sont exhortés de faire attention aux causes d'exclusion ci-devant détaillées, et de se régler en conséquence; on les préviennent que lorsqu'une demoiselle entre dans la maison, elle est très-scrupuleusement examinée et visitée par ordre de madame la supérieure; et si, par événement, elle se trouvait attaquée de quelque infirmité ou difformité, eût-elle d'ailleurs toutes les autres qualités requises, elle serait renvoyée à sa famille, et toutes les démarches, frais de voyage et autres dépenses que l'on aurait pu faire jusqu'alors seraient en pure perte.

L'on avertit aussi ceux qui ne sont pas en état de prouver la possession de cent quarante ans consécutifs, de la manière et par les pièces ci-dessus énoncées, qu'ils ne se donnent pas la peine de faire aucune sollicitation, parce que cela ne leur servirait de rien.

On prévient les parents des demoiselles que les lettres patentes de fondation prescrivent expressément que les demoiselles ne pourront sortir de ladite maison qu'à l'époque de vingt ans accomplis; et dans le cas où ils les retireraient avant ce temps-là, les mêmes lettres patentes les privent de toute dotation et gratification. Ainsi, on doit s'attendre que toutes les sollicitations pour les retirer avant cette époque de vingt ans accomplis seront toujours infructueuses, à moins qu'on ne veuille faire le sacrifice des trois mille livres qui sont délivrées aux demoiselles qui ont resté dans ladite maison tout le temps prescrit.

Les demoiselles qui, après avoir été reçues dans ladite maison, y commettront des fautes graves, ou qui auront une indocilité de caractère capable d'en troubler l'ordre, seront renvoyées à leur famille par madame la supérieure, qui, aux termes des lettres patentes de fondation, en a le droit, après avoir pris l'avis des Dames du conseil. Ce règlement, n'ayant pour objet que le bien de la maison, s'exécute avec la plus grande rigueur, malgré les sollicitations les plus vives et les protections les plus puissantes. Et les demoiselles ainsi renvoyées sont privées du don des trois mille livres qu'il plaît à Sa Majesté d'accorder à toutes celles qui ont été élevées dans ladite maison jusqu'à l'époque de leur vingt ans accomplis.

Les parents des demoiselles qui voudront les voir pourront venir à Saint-Cyr, seulement dans les huit jours des octaves des quatre fêtes annuelles ; savoir, Noël, Pâques, Pentecôte et la Toussaint, à commencer le lendemain de chacune de ces fêtes.

## H.

### L'ÉDUCATION DE SAINT-CYR.

*(Voir page 143.)*

Cœurs destinés à la vertu parfaite,
Vous que le ciel honore de son choix,
Nobles enfants, aimez cette retraite,
Dieu vous l'a faite
Par la main du roi.
La nuit, le jour, dans toute sa noblesse
Parle la sagesse,
Écoutez sa voix.

Loin de ces jeux où règne la licence,
Et des attraits du monde séducteur,
Vous apprendrez les lois de l'innocence
Et de la décence

Qu'aime la pudeur;
Et vous saurez dès votre tendre enfance
Joindre à la naissance
Le solide honneur.

---

## H'.

## UNE JOURNÉE DE MADAME DE MAINTENON A VERSAILLES.

(*Voir page* 182.)

« Il faut que je prenne pour mes prières et pour entendre la messe le temps où tout le monde dort encore; car quand on a commencé à entrer chez moi, je n'ai plus un instant. M. Maréchal, chirurgien du roi, entre à sept heures et demie; puis M. Fagon, qui est suivi de M. Blouin, gouverneur de Versailles, ou de quelque autre qui envoie savoir de mes nouvelles; ensuite M. de Chamillard ou quelque autre ministre, monseigneur l'archevêque, un général d'armée qui va partir, et une quantité d'autres qui viennent à la file, et qui ne sortent que quand ils sont relevés par quelqu'un au-dessus d'eux. Quand le roi vient, il faut qu'ils s'en aillent tous; il demeure avec moi jusqu'à ce qu'il aille à la messe. Remarquez que je suis encore en coiffure de nuit; car si je m'étais habillée, je n'aurais pas eu le temps de faire mes prières. Ma chambre est pour ainsi dire comme une église où l'on fait des processions, des allées et des venues perpétuelles. Le roi revient après la messe, ensuite madame la duchesse de Bourgogne avec ses dames; ils demeurent là pendant que je dîne : je ne suis pas alors sans inquiétude, car je suis en peine si madame la duchesse de Bourgogne en use bien avec son mari quand il y est ou si elle ne fait rien de mal à propos; je tâche de lui faire dire quelque mot obligeant aux unes et aux autres; il faut soutenir la conversation, faire en sorte de les unir tous; s'il échappe quelque indiscrétion, je la sens vivement pour ceux qu'elle regarde; je suis embarrassée de la manière dont on prendra ce que certaines gens disent; enfin c'est une tension d'esprit que rien n'égale. Tout le cercle est autour de moi, et je ne puis demander à boire; je leur dis quelquefois en me détournant : « C'est bien de l'honneur, mais je voudrais bien un valet. » Sur cela tous s'empressent à vouloir me servir, ce qui m'est une autre sorte d'embarras et d'importunité. Enfin ils s'en vont tous dîner, et je serais libre pendant tout ce temps-là si monseigneur (le dauphin) ne le prenait ordinairement pour me venir voir, car il dîne souvent plus tôt pour aller à la chasse. Il est fort difficile à entretenir ; disant peu de chose, il faut nécessairement que je fournisse à la conversation et paye, comme l'on dit, de ma personne. Aussitôt après le dîner du roi, il revient dans ma chambre avec toute la famille royale, princes et princesses, et s'y amuse une demi-heure ; puis il sort tout seul, et tout le reste demeure ; et il faut que je continue encore cette conversation, pendant que j'ai la tête pleine de chagrins sur tout ce qui se passe à l'armée, où mille gens périssent, tantôt dans un siége de ville, tantôt dans une bataille, et quantité de méchantes nouvelles qui arrivent tous les jours sur cela et sur mille autres choses qui me mettent sur le cœur un poids qui me pèse infiniment et qu'il faut que je cache sous un air gai et riant. Quand cette assemblée se sépare, quelques dames ont toujours à me parler en particulier, et me prennent dans ma petite chambre pour me conter leurs chagrins, ce que font également celles qui m'aiment et celles qui ne m'aiment pas ; et il faut que je les serve et parle pour elles au roi. Madame la duchesse de Bourgogne veut aussi m'entretenir souvent tête à tête, de sorte que Dieu permet que cette vieille personne devienne à tous l'objet de leur attention. Ils s'adressent tous à moi, ils veulent que tout passe par moi ; et il me fait la grâce de ne voir jamais ma condition par ce qu'elle a d'éclatant, mais toujours par ce qu'elle a de pénible ; bien loin d'en être éblouie, je ne me regarde que comme un instrument dont il se sert pour faire du bien, pour travailler à sa gloire, pour unir nos princes, pour soulager ceux que je puis, etc. Je pense quelquefois à la haine que Dieu m'a donnée de tout temps pour la cour, quoique cependant il m'y destinât, et je vois avec reconnaissance que c'est qu'il m'y voulait sauver... Mais revenons à notre journée.

» Quand le roi est revenu de la chasse, il vient chez moi ; on ferme la porte, et personne n'entre plus ; il faut alors partager ses chagrins, ses peines secrètes, qui ne sont pas en petit nombre. Il vient quelque ministre qui apporte souvent de mauvaises nouvelles ; le roi travaille, et si l'on ne veut pas de moi dans le conseil, ce qui est rare, je me retire un peu plus loin, et je place là ordinairement le temps de mes prières, de peur de n'en pas trouver d'autre. Je soupe pendant que le roi travaille encore, et je suis inquiète, qu'il soit seul ou non. Je suis contrainte comme vous voyez depuis six heures du matin et bien lasse ; le roi s'en aperçoit quelquefois, et me dit : « Vous n'en pouvez plus, n'est-ce pas ? couchez-vous. » Je le fais donc ; mes femmes viennent ; mais je sens qu'elles gênent le roi, qui se contraint pour ne pas parler devant elles, ou bien il y a encore quelque ministre, et il a peur que l'on n'entende, de sorte que je me dépêche souvent jusqu'à m'en trouver mal. Enfin me voilà dans mon lit ; je renvoie mes femmes ; le roi s'approche et demeure à mon chevet jusqu'à ce qu'il aille souper, et un quart d'heure avant le souper monsieur le dauphin et M. et madame la duchesse de Bourgogne viennent encore chez moi. A dix heures ou dix heures et un quart, tout le monde sort; alors je suis seule [1]... »

---

I.

EXTRAIT

DES AVIS DONNÉS PAR MADAME DE MAINTENON A MADAME LA PRINCESSE DE SAVOIE, DEPUIS DUCHESSE DE BOURGOGNE ET ENSUITE DAUPHINE DE FRANCE, TROUVÉS PAR LE ROI EN ORIGINAL DANS LA CASSETTE DE CETTE PRINCESSE APRÈS SA MORT.

(*Voir page 192.*)

Que votre piété soit solide, droite et éclairée : solide, vous en servant de règle dans toutes les actions de votre vie; droite, en préférant toujours les obligations de votre état à toute dévotion; éclairée, en vous instruisant de tout ce que vous devez savoir pour vous sauver et pour en sauver beaucoup d'autres par votre exemple.

*Par rapport à monsieur votre mari.*

Prenez votre résolution, madame, de souffrir tout ce que Dieu voudra vous envoyer; car la condition des grands a ses peines, et souvent plus amères que celles des particuliers. N'espérez point un parfait bonheur, il n'y en a pas sur la terre.

Votre sexe est encore plus exposé à souffrir, parce qu'il est toujours dans la dépendance.

Ne soyez ni fâchée ni honteuse de cette dépendance d'un mari, ni de toutes celles qui sont dans l'ordre de Dieu; mais sanctifiez-la, vous y soumettant de bon cœur pour l'amour de lui.

Que M. le duc de Bourgogne soit votre meilleur ami et votre confident; prenez ses conseils, donnez-lui les vôtres; ne soyez qu'une seule personne selon le dessein de Dieu.

[1] *Lettres édifiantes.*

N'espérez point que cette union vous fasse jouir d'un bonheur parfait. Les meilleurs mariages sont ceux où l'on souffre tour à tour l'un de l'autre avec douceur et patience.

Il n'y en a aucun sans quelque contradiction ; supportez donc les défauts de l'humeur, du tempérament, de la conduite, la différence des opinions et des goûts, c'est à vous à soumettre les vôtres.

Prenez sur vous le plus que vous pourrez, et prenez le moins qu'il vous sera possible sur les autres. Cela est au-dessus des forces naturelles, mais Dieu vous soutiendra si vous avez recours à lui.

Soyez complaisante sans faire valoir vos complaisances.

N'exigez pas autant d'amitié que vous en aurez. Les hommes pour l'ordinaire sont moins tendres que les femmes.

Vous serez malheureuse si vous êtes délicate en amitié.

Demandez à Dieu de n'être pas jalouse.

N'espérez jamais faire revenir un mari par les plaintes, les chagrins et les reproches.

Le seul moyen est la patience et la douceur, mais j'espère que M. le duc de Bourgogne ne vous mettra pas à ces épreuves.

Tournez vos occupations selon les inclinations de M. le duc de Bourgogne.

En sacrifiant votre volonté ne prétendez rien sur la sienne, les hommes y sont encore plus attachés que les femmes, parce qu'on les élève avec moins de contrainte.

Ils sont naturellement tyranniques et veulent des plaisirs et de la liberté, et que les femmes y renoncent.

Ils sont les maîtres, il n'y a qu'à souffrir de bonne grâce.

Aimez vos enfants, voyez-les souvent, c'est l'occupation la plus honnête que vous puissiez avoir.

N'oubliez rien pour les bien élever et pour leur donner le plus de préservatif contre les dangers de leur état.

Imprimez la religion dans leur cœur, et jetez-y la semence de toutes les vertus.

Nourrissez les filles dans la contrainte et la solitude, afin qu'elles se trouvent plus heureuses dans les mariages que la Providence leur aura destinés.

*Par rapport au monde.*

Exposez-vous au monde selon la bienséance de votre état.

Mettez votre confiance en Dieu et consolez-vous des périls où on y est exposé par le bien que vous y pouvez faire. Un des plus grands, c'est l'exemple.

Professez donc hautement votre foi et votre religion sans en négliger aucune pratique.

Détruisez autant que vous pourrez la vanité et l'immodestie, le luxe, et encore plus les calomnies et les médisances, les railleries offensantes et tout ce qui est contraire à la charité.

N'épousez les passions de personne. C'est à vous à les modérer, et non pas à les suivre.

Regardez comme vos véritables amis ceux qui vous porteront à la douceur, à la paix, au pardon des injures.

Et par la raison contraire, craignez et n'écoutez pas ceux qui voudront vous exciter contre les autres, quelques apparences de zèle dont ils veulent prétexter leurs intérêts et leurs ressentiments.

Défiez-vous des personnes intéressées, ambitieuses, vindicatives. Leur commerce ne peut que vous nuire.

Parlez, écrivez et faites toutes vos actions comme si vous aviez mille témoins.

Comptez que tôt ou tard tout est su; l'écriture surtout est très-dangereuse.

N'ayez point tort; ne vous mettez point en état de craindre la confrontation.

Donnez toujours de bons conseils.

Excusez les absents.

Encore une fois, n'entrez point dans les passions de personne; vous leur plairez moins dans les temps de leur fureur, mais elles vous estimeront dans la suite.

Sanctifiez toutes ces vertus en leur donnant pour motif l'envie de plaire à Dieu.

Aimez l'État, aimez la noblesse, qui en est le soutien. Aimez les peuples; protégez-les à proportion du crédit que vous aurez; soulagez-les autant que vous le pourrez.

Aimez vos domestiques, portez-les à Dieu, faites leur fortune jusqu'à un certain point; mais ne contentez ni leur vanité ni leur avarice, et mettez par votre sagesse la modération qu'ils devraient mettre à leurs désirs.

Ne vous familiarisez guère avec eux; pour l'ordinaire ils en abusent.

Ne vous inquiétez point sur l'avenir; passez chaque jour le plus tranquillement que vous pourrez et le plus saintement.

Ne soyez point trop attachée au plaisir, il faut savoir s'en passer.

Apprenez à vous contraindre.

Ne confiez rien qui puisse vous nuire s'il est redit. Comptez que les secrets les mieux gardés ne le sont que pour un temps.

Soyez en garde contre le goût que vous avez pour l'esprit. Il vous fera haïr du plus grand nombre.

On ne donne presque qu'une maxime aux princes, qui est la dissimulation. Il est vrai qu'il ne faut pas montrer tout ce qu'on pense ni se laisser aller à tous les mouvements intérieurs; mais comme on a toujours les yeux sur eux, il est certain qu'ils doivent autant qu'il leur est possible avoir un extérieur doux, égal et médiocrement gai. Quant à la maxime de dissimuler toujours, elle est très-fausse, et elle les fait tomber dans de grands inconvénients.

Il faut montrer sans affectation ce qui est bon à montrer, ou du moins il ne le faut pas cacher. Les exemples vous le feront bien mieux comprendre.

Une personne à qui vous avez témoigné de l'amitié est malade considérablement, vous devez en avoir et en montrer de l'inquiétude.

Elle meurt, vous devez en avoir de la douleur et ne la point cacher.

Vous ne serez aimée qu'autant qu'on vous croira capable d'amitié.

---

## J.

### AVIS DE MADAME DE MAINTENON A UNE DEMOISELLE QUI SORTAIT DE SAINT-CYR.

(*Voir à la page 204.*)

Ce que je crois de plus important pour vous, ma chère fille, en entrant dans le monde, est de vous attacher à Dieu avec une grande confiance en lui, joint à une égale défiance de vous-même; vous en aurez plus besoin qu'un autre, par l'ignorance du mal où vous avez été élevée, qui pourrait vous y faire tomber, sans même vous en apercevoir. Ainsi vous n'êtes pas en état de vous garder; mais Dieu vous gardera si vous tenez fortement à lui par le fréquent usage des sacrements, par la fidélité à vos exercices, et tâchant surtout de mériter cette faveur par de ferventes prières... N'oubliez jamais, ma chère fille, qu'un chrétien sans prière est un soldat sans armes le jour du combat; que lui peut-il arriver, sinon d'être percé de coups et abandonné à la discrétion de son vainqueur, qui n'est autre que ce fort armé dont parle l'Évangile?

J'ai joint la défiance de soi-même à la confiance en Dieu, car il ne faut pas le tenter en s'exposant aux occasions : qui aime le péril y périra. Si vous vous engagiez mal à propos, et que vous ne fussiez pas sur vos gardes, vous auriez sujet de craindre que Dieu vous refusât son secours et qu'il vous livrât à votre faiblesse. Fuyez donc les hommes comme vos plus mortels ennemis; ne vous trouvez jamais seule avec aucun. Ne vous plaisez point à entendre dire que vous êtes jolie, aimable, que vous avez la voix belle, etc.; le monde est un trompeur malin qui pense rarement ce qu'il dit, et la plupart des hommes qui tiennent ce discours aux filles ne le font que pour trouver une entrée pour les perdre. Ne recevez jamais d'eux des présents; ne chantez jamais en leur présence que par ordre et devant madame votre mère, que je crois trop sage pour vous le faire faire mal à propos. Fuyez toute galanterie et toute intrigue; évitez même les manières et les airs enjoués. Que votre modestie soit embarrassée à l'abord d'un homme, que la rougeur vienne à votre secours; mais n'ayez pas de ces manières de filles de couvent, qu'on ne peut guère appeler que sottes, et qui attirent ordinairement ce qu'on prétend éviter. Des yeux baissés modestement et un certain air de sagesse et de réserve sont bien plus à propos. Ne souffrez jamais qu'ils vous touchent les mains ou autrement, ni qu'ils prennent avec vous la moindre liberté. N'ayez avec personne des airs ni des rires d'intelligence. N'écrivez qu'à vos proches parents, à moins de quelque affaire. Si un homme vous écrit, portez votre lettre à madame votre mère avant même de la lire, et n'y répondez point sans son ordre. Si vous n'étiez pas à portée de prendre son conseil, il vaudrait encore mieux jeter de telles lettres au feu sans les lire que de risquer de prendre un autre parti.

Vous savez ce que Dieu ordonne d'avoir pour ceux de qui nous avons reçu la vie, ne vous en oubliez jamais; honorez et respectez madame votre mère, quand même vous ne trouveriez pas en elle la tendresse et l'amitié que je suis persuadée qu'elle a pour vous. Faites voir en tout une soumission et une parfaite déférence à ses sentiments, tant qu'elle ne vous demandera rien de contraire à votre premier devoir, qui est d'obéir à Dieu; et quand même vous verriez en vos frères et sœurs une conduite contraire, distinguez-vous d'eux en cela. Vous avez été mieux instruite, et vous savez qu'il n'y a dans le précepte que Dieu en a fait aucune différence du plus au moins de naissance, ni des autres avantages naturels. Dieu de tout temps a béni les enfants qui se sont exactement acquittés de ce devoir, et ceux qui agissent autrement ne prospèrent pas pour l'ordinaire, même en ce monde. Mettez votre dévotion à remplir les devoirs de votre état; un des principaux va être de plaire à madame votre mère et à mesdemoiselles vos sœurs, en tout ce qui ne déplaît point à Dieu. Soyez douce, égale, complaisante, pleine d'attention aux autres et d'oubli de vous-même. Mettez votre plaisir à faire celui de madame votre mère et à vous rendre à sa volonté; conformez-y vos dévotions, raccourcissez-les s'il le faut, mais que rien ne vous empêche de penser à Dieu, de lui offrir vos actions, d'agir pour l'amour de lui, et de l'aimer de tout votre cœur. Il ne vous faut pour cela ni chapelles, ni oratoires, ni chambres particulières; en jouant, en conversant et en faisant ses autres affaires, on peut aisément avoir un petit commerce intérieur avec lui.

Vous avez fort bon goût sur la lecture, ne la gâtez pas; ne lisez que pour vous édifier, et non pour satisfaire la curiosité et la démangeaison naturelle aux filles, ni pour paraître savante. N'oubliez jamais ce qu'on vous a dit à Saint-Cyr sur cet article. Prenez garde au goût de l'esprit, d'autant plus dangereux qu'il paraît moins criminel ; c'est par cet endroit que tout le monde tient au jansénisme ; leur style est un aimant dangereux dont vous devez vous défier ; mais gardez-vous cependant de marquer aucuns soupçons sur ce sujet aux personnes avec qui vous vivez, ils causeraient de fâcheux inconvénients.

Prenez garde à une maxime que je crois fort dangereuse, que le bonheur de la vie consiste dans la douceur de l'amitié ; cela peut être vrai jusqu'à un certain point, mais cette inclination et ce goût pourraient aussi être cause de votre perte ; car quand on désire si fort d'être aimée, on ne regarde guère de qui ; on fait tout pour en venir à bout ; on sacrifie sa religion, son honneur et sa conscience ; ce désir-là est un bandeau épais qui aveugle. Je comprends que c'est une grande douceur d'être aimée des personnes avec qui on est obligée de passer sa vie, et qu'il faut même tâcher de s'attirer cet avantage par toutes les voies raisonnables, et surtout par une honnête complaisance ; mais il ne se faut pas trop fonder sur cette amitié, ni se persuader aisément qu'on en a beaucoup pour vous. Comptez, ma chère fille, qu'il n'y a presque plus de véritables amis, l'intérêt et l'argent remuent tout et divisent les frères et sœurs, les pères et les enfants. Agissez cependant toujours de bonne amitié de votre part, contribuez à l'entretenir de tout votre pouvoir, ne marquez jamais que vous croyez voir qu'on en manque pour vous ; et le jour qu'en effet vous vous apercevez de quelque chose, ne croyez pas tout perdu : ce n'est rien de pis que ce qu'on éprouve presque généralement partout, et il est plus vrai qu'on ne saurait dire qu'il n'y a guère que Dieu qui nous aime pour notre propre avantage et sans aucun intérêt. Tournez de ce côté le fond de votre tendresse ; aimez, chérissez cet ami bienfaisant, constant et généreux, qui ne vous manquera jamais quand tous les autres vous abandonneront, et avec qui vous ne devez craindre aucun mécompte. Voilà la véritable douceur de la vie ; vous n'en trouverez point ailleurs de solides, votre cœur ne pouvant être content de rien moins que de Dieu, et notre complaisance pour les hommes doit nous être suspecte lorsqu'elle n'a pas pour objet l'amour de Dieu et du prochain.

La médisance est un des plus grands écueils que vous ayez à craindre, on n'en fait aucune façon dans le monde ; la conversation y paraît insipide à moins que quelqu'un n'en fasse le sujet, et ne soit, comme on dit, sur le tapis. Vous ferez bientôt comme les autres si vous n'êtes tout à fait sur vos gardes, et si vous ne vous souvenez des maximes que vous avez, pour ainsi dire, sucées ici. Plus la médisance est spirituelle et agréable, plus elle s'insinue et fait d'impression. N'oubliez donc pas, ma chère fille, qu'on ne peut médire sans commettre un très-grand péché, qui oblige à une restitution d'autant plus difficile, que le bien qu'il faut rendre est fort au-dessus de ceux qu'on nomme de fortune, qui, n'étant plus dans les mains des personnes qui l'ont ravi, n'est pas aisé à restituer. Je sais que ce ne sera pas à vous de reprendre les personnes que vous entendrez médire, ni à leur imposer silence; mais votre air doit parler en ces occasions, et la charité y fait user d'industrie. La plupart des gens du monde se perdent faute d'attention sur cet article; mais vous seriez plus coupable de vous y laisser aller ayant été si bien instruite et précautionnée. Soyez délicate, et même scrupuleuse sur la charité. Ne dites jamais de personne ce que vous ne seriez pas bien aise qu'on dit de vous. Couvrez les défauts du prochain, et rendez-vous l'avocate des absents. Faites-vous tellement connaître qu'on n'ose devant vous prendre la liberté d'attaquer le prochain; vous vous ferez encore plus de bien qu'à lui, puisque vous ôterez un de vos plus grands obstacles à votre salut. Étendez cela jusque sur les railleries un peu piquantes, et recourez à Dieu pour obtenir la grâce de résister au torrent de l'exemple et de la coutume, qu'on dirait à présent être le seul évangile du monde, tant ses partisans ont soin de s'y conformer. Mais vous en connaissez un autre, ma chère fille, qui doit être la règle de votre conduite, et dont vous ne devez jamais vous départir. Gardez-vous bien d'épouser les inimitiés de votre famille ni de vos amis; vous êtes chrétienne, et en cette qualité obligée de pardonner toutes les injures et les mauvais services; on ne vous en rendra jamais de pareils à ceux que Jésus-Christ, notre divin modèle, a pardonnés dans le temps même que la haine de ses ennemis était plus envenimée. Nous ne pouvons être de vrais disciples d'un tel maître si notre amour pour nos frères ne l'emporte et ne triomphe de ses mauvais procédés à notre égard. Les maximes du monde sur ce sujet sont, si je l'ose dire, détestables et absolument contraires à celles du divin Testament de notre Père. Lisez de quelle manière il traite le perfide Judas à la cène et au jardin : pourrait-on ménager avec plus de douceur le meilleur de ses amis? Suivez, ma fille, cet admirable modèle; ne conservez aucun ressentiment; n'entrez point dans ceux de vos proches, et ne comptez pour ennemis que ceux de Jésus-Christ et de votre salut. Je ne puis pas vous régler la manière d'en user avec ceux que votre famille voudra que vous regardiez comme tels; mais j'espère que la tendresse vraiment chrétienne dont vous ferez profession vous conduira et vous fera agir avec prudence pour ménager tout le monde et ne rompre avec personne.

Aimez à être occupée, le travail est un amusement et un plaisir pour les personnes qui en ont le goût; c'est un grand secours à la légèreté des filles, qui, sans cela, se trouveraient exposées à bien des dangers. Vous pouvez voir dans saint Paul les mauvais effets de l'oisiveté quand il parle à Timothée de l'égarement des jeunes veuves : *elles sont*, dit-il, *fainéantes, curieuses, courant de maison en maison, et parlant de choses dont elles ne devraient point parler*. Dès qu'une fille ne trouve point son plaisir chez elle à quelque occupation convenable, elle le veut chercher au jeu ou dans des compagnies qui la mettent en un péril évident de se perdre de réputation, deux écueils également à craindre. Faites-vous un devoir de remplir vos journées, et de travailler soit pour votre entretien, soit pour les pauvres, soit pour l'Église; et si vous n'étiez pas assez heureuse pour le faire pour ces sortes de bonnes œuvres, faites-le au moins pour votre amusement innocent et pour le plaisir de voir votre ouvrage.

N'oubliez jamais ce qui vous a été dit sur l'ajustement et sur le désir de plaire, c'est ce qui perd presque toutes les filles; il faut être propre et mise d'une manière convenable, mais sans tomber dans le ridicule de vouloir attraper la mode en tout ce qu'on peut; faites voir au contraire que vous en pourriez faire davantage, et que vous êtes fort au-dessus de ce faible qui entraîne presque tout le monde. On vous dira qu'il faut faire comme les autres : cela est vrai quand les autres font bien, mais non sur ce qui est mal. Je sais qu'une personne mariée doit chercher à plaire à son mari, et qu'une fille qui se veut marier peut bien essayer de se donner quelque agrément, ou tâcher de relever ceux que Dieu lui a donnés, pourvu que l'un et l'autre demeurent dans les bornes de la pudeur et de la modestie; mais hors de ces cas, le désir de plaire aux hommes est pernicieux et conduit aux derniers malheurs. Les mauvaises chansons le sont fort aussi, et vous vous en devez garder comme d'un poison dangereux; le mal s'insinue facilement par cette voie, et le démon n'a guère de meilleur moyen pour corrompre la jeunesse; vous ne serez pas embarrassée d'y suppléer par de beaux airs, vous en savez assez de convenables à votre éducation sans lui faire l'injure de chercher à en savoir d'autres si indignes d'elle et de vous; il faut sur cela, comme sur le reste, une fermeté que vous ne trouverez pas chez vous, mais cherchez-la en Dieu, ma fille, il est la source de toute sorte de bien, de quelque nature qu'il puisse être.

Je ne puis vous rien prescrire sur l'aumône; mais ayez le cœur tendre pour les pauvres, et premièrement pour ceux de vos terres, qu'il faut assister avant tous les autres, et à qui vous êtes aussi obligée de procurer des secours spirituels; c'est un devoir fort négligé aujourd'hui; cependant les seigneurs répondront à Dieu du salut de leur vassaux en tout ce qui dépendait d'eux. Donnez aux pauvres selon votre pouvoir, mais appliquez bien ce que vous donnerez; ce qu'on donne aux passants est d'ordinaire assez mal donné, les pauvres honteux ou malades doivent avoir la préférence, toujours pourtant selon la discrétion et la circonstance qu'on ne peut prévoir.

Je ne veux pas oublier de vous dire un mot sur les afflictions, tout bon chrétien les doit prendre de la main de Dieu sans se laisser accabler par la tristesse, ni emporter à la violence de ses mouvements. Si les accidents de la vie arrivaient par cas fortuit, et que nous n'eussions aucune solide ressource, il serait excusable d'y demeurer enfoncé; mais comme rien n'arrive que par l'ordre ou la permission du meilleur et du plus tendre de tous les pères, nous devons toujours baiser la main qui ne nous frappe que pour nous sauver; car s'il mêle tant d'amertumes dans notre vie, c'est de peur que, trouvant ici-bas notre satisfaction, nous ne désirions point d'arriver à la céleste patrie. Gardez-vous donc, ma chère fille, de murmurer ni de vous plaindre dans les afflictions, puisque tout ce que veut un tel père doit être accepté et même agréé de ceux qui ont l'avantage d'être ses enfants, et qui savent qu'après quelques moments de légères peines, ils doivent partager pour une éternité la gloire et le bonheur de ce Dieu aussi puissant que bon.

La vie chrétienne est une vie sérieuse, pénible, et par conséquent formellement opposée à la mollesse qui règne à présent : ne vous y laissez pas aller, ma chère fille, et ne croyez pas qu'il vous soit permis de faire comme les autres; Dieu veut bien que nous prenions quelques moments de plaisir pour nous délasser un peu, et pour mieux poursuivre notre travail, mais ce ne peut être qu'un effet de l'aveuglement ou de l'ignorance des chrétiens de passer la plus grande partie de la vie à se divertir, puisque c'est renverser l'ordre établi de Dieu et perdre un temps dont sa bonté veut que nous achetions l'éternité. Ne soyez jamais sans corps, et fuyez tous les autres excès qui sont à présent ordinaires, même aux filles, comme le trop manger, le tabac, les liqueurs chaudes, le trop de vin, etc.; nous avons assez de vrais besoins sans en imaginer encore de nouveaux si inutiles et si dangereux. Mais sur toute chose, détestez l'immodestie dans l'habillement, qui est montée à tel point qu'on ne sait plus où laisser tomber sa vue pour n'être pas blessé de ce que l'on voit; c'est sur ces articles qu'il vous sera permis d'être, si je l'ose dire, opiniâtre plutôt que de vous rendre, et votre première éducation vous servira fort à propos d'un prétexte honorable pour vous dispenser de faire comme les autres.

Il reste encore un devoir important, mais bien peu connu dans le monde, quoiqu'il soit absolument nécessaire, c'est ce que tout chrétien doit à son roi et à ceux à qui il fait part de son autorité, qui est celle de Dieu même, et qu'il faut respecter, quel que soit celui qui en est revêtu. Heureusement pour nous, ma chère, le prince que nous tenons de la magnificence de Dieu est tel que nous le pouvons souhaiter; mais quand il n'aurait ni religion, ni bonté, ni justice, vous n'en seriez pas moins obligée d'obéir à ses lois en tout ce qui ne s'oppose point à celles de Dieu : ainsi, loin de vous plaindre et de murmurer des secours que la guerre l'oblige à tirer de ses peuples, vous devez porter les autres à s'y rendre de bon cœur, parce que le besoin général de l'État est celui de chaque particulier, qui ne peuvent être en sûreté dans leurs maisons, si on ne les garde de leurs ennemis; et on ne peut les en garder sans avoir de quoi faire subsister les troupes nécessaires à ce dessein, à quoi il est très-juste que chacun contribue, puisque chacun y est intéressé. On convient assez volontiers de ce raisonnement, on le fait même aux autres dans l'occasion ; mais quand il est question d'en venir à la pratique, personne ne veut porter sa charge, et on n'épargne rien pour en exempter ses terres, ce qui est une grande injustice, parce qu'en cherchant à se soulager, on en accable d'autres, le marché étant pour ainsi dire fait et la somme qui en doit revenir au roi réglée, au lieu que chacun souffrirait moins si tout le monde consentait de souffrir un peu et voulait porter une partie de la charge; mais on veut trouver des raisons et des impossibilités, qui ne sont que des prétextes suggérés par l'intérêt et par l'injustice très-commune dans le monde, et dont même souvent on se fait honneur; par exemple, sur les douanes, les droits d'entrées et autres, on se vante de savoir mille moyens de s'échapper et de tromper habilement, ce qui pourtant me paraît une injustice et une désobéissance aux lois de l'État. Le monde n'en raisonne point ainsi, et on vous trouvera plus que scrupuleuse d'y regarder de si près; cependant, ma chère fille, ce n'est point un conseil ni une œuvre de surérogation, c'est une obligation précise pour toutes sortes de personnes; mais combien de gens n'ont pas eu l'avantage d'être instruits de leurs devoirs comme vous, et qui ne pèchent que par ignorance! votre exemple plus que vos paroles doit les éclairer et les redresser; s'il se présentait quelques occasions d'en parler, ne les perdez pas, dites franchement ce que vous avez appris ici sur ce sujet, et faites volontiers part aux autres des maximes droites et solides qu'on vous y a données.

Parlez peu et écoutez beaucoup, jusqu'à ce que vous soyez un peu formée sur chaque chose; vous éviterez par là bien des railleries que les filles de couvent s'attirent par leur innocence; ne paraissez étonnée de rien, ne demandez guère ce que vous ignorez qu'à madame votre mère, parce qu'il serait à craindre que vos questions ne fussent pas reçues des autres d'une manière favorable pour vous, et une mère se compte obligée d'instruire ses enfants sur tout; ne dites point à ce qui vous sera nouveau que vous l'ignorez, il faut apprendre mille choses comme si on les avait déjà sues; ménagez, épargnez pour ne pas prévenir d'abord contre vous, et de peur qu'on ne vous croie dépensière; laissez à madame votre mère le soin de penser à vous faire de petits présents; ne l'importunez point par des demandes pour votre habillement ou pour votre plaisir, ne croyez point qu'on vous approuve parce qu'on ne vous dit mot, vous seriez longtemps à charge sans en être avertie; il n'y a presque qu'à Saint-Cyr qu'on reçoit des avis à chaque chose que l'on fait de mal, encore je vous avouerai qu'il y a bien des occasions où nous ne parlons point parce que le fait nous regarde, au lieu que dans le monde on se plaint des personnes à tout autre qu'à elles-mêmes, à moins d'une amitié plus solide et d'un intérêt plus sincère qu'il ne s'en trouve aujourd'hui [1].

---

## K.

### ÉPITAPHE DE MADAME DE MAINTENON.
(*Voir à la page 232.*)

CI-GIT

Très-haute et très-puissante dame
Madame Françoise d'Aubigné, marquise de Maintenon,
Femme illustre, femme vraiment chrétienne ;
Cette femme forte, que le sage chercha vainement dans son siècle,
Et qu'il nous eût proposée pour modèle
S'il eût vécu dans le nôtre.
Sa naissance fut très-noble.
On loua de bonne heure son esprit, plus encore sa vertu.
La sagesse, la douceur et la modestie
Formaient son caractère, qui ne se démentit jamais.
Toujours égale dans les différentes situations de la vie ;
Mêmes principes, mêmes règles, mêmes vertus.
Fidèle dans les exercices de piété,
Tranquille au milieu des agitations de la cour,
Simple dans sa grandeur,
Pauvre dans le centre des richesses,
Humble au comble des honneurs,
Révérée de Louis le Grand,
Environnée de sa gloire,
Autorisée par la plus intime confiance,
Dépositaire de ses grâces ;
Qui n'a jamais fait usage de son pouvoir
Que par sa bonté.
Une autre Esther dans la faveur,
Une seconde Judith dans la retraite et l'oraison ;
La mère des pauvres,
L'asile toujours sûr des malheureux.
Une vie si illustre a été terminée par une mort sainte
Et précieuse devant Dieu.
Son corps est resté dans cette maison,
Dont elle avait procuré l'établissement.
Elle a laissé à l'univers l'exemple de ses vertus.
Décédée le 15 avril 1719 ; née le 28 novembre 1635.

---

[1] *Lettres édifiantes*, t. v, p. 199.

## L.

### ACTE DE DÉCÈS DE MADAME DE MAINTENON.

(*Voir à la page* 232.)

Le dix-septième jour du mois d'avril mil sept cent dix-neuf, a été inhumée en un cercueil de plomb, et dans un caveau construit au milieu du chœur de cette église, *très-haute et très-puissante dame madame Françoise d'Aubigné, marquise de Maintenon, institutrice de cette royale maison de Saint-Louis, et y jouissant de tous les honneurs et priviléges des fondateurs*; décédée en cette dite maison le samedi, quinzième du présent mois, à cinq heures de relevée, âgée de quatre-vingt-trois ans quatre mois dix-huit jours, après avoir reçu les sacrements de pénitence, eucharistie et extrême-onction, et donné tous les exemples de vertu, de piété et de religion qu'elle avait pratiqués pendant sa vie. La cérémonie de l'inhumation a été faite par monseigneur l'illustrissime et révérendissime Charles-François de Mérinville, évêque de Chartres, en présence de messire Gaspard, abbé de la Bastie, grand archidiacre de Chartres et vicaire général de monseigneur l'évêque de Chartres; de messire Jean Bonnet, supérieur de la congrégation de la mission et supérieur particulier de cette maison de Saint-Louis; de messieurs Brideray, Treilhe, Hourdel, Noiret, Moreau, Du Puy, et vingt-quatre autres ecclésiastiques, tant de la même congrégation que prêtres séculiers.

Fut aussi présent très-haut et très-puissant seigneur monseigneur Adrien-Maurice, duc de Noailles, pair de France, grand d'Espagne, chevalier de l'ordre de la Toison d'or, capitaine de la première compagnie des gardes du corps du roi, lieutenant général des armées du roi, ci-devant commandant en chef celle de Catalogne, gouverneur général des comtés et vigueries de Roussillon, Conflans et Cerdaigne, gouverneur des villes et citadelle de Perpignan, conseiller au conseil de régence, et gouverneur et capitaine des chasses de Saint-Germain-en-Laye.

Et ont signé : † Ch.-Fr., évêque de Chartres; G. de la Bastie, le duc de Noailles, Bonnet, Briderey, Hourdel, Moreau, Noiret, Du Puy et Treilhe.

## M.

### LISTE CHRONOLOGIQUE DES SUPÉRIEURES DE LA MAISON DE SAINT-LOUIS.

(*Voir page* 244.)

| DATES DES ÉLECTIONS. | NOMS. | OBSERVATIONS. |
|---|---|---|
| 26 juin 1686. | 1. Marie de Brinon, religieuse ursuline de Lihon, diocèse de Rouen. | Nommée par brevet du roi pour supér$^{re}$ perpétuelle; a donné sa démission le 11 décembre 1688. |
| 12 décembre 1688. | 2. Marie-Anne de Loubert. | Nommée par commission de l'évêque de Chartres. |
| 26 mai 1689. | La même. | Première élection. |
| 1$^{er}$ décembre 1692. | 3. Françoise-Angél. Priolo, relig. de la Visitation de Sainte-Marie de Chaillot. | Nommée par commission de l'évêque de Chartres. |
| 7 janvier 1694. | 4. Anne-Françoise Gautier de Fontaines. | Première élection après la réforme. |
| 18 janvier 1697. | 5. Catherine du Pérou. | |
| 3 janvier 1700. | La même. | 1$^{re}$ élection régulière, les Dames ayant atteint l'âge fixé par les constitutions. |
| 19 mai 1703. | 6. Marie-Anne Hallé. | Morte en charge. |
| 12 août 1703. | Anne-Françoise Gautier de Fontaines. | Pour la deuxième fois. |
| 18 mai 1706. | Catherine du Pérou. | Pour la troisième fois. |
| 4 août 1709. | La même. | Pour la quatrième fois. |
| 22 mai 1712. | 7. Marie de la Poype de Vertrieux. | |
| 19 mai 1715. | La même. | Morte en charge. |
| 16 décembre 1716. | 8. Madeleine de Glapion. | |
| 8 juin 1720. | La même. | Pour la deuxième fois. |
| 30 mars 1723. | Catherine du Pérou. | Pour la cinquième fois. |
| 4 mai 1726. | La même. | Pour la sixième fois. |

| DATES DES ÉLECTIONS. | NOMS. | OBSERVATIONS. |
|---|---|---|
| 2 juin 1729. . . . | Madeleine de Glapion. | Pour la troisième fois. — Morte en charge. |
| 18 octobre 1729. . . | 9. Madeleine-Geneviève de Linemare. | |
| 5 juin 1732. . . . | La même. | Pour la deuxième fois. |
| 2 juin 1735. . . . | 10. Jeanne-Geneviève de Boufflers. | |
| 29 mai 1738. . . . | La même. | Pour la deuxième fois. |
| 26 mai 1741. . . . | Catherine du Pérou. | Pour la septième fois. |
| 28 mai 1744. . . . | La même. | Pour la huitième fois. |
| 15 mai 1747. . . . | Madeleine-Geneviève de Linemare. | Pour la troisième fois. — Morte en charge. |
| 19 janvier 1749. . . | 11. Angélique Bonne de Mornay. | |
| 13 mai 1752. . . . | La même. | Pour la deuxième fois. |
| 13 mai 1755. . . . | 12. Marguerite-Suzanne du Han de Crevecœur. | |
| 5 mai 1758. . . . | La même. | Pour la deuxième fois. |
| 2 mai 1761. . . . | Angélique Bonne de Mornay. | Pour la troisième fois. |
| 1er juin 1764. . . . | La même. | Pour la quatrième fois. |
| 29 mai 1767. . . . | Marguerite-Suzanne du Han de Crevecœur. | Pour la troisième fois. |
| 25 mai 1770. . . . | La même. | Pour la quatrième fois. |
| 21 mai 1773. . . . | Angélique Bonne de Mornay. | Pour la cinquième fois. |
| 19 juin 1776. . . . | 13. Gabrielle de Mornay de Montchevreuil. | |
| 25 juin 1779. . . . | La même. | Pour la deuxième fois. |
| 12 avril 1782. . . . | 14. Françoise-Émilie de Champlais. | |
| 7 mai 1785. . . . | La même. | Pour la deuxième fois. |
| 13 mai 1788. . . . | 15. Emmanuelle d'Ormenans. | |

## N.

### LISTE CHRONOLOGIQUE DES DAMES DE SAINT-LOUIS.

(*Voir page* 245.)

| NOMS. | DATE DE LA PROFESSION. | DATE DE LA MORT. |
|---|---|---|
| 1. Marie-Anne de Loubert. | A quitté la maison. | ? |
| 2. Catherine Travers du Pérou. | 11 décemb. 1693[1]. | 15 juillet 1748. 82 ans. |
| 3. Louise de St-Aubin de l'Épine. | 11 décembre 1693. | 4 avril 1700. 31 ans. |
| 4. Suzanne-Émilie d'Auzy. | A quitté la maison. | ? |
| 5. Charlotte de Giltier de St-Pars. | 11 décembre 1693. | 23 octob. 1716. 64 ans. |
| 6. Marie Gautier de Fontaines. | 11 décembre 1693. | 19 janv. 1718. 61 ans. |
| 7. Anne-Françoise Gautier de Fontaines. | 11 décembre 1693. | 15 déc. 1743. 85 ans. |
| 8. Marie-Marthe du Tourp de la Cour. | 11 décembre 1693. | A quitté la maison. |
| 9. Marie-Isabelle de Tournillion de Butery. | 1$^{er}$ janvier 1694. | A quitté la maison. |
| 10. Suzanne-Madeleine d'Antony de Roquemont. | 1$^{er}$ janvier 1694. | 27 août 1730. 63 ans. |
| 11. Marie-Élisabeth de Thumery. | A quitté la maison. | ? |
| 12. Geneviève de Montfort. | A quitté la maison. | ? |
| 13. Anne de Blosseville de Blosset. | 1$^{er}$ janvier 1694. | 6 févr. 1742. 85 ans. |
| 14. Benigne Regard de Villeneuve. | A quitté la maison. | ? |
| 15. Jacquette de Veilhant. | 1$^{er}$ janvier 1694. | 13 juillet 1735. 72 ans. |
| 16. Louise-Gab. Duché de Vancy. | A quitté la maison. | ? |
| 17. Gabrielle de Jas de St-Bonnet. | 1$^{er}$ janvier 1694. | 7 juillet 1712. 43 ans. |
| 18. Anne de Montalembert. | Id. | A quitté la maison. |
| 19. Anne-Claude Gohiet d'Arcy. | A quitté la maison. | ? |
| 20. Louise-Catherine de Sailly de Berval. | 1$^{er}$ janvier 1694. | 25 nov. 1738. 68 ans. |
| 21. Franç.-Louise de Montaigle. | 13 mars 1694. | A quitté la maison. |
| 22. Nicole-Suzanne de Raymond de Radouay. | Id. | 30 mars 1736. 68 ans. |

[1] Cette date est celle des vœux solennels.

## APPENDICES.

| NOMS. | DATE DE LA PROFESSION. | DATE DE LA MORT. |
|---|---|---|
| 23. Marie-Françoise-Sylvine Lemaitre de la Maisonfort. | 29 avril 1694. | A quitté la maison. |
| 24. Marie-Anne de Bouju de Montgras. | 9 décembre 1694. | 25 avril 1712. 40 ans. |
| 25. Marthe-Thérèse de Sailly. | Id. | 14 avril 1730. 55 ans. |
| 26. Gilberte-Marie-Mad. Lacombe-Chasoures de Faure. | Id. | 26 mai 1734. 61 ans. |
| 27. Charl.-Catherine de Riéncourt. | Id. | 7 juin 1741. 74 ans. |
| 28. Franç.-Catherine Scholastique Bourdoué de Champigny. | Id. | 5 avril 1742. 70 ans. |
| 29. Marie-Anne Hallé. | 21 juin 1695. | 27 juillet 1703. 50 ans. |
| 30. Céline-Fébronie d'Anglebelmer de Lagny. | 23 novemb. 1695. | 6 avril 1748. 75 ans. |
| 31. Jeanne-Marie de la Rouzière. | Id. | 17 nov. 1755. 81 ans |
| 32. Marie-Madeleine de Glapion des Routis. | Id. | 29 sept. 1729. 55 ans. |
| 33. Marguerite Lemetayer de la Haye le Comte. | Id. | 17 mars 1706. 30 ans. |
| 34. Élisabeth-Angélique de Fauquembergue de Saint-Omer. | 4 avril 1696. | 16 mars 1737. 61 ans. |
| 35. Marie-Jacqueline-Thérèse de Cuves. | 1er septemb. 1696. | 15 mars 1743. 67 ans. |
| 36. Gabrielle-Françoise de Baudeville de Saint-Périer. | 20 mars 1697. | 31 déc. 1712. 37 ans. |
| 37. Marie-Françoise Lefranc de Beaulieu. | 16 janvier 1698. | 24 févr. 1741. 65 ans. |
| 38. Marie-Henriette Vandam d'Audegnie. | 14 mars 1698. | 15 janv. 1768. 90 ans. |
| 39. Anne-Christine-Louise de Veldentz. | 12 décemb. 1698. | 4 avril 1702. 23 ans. |
| 40. Louise-Renée de Gruel. | 25 juillet 1699. | 21 avril 1730. 52 ans. |
| 41. Geneviève Lemetayer de la Haye le Comte. | 13 août 1699. | 2 nov. 1736. 74 ans. |
| 42. Marie-Charlotte-Angélique du Londe de Lambert. | 24 février 1700. | 17 août 1734. 57 ans. |
| 43. Marie-Madeleine-Catherine de Sailly de Berval. | 12 mars 1701. | 20 sept. 1749. 69 ans. |

## APPENDICES

| NOMS. | DATE DE LA PROFESSION. | DATE DE LA MORT. |
|---|---|---|
| 44. Franç.-Jacquel. Vasconcelles de la Noue Pié-Fontaines. | 3 février 1703. | ? |
| 45. Catherine-Jeanne de Quererault de Boissauveur. | 18 avril 1703. | 18 avril 1756. 85 ans. |
| 46. Jeanne-Françoise de Boufflers de Remiencourt. | 29 décemb. 1703. | 11 mai 1751. 68 ans. |
| 47. Marie de la Poype de Vertrieux. | 20 mai 1705. | 1er déc. 1716. 55 ans. |
| 48. Marie-Anne de Garnier. | Id. | 6 avril 1754. 74 ans. |
| 49. Marie-Anne de Launay-Gautier. | 8 juin 1706. | 15 mai 1716. 31 ans. |
| 50. Marie-Madeleine de Rocquigny de Linemare. | 16 septemb. 1706. | 4 janv. 1749. 62 ans. |
| 51. Jeanne-Françoise de Routy. | 23 décemb. 1706. | 14 mai 1727. 41 ans. |
| 52. Nicole-Françoise Lemarant de Penenverne. | 25 août 1707. | 29 mai 1710. 28 ans. |
| 53. Anne-Rose d'Assy. | 2 juin 1708. | 22 août 1710. 23 ans. |
| 54. Françoise-Madeleine de la Fontaine de Solare. | 4 novemb. 1708. | 14 sept. 1736. 48 ans. |
| 55. Marguerite Caqueray de Vadancourt. | 23 juillet 1709. | 27 mars 1766. 80 ans. |
| 56. Marie-Madeleine de Vaudretz de Cateuil. | 15 mars 1711. | 7 juillet 1758. 68 ans. |
| 57. Anne-Françoise d'Escoublant de Tourneville. | Id. | 23 octob. 1765. 75 ans. |
| 58. Françoise de Virgile de Montorcier. | 13 juillet 1713. | 10 mai 1719. 30 ans. |
| 59. Jeanne-Françoise-Charlotte de Croizilles. | 12 décembre 1713. | 15 mars 1759. 65 ans. |
| 60. Anne-Claire de Bosredon. | Id. | 11 juillet 1780. 86 ans. |
| 61. Marie-Gilberte de Charpin de Genetines. | 24 février 1714. | 15 janv. 1757. 64 ans. |
| 62. Anne-Marie-Thérèse de Tessières de la Porte. | 11 février 1715. | 29 déc. 1761. 67 ans. |
| 63. Françoise de Malvoüe de Saint-Germain. | 29 mars 1715. | 3 janv. 1716. 21 ans. |
| 64. Marie-Olympe des Corches de Nobleval. | 20 août 1715. | 25 déc. 1715. 22 ans. |

## APPENDICES.

| NOMS. | DATE DE LA PROFESSION. | DATE DE LA MORT. |
|---|---|---|
| 65. Marie-Françoise du Mesnil-Adelée de Dragueville. | 11 décembre 1715. | 2 juillet 1738. 45 ans. |
| 66. Gabrielle de Mornay de Montchevreuil. | 8 janvier 1719. | 8 mars 1782. 85 ans. |
| 67. Catherine Béraud de Courville. | Id. | 8 déc. 1727. 29 ans. |
| 68. Jeanne-Jules de Riencourt de Tilloloy d'Andechy. | 9 janvier 1720. | 28 janv. 1771. 74 ans. |
| 69. Marie-Angélique Bonnet de la Tour de Demonville. | 2 janvier 1722. | 6 juillet 1773. 75 ans. |
| 70. Marie-Suzanne du Han de Crevecœur. | 12 juillet 1722. | 30 oct. 1773. 72 ans. |
| 71. Angélique-Bonne de Mornay de Montchevreuil. | 14 novemb. 1723. | 11 juin 1776. 76 ans. |
| 72. Renée-Gabrielle d'Osmond. | 25 juin 1724. | 2 juillet 1727. 26 ans. |
| 73. Claude-Catherine Delpuech de la Bastide. | 2 juillet 1727. | 12 août 1790. 88 ans. |
| 74. Madeleine-Charlotte Bouvet de Louvigny. | 25 janvier 1728. | 3 mars 1765. 62 ans. |
| 75. Josèphe-Catherine-Rose de Virgile de Montorcier. | Id. | 20 juillet 1779. 73 ans. |
| 76. Anne le Poitevin Dumoutier de la Mesnardière. | 19 octobre 1729. | 19 nov. 1770. 69 ans. |
| 77. Marie du Fayet de la Tour. | 9 mars 1732. | 7 mars 1760. 49 ans. |
| 78. Marie-Thérèse de Lalande. | 10 juin 1732. | 24 avril 1767. 61 ans. |
| 79. Marie-Jeanne de Bosredon de Bosbière. | 27 août 1732. | 9 avril 1775. 73 ans. |
| 80. Marie-Franç.-Henriette L'Héraulle de Courcelles. | 12 juillet 1733. | Sortie à la suppression. |
| 81. Marie-Jeanne-Antoinette de Charpin de Genestine. | 29 août 1733. | 1er nov. 1743. 32 ans. |
| 82. Marie-Anne de Baussancourt. | 9 janvier 1735. | 5 juillet 1758. 45 ans. |
| 83. Marie-Anne de Hainneville Escoulant. | Id. | 21 nov. 1780. 67 ans. |
| 84. Franç.-Émilie de Champlais. | 26 février 1736. | Sortie à la suppression. |
| 85. Élisabeth de Laugier de Baucouse. | 30 novemb. 1737. | 31 déc. 1787. 72 ans. |
| 86. Suzanne de la Marthonie de Guignan. | 18 juillet 1738. | 2 juin 1789. 73 ans. |

| NOMS. | DATE DE LA PROFESSION. | DATE DE LA MORT. |
|---|---|---|
| 87. Franç. de Mussan du Tillet. | 5 mars 1739. | 9 juin 1790. 74 ans. |
| 88. Anne de Fresne de Chevillon. | 13 août 1740. | Sortie à la suppression. |
| 89. Marthe-Bernarde le Pelletier de Marsilly. | 3 mars 1741. | Id. |
| 90. Genev. de Klœften de Cohen. | Id. | 9 déc. 1774. 54 ans. |
| 91. Élisab.-Henr. de Mazancourt. | Id. | 2 oct. 1788. 67 ans. |
| 92. Franç. de Marolles du Rabry. | 28 janvier 1742. | 5 mai 1768. 49 ans. |
| 93. Jeanne-Catherine de Cockborn de Villeneuve. | 4 janvier 1744. | 16 nov. 1792. 71 ans. |
| 94. Marguerite-Vict. de Launay de la Cadière. | 20 juillet 1744. | Sortie à la suppression. |
| 95. Anne-Louise de Barville de Puiselet. | 26 juillet 1745. | Id. |
| 96. Jeanne-Claude de Lastic de Saint-Jal. | 15 octobre 1745. | 1$^{er}$ août 1792. 69 ans. |
| 97. Henriette de Longueville des Merliers. | Id. | Sortie à la suppression. |
| 98. Émilie-Élisabeth de Ferrand. | 16 juillet 1747. | 2 mars 1772. 47 ans. |
| 99. Marthe-Françoise de la Landelle de Lagras. | 19 février 1749. | Sortie à la suppression. |
| 100. Françoise-Louise Lécuyer de la Papotière. | Id. | 30 oct. 1790. 63 ans. |
| 101. Louise-Victoire d'Aumale. | 31 mars 1751. | 30 déc. 1775. 47 ans. |
| 102. Marie-Marguer.-Angélique de Biencourt de Potrincourt. | 4 mars 1752. | 9 fév. 1759. 29 ans. |
| 103. Jeanne-Catherine du Ligondès de Rochefort. | 4 mai 1752. | Sortie à la suppression. |
| 104. Perrine de Saint-Denis de Vervaine. | 19 mai 1752. | Id. |
| 105. Anne-Suzanne-Charlotte des Essarts de la Faille. | 2 juin 1755. | Id. |
| 106. Marguer.-Agnès de Durfort. | 7 février 1757. | Id. |
| 107. Emmanuelle de Boitouzet d'Ormenans. | Id. | Id. |
| 108. Adélaïde-Charlotte de Moustier de Cubry. | 25 novemb. 1758. | Id. |
| 109. Marie-Gabrielle Cousin de la Tour-Fonduc. | 29 octobre 1759. | Id. |

## APPENDICES.

| NOMS. | DATE DE LA PROFESSION. | DATE DE LA MORT. |
|---|---|---|
| 110. Marie-Angélique de Crontel d'Escaquelonde. | 2 décemb. 1761. | Sortie à la suppression. |
| 111. Marie-Jeanne des Moutiers de Condé. | Id. | Id. |
| 112. Denise-Henriette de Crécy. | 12 mai 1764. | Id. |
| 113. Marg. Delpeyrou de Murat. | 15 juin 1764. | Id. |
| 114. Marie-Louise de Machault. | 8 juin 1766. | Id. |
| 115. Marie de Cambis. | 30 octobre 1768. | Id. |
| 116. Catherine de Bosredon de Bosbière. | Id. | Id. |
| 117. Françoise-Pélagie Robin de la Tremblaye. | 1$^{er}$ avril 1769. | Id. |
| 118. Hélène-Suzanne Wollant de Berville. | 24 août 1769. | Id. |
| 119. Angélique-Sophie Luchet de la Motte. | 29 avril 1770. | Id. |
| 120. Marie-Julie-Paule d'Isarn de Villefort. | 1$^{er}$ août 1773. | Id. |
| 121. Jeanne-Léonarde de Corn. | 10 novemb. 1774. | Id. |
| 122. Barbe-Madeleine-Herménégilde Ridouet de Sancé. | 24 septemb. 1775. | Id. |
| 123. Thérèse-Gabrielle-Dauphine de Grille. | 14 janvier 1776. | ? |
| 124. Anne-Louise de Durat. | 21 janvier 1776. | Sortie à la suppression. |
| 125. Antoine-Delphine Cordebœuf de Montgon. | 1$^{er}$ septemb. 1776. | Id. |
| 126. Bertrande de Leymarie. | 21 septemb. 1778. | Id. |
| 127. Éléonore-Françoise-Marie de Grimonville Larchant. | Id. | Id. |
| 128. Anne-Adélaïde d'Aulnay Rège de Romaine. | 18 mars 1782. | ? |
| 129. Anne-Françoise-Madeleine de Fontanges. | 17 octobre 1782. | Sortie à la suppression. |
| 130. Geneviève-Camille-Suzanne de Brebeuf. | 23 août 1784. | Id. |
| 131. Jeanne de Verteuil. | 1$^{er}$ avril 1786. | Id. |
| 132. Marie-Élise de Bar. | Id. | Id. |

| NOMS. | DATE DE LA PROFESSION. | DATE DE LA MORT. |
|---|---|---|
| 133. Sophie-Antoinette-Catherine de Hédouville. | 14 mars 1788. | ? |
| 134. Françoise-Émilie de Champsavoye. | 1ᵉʳ décemb. 1787. | Sortie à la suppression. |
| 135. Émilie de la Baronais. | 11 avril 1789. | Id. |
| 136. Agathe-Renée-Marguerite le Mintier. | 28 novemb. 1789. | Id. |
| 137. Marie-Louise de Cairon. | 1ᵉʳ avril 1791. | Id. |

O.

## LISTE DES DIRECTEURS TEMPORELS ET DES INTENDANTS.

(*Voir page* 246.)

#### DIRECTEURS TEMPORELS.

1. Louis Phelippeaux de Pontchartrain, secrétaire d'État, contrôleur général des finances. — 13 mars 1694.
2. Michel Chamillard, contrôleur général des finances. — 6 septemb. 1699.
3. Daniel-François Voysin, ministre et secrétaire d'État. — 18 juin 1709.
4. Adrien-Maurice, duc de Noailles, pair de France. — 16 février 1717.
5. Henri-François de Paule Lefèvre d'Ormesson, conseiller d'État. — 18 juin 1732.
6. François de Paule Lefèvre d'Ormesson, conseiller d'État, fils du précédent. — 5 mai 1752.
7. Henri-François de Paule Lefèvre d'Ormesson, conseiller d'État, fils du précédent. — 22 janvier 1775.

#### INTENDANTS.

1ᵉʳ avril 1694. . . — Bernard Bernard.
2 janvier 1710. . . — Charles Mauduyt.
16 février 1745. . . — Michel Salvat.
1ᵉʳ avril 1763. . . . — François Imbert.
4 juillet 1764. . . . — Janot de Miron.
1ᵉʳ décembre 1769. — Louis Astruc.

## P.

### ÉTAT SOMMAIRE DES BIENS ET REVENUS DE LA MAISON DE SAINT-LOUIS.

EXTRAIT DE LA DÉCLARATION DÉTAILLÉE FAITE PAR LES DAMES ET L'INTENDANT DE LADITE MAISON LE 28 JUILLET 1790. (ARCHIVES DE LA PRÉFECTURE DE VERSAILLES.)

(*Voir page* 253.)

1. Seigneurie de *Saint-Cyr*, consistant en moyenne et basse justice, directe seigneurie et censive sur la moitié du village et territoire de Saint-Cyr, ferme de Saint-Cyr, 248 arpents de terres, 31 autres arpents à Fontenay, cens et rentes seigneuriales, le tout produisant (sans compter la maison de Saint-Louis, son jardin et ses dépendances, comprenant 45 arpents). . . . . . . . .  5,300 l.

2. Seigneurie et *châtellenie de Saint-Denis*, consistant en biens et droits affermés qui produisaient 10,028 liv., et en biens et droits régis 50,202 liv. Parmi ces droits on remarque ceux de péage et de barrage sur la Seine, aux portes de Saint-Denis, à Pantin, au Bourget, ceux prélevés sur les vins vendus à Saint-Denis, sur le loyer des loges et boutiques des foires de Saint-Denis, les droits féodaux sur 24 fiefs mouvants de la seigneurie de Saint-Denis, sur les offices municipaux de cette ville, etc. A cause des charges afférentes à ces biens et droits, le revenu net était de. . . . . . .  49,383

3. Seigneurie de *la rivière de Seine*, consistant en propriété de la rivière, bords, îles, etc., depuis le port de Sèvres jusqu'au Pecq, avec haute, moyenne et basse justice, censive, droits de bac, etc., le tout produisant un revenu de. . . . . . . . . . . . . . . .  7,964

4. Terres et maisons à *Saint-Ouen*, la *Chapelle* et *Aubervilliers*, d'un revenu de. . . . . . . . . . . . . . . . . . . .  7,363

5. Terres et seigneurie de *Pierrefitte*. . . . . . . . . . . .  1,428

6. Deux fermes situées au *Tremblaye*. . . . . . . . . . . .  19,959

7. Terres à *Nanteuil-le-Haudouin*. . . . . . . . . . . . .  1,424

8. Dixmes de la paroisse de *Villiers-le-Bel*. . . . . . . . .  800

9. Ferme et dixmes de *Gennevilliers*. . . . . . . . . . . .  8,097

*A reporter*. . . 101,718

                                                Report. . . 101,718
10. Dixmes de la paroisse d'*Argenteuil*. . . . . . . . . .         48
11. *Seigneurie et prévôté du Roule, de Villiers-la-Garenne et du port de Neuilly*, consistant en la justice haute, moyenne et basse dans l'étendue des paroisses de Saint-Philippe-du-Roule, de Villiers-la-Garenne, de Neuilly, en la directe seigneurie et censive de la plus grande partie des territoires y compris, etc. . . . . .   6,644
12. *Seigneurie et châtellenie de Rueil*, consistant en domaines, bois, droits féodaux, justice haute, moyenne et basse, etc., dans les territoires et paroisses de Rueil, Vaucresson, Puteaux et Colombes. . . . . . . . . . . . . . . . . . . . . . . . . . . . . .   21,501
13. *Seigneurie de Trappes*. . . . . . . . . . . . . . . . .   14,632
14. Moulin d'*Aulnay* à Eponne. . . . . . . . . . . . . .    1,600
15. Moulin à *Élancourt*. . . . . . . . . . . . . . . . . .      800
16. Deux fermes au *Perray*. . . . . . . . . . . . . . . .    2,252
17. Dixmes de la paroisse du *Mesnil-Saint-Denis*. . . . . . .    1,713
18. Terres à *Survilliers*. . . . . . . . . . . . . . . . . .      480
19. *Seigneurie et fiefs dépendants de Belle-Assise*, paroisse de Brie-Comte-Robert. . . . . . . . . . . . . . . . . . . . . .    4,363
20. Ferme et *seigneurie de la Grande-Aulne* à Nogent-sur-Seine. . . . . . . . . . . . . . . . . . . . . . . . . . . . .    6,451
21. Fermes et *seigneurie de Cormeille en Vexin*. . . . . . .   15,078
22. *Seigneurie de Boissy-l'Aillerie en Vexin*. . . . . . . .    6,747
23. *Seigneurie de Bercagny en Vexin*. . . . . . . . . . .    1,270
24. Dixmes de la paroisse de *Commeny*. . . . . . . . . .      620
25. Terres et seigneurie d'*Ully-Saint-Georges* et *Coussenicourt*. . . . . . . . . . . . . . . . . . . . . . . . . . . . .   14,240
26. *Seigneurie de Crouy*. . . . . . . . . . . . . . . . . .    1,737
27. Terres et seigneurie de *Cires-les-Mello*. . . . . . . . .    4,355
28. *Seigneurie et châtellenie de Guillerval et Monnerville*. . .    8,752
29. *Seigneurie et châtellenie de Toury* en Beauce avec *Tivernon*, *Tillay-le-Gaudin* et dix autres villages. . . . . . . . . . .   19,555
30. *Seigneurie de Rouvray-Saint-Denis*. . . . . . . . . .    7,655
31. *Seigneurie de Sery-Mézières*. . . . . . . . . . . . .    8,716
32. *Seigneurie de la Flamangrie*. . . . . . . . . . . . .    3,905
33. *Seigneurie de Chevreuse*, composée de plusieurs paroisses, fiefs et seigneuries sont les principaux lieux sont Chevreuse, Magny, Châteaufort, Saint-Remy, avec 12 fermes, 2,100 arpents de
                                                A reporter. . .  261,283

APPENDICES. 319

            *Report*. . . 261,283

bois, des rentes foncières et seigneuriales, droits et revenus casuels, montant à. . . . . . . . . . . . . . . . . . . . . . . . . . 65,320

 34. *Prieuré royal de la Saussaye-lès-Villejuif.* . . . . . . . . 17,819

 35. *Comté de Charny*, en Bourgogne, consistant dans les quatre baronnies de Charny, Mont-Saint-Jean, Pouilly et Arnay-le-Duc.. . . . . . . . . . . . . . . . . . . . . . . . . . . . . 24,463

 36. *Hôtel de Saint-Cyr*, à Paris, sis rue des Grands-Augustins, destiné en partie à loger l'intendant, les bureaux du temporel et les demoiselles à leur entrée ou à leur sortie, en partie louée moyennant. . . . . . . . . . . . . . . . . . . . . . . . . . . 2,350

 37. Rentes sur l'Hôtel de ville. . . . . . . . . . . . . . . 3,895

   Total des biens et revenus immobiliers. . . . . . . 375,130

 Les domaines du roi fournissaient :

 1° Reste des 50,000 liv. de la dotation donnée par Louis XIV à l'époque de la fondation, destinées à être employées en terres, et dont 29,250 liv. seulement avaient été ainsi employées. . . . . 20,750

 2° A cause de la suppression d'un bac à Neuilly qui appartenait aux Dames. . . . . . . . . . . . . . . . . . . . . . . . 3,076

 La recette générale des finances de la généralité de Paris fournissait, d'après les lettres patentes de mars 1698, une somme de. 30,000

 Enfin le roi donnait encore pour la dotation des élèves à leur sortie. . . . . . . . . . . . . . . . . . . . . . . . . . . . . 60,000

 Et les Dames avaient obtenu pour ajouter à ce fonds sur des produits divers. . . . . . . . . . . . . . . . . . . . . . . . . 7,450

  Total des revenus provenant à titres divers du roi ou du trésor. 121,276

       Total général. . . . . . . . 496,406

## Q.

### CHARGES ET DÉPENSES DE LA MAISON DE SAINT-LOUIS [1].

*(Voir page 253.)*

| | |
|---|---:|
| 1. Entretien, nourriture, etc., de 40 Dames, 16 sœurs converses, 5 novices, 250 Demoiselles, 32 filles de service. | 165,000 l. |
| 2. Gages de 32 filles de service. | 3,200 |
| 3. Gages de 11 domestiques ou ouvriers du dehors, etc. | 2,500 |
| 4. Gages d'un contrôleur chargé de la surveillance du dehors. | 1,200 |
| 5. Jardin et jardiniers. | 5,030 |
| 6. Habits de livrée. | 837 |
| 7. Sept chevaux, deux voitures, six tombereaux, etc. | 2,040 |
| 8. Un médecin (3,000 liv.), un chirurgien (1,400), un dentiste (500) ; médecins et chirurgiens extraordinaires (3,090). | 7,990 |
| 9. Entretien du mobilier, de la vaisselle, etc. | 7,679 |
| 10. Sacristie et entretien de l'église. | 2,531 |
| 11. Livres classiques, papier, encre, prix, etc. | 5,418 |
| 12. Trousseau de sortie des élèves à raison de 300 liv. par 23 élèves. | 6,900 |
| 13. Prêtres de Saint-Lazare. | 8,000 |
| 14. Un architecte. | 2,000 |
| 15. Entretien et réparations de la maison de Saint-Louis et dépendances, de 55 corps de ferme, 17 maisons, 15 moulins, 4 halles, 29 chœurs d'églises paroissiales, etc. | 56,051 |
| 16. Aumônes dans les terres de la maison et à plusieurs élèves. | 11,100 |
| 17. Impositions annuelles aux rôles des décimes des diocèses de Paris et de Chartres. | 39,260 |
| 18. Conseil du dehors : un avocat (1,200 liv.), un intendant (6,000), deux commis (2,700). | 9,900 |
| 19. Dépenses des terriers, frais d'arpentage et de procès, preuves de noblesse des élèves, frais de voyage des employés, dépenses d'exploitation des bois. | 26,547 |
| *A reporter.* | 363,183 |

[1] Archives de la préfecture de Versailles.

APPENDICES.

|  | Report... | 363,183 |
|---|---|---|
| 20. Frais extraordinaires et imprévus............ | | 6,858 |
| 21. Pensions accordées à d'anciens serviteurs........... | | 3,174 |
| | | 373,215 |
| Dotation des élèves à leur sortie........ | | 67,150 |
| Total des charges et dépenses....... | | 440,365 |
| Reste annuel........ | | 56,040 |
| Total égal à celui des recettes....... | | 496,406 |

R.

### ÉTAT NOMINATIF DES ÉLÈVES DE SAINT-CYR

A L'ÉPOQUE DE LA SUPPRESSION DE LA MAISON [1].

(*Voir pages* 258 *et* 267.)

| Noms. | Age. | Année d'admission. | Domicile de la famille. | Date de sortie. |
|---|---|---|---|---|
| 1. De Forget de Barot.. | 20 ans. | 1781 | En Lorraine. | 1er août 1792. |
| 2. Couet de Lory..... | 20 | 1780 | Metz. | 30 nov. 1792. |
| 3. D'Étourneau de Tersanne......... | 20 | 1782 | Montmorillon. | 25 oct. 1792. |
| 4. De Trolong du Halgoat | 20 | 1782 | Guingamp. | 30 oct. 1792. |
| 5. De Montarby..... | 20 | 1781 | Langres. | 5 fév. 1793. |
| 6. Lamorelie de Puyrdon. | 20 | 1782 | Saint-Yrieix. | 5 nov. 1792. |
| 7. Courtille de St-Avuist. | 19 $\frac{1}{2}$ | 1783 | Aubusson. | Id. |
| 8. De Lescault...... | 19 $\frac{1}{2}$ | 1783 | Dép. de la Charente. | 15 mars 1793. |
| 9. De Jouffrey...... | 19 $\frac{1}{2}$ | 1782 | Vendômois. | 30 oct. 1792. |
| 10. De Nagles....... | 19 $\frac{1}{2}$ | 1783 | Cambrai. | 18 mars 1793. |
| 11. De Lescale....... | 19 $\frac{1}{2}$ | 1782 | Barrois. | Id. |
| 12. Rivals de Ladevèze. | 19 $\frac{1}{2}$ | 1782 | Prades. | 22 janv. 1793. |
| 13. De Villefort d'Isarn.. | 19 | 1782 | Versailles. | 20 sept. 1792. |
| 14. Desmaison du Pallan. | 19 | 1783 | Dép. de la Hte-Vienne. | 4 mars 1793. |

[1] Archives de la préfecture de Versailles.

## APPENDICES.

| Noms. | Age. | Année d'admission. | Domicile de la famille. | Date de sortie. |
|---|---|---|---|---|
| 15. De Crochard | 19 ans. | 1783 | Cheviré le Rouge. | 19 oct. 1792. |
| 16. De Monnereau | 19 | 1782 | Champmillon. | 17 oct. 1792. |
| 17. De Dessus le Pont | 19 | 1782 | Vernon. | 25 sept. 1792. |
| 18. De Labarre | 19 | 1782 | ? | 16 sept. 1792. |
| 19. De Montpeza | 19 | 1783 | ? | 21 mars 1793. |
| 20. D'Estanger | 19 | 1782 | Avranches. | 3 déc. 1792. |
| 21. De Morlax | 19 | 1783 | Corse. | 27 nov. 1792. |
| 22. De Brachet | 19 | 1782 | Saint-Yrieix. | 5 nov. 1792. |
| 23. Longueval d'Harancourt | 19 | 1783 | En Bresse. | 12 mars 1792. |
| 24. Hue de la Colombe | 19 | 1783 | Bayeux. | 14 mars 1793. |
| 25. De Jarry | 19 | 1783 | ? | 30 mars 1793. |
| 26. De Saint-Germain | 19 | 1782 | Départem. du Jura. | 26 oct. 1792. |
| 27. De Puysaye | 19 | 1783 | Calais. | 1er sept. 1792. |
| 28. De Valbrune | 19 | 1783 | Libourne. | 13 mars 1793. |
| 29. De Puniet | 18 $\frac{1}{2}$ | 1783 | Moncuq. | 5 avril 1793. |
| 30. Font le Bon | 18 $\frac{1}{2}$ | 1783 | Rocroy. | 13 mars 1793. |
| 31. La Paumelie | 18 $\frac{1}{2}$ | 1784 | ? | 5 avril 1793. |
| 32. Chenu du Souchet | 18 $\frac{1}{2}$ | 1783 | ? | 12 mars 1793. |
| 33. Panneveyer | 18 $\frac{1}{2}$ | 1783 | Riom. | 13 mars 1793. |
| 34. Le Vicomte | 18 $\frac{1}{2}$ | 1783 | Rennes. | 14 avril 1793. |
| 35. Quingo-Tonquedec | 18 $\frac{1}{2}$ | 1783 | Guingamp. | 30 oct. 1792. |
| 36. Boulard | 18 $\frac{1}{2}$ | 1784 | La Rochelle. | 11 avril 1793. |
| 37. Bodar de Buire | 18 $\frac{1}{2}$ | 1783 | Pas-de-Calais. | 16 oct. 1791. |
| 38. D'Agrain | 18 $\frac{1}{2}$ | 1782 | Bagnols. | 10 avril 1793. |
| 39. Lelieur | 18 $\frac{1}{2}$ | 1783 | Châtillon-sur-Seine. | 24 avril 1793. |
| 40. Bruneteau | 18 $\frac{1}{2}$ | 1783 | ? | 25 mars 1793. |
| 41. Villelongue | 18 $\frac{1}{2}$ | 1784 | Orbais. | 13 oct. 1792. |
| 42. Bejarry | 18 $\frac{1}{2}$ | 1784 | Luçon. | 3 nov. 1792. |
| 43. D'Auvergne | 18 $\frac{1}{2}$ | 1784 | En Berry. | 6 oct. 1792. |
| 44. Biderau | 18 $\frac{1}{2}$ | 1782 | Vendôme. | 28 mars 1793. |
| 45. D'Imbleval | 18 $\frac{1}{2}$ | 1783 | Barville. | 19 sept. 1792. |
| 46. Lavalade | 18 | 1784 | Lussang. | 5 avril 1793. |
| 47. Moncourt | 18 | 1784 | Foy. | 4 avril 1793. |
| 48. Beyly | 18 | 1784 | Périgueux. | 12 déc. 1792. |
| 49. Brunet | 18 | 1784 | Vitry-le-François. | 10 oct. 1792. |
| 50. Calvière | 18 | 1784 | Grenoble. | 26 janv. 1793. |
| 51. Du Boulay | 18 | 1784 | Villers. | 20 oct. 1792. |

## APPENDICES.

| Noms. | Age. | Année d'admission. | Domicile de la famille. | Date de sortie. |
|---|---|---|---|---|
| 52. De Carondelet | 18 ans. | 1784 | Le Quesnoy. | 27 nov. 1792. |
| 53. De Lesquen | 18 | 1784 | Pont-Château. | 26 mars 1793. |
| 54. Defay-Maisonneuve | 18 | 1784 | ? | 20 sept. 1792. |
| 55. Dufay | 18 | 1784 | Carcassonne. | 1ᵉʳ oct. 1792. |
| 56. De Fontanges | 18 | 1784 | Saint-Pourçain. | 17 mars 1793. |
| 57. De Girard | 18 | 1784 | Montbrison. | 11 mars 1793. |
| 58. De Billehuest | 18 | 1784 | Avranches. | 22 avril 1793. |
| 59. De Musnier | 17 ½ | 1784 | Longueville. | ? |
| 60. Pol de Lamanon | 17 ½ | 1784 | Salon. | 14 avril 1793. |
| 61. De Vassal | 17 ½ | 1784 | En Languedoc. | 22 mars 1793. |
| 62. De Bouzet | 17 ½ | 1785 | ? | Id. |
| 63. Campbell | 17 ½ | 1785 | Landrecies. | 19 mars 1793. |
| 64. De Fages | 17 ½ | 1782 | Montélimart. | 10 oct. 1792. |
| 65. Dumesnil-Simon | 17 ½ | 1784 | Saintes. | ? |
| 66. Foucault | 17 ½ | 1784 | Calais. | 25 oct. 1792. |
| 67. Du Quesnoy | 17 ½ | 1783 | Eu. | 14 mars 1793. |
| 68. Juglard | 17 ½ | 1783 | Angoulême. | 1ᵉʳ déc. 1792. |
| 69. Le Prêtre | 17 ½ | 1785 | Pontoise. | ? |
| 70. D'Artigues | 17 ½ | 1785 | Aire en Gascogne. | 3 avril 1793. |
| 71. Hedelin du Martroy | 17 ½ | 1785 | Nemours. | 30 mars 1793. |
| 72. De Tiremois | 17 ½ | 1785 | Argentan. | 19 mars 1793. |
| 73. Boislinard de Vergniaux | 17 ½ | 1785 | En Berry. | 20 avril 1793. |
| 74. Deshayes-Gaumes | 17 ½ | 1784 | Château-Gontier. | 10 mars 1793. |
| 75. De Nollet | 17 | 1785 | ? | 16 mars 1793. |
| 76. Saint-Quentin | 17 | 1785 | Mézières. | 10 déc. 1792. |
| 77. Charbonnel de Jussac. | 17 | 1785 | En Guyenne. | 2 nov. 1792. |
| 78. Laboussardière | 17 | 1784 | Alençon. | 9 mars 1792. |
| 79. D'Hautpoul | 17 | 1784 | Rennes. | 23 avril 1792. |
| 80. De Mejanès de Puellor. | 17 | 1785 | Alby. | 25 mars 1792. |
| 81. Parfay de Villerault | 16 ½ | 1784 | Chartres. | 4 oct. 1792. |
| 82. De Hatteville | 16 ½ | 1784 | ? | 13 oct. 1793. |
| 83. Dachon | 16 ½ | 1785 | Ancenis. | 12 mars 1793. |
| 84. De Cosnac | 16 ½ | 1785 | Brives. | 14 avril 1793. |
| 85. De Laurens | 16 ½ | 1785 | Castelnaudary. | 17 avril 1793. |
| 86. Mondion | 16 ½ | 1786 | En Poitou. | 19 avril 1793. |
| 87. La Personne | 16 | 1786 | ? | 10 mars 1793. |
| 88. David de Lastour | 16 | 1783 | Uzerche. | 19 mars 1793. |
| 89. De Cuminges | 16 | 1786 | Pont-sur-Seine. | 27 mars 1793. |

| Noms. | Age. | Année d'admission. | Domicile de la famille. | Date de sortie. |
|---|---|---|---|---|
| 90. Laurencin d'Avenas. | 16 ans. | 1784 | Lyon. | 2 avril 1793. |
| 91. Richard de Beligny. | 16 | 1786 | ? | 12 mars 1793. |
| 92. Thibault d'Alerit. | 16 | 1786 | Niort. | 29 mars 1793. |
| 93. Beaucaire. | 16 | 1786 | Toulon. | 7 mars 1793. |
| 94. D'Estuc de Blanay. | 16 | 1786 | Auxerre. | 21 mars 1793. |
| 95. De Lonlay. | 16 | 1786 | Séez. | 6 mars 1793. |
| 96. De Marsange. | 16 | 1786 | Bellac. | 24 sept. 1792. |
| 97. De Ferrane. | 16 | 1786 | Lot-et-Garonne. | 17 nov. 1792. |
| 98. Berthelot. | 16 | 1783 | Barbezieux. | 15 avril 1793. |
| 99. Du Blou. | 16 | 1785 | Nancy. | 25 avril 1793. |
| 100. Commeau. | 16 | 1786 | Id. | 15 mars 1793. |
| 101. Chevallau du Boisragon | 16 | 1786 | Semur. | 22 mars 1793. |
| 102. Guill$^{me}$ de Sermiselles | 16 | 1786 | Saint-Maixent. | 17 avril 1793. |
| 103. De Buonaparté. | 15 $\frac{1}{2}$ | 1787 | Ajaccio. | 1$^{er}$ sept. 1792. |
| 104. Leroyer. | 15 $\frac{1}{2}$ | 1786 | Saint-Nazaire. | 12 mars 1793. |
| 105. Pellegars. | 15 $\frac{1}{2}$ | 1786 | Tourville. | 9 mars 1793. |
| 106. Framery. | 15 $\frac{1}{2}$ | 1786 | ? | 17 mars 1793. |
| 107. Bugnotte-Pharamon. | 15 $\frac{1}{2}$ | 1784 | Nancy. | 13 mars 1793. |
| 108. Durand. | 15 $\frac{1}{2}$ | 1785 | Montclar. | 25 mars 1793. |
| 109. Biotière. | 15 $\frac{1}{2}$ | 1787 | ? | 17 mars 1793. |
| 110. D'Auvergne. | 15 $\frac{1}{2}$ | 1787 | Départ. de l'Indre. | 6 oct. 1792. |
| 111. Tilly de la Tournerie | 15 | 1787 | Le Mans. | 9 mars 1793. |
| 112. Bercy de Vaudes. | 15 $\frac{1}{2}$ | 1787 | Troyes. | 22 mars 1793. |
| 113. Cantwel. | 15 $\frac{1}{2}$ | 1786 | Paris. | 4 oct. 1792. |
| 114. Mainteville de Brasdefer. | 15 | 1786 | Argentan. | 11 avril 1793. |
| 115. Bongar-Vaudelan. | 15 | 1786 | En Brie. | 23 mars 1793. |
| 116. Dupont de Compiègne | 15 | 1786 | Sens. | 31 mars 1793. |
| 117. De Thoury. | 15 | 1787 | ? | 11 mars 1793. |
| 118. De Foruell. | 15 | 1786 | Magniac. | 14 mars 1793. |
| 119. Casabianca. | 15 | 1784 | Corse. | 27 nov. 1792. |
| 120. Botherel. | 15 | 1786 | Dinan. | 26 mars 1792. |
| 121. Villemor. | 15 | 1786 | Changy. | 11 mars 1792. |
| 122. Challemaison. | 15 | 1787 | Provins. | 7 mars 1792. |
| 123. De Flotte. | 15 | 1786 | ? | 15 mars 1792. |
| 124. Chamisseau. | 15 | 1786 | Sainte-Menehould. | 13 sept. 1792. |
| 125. Dessepas. | 15 | 1785 | Cahors. | 11 avril 1793. |
| 126. David des Étangs. | 15 | 1787 | Saint-Yrieix. | 19 mars 1793. |

APPENDICES.

| Noms. | Age. | Année d'admission. | Domicile de la famille. | Date de sortie. |
|---|---|---|---|---|
| 127. Dupuis de Dienne. | 15 ans. | 1787 | Cumières. | 13 mars 1793. |
| 128. De Maizières. | 15 | 1787 | Châlons. | 6 mars 1793. |
| 129. Vielcastel de Salvien. | 15 | 1787 | En Périgord. | 6 avril 1793. |
| 130. De Bigaud. | 15 | 1786 | Bourbonne. | 20 mars 1793. |
| 131. De Brons. | 15 | 1787 | Marmignac. | 6 avril 1793. |
| 132. Laurencin Persanges. | 15 | 1787 | Soissons. | 13 mars 1793. |
| 133. De Champagnac. | 15 | 1787 | Larochefoucault. | 9 avril 1793. |
| 134. De Vichy. | 14 $\frac{1}{2}$ | 1787 | Clermont-Ferrand. | 4 avril 1793. |
| 135. De Coisnon. | 14 $\frac{1}{2}$ | 1787 | Laval. | 10 mars 1793. |
| 136. D'Elbec. | 14 $\frac{1}{2}$ | 1787 | Stenay. | 1$^{er}$ avril 1793. |
| 137. De Damas. | 14 $\frac{1}{2}$ | 1787 | Saint-Galmier. | 12 mars 1793. |
| 138. De la Villéon. | 14 $\frac{1}{2}$ | 1787 | Lamballe. | 7 nov. 1792. |
| 139. De Murat. | 14 $\frac{1}{2}$ | 1788 | Cintheaux. | 13 oct. 1792. |
| 140. De Lepine. | 14 $\frac{1}{2}$ | 1788 | Avignon. | 25 mars 1793. |
| 141. De Rouvray. | 14 $\frac{1}{2}$ | 1788 | Marmande. | 10 mars 1793. |
| 142. De Fougères. | 14 $\frac{1}{2}$ | 1787 | Agen. | 31 mars 1793. |
| 143. De Boisjourdan. | 14 $\frac{1}{2}$ | 1787 | Grez en Bouère. | 12 mars 1793. |
| 144. D'Arandel. | 14 $\frac{1}{2}$ | 1787 | Les Landes. | 8 avril 1793. |
| 145. Honorat. | 14 $\frac{1}{2}$ | 1788 | ? | ? |
| 146. D'Aiguisost. | 14 $\frac{1}{2}$ | 1788 | Forbach. | 14 mars 1793. |
| 147. Bailly Saint-Marc. | 14 | 1788 | Le Mans. | 1$^{er}$ déc. 1792. |
| 148. Vassal du Marais. | 14 | 1788 | En Périgord. | 6 avril 1793. |
| 149. De Langlay. | 14 | 1787 | Colmar. | 27 avril 1793. |
| 150. De Tiremois. | 14 | 1788 | Bourges. | 19 mars 1793. |
| 151. Bonnet. | 14 | 1788 | Lizieux. | ? |
| 152. De Valleaux. | 14 | 1787 | Laval. | 10 mars 1793. |
| 153. Unault de la Chevallerie. | 14 | 1788 | Chartres. | 26 mars 1793. |
| 154. De Collas. | 14 | 1788 | Saint-Malo. | 10 avril 1793. |
| 155. Le Prevost d'Iray. | 14 | 1787 | Châteaudun. | 22 avril 1793. |
| 156. De Bruchard. | 14 | 1788 | ? | ? |
| 157. D'Épinay Saint-Luc. | 14 | 1788 | ? | 28 mars 1793 |
| 158. Lenferna. | 14 | 1788 | Départ. de l'Yonne. | 24 sept. 1792. |
| 159. Durepaire-Guyant. | 14 | 1788 | ? | 27 nov. 1792. |
| 160. De Combes. | 14 | 1788 | Gannat. | 11 fév. 1793. |
| 161. Murat-Montel. | 14 | 1788 | Clermont. | 26 mars 1793. |
| 162. Le Bourgoing. | 14 | 1788 | Saint-Germain. | 3 avril 1793. |
| 163. Duhaffont. | 14 | 1789 | Quimper. | 18 mars 1793. |

APPENDICES.

| Noms. | Age. | Année d'admission. | Domicile de la famille. | Date de sortie. |
|---|---|---|---|---|
| 164. Dupein Saint-André. | $13\frac{1}{2}$ | 1788 | Saint-Antonin. | 15 avril 1793. |
| 165. Lenoir. | $13\frac{1}{2}$ | 1787 | ? | 11 sept. 1792. |
| 166. De Bongar. | $13\frac{1}{2}$ | 1788 | Saint-Pourçain. | 11 mars 1793. |
| 167. Dufaur-Louboey. | $13\frac{1}{2}$ | 1787 | Pau. | 11 fév. 1793. |
| 168. De Thésan. | $13\frac{1}{2}$ | 1789 | Florensac. | 27 avril 1793. |
| 169. La Rochette. | $13\frac{1}{2}$ | 1788 | Sainte-Jaure. | 2 nov. 1792. |
| 170. Dorlan de Polignac. | $13\frac{1}{2}$ | 1788 | Condom. | 20 mars 1793. |
| 171. Cataneo. | $13\frac{1}{2}$ | 1787 | Bastia. | 1er oct. 1792. |
| 172. Juglard-Limerac. | $13\frac{1}{2}$ | 1788 | Angoulême. | 1er déc. 1792. |
| 173. De Panthou. | $13\frac{1}{2}$ | 1788 | Calvados. | 11 fév. 1793. |
| 174. De Villecot. | $13\frac{1}{2}$ | 1788 | Ligny. | 14 mars 1793. |
| 175. De Charnières. | $13\frac{1}{2}$ | 1789 | ? | 24 sept. 1792. |
| 176. De Garnier. | 13 | 1789 | Dôle. | 16 mars 1793. |
| 177. Laboulaye. | 13 | 1787 | Billom. | 14 mars 1793. |
| 178. De Blois. | 13 | 1789 | Paris. | 29 sept. 1792. |
| 179. Neupveu. | 13 | 1789 | Le Mans. | 9 mars 1792. |
| 180. Lafruglaye. | 13 | 1789 | Morlaix. | 28 mars 1792. |
| 181. De Haly. | 13 | 1789 | ? | 7 sept. 1792. |
| 182. De Soucy. | 13 | 1786 | ? | 11 sept. 1792. |
| 183. De Guyenro. | 13 | 1789 | Nancy. | 5 janv. 1793. |
| 184. Pomier du Breuil. | 13 | 1789 | ? | 31 mars 1793. |
| 185. Corcorail. | 13 | 1789 | ? | 25 avril 1793. |
| 186. Despie. | 13 | 1789 | Toulouse. | 2 sept. 1792. |
| 187. Mecquenem. | 13 | 1789 | ? | 6 avril 1793. |
| 188. De Martimprey. | 13 | 1789 | Meaux. | 19 mars 1793. |
| 189. De Brasdefer. | 13 | 1789 | Normandie. | 11 avril 1793. |
| 190. De Mirmaud. | 13 | 1789 | Montpellier. | 25 mars 1793. |
| 191. Bellanger de Rebourceaux. | 13 | 1789 | ? | 8 avril 1793. |
| 192. De Bédée. | 13 | 1789 | Laon. | 10 avril 1793. |
| 193. Dupuis la Bastide. | 13 | 1788 | Alby. | 25 mars 1973. |
| 194. Ducheylar. | 13 | 1787 | ? | 20 avril 1793. |
| 195. Bienvenu. | $12\frac{1}{2}$ | 1790 | ? | 14 avril 1793. |
| 196. Villegourie. | $12\frac{1}{2}$ | 1790 | Lamballe. | 7 nov. 1792. |
| 197. Morel Lacolombe. | $12\frac{1}{2}$ | 1790 | ? | ? |
| 198. D'Auvergne de Cogniès. | $12\frac{1}{2}$ | 1790 | Loir-et-Cher. | 6 oct. 1792. |
| 199. Curel Delphine. | $12\frac{1}{2}$ | 1790 | Saarlouis. | 30 mars 1793. |

## APPENDICES.

| Noms. | Age. | Année d'admission. | Domicile de la famille. | Date de sortie. |
|---|---|---|---|---|
| 200. Hedelin. | 12 ½ | 1790 | Nemours. | 30 mars 1793. |
| 201. Lys-Carbonnier. | 12 ½ | 1790 | La Ciotat. | 22 mars 1793. |
| 202. Foucault. | 12 ½ | 1790 | Metz. | 2 nov. 1792. |
| 203. Lombard. | 12 | 1790 | Dép. de la Meuse. | 15 mars 1793. |
| 204. Baritault. | 12 | 1790 | Cessac. | 2 avril 1793. |
| 205. Barentin. | 12 | 1789 | Brioude. | 1er avril 1793. |
| 206. Vançay-Conflans. | 12 | 1790 | Bar-le-Duc. | 20 mars 1793. |
| 207. Varèze. | 12 | 1788 | Bastia. | 27 sept. 1792. |
| 208. Tessier-Launay. | 12 | 1790 | Alençon. | 9 mars 1793. |
| 209. De Bey. | 12 | 1790 | Nancy. | 7 mars 1793. |
| 210. De Lasalle. | 12 | 1790 | Clermont. | 1er avril 1793. |
| 211. D'Avoine. | 12 | 1790 | ? | 15 sept. 1792. |
| 212. Lentzbourg. | 12 | 1790 | ? | 16 sept. 1792. |
| 213. De Fresne. | 12 | 1790 | Luçon. | 22 mars 1793. |
| 214. Chanier-Flechac. | 12 | 1790 | Clermont. | 13 avril 1793. |
| 215. Chateaubodau. | 12 | 1790 | Id. | 27 oct. 1793. |
| 216. De Latour. | 12 | 1790 | Mauriac. | 15 avril 1793. |
| 217. Caruyer-Linsecq. | 12 | 1790 | Auxerre. | 26 mars 1793. |
| 218. De Luillier. | 12 | 1790 | Angoulême. | 2 avril 1793. |
| 219. De Létang. | 11 ½ | 1790 | Tulle. | 19 mars 1793. |
| 220. De Fougères. | 11 ½ | 1790 | Châlons-sur-Marne. | 12 déc. 1792. |
| 221. Guyo du Doignon. | 11 ½ | 1791 | Conflans. | 2 avril 1792. |
| 222. Buttafoco. | 11 ½ | 1790 | Bastia. | 27 sept. 1792. |
| 223. Lécuyer. | 11 ½ | 1790 | Chartres. | 1er oct. 1792. |
| 224. De Faudoas. | 11 ½ | 1791 | Saint-Gaudens. | 23 mars 1793. |
| 225. De Beaunay. | 11 ½ | 1791 | Vernon. | 17 oct. 1792. |
| 226. Bruys. | 11 ½ | 1791 | Verdun. | 4 avril 1793. |
| 227. De Fages. | 11 ½ | 1791 | ? | 10 oct. 1792. |
| 228. De Pontual. | 11 | 1791 | Dinan. | 12 mars 1793. |
| 229. Vareilles. | 11 | 1791 | ? | ? |
| 230. Lastic Saint-Jal. | 11 | 1790 | Saint-Antonin. | 23 avril 1793. |
| 231. Lanthony. | 11 | 1791 | Limoges. | 15 oct. 1792. |
| 232. Beaumont. | 11 | 1791 | Pons. | 14 avril 1793. |
| 233. Tilly Lamonière. | 11 | 1791 | Le Mans. | 9 mars 1793. |
| 234. Philmain. | 11 | 1791 | Beaumont-le-Vic[te]. | 22 nov. 1792. |
| 235. Chantelou. | 11 | 1791 | ? | 21 mars 1793. |
| 236. Casabianca. | 11 | 1790 | Corse. | 27 sept. 1792. |
| 237. Foulongne. | 11 | 1791 | Alençon. | 9 mars 1793. |

| Noms. | Age. | Année d'admission. | Domicile de la famille. | Date de sortie. |
|---|---|---|---|---|
| 238. De Failly | 11 ans. | 1791 | Ardennes. | 14 mars 1793. |
| 239. Balathier | 11 | 1790 | Bastia. | 1er avril 1793. |
| 240. Lacolombe | 10 | 1er mars 1792. | Bayonne. | 18 mars 1793. |
| 241. Drapier | 10 | 11 mars 1792. | Marcigny. | 23 avril 1793. |
| 242. Picot de Moras | 10 | 22 mars 1792. | Dôle. | 25 mars 1793. |
| 243. Bellanger | 10 | 18 avril 1792. | Paris. | 3 avril 1793. |
| 244. Pros-Prudhomme | 10 | 19 avril 1792. | ? | 21 mars 1793. |
| 245. Montrichard | 10 | 7 juillet 1792. | ? | 31 mars 1793. |
| 246. Michaud-Montpain | 10 | 9 août 1792. | Toulon. | 9 avril 1793. |

A la suite de cette liste on trouve :

« Fait et arrêté par moi, commissaire soussigné, en exécution de l'arrêté du département en date du 9 octobre 1792.

» A Versailles, le 17 octobre 1792, l'an Ier de la République française.

» CHAILLIOU.

» Vu par nous, administrateurs du directoire de Versailles, le 19 octobre 1792, l'an Ier de la République.

» MACÉ-BAIGNEUX, LEGRY, CORDERANT. »

## S.

### ÉTAT DES NOMS, AGE ET FUTURS DOMICILES DES DAMES DE SAINT-CYR

A L'ÉPOQUE DE LA SUPPRESSION DE LA MAISON [1].

(*Voir page 267.*)

| NOMS. | AGE. | DOMICILE. |
|---|---|---|
| De Courcelles | 80 ans. | Versailles. |
| De Champlais | 78 | Paris. |
| Defresne de Chevillon | 73 | Bar-sur-Aube. |
| De Marsilly | 72 | Paris. |
| De Launay | 71 | Laigle. |

[1] Archives de la préfecture de Versailles.

## APPENDICES.

| NOMS. | AGE. | DOMICILE. |
|---|---|---|
| De Barville. | 70 ans. | Versailles. |
| De Longueville. | 69 | Rennes. |
| De Lalandelle. | 66 | Dinan. |
| De Vervaine. | 64 | Versailles. |
| Du Ligondès. | 62 | Id. |
| Des Essarts. | 62 | Orléans. |
| D'Ormenans. | 60 | Versailles. |
| De Durfort. | 58 | Id. |
| De Moustier. | 56 | Id. |
| De Latourfondue. | 55 | Saint-Amand (Puy-de-Dôme). |
| De Grille. | 56 | Versailles. |
| D'Escaquelonde. | 53 | Id. |
| Des Montiers. | 52 | Id. |
| De Crécy. | 51 | Abbeville. |
| Delpeyrou. | 50 | Versailles. |
| De Machault. | 49 | Argentan. |
| De Cambis. | 46 | Chartres. |
| De Bosredon. | 46 | Saintes. |
| De La Tremblaye. | 46 | Versailles. |
| De Wollant. | 46 | Paris. |
| De Luchet. | 45 | Saintes. |
| D'Isarn. | 41 | Versailles. |
| De Corn. | 40 | Brives. |
| De Sancé. | 40 | Versailles. |
| De Durat. | 39 | Montaigu (Puy-de-Dôme). |
| De Montgon. | 38 | Arras. |
| De Leymarie. | 37 | Versailles. |
| De Grimonville. | 36 | Id. |
| De Fontanges. | 32 | Id. |
| De Brebeuf. | 32 | Saintes. |
| De Bar. | 30 | Versailles. |
| De Champsavoye. | 25 | Dinan. |
| De La Baronais. | 24 | Saint-Malo. |
| Le Mintier. | 23 | Rennes. |
| De Cairon. | 22 | Bayeux. |

### SŒURS CONVERSES PROFESSES.

| NOMS. | AGE. | DOMICILE. |
|---|---|---|
| Toublier. | 82 ans. | Aumale. |
| Blanchet. | 75 | Senlis. |
| Marguerite Lambert. | 60 | Versailles. |
| Clotilde Lambert. | 59 | Id. |
| Beaunier. | 52 | Id. |
| Lequen. | 44 | Id. |
| Bourdon. | 43 | Id. |
| Colin. | 44 | Id. |
| Saint-Aubin. | 41 | Id. |
| Dourlens. | 35 | Id. |
| Cheval. | 34 | Id. |
| Beau. | 32 | Paris. |

A la suite de cette liste on trouve :

« Nous, institutrices de la maison de Saint-Cyr, composant ci-devant le conseil intérieur de ladite maison, certifions le présent état véritable.

» EMMANUELLE D'ORMENANS, MARGUERITE-VICTOIRE DE LAUNAY,
» FRANÇOISE-ÉMILIE CHAMPLAIS, DENISE-HENRIETTE CRECY.
» CATHERINE LIGONDÈS.

» Vu par nous, officiers municipaux de la commune de Saint-Cyr et commissaire nommé par le directoire du district à l'effet de l'évacuation de ladite maison de Saint-Cyr, après avoir fait l'appel nominal, avons reconnu juste et véritable; en foi de quoi nous avons signé le 4 avril 1793, l'an II de la République française.

» BOYELLEAU, BLIN, *off. municipal*, LAURENT, *off. munic.*
» HOUDIN, *secrét. greffier*, DELANOU, *proc. de la commune.* »

Me dis un iour a ma<sup>l</sup>e la sacristine j'ai veu de près dans l'eglise du dehors les bouquets fleurs qui sont sur l'autel il n'est rien n'est plus sale ne songés point à en avoir d'autres n'en faittes iamais Quand vostre iardin vous donnera des fleurs mettés les tout simplement dans des vases sans art et sans perdre vostre temps a les aranger Quand vous n'en avés point passés vous de cette parure La propreté les lumieres le respect le silence la ferveur honorent bien plus Dieu que tous ces aiustemens qui ne font que dissiper ceux qui les font et ceux qui les voyent

———————————

Cet Ecrit est de la main de Mad<sup>e</sup> de Maintenon parce qu'ayant trouvé ce dont il s'agit mal rendu par une Dame de S<sup>t</sup> Loüis qui n'avoit pas bien pris sa pensée elle la corrigée en l'écrivant elle mesme.

## T.

### FRAGMENT INÉDIT DES CONVERSATIONS DE MADAME DE MAINTENON AVEC LES DAMES DE SAINT-LOUIS,

ENTIÈREMENT ÉCRIT DE SA MAIN, ET CONSERVÉ AUX ARCHIVES DE LA PRÉFECTURE DE VERSAILLES.

(*Voir page* 271.)

« Nous priâmes un jour madame de Maintenon de nous dire comment elle accommodait la défense qui est dans les lettres patentes de ne prendre de filles pour être religieuses chez nous que dans le nombre des demoiselles, avec ce qui est dit dans nos constitutions que nous les y prendrons le plus qu'il nous sera possible. Elle nous répondit qu'en faisant une loi générale on n'avait pas jugé à propos de prévenir les dispenses qu'on saura bien demander dans les cas de nécessité. Ne peut-il pas arriver, ajouta-t-elle, qu'il y aura des temps que vous n'auriez pas de fille dont vous voulussiez? La mortalité ne peut-elle pas se mettre dans vos anciennes de façon que vous n'auriez plus que de jeunes filles, et vous auriez besoin d'en prendre d'un âge plus avancé que celles qui sont chez vous? Il peut encore arriver des cas que je ne prévois pas.

» Nous lui demandâmes ensuite si, ayant la liberté d'augmenter notre communauté, pourvu qu'en Dames et en sœurs nous ne passions pas le nombre de 80, nous ferions bien d'avoir 60 religieuses et 20 converses. Elle répondit qu'elle avait ouï dire aux gens expérimentés qu'il ne fallait pas surcharger de grandes communautés, qu'elle ne voudrait jamais passer le nombre de 50 tout au plus, et qu'elle croyait que 45 suffisaient pour les charges en se faisant aider par les noires et par les sœurs; qu'il ne fallait pas perdre l'avantage que nous avions de pouvoir nous servir de simples sœurs qu'on renvoyait quand elles étaient mauvaises ou invalides. A propos de cette invalidité, ajouta-t-elle, je vous conjure d'être libérales à donner à de pauvres filles qui vous auraient servies de quoi aider à leur subsistance, mais d'être difficiles à vous en charger au dedans. Vous avez assez d'affaires. Que votre charité ne prenne pas le change; la vôtre doit être pour les personnes engagées dans votre maison et pour les demoiselles. Il faut vous soulager de tout le reste. N'écoutez pas ces raisonnements de l'avarice, qu'une fille plus ou moins n'est rien chez vous et qu'une somme à payer tous les ans n'est pas de même. On ne prévoit pas en raisonnant ainsi que cette fille aura besoin d'une autre pour la servir, qu'il faudra la veiller, l'assister, etc. Encore une fois, ne prenez pas de nouvelles charges et acquittez-vous fidèlement de celles de votre Institut.

» Elle dit un jour à ma sœur la sacristine : J'ai vu de près dans l'église du dehors les bouquets faux qui sont sur l'autel ; rien n'est plus sale ; ne songez point à en avoir d'autres ; n'en faites jamais. Quand votre jardin vous donnera des fleurs, mettez-les tout simplement dans des vases sans art et sans perdre votre temps à les arranger. Quand vous n'en avez pas, passez-vous de cette parure : la propreté, les lumières, le respect, le silence, la ferveur honorent bien plus Dieu que tous ces ajustements qui ne font que dissiper ceux qui les font et ceux qui les voient. »

A la suite de cet écrit, l'on trouve cette note, qui est de la main de madame de Glapion :

« Cet écrit [1] est de la main de madame de Maintenon, parce qu'ayant trouvé ce dont il s'agit mal rendu par une Dame de Saint-Louis qui n'avait pas bien pris sa pensée, elle le corrigea en l'écrivant elle-même. »

[1] Voir le fac-simile ci-joint.

FIN DES APPENDICES.

# TABLE DES MATIÈRES

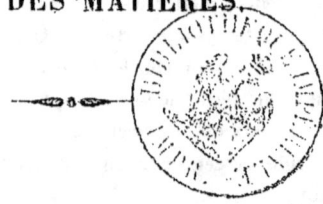

| | |
|---|---|
| Préface. | I |
| Chap. Ier. — Des raisons politiques qui ont amené la fondation de la maison de Saint-Cyr. | 1 |
| Chap. II. — Histoire de madame de Maintenon jusqu'en 1684. | 6 |
| Chap. III. — Madame de Maintenon élève des jeunes filles à Rueil et à Noisy. — Fondation de l'Institut de Saint-Louis à Saint-Cyr. — Première visite du roi. — (Mars 1682 à septembre 1686). | 28 |
| Chap. IV. — Description de la maison de Saint-Cyr. | 57 |
| Chap. V. — Premières années de la maison de Saint-Cyr. — Représentations de la tragédie d'*Esther*. | 69 |
| Chap. VI. — De la réforme faite à Saint-Cyr. — Fin des représentations théâtrales. — Changements dans l'éducation des demoiselles. — Établissement des prêtres de Saint-Lazare. | 88 |
| Chap. VII. — Transformation de la maison de Saint-Louis en monastère régulier. | 106 |
| Chap. VIII. — Constitution de la maison de Saint-Cyr. | 124 |
| Chap. IX. — De l'éducation donnée à Saint-Cyr. | 139 |
| Chap. X. — Le quiétisme à Saint-Cyr. | 153 |
| Chap. XI. — Saint-Cyr pendant la guerre de 1688. — Vie de madame de Maintenon à Saint-Cyr. — La duchesse de Bourgogne y est élevée. — Visites du roi. | 174 |
| Chap. XII. — Succursales de Saint-Cyr. — Mariages des demoiselles. — Instructions de madame de Maintenon à leur entrée dans le monde. | 198 |
| Chap. XIII. — Saint-Cyr pendant la guerre de la succession d'Espagne. | 209 |
| Chap. XIV. - Mort de Louis XIV. — Retraite de madame de Maintenon à Saint-Cyr. — Sa mort. | 223 |
| Chap. XV. — Saint-Cyr pendant le règne de Louis XV. | 234 |
| Chap. XVI. Saint-Cyr pendant le règne de Louis XVI. — Dernières années et fin de l'Institut de Saint-Louis. | 254 |

## APPENDICES.

A. Notes de la main de Louis XIV sur la fondation de Saint-Cyr. . . . . . . . 301
B. Extrait de la première instruction de madame de Maintenon aux Dames de Saint-Louis sur l'éducation des demoiselles (juillet 1686). . . . . . . . . . . 302
C. Extrait de l'histoire de Louis XIV en vers, par Régnier Desmarets. . . . . 304
D. Cantate à la louange de madame de Maintenon. . . . . . . . . . . . . . . 305
E. Bref du pape Alexandre VIII à madame de Maintenon. . . . . . . . . . . . 307
F. Procès-verbal de la visite de l'évêque de Chartres en 1692. . . . . . . . . . 308
G. Mémoire pour servir d'instruction aux personnes qui désireront obtenir des places pour des demoiselles dans la royale maison de Saint-Louis à Saint-Cyr-lez-Versailles (1784). . . . . . . . . . . . . . . . . . . . . . . . . . . . . 319
H. L'éducation de Saint-Cyr. . . . . . . . . . . . . . . . . . . . . . . . . . . 323
H'. Une journée de madame de Maintenon à Versailles. . . . . . . . . . . . . 324
I. Extrait des avis donnés par madame de Maintenon à la duchesse de Bourgogne. . . . . . . . . . . . . . . . . . . . . . . . . . . . . . . . . . . . . 326
J. Avis de madame de Maintenon à une demoiselle qui sortait de Saint-Cyr . . 329
K. Épitaphe de madame de Maintenon. . . . . . . . . . . . . . . . . . . . . . 336
L. Acte de décès de madame de Maintenon. . . . . . . . . . . . . . . . . . . 337
M. Liste chronologique des supérieures de la maison de Saint-Louis. . . . . . 338
N. Liste chronologique des Dames de Saint-Louis. . . . . . . . . . . . . . . . 340
O. Liste des directeurs temporels et des intendants. . . . . . . . . . . . . . . 346
P. État sommaire des biens et revenus de la maison de Saint-Louis. . . . . . 347
Q. Charges et dépenses de la maison de Saint-Louis. . . . . . . . . . . . . . 350
R. État nominatif des élèves de Saint-Cyr à l'époque de la suppression de la maison. . . . . . . . . . . . . . . . . . . . . . . . . . . . . . . . . . . . 354
S. État nominatif des Dames de Saint-Louis à l'époque de la suppression de la maison. . . . . . . . . . . . . . . . . . . . . . . . . . . . . . . . . . . . 358
T. Fragment inédit des conversations de madame de Maintenon. . . . . . . . 364

FIN DE LA TABLE

# HISTOIRE

## DE LA MAISON ROYALE

DE

# SAINT-CYR.

PARIS. — TYPOGRAPHIE HENRI PLON,
IMPRIMEUR DE L'EMPEREUR,
RUE GARANCIÈRE, 8.

# HISTOIRE
## DE LA MAISON ROYALE
DE
# SAINT-CYR
(1686-1793)

PAR

## THÉOPHILE LAVALLÉE.

OUVRAGE COURONNÉ PAR L'ACADÉMIE FRANÇAISE,

Et recommandé par Monseigneur l'archevêque de Paris.

## PARIS
FURNE ET C<sup>IE</sup>, LIBRAIRES-ÉDITEURS,
RUE SAINT-ANDRÉ-DES-ARTS, 45.

1856

4° *Lettres de madame de Maintenon à mesdames de Caylus, de Dangeau et de Ventadour;* 2 vol. in-4°.

On lit en tête du deuxième volume : « Ces lettres sont à des parents ou personnes de confiance auxquelles Madame parloit plus librement, ne comptant pas qu'elles seroient vues par d'autres. Ainsi il ne convient pas de les laisser lire, à moins que dans la suite on n'en ait fait un grand choix avec prudence. Elles sont pourtant très-utiles, très-agréables et pleines d'instructions. »

5° *Recueil des réponses que madame de Maintenon, notre institutrice, a eu la bonté de nous faire en diverses occasions;* 1 vol. in-4°, portant le titre t. v°. — Ce recueil avait été fait par madame de Berval, et madame de Maintenon l'avait corrigé de sa main.

6° *Extrait des écrits de madame de Maintenon aux religieuses de Saint-Louis concernant les principaux avis qu'elle leur donnait et ses instructions touchant les devoirs de leur Institut;* 1 vol. in-8°.

7° *Lettres et avis de madame de Maintenon aux religieuses de Saint-Louis sur les devoirs de leur état et le gouvernement des classes;* 1 vol. in-4° portant le titre t. II.

8° *Entretiens de madame de Maintenon avec une religieuse de Saint-Louis;* 1 vol. in-4°, portant le titre t. IV.

9° *Lettres de l'évêque de Chartres aux religieuses de Saint-Louis;* 1 vol. in-4°.

10° *Instructions de l'évêque de Chartres sur l'observation des règlements;* 1 vol. in-4°.

11° *Règlements et usages de la supérieure, de la dépositaire, de la maîtresse générale des classes, etc.*

12° *Recueils de titres relatifs au spirituel de la maison de Saint-Louis;* 1 vol. in-fol.

13° *Recueil de titres relatifs au temporel de la maison de Saint-Louis;* 2 vol. in-fol.

Ajoutons à cette liste les mémoires de mademoiselle d'Aumale, dont le manuscrit a été connu de plusieurs écrivains, mais qui sont reproduits en grande partie dans les mémoires de madame du Pérou, des extraits des mémoires de mesdames de Berval et de Bouju, des lettres nombreuses des confesseurs des Dames, des règlements pour toutes les charges, etc.

J'ai trouvé d'autres documents non moins importants aux archives de la préfecture de Versailles, dans plus de 500 volumes, liasses, cahiers, cartons, etc., renfermant plus de 10,000 pièces. Ces pièces sont en très-grande partie relatives aux biens des Dames et à l'administration de leur maison : ce sont des titres de propriété, des terriers, des baux, des fermages, des comptes de recettes et de dépenses, des registres de délibérations, etc. Mais on y trouve en outre les actes originaux et procès-verbaux de la fondation, les lettres patentes, brevets et ordonnances du roi, lettres et commissions de l'évêque de Chartres, des bulles et brefs des papes, et une foule d'autres écrits précieux. C'est là d'ailleurs où j'ai trouvé toutes les pièces et les documents relatifs aux dernières années et à la suppression de l'Institut de Saint-Louis, correspondance des Dames, arrêtés des autorités de Versailles, mémoires et pétitions à la Convention, etc.

J'indique seulement les manuscrits peu importants que j'ai consultés à la Bibliothèque impériale ; un seul, ayant pour titre *Mémoire sur la fondation de la maison de Saint-Louis*, m'a été de quelque utilité.

J'ai encore tiré de précieux renseignements des livres de musique qui ont appartenu à la maison de Saint-Cyr et qui sont aujourd'hui à la bibliothèque de Versailles, des registres de décès des Dames et demoiselles, qui sont aujourd'hui aux archives de la commune de Saint-Cyr, etc.

## PRÉFACE.

Enfin je n'ai pas dédaigné de faire usage de traditions orales qui s'étaient conservées à Saint-Cyr sur les visites de Louis XIV, et dont les détails sont seulement indiqués dans les mémoires des Dames; je les ai recueillies de la bouche d'une des dernières religieuses de Saint-Louis morte à Versailles il y a près de vingt ans. C'est aussi d'elle que je tiens quelques circonstances sur la fin de la maison de Saint-Cyr.

Est-il nécessaire d'ajouter que je me suis encore servi de tous les mémoires et documents du règne de Louis XIV qui ont été imprimés; souvenirs de madame de Caylus, mémoires de l'abbé de Choisy, de madame de Lafayette, de Saint-Simon, etc.? Quant aux biographies plus modernes de madame de Maintenon, par Caraccioli, madame Suard, Lafont-d'Aussonne, etc., je les ai lues, mais sans en rien prendre, m'étant fait une loi, pour composer mon ouvrage, de ne me servir que d'écrits originaux. C'est par cette raison, et malgré toute son importance, que je n'ai pu faire usage de l'histoire de madame de Maintenon par M. le duc de Noailles qui a paru dans ces dernières années; d'ailleurs les deux volumes publiés de cet ouvrage ne vont que jusqu'à l'année 1685, c'est-à-dire jusqu'à celle qui précède la fondation de Saint-Cyr [1].

Un grand nombre de personnes m'ont aidé dans mes recherches et mes travaux avec un zèle et une modestie dont je voudrais les remercier : je ne puis les citer toutes. Je dois néanmoins témoigner ma reconnaissance à Mgr l'évêque de Versailles, qui a bien voulu mettre à ma disposition les manuscrits de son sémi-

---

[1] J'ai eu beaucoup de regrets de n'avoir pu lire un opuscule que M. le duc de Noailles avait publié antérieurement sur l'histoire de la maison de Saint-Cyr. Cet opuscule n'ayant été tiré qu'à un très petit nombre d'exemplaires qui ne se vendaient point, il m'a été impossible de me le procurer.

naire; à M. Breval, archiviste de la préfecture de Versailles, qui a découvert la plupart des pièces officielles dont je me suis servi et m'a facilité mes recherches dans les cartons si nombreux de ses archives; à M. Ferdinand de Lemud, lieutenant au 71e de ligne, répétiteur du cours que je professe à l'École militaire, auteur des deux gravures : *Dame et demoiselles de Saint-Cyr*, *Vue de la Maison de Saint-Louis à Saint-Cyr*, etc.

Versailles, 20 janvier 1853.

TH. LAVALLÉE.

# HENRI PLON
*Imprimeur de l'Empereur*
Rue Garancière, n° 8.

Paris, le 11 mars 1857

Ainsi que cela a été expliqué dans la déclaration, ce Dépôt se compose d'un titre réimprimé et d'un carton de la Préface, destinés à remplacer ceux qui ont été imprimés avec le Volume